科创板

政策解读与法律规范集成

邢会强◎编著

THE POLICY INTERPRETATION AND COMPILATION OF LAWS AND REGULATIONS CONCERNING

THE SSE STAR MARKET

中国法制出版社
CHINA LEGAL PUBLISHING HOUSE

序　言

科创板是立足于全国改革开放大局的重大战略部署，是资本市场的重大制度创新，是实施创新驱动发展战略、完善我国多层次资本市场体系的重大举措。

科创板的定位是：面向世界科技前沿，面向经济主战场，面向国家重大需求；优先支持符合国家战略、拥有关键核心技术、科技创新能力突出，主要依靠核心技术开展经营，具有稳定的商业模式，市场认可度高，社会形象良好，具有较强成长性的企业；重点支持新一代信息技术、高端装备、新材料、新能源、节能环保以及生物医药等高新技术产业和战略性新兴产业，推动互联网、大数据、云计算、人工智能和制造业深度融合，引领中高端消费，推动质量变革、效率变革、动力变革。

科创板旨在补齐资本市场服务科技创新的短板，是资本市场的增量改革，将在盈利状况、股权结构等方面做出更为妥善的差异化安排，增强对创新企业的包容性和适应性。

证监会和上交所依据国家有关法律法规和政策，制定了科创板的相关制度规则。这次改革不仅是新设一个板块，更重要的是，坚持市场化、法治化的方向，在发行、交易、信息披露、退市等各个环节进行制度创新，建立健全以信息披露为中心的股票发行上市制度，以发挥科创板改革试验田的作用，形成可复制、可推广的经验。

为了便于读者深刻理解和准确把握科创板相关规则的精神，编者根据自己多年来的理论知识和实务经验，编写了《科创板规则解读与规范集成》一书。本书的特色主要体现在两个方面：

第一，科创板规则重点解读。本书对于证监会、上交所、中国结算公司、中国证券业协会颁布的针对科创板的34部特殊规则进行了重点解读，比较了其与主板和创业板核准制的区别，梳理了这些规则的来龙去脉，对读者需要重点关注的制度创新和核心内容进行提示，对于一些有争议的问题提出了编者的理解。当然，这一解读是专门针对科创板的解读，对于证券法、公司法以及科创板与主板、创业板通用性的制度规则没有再进行解读，对于交易所和中国结算公司发布的“问答”以及答记者问等本身就已经非常细化和通俗的“规范”也没有再进一步解读。

第二，科创板法律规范集成。本书收集了截至目前所有的科创板注册制发行上市审核、发行承销、上市、信息披露、交易、登记等方面的法律或全国人大常委会决定、行政法规或国务院文件、部门规章或规范性文件、交易所规则及其他相关规定，以及交易所和中国结算公司发布的相关“问答”和“答记者问”等共45部（篇），以便于读者全方位地深入理解科创板注册制规则。

在编写本书的过程中，编者参考了上海证券交易所编写的有关规则汇编，但在此基础上有很大的改进。为了解读的权威性和准确性，编者还参考和引用了证监会、上交所、中国结算公司和中国证券业协会发布的官方新闻通稿，借鉴了一些券商发布的研究报告。我指导的硕士生马松同学也非常辛苦地收集整理了有关材料。在此，致以诚挚的谢意。

邢会强

2019年6月1日

目　录

一、法律及全国人大常委会决定

二、纲领性意见

三、规　章

四、信息披露内容与格式准则、编报规则

五、业务规则及问答、答记者问

1. 发行上市审核类

2. 发行与承销类

3. 上市类

4. 信息披露类

5. 交易类

六、登记结算业务规则

一、法律及全国人大常委会决定

中华人民共和国证券法

（1998年12月29日第九届全国人民代表大会常务委员会第六次会议通过　根据2004年8月28日第十届全国人民代表大会常务委员会第十一次会议《关于修改〈中华人民共和国证券法〉的决定》第一次修正　2005年10月27日第十届全国人民代表大会常务委员会第十八次会议修订　根据2013年6月29日第十二届全国人民代表大会常务委员会第三次会议《关于修改〈中华人民共和国文物保护法〉等十二部法律的决定》第二次修正　根据2014年8月31日第十二届全国人民代表大会常务委员会第十次会议《关于修改〈中华人民共和国保险法〉等五部法律的决定》第三次修正）

目　　录

第一章 总 则

第一条 为了规范证券发行和交易行为，保护投资者的合法权益，维护社会经济秩序和社会公共利益，促进社会主义市场经济的发展，制定本法。

第二条 在中华人民共和国境内，股票、公司债券和国务院依法认定的其他证券的发行和交易，适用本法；本法未规定的，适用《中华人民共和国公司法》和其他法律、行政法规的规定。

政府债券、证券投资基金份额的上市交易，适用本法；其他法律、行政法规另有规定的，适用其规定。

证券衍生品种发行、交易的管理办法，由国务院依照本法的原则规定。

第三条 证券的发行、交易活动，必须实行公开、公平、公正的原则。

第四条 证券发行、交易活动的当事人具有平等的法律地位，应当遵守自愿、有偿、诚实信用的原则。

第五条 证券的发行、交易活动，必须遵守法律、行政法规；禁止欺诈、内幕交易和操纵证券市场的行为。

第六条 证券业和银行业、信托业、保险业实行分业经营、分业管理，证券公司与银行、信托、保险业务机构分别设立。国家另有规定的除外。

第七条 国务院证券监督管理机构依法对全国证券市场实行集中统一监督管理。

国务院证券监督管理机构根据需要可以设立派出机构，按照授权履行监督管理职责。

第八条 在国家对证券发行、交易活动实行集中统一监督管理的前提下，依法设立证券业协会，实行自律性管理。

第九条 国家审计机关依法对证券交易所、证券公司、证券登记结算机构、证券监督管理机构进行审计监督。

第二章 证券发行

第十条 公开发行证券，必须符合法律、行政法规规定的条件，并依法报经国务院证券监督管理机构或者国务院授权的部门核准；未经依法核准，任何单位和个人不得公开发行证券。

有下列情形之一的，为公开发行：

（一）向不特定对象发行证券的；

（二）向特定对象发行证券累计超过二百人的；

（三）法律、行政法规规定的其他发行行为。

非公开发行证券，不得采用广告、公开劝诱和变相公开方式。

第十一条 发行人申请公开发行股票、可转换为股票的公司债券，依法采取承销方式的，或者公开发行法律、行政法规规定实行保荐制度的其他证券的，应当聘请具有保荐资格的机构担任保荐人。

保荐人应当遵守业务规则和行业规范，诚实守信，勤勉尽责，对发行人的申请文件和信息披露资料进行审慎核查，督导发行人规范运作。

保荐人的资格及其管理办法由国务院证券监督管理机构规定。

第十二条 设立股份有限公司公开发行股票，应当符合《中华人民共和国公司法》规定的条件和经国务院批准的国务院证券监督管理机构规定的其他条件，向国务院证券监督管理机构报送募股申请和下列文件：

（一）公司章程；

（二）发起人协议；

（三）发起人姓名或者名称，发起人认购的股份数、出资种类及验资证明；

（四）招股说明书；

（五）代收股款银行的名称及地址；

（六）承销机构名称及有关的协议。

依照本法规定聘请保荐人的，还应当报送保荐人出具的发行保荐书。

法律、行政法规规定设立公司必须报经批准的，还应当提交相应的批准文件。

第十三条 公司公开发行新股，应当符合下列条件：

（一）具备健全且运行良好的组织机构；

（二）具有持续盈利能力，财务状况良好；

（三）最近三年财务会计文件无虚假记载，无其他重大违法行为；

（四）经国务院批准的国务院证券监督管理机构规定的其他条件。

上市公司非公开发行新股，应当符合经国务院批准的国务院证券监督管理机构规定的条件，并报国务院证券监督管理机构核准。

第十四条 公司公开发行新股，应当向国务院证券监督管理机构报送募股申请和下列文件：

（一）公司营业执照；

（二）公司章程；

（三）股东大会决议；

（四）招股说明书；

（五）财务会计报告；

（六）代收股款银行的名称及地址；

（七）承销机构名称及有关的协议。

依照本法规定聘请保荐人的，还应当报送保荐人出具的发行保荐书。

第十五条　公司对公开发行股票所募集资金，必须按照招股说明书所列资金用途使用。改变招股说明书所列资金用途，必须经股东大会作出决议。擅自改变用途而未作纠正的，或者未经股东大会认可的，不得公开发行新股。

第十六条　公开发行公司债券，应当符合下列条件：

（一）股份有限公司的净资产不低于人民币三千万元，有限责任公司的净资产不低于人民币六千万元；

（二）累计债券余额不超过公司净资产的百分之四十；

（三）最近三年平均可分配利润足以支付公司债券一年的利息；

（四）筹集的资金投向符合国家产业政策；

（五）债券的利率不超过国务院限定的利率水平；

（六）国务院规定的其他条件。

公开发行公司债券筹集的资金，必须用于核准的用途，不得用于弥补亏损和非生产性支出。

上市公司发行可转换为股票的公司债券，除应当符合第一款规定的条件外，还应当符合本法关于公开发行股票的条件，并报国务院证券监督管理机构核准。

第十七条　申请公开发行公司债券，应当向国务院授权的部门或者国务院证券监督管理机构报送下列文件：

（一）公司营业执照；

（二）公司章程；

（三）公司债券募集办法；

（四）资产评估报告和验资报告；

（五）国务院授权的部门或者国务院证券监督管理机构规定的其他文件。

依照本法规定聘请保荐人的，还应当报送保荐人出具的发行保荐书。

第十八条　有下列情形之一的，不得再次公开发行公司债券：

（一）前一次公开发行的公司债券尚未募足；

（二）对已公开发行的公司债券或者其他债务有违约或者延迟支付本息的事实，仍处于继续状态；

（三）违反本法规定，改变公开发行公司债券所募资金的用途。

第十九条 发行人依法申请核准发行证券所报送的申请文件的格式、报送方式，由依法负责核准的机构或者部门规定。

第二十条 发行人向国务院证券监督管理机构或者国务院授权的部门报送的证券发行申请文件，必须真实、准确、完整。

为证券发行出具有关文件的证券服务机构和人员，必须严格履行法定职责，保证其所出具文件的真实性、准确性和完整性。

第二十一条 发行人申请首次公开发行股票的，在提交申请文件后，应当按照国务院证券监督管理机构的规定预先披露有关申请文件。

第二十二条 国务院证券监督管理机构设发行审核委员会，依法审核股票发行申请。

发行审核委员会由国务院证券监督管理机构的专业人员和所聘请的该机构外的有关专家组成，以投票方式对股票发行申请进行表决，提出审核意见。

发行审核委员会的具体组成办法、组成人员任期、工作程序，由国务院证券监督管理机构规定。

第二十三条 国务院证券监督管理机构依照法定条件负责核准股票发行申请。核准程序应当公开，依法接受监督。

参与审核和核准股票发行申请的人员，不得与发行申请人有利害关系，不得直接或者间接接受发行申请人的馈赠，不得持有所核准的发行申请的股票，不得私下与发行申请人进行接触。

国务院授权的部门对公司债券发行申请的核准，参照前两款的规定执行。

第二十四条 国务院证券监督管理机构或者国务院授权的部门应当自受理证券发行申请文件之日起三个月内，依照法定条件和法定程序作出予以核准或者不予核准的决定，发行人根据要求补充、修改发行申请文件的时间不计算在内；不予核准的，应当说明理由。

第二十五条 证券发行申请经核准，发行人应当依照法律、行政法规的规定，在证券公开发行前，公告公开发行募集文件，并将该文件置备于指定场所供公众查阅。

发行证券的信息依法公开前，任何知情人不得公开或者泄露该信息。

发行人不得在公告公开发行募集文件前发行证券。

第二十六条　国务院证券监督管理机构或者国务院授权的部门对已作出的核准证券发行的决定，发现不符合法定条件或者法定程序，尚未发行证券的，应当予以撤销，停止发行。已经发行尚未上市的，撤销发行核准决定，发行人应当按照发行价并加算银行同期存款利息返还证券持有人；保荐人应当与发行人承担连带责任，但是能够证明自己没有过错的除外；发行人的控股股东、实际控制人有过错的，应当与发行人承担连带责任。

第二十七条　股票依法发行后，发行人经营与收益的变化，由发行人自行负责；由此变化引致的投资风险，由投资者自行负责。

第二十八条　发行人向不特定对象发行的证券，法律、行政法规规定应当由证券公司承销的，发行人应当同证券公司签订承销协议。证券承销业务采取代销或者包销方式。

证券代销是指证券公司代发行人发售证券，在承销期结束时，将未售出的证券全部退还给发行人的承销方式。

证券包销是指证券公司将发行人的证券按照协议全部购入或者在承销期结束时将售后剩余证券全部自行购入的承销方式。

第二十九条　公开发行证券的发行人有权依法自主选择承销的证券公司。证券公司不得以不正当竞争手段招揽证券承销业务。

第三十条　证券公司承销证券，应当同发行人签订代销或者包销协议，载明下列事项：

（一）当事人的名称、住所及法定代表人姓名；

（二）代销、包销证券的种类、数量、金额及发行价格；

（三）代销、包销的期限及起止日期；

（四）代销、包销的付款方式及日期；

（五）代销、包销的费用和结算办法；

（六）违约责任；

（七）国务院证券监督管理机构规定的其他事项。

第三十一条　证券公司承销证券，应当对公开发行募集文件的真实性、准确性、完整性进行核查；发现有虚假记载、误导性陈述或者重大遗漏的，不得进行销售活动；已经销售的，必须立即停止销售活动，并采取纠正措施。

第三十二条　向不特定对象发行的证券票面总值超过人民币五千万元的，应当由承销团承销。承销团应当由主承销和参与承销的证券公司组成。

第三十三条 证券的代销、包销期限最长不得超过九十日。

证券公司在代销、包销期内，对所代销、包销的证券应当保证先行出售给认购人，证券公司不得为本公司预留所代销的证券和预先购入并留存所包销的证券。

第三十四条 股票发行采取溢价发行的，其发行价格由发行人与承销的证券公司协商确定。

第三十五条 股票发行采用代销方式，代销期限届满，向投资者出售的股票数量未达到拟公开发行股票数量百分之七十的，为发行失败。发行人应当按照发行价并加算银行同期存款利息返还股票认购人。

第三十六条 公开发行股票，代销、包销期限届满，发行人应当在规定的期限内将股票发行情况报国务院证券监督管理机构备案。

第三章 证券交易

第一节 一般规定

第三十七条 证券交易当事人依法买卖的证券，必须是依法发行并交付的证券。

非依法发行的证券，不得买卖。

第三十八条 依法发行的股票、公司债券及其他证券，法律对其转让期限有限制性规定的，在限定的期限内不得买卖。

第三十九条 依法公开发行的股票、公司债券及其他证券，应当在依法设立的证券交易所上市交易或者在国务院批准的其他证券交易场所转让。

第四十条 证券在证券交易所上市交易，应当采用公开的集中交易方式或者国务院证券监督管理机构批准的其他方式。

第四十一条 证券交易当事人买卖的证券可以采用纸面形式或者国务院证券监督管理机构规定的其他形式。

第四十二条 证券交易以现货和国务院规定的其他方式进行交易。

第四十三条 证券交易所、证券公司和证券登记结算机构的从业人员、证券监督管理机构的工作人员以及法律、行政法规禁止参与股票交易的其他人员，在任期或者法定限期内，不得直接或者以化名、借他人名义持有、买卖股票，也不得收受他人赠送的股票。

任何人在成为前款所列人员时，其原已持有的股票，必须依法转让。

第四十四条 证券交易所、证券公司、证券登记结算机构必须依法为客户开立的账户保密。

第四十五条 为股票发行出具审计报告、资产评估报告或者法律意见书等文件的证券服务机构和人员，在该股票承销期内和期满后六个月内，不得买卖该种股票。

除前款规定外，为上市公司出具审计报告、资产评估报告或者法律意见书等文件的证券服务机构和人员，自接受上市公司委托之日起至上述文件公开后五日内，不得买卖该种股票。

第四十六条 证券交易的收费必须合理，并公开收费项目、收费标准和收费办法。

证券交易的收费项目、收费标准和管理办法由国务院有关主管部门统一规定。

第四十七条 上市公司董事、监事、高级管理人员、持有上市公司股份百分之五以上的股东，将其持有的该公司的股票在买入后六个月内卖出，或者在卖出后六个月内又买入，由此所得收益归该公司所有，公司董事会应当收回其所得收益。但是，证券公司因包销购入售后剩余股票而持有百分之五以上股份的，卖出该股票不受六个月时间限制。

公司董事会不按照前款规定执行的，股东有权要求董事会在三十日内执行。公司董事会未在上述期限内执行的，股东有权为了公司的利益以自己的名义直接向人民法院提起诉讼。

公司董事会不按照第一款的规定执行的，负有责任的董事依法承担连带责任。

第二节 证券上市

第四十八条 申请证券上市交易，应当向证券交易所提出申请，由证券交易所依法审核同意，并由双方签订上市协议。

证券交易所根据国务院授权的部门的决定安排政府债券上市交易。

第四十九条 申请股票、可转换为股票的公司债券或者法律、行政法规规定实行保荐制度的其他证券上市交易，应当聘请具有保荐资格的机构担任保荐人。

本法第十一条第二款、第三款的规定适用于上市保荐人。

第五十条 股份有限公司申请股票上市，应当符合下列条件：

（一）股票经国务院证券监督管理机构核准已公开发行；

（二）公司股本总额不少于人民币三千万元；

（三）公开发行的股份达到公司股份总数的百分之二十五以上；公司股本总额超过人民币四亿元的，公开发行股份的比例为百分之十以上；

（四）公司最近三年无重大违法行为，财务会计报告无虚假记载。

证券交易所可以规定高于前款规定的上市条件，并报国务院证券监督管理机构批准。

第五十一条 国家鼓励符合产业政策并符合上市条件的公司股票上市交易。

第五十二条 申请股票上市交易，应当向证券交易所报送下列文件：

（一）上市报告书；

（二）申请股票上市的股东大会决议；

（三）公司章程；

（四）公司营业执照；

（五）依法经会计师事务所审计的公司最近三年的财务会计报告；

（六）法律意见书和上市保荐书；

（七）最近一次的招股说明书；

（八）证券交易所上市规则规定的其他文件。

第五十三条 股票上市交易申请经证券交易所审核同意后，签订上市协议的公司应当在规定的期限内公告股票上市的有关文件，并将该文件置备于指定场所供公众查阅。

第五十四条 签订上市协议的公司除公告前条规定的文件外，还应当公告下列事项：

（一）股票获准在证券交易所交易的日期；

（二）持有公司股份最多的前十名股东的名单和持股数额；

（三）公司的实际控制人；

（四）董事、监事、高级管理人员的姓名及其持有本公司股票和债券的情况。

第五十五条 上市公司有下列情形之一的，由证券交易所决定暂停其股票上市交易：

（一）公司股本总额、股权分布等发生变化不再具备上市条件；

（二）公司不按照规定公开其财务状况，或者对财务会计报告作虚假记载，可能误导投资者；

（三）公司有重大违法行为；

（四）公司最近三年连续亏损；

（五）证券交易所上市规则规定的其他情形。

第五十六条 上市公司有下列情形之一的，由证券交易所决定终止其股票上市交易：

（一）公司股本总额、股权分布等发生变化不再具备上市条件，在证券交易所规定的期限内仍不能达到上市条件；

（二）公司不按照规定公开其财务状况，或者对财务会计报告作虚假记载，且拒绝纠正；

（三）公司最近三年连续亏损，在其后一个年度内未能恢复盈利；

（四）公司解散或者被宣告破产；

（五）证券交易所上市规则规定的其他情形。

第五十七条 公司申请公司债券上市交易，应当符合下列条件：

（一）公司债券的期限为一年以上；

（二）公司债券实际发行额不少于人民币五千万元；

（三）公司申请债券上市时仍符合法定的公司债券发行条件。

第五十八条 申请公司债券上市交易，应当向证券交易所报送下列文件：

（一）上市报告书；

（二）申请公司债券上市的董事会决议；

（三）公司章程；

（四）公司营业执照；

（五）公司债券募集办法；

（六）公司债券的实际发行数额；

（七）证券交易所上市规则规定的其他文件。

申请可转换为股票的公司债券上市交易，还应当报送保荐人出具的上市保荐书。

第五十九条 公司债券上市交易申请经证券交易所审核同意后，签订上市协议的公司应当在规定的期限内公告公司债券上市文件及有关文件，并将其申请文件置备于指定场所供公众查阅。

第六十条 公司债券上市交易后，公司有下列情形之一的，由证券交易所决定暂停其公司债券上市交易：

（一）公司有重大违法行为；

（二）公司情况发生重大变化不符合公司债券上市条件；

（三）发行公司债券所募集的资金不按照核准的用途使用；

（四）未按照公司债券募集办法履行义务；

（五）公司最近二年连续亏损。

第六十一条 公司有前条第（一）项、第（四）项所列情形之一经查实后果严重的，或者有前条第（二）项、第（三）项、第（五）项所列情形之一，在限期内未能消除的，由证券交易所决定终止其公司债券上市交易。

公司解散或者被宣告破产的，由证券交易所终止其公司债券上市交易。

第六十二条 对证券交易所作出的不予上市、暂停上市、终止上市决定不服的，可以向证券交易所设立的复核机构申请复核。

第三节 持续信息公开

第六十三条 发行人、上市公司依法披露的信息，必须真实、准确、完整，不得有虚假记载、误导性陈述或者重大遗漏。

第六十四条 经国务院证券监督管理机构核准依法公开发行股票，或者经国务院授权的部门核准依法公开发行公司债券，应当公告招股说明书、公司债券募集办法。依法公开发行新股或者公司债券的，还应当公告财务会计报告。

第六十五条 上市公司和公司债券上市交易的公司，应当在每一会计年度的上半年结束之日起二个月内，向国务院证券监督管理机构和证券交易所报送记载以下内容的中期报告，并予公告：

（一）公司财务会计报告和经营情况；

（二）涉及公司的重大诉讼事项；

（三）已发行的股票、公司债券变动情况；

（四）提交股东大会审议的重要事项；

（五）国务院证券监督管理机构规定的其他事项。

第六十六条 上市公司和公司债券上市交易的公司，应当在每一会计年度结束之日起四个月内，向国务院证券监督管理机构和证券交易所报送记载以下内容的年度报告，并予公告：

（一）公司概况；

（二）公司财务会计报告和经营情况；

（三）董事、监事、高级管理人员简介及其持股情况；

（四）已发行的股票、公司债券情况，包括持有公司股份最多的前十名股东的名单和持股数额；

（五）公司的实际控制人；

（六）国务院证券监督管理机构规定的其他事项。

第六十七条　发生可能对上市公司股票交易价格产生较大影响的重大事件，投资者尚未得知时，上市公司应当立即将有关该重大事件的情况向国务院证券监督管理机构和证券交易所报送临时报告，并予公告，说明事件的起因、目前的状态和可能产生的法律后果。

下列情况为前款所称重大事件：

（一）公司的经营方针和经营范围的重大变化；

（二）公司的重大投资行为和重大的购置财产的决定；

（三）公司订立重要合同，可能对公司的资产、负债、权益和经营成果产生重要影响；

（四）公司发生重大债务和未能清偿到期重大债务的违约情况；

（五）公司发生重大亏损或者重大损失；

（六）公司生产经营的外部条件发生的重大变化；

（七）公司的董事、三分之一以上监事或者经理发生变动；

（八）持有公司百分之五以上股份的股东或者实际控制人，其持有股份或者控制公司的情况发生较大变化；

（九）公司减资、合并、分立、解散及申请破产的决定；

（十）涉及公司的重大诉讼，股东大会、董事会决议被依法撤销或者宣告无效；

（十一）公司涉嫌犯罪被司法机关立案调查，公司董事、监事、高级管理人员涉嫌犯罪被司法机关采取强制措施；

（十二）国务院证券监督管理机构规定的其他事项。

第六十八条　上市公司董事、高级管理人员应当对公司定期报告签署书面确认意见。

上市公司监事会应当对董事会编制的公司定期报告进行审核并提出书面审核意见。

上市公司董事、监事、高级管理人员应当保证上市公司所披露的信息真实、准确、完整。

第六十九条 发行人、上市公司公告的招股说明书、公司债券募集办法、财务会计报告、上市报告文件、年度报告、中期报告、临时报告以及其他信息披露资料，有虚假记载、误导性陈述或者重大遗漏，致使投资者在证券交易中遭受损失的，发行人、上市公司应当承担赔偿责任；发行人、上市公司的董事、监事、高级管理人员和其他直接责任人员以及保荐人、承销的证券公司，应当与发行人、上市公司承担连带赔偿责任，但是能够证明自己没有过错的除外；发行人、上市公司的控股股东、实际控制人有过错的，应当与发行人、上市公司承担连带赔偿责任。

第七十条 依法必须披露的信息，应当在国务院证券监督管理机构指定的媒体发布，同时将其置备于公司住所、证券交易所，供社会公众查阅。

第七十一条 国务院证券监督管理机构对上市公司年度报告、中期报告、临时报告以及公告的情况进行监督，对上市公司分派或者配售新股的情况进行监督，对上市公司控股股东和信息披露义务人的行为进行监督。

证券监督管理机构、证券交易所、保荐人、承销的证券公司及有关人员，对公司依照法律、行政法规规定必须作出的公告，在公告前不得泄露其内容。

第七十二条 证券交易所决定暂停或者终止证券上市交易的，应当及时公告，并报国务院证券监督管理机构备案。

第四节 禁止的交易行为

第七十三条 禁止证券交易内幕信息的知情人和非法获取内幕信息的人利用内幕信息从事证券交易活动。

第七十四条 证券交易内幕信息的知情人包括：

（一）发行人的董事、监事、高级管理人员；

（二）持有公司百分之五以上股份的股东及其董事、监事、高级管理人员，公司的实际控制人及其董事、监事、高级管理人员；

（三）发行人控股的公司及其董事、监事、高级管理人员；

（四）由于所任公司职务可以获取公司有关内幕信息的人员；

（五）证券监督管理机构工作人员以及由于法定职责对证券的发行、交易进行管理的其他人员；

（六）保荐人、承销的证券公司、证券交易所、证券登记结算机构、证券服务机构的有关人员；

（七）国务院证券监督管理机构规定的其他人。

第七十五条　证券交易活动中，涉及公司的经营、财务或者对该公司证券的市场价格有重大影响的尚未公开的信息，为内幕信息。

下列信息皆属内幕信息：

（一）本法第六十七条第二款所列重大事件；

（二）公司分配股利或者增资的计划；

（三）公司股权结构的重大变化；

（四）公司债务担保的重大变更；

（五）公司营业用主要资产的抵押、出售或者报废一次超过该资产的百分之三十；

（六）公司的董事、监事、高级管理人员的行为可能依法承担重大损害赔偿责任；

（七）上市公司收购的有关方案；

（八）国务院证券监督管理机构认定的对证券交易价格有显著影响的其他重要信息。

第七十六条　证券交易内幕信息的知情人和非法获取内幕信息的人，在内幕信息公开前，不得买卖该公司的证券，或者泄露该信息，或者建议他人买卖该证券。

持有或者通过协议、其他安排与他人共同持有公司百分之五以上股份的自然人、法人、其他组织收购上市公司的股份，本法另有规定的，适用其规定。

内幕交易行为给投资者造成损失的，行为人应当依法承担赔偿责任。

第七十七条　禁止任何人以下列手段操纵证券市场：

（一）单独或者通过合谋，集中资金优势、持股优势或者利用信息优势联合或者连续买卖，操纵证券交易价格或者证券交易量；

（二）与他人串通，以事先约定的时间、价格和方式相互进行证券交易，影响证券交易价格或者证券交易量；

（三）在自己实际控制的账户之间进行证券交易，影响证券交易价格或者证券交易量；

（四）以其他手段操纵证券市场。

操纵证券市场行为给投资者造成损失的，行为人应当依法承担赔偿责任。

第七十八条　禁止国家工作人员、传播媒介从业人员和有关人员编造、传播虚假信息，扰乱证券市场。

禁止证券交易所、证券公司、证券登记结算机构、证券服务机构及其从业人员，证券业协会、证券监督管理机构及其工作人员，在证券交易活动中作出虚假陈述或者信息误导。

各种传播媒介传播证券市场信息必须真实、客观，禁止误导。

第七十九条 禁止证券公司及其从业人员从事下列损害客户利益的欺诈行为：

（一）违背客户的委托为其买卖证券；

（二）不在规定时间内向客户提供交易的书面确认文件；

（三）挪用客户所委托买卖的证券或者客户账户上的资金；

（四）未经客户的委托，擅自为客户买卖证券，或者假借客户的名义买卖证券；

（五）为牟取佣金收入，诱使客户进行不必要的证券买卖；

（六）利用传播媒介或者通过其他方式提供、传播虚假或者误导投资者的信息；

（七）其他违背客户真实意思表示，损害客户利益的行为。

欺诈客户行为给客户造成损失的，行为人应当依法承担赔偿责任。

第八十条 禁止法人非法利用他人账户从事证券交易；禁止法人出借自己或者他人的证券账户。

第八十一条 依法拓宽资金入市渠道，禁止资金违规流入股市。

第八十二条 禁止任何人挪用公款买卖证券。

第八十三条 国有企业和国有资产控股的企业买卖上市交易的股票，必须遵守国家有关规定。

第八十四条 证券交易所、证券公司、证券登记结算机构、证券服务机构及其从业人员对证券交易中发现的禁止的交易行为，应当及时向证券监督管理机构报告。

第四章 上市公司的收购

第八十五条 投资者可以采取要约收购、协议收购及其他合法方式收购上市公司。

第八十六条 通过证券交易所的证券交易，投资者持有或者通过协议、其他安排与他人共同持有一个上市公司已发行的股份达到百分之五时，应当在该事实发生之日起三日内，向国务院证券监督管理机构、证券交易所作出书面报告，通知该上市公司，并予公告；在上述期限内，不得再行买卖该上市公司的股票。

投资者持有或者通过协议、其他安排与他人共同持有一个上市公司已发行的股份达到百分之五后，其所持该上市公司已发行的股份比例每增加或者减少百分之五，应当依照前款规定进行报告和公告。在报告期限内和作出报告、公告后二日内，不得再行买卖该上市公司的股票。

第八十七条　依照前条规定所作的书面报告和公告，应当包括下列内容：

（一）持股人的名称、住所；

（二）持有的股票的名称、数额；

（三）持股达到法定比例或者持股增减变化达到法定比例的日期。

第八十八条　通过证券交易所的证券交易，投资者持有或者通过协议、其他安排与他人共同持有一个上市公司已发行的股份达到百分之三十时，继续进行收购的，应当依法向该上市公司所有股东发出收购上市公司全部或者部分股份的要约。

收购上市公司部分股份的收购要约应当约定，被收购公司股东承诺出售的股份数额超过预定收购的股份数额的，收购人按比例进行收购。

第八十九条　依照前条规定发出收购要约，收购人必须公告上市公司收购报告书，并载明下列事项：

（一）收购人的名称、住所；

（二）收购人关于收购的决定；

（三）被收购的上市公司名称；

（四）收购目的；

（五）收购股份的详细名称和预定收购的股份数额；

（六）收购期限、收购价格；

（七）收购所需资金额及资金保证；

（八）公告上市公司收购报告书时持有被收购公司股份数占该公司已发行的股份总数的比例。

第九十条　收购要约约定的收购期限不得少于三十日，并不得超过六十日。

第九十一条　在收购要约确定的承诺期限内，收购人不得撤销其收购要约。收购人需要变更收购要约的，必须及时公告，载明具体变更事项。

第九十二条　收购要约提出的各项收购条件，适用于被收购公司的所有股东。

第九十三条 采取要约收购方式的，收购人在收购期限内，不得卖出被收购公司的股票，也不得采取要约规定以外的形式和超出要约的条件买入被收购公司的股票。

第九十四条 采取协议收购方式的，收购人可以依照法律、行政法规的规定同被收购公司的股东以协议方式进行股份转让。

以协议方式收购上市公司时，达成协议后，收购人必须在三日内将该收购协议向国务院证券监督管理机构及证券交易所作出书面报告，并予公告。

在公告前不得履行收购协议。

第九十五条 采取协议收购方式的，协议双方可以临时委托证券登记结算机构保管协议转让的股票，并将资金存放于指定的银行。

第九十六条 采取协议收购方式的，收购人收购或者通过协议、其他安排与他人共同收购一个上市公司已发行的股份达到百分之三十时，继续进行收购的，应当向该上市公司所有股东发出收购上市公司全部或者部分股份的要约。但是，经国务院证券监督管理机构免除发出要约的除外。

收购人依照前款规定以要约方式收购上市公司股份，应当遵守本法第八十九条至第九十三条的规定。

第九十七条 收购期限届满，被收购公司股权分布不符合上市条件的，该上市公司的股票应当由证券交易所依法终止上市交易；其余仍持有被收购公司股票的股东，有权向收购人以收购要约的同等条件出售其股票，收购人应当收购。

收购行为完成后，被收购公司不再具备股份有限公司条件的，应当依法变更企业形式。

第九十八条 在上市公司收购中，收购人持有的被收购的上市公司的股票，在收购行为完成后的十二个月内不得转让。

第九十九条 收购行为完成后，收购人与被收购公司合并，并将该公司解散的，被解散公司的原有股票由收购人依法更换。

第一百条 收购行为完成后，收购人应当在十五日内将收购情况报告国务院证券监督管理机构和证券交易所，并予公告。

第一百零一条 收购上市公司中由国家授权投资的机构持有的股份，应当按照国务院的规定，经有关主管部门批准。

国务院证券监督管理机构应当依照本法的原则制定上市公司收购的具体

办法。

第五章 证券交易所

第一百零二条 证券交易所是为证券集中交易提供场所和设施，组织和监督证券交易，实行自律管理的法人。

证券交易所的设立和解散，由国务院决定。

第一百零三条 设立证券交易所必须制定章程。

证券交易所章程的制定和修改，必须经国务院证券监督管理机构批准。

第一百零四条 证券交易所必须在其名称中标明证券交易所字样。其他任何单位或者个人不得使用证券交易所或者近似的名称。

第一百零五条 证券交易所可以自行支配的各项费用收入，应当首先用于保证其证券交易场所和设施的正常运行并逐步改善。

实行会员制的证券交易所的财产积累归会员所有，其权益由会员共同享有，在其存续期间，不得将其财产积累分配给会员。

第一百零六条 证券交易所设理事会。

第一百零七条 证券交易所设总经理一人，由国务院证券监督管理机构任免。

第一百零八条 有《中华人民共和国公司法》第一百四十六条规定的情形或者下列情形之一的，不得担任证券交易所的负责人：

（一）因违法行为或者违纪行为被解除职务的证券交易所、证券登记结算机构的负责人或者证券公司的董事、监事、高级管理人员，自被解除职务之日起未逾五年；

（二）因违法行为或者违纪行为被撤销资格的律师、注册会计师或者投资咨询机构、财务顾问机构、资信评级机构、资产评估机构、验证机构的专业人员，自被撤销资格之日起未逾五年。

第一百零九条 因违法行为或者违纪行为被开除的证券交易所、证券登记结算机构、证券服务机构、证券公司的从业人员和被开除的国家机关工作人员，不得招聘为证券交易所的从业人员。

第一百一十条 进入证券交易所参与集中交易的，必须是证券交易所的会员。

第一百一十一条 投资者应当与证券公司签订证券交易委托协议，并在证券公司开立证券交易账户，以书面、电话以及其他方式，委托该证券公司代其买卖证券。

第一百一十二条 证券公司根据投资者的委托，按照证券交易规则提出交易申报，参与证券交易所场内的集中交易，并根据成交结果承担相应的清算交收责任；证券登记结算机构根据成交结果，按照清算交收规则，与证券公司进行证券和资金的清算交收，并为证券公司客户办理证券的登记过户手续。

第一百一十三条 证券交易所应当为组织公平的集中交易提供保障，公布证券交易即时行情，并按交易日制作证券市场行情表，予以公布。

未经证券交易所许可，任何单位和个人不得发布证券交易即时行情。

第一百一十四条 因突发性事件而影响证券交易的正常进行时，证券交易所可以采取技术性停牌的措施；因不可抗力的突发性事件或者为维护证券交易的正常秩序，证券交易所可以决定临时停市。

证券交易所采取技术性停牌或者决定临时停市，必须及时报告国务院证券监督管理机构。

第一百一十五条 证券交易所对证券交易实行实时监控，并按照国务院证券监督管理机构的要求，对异常的交易情况提出报告。

证券交易所应当对上市公司及相关信息披露义务人披露信息进行监督，督促其依法及时、准确地披露信息。

证券交易所根据需要，可以对出现重大异常交易情况的证券账户限制交易，并报国务院证券监督管理机构备案。

第一百一十六条 证券交易所应当从其收取的交易费用和会员费、席位费中提取一定比例的金额设立风险基金。风险基金由证券交易所理事会管理。

风险基金提取的具体比例和使用办法，由国务院证券监督管理机构会同国务院财政部门规定。

第一百一十七条 证券交易所应当将收存的风险基金存入开户银行专门账户，不得擅自使用。

第一百一十八条 证券交易所依照证券法律、行政法规制定上市规则、交易规则、会员管理规则和其他有关规则，并报国务院证券监督管理机构批准。

第一百一十九条 证券交易所的负责人和其他从业人员在执行与证券交易有关的职务时，与其本人或者其亲属有利害关系的，应当回避。

第一百二十条 按照依法制定的交易规则进行的交易，不得改变其交易结果。对交易中违规交易者应负的民事责任不得免除；在违规交易中所获利益，依照有关规定处理。

第一百二十一条　在证券交易所内从事证券交易的人员，违反证券交易所有关交易规则的，由证券交易所给予纪律处分；对情节严重的，撤销其资格，禁止其入场进行证券交易。

第六章　证券公司

第一百二十二条　设立证券公司，必须经国务院证券监督管理机构审查批准。未经国务院证券监督管理机构批准，任何单位和个人不得经营证券业务。

第一百二十三条　本法所称证券公司是指依照《中华人民共和国公司法》和本法规定设立的经营证券业务的有限责任公司或者股份有限公司。

第一百二十四条　设立证券公司，应当具备下列条件：

（一）有符合法律、行政法规规定的公司章程；

（二）主要股东具有持续盈利能力，信誉良好，最近三年无重大违法违规记录，净资产不低于人民币二亿元；

（三）有符合本法规定的注册资本；

（四）董事、监事、高级管理人员具备任职资格，从业人员具有证券从业资格；

（五）有完善的风险管理与内部控制制度；

（六）有合格的经营场所和业务设施；

（七）法律、行政法规规定的和经国务院批准的国务院证券监督管理机构规定的其他条件。

第一百二十五条　经国务院证券监督管理机构批准，证券公司可以经营下列部分或者全部业务：

（一）证券经纪；

（二）证券投资咨询；

（三）与证券交易、证券投资活动有关的财务顾问；

（四）证券承销与保荐；

（五）证券自营；

（六）证券资产管理；

（七）其他证券业务。

第一百二十六条　证券公司必须在其名称中标明证券有限责任公司或者证券股份有限公司字样。

第一百二十七条　证券公司经营本法第一百二十五条第（一）项至第（三）项业务的，注册资本最低限额为人民币五千万元；经营第（四）项至第（七）项业务之一的，注册资本最低限额为人民币一亿元；经营第（四）项至第（七）项业务中两项以上的，注册资本最低限额为人民币五亿元。证券公司的注册资本应当是实缴资本。

国务院证券监督管理机构根据审慎监管原则和各项业务的风险程度，可以调整注册资本最低限额，但不得少于前款规定的限额。

第一百二十八条　国务院证券监督管理机构应当自受理证券公司设立申请之日起六个月内，依照法定条件和法定程序并根据审慎监管原则进行审查，作出批准或者不予批准的决定，并通知申请人；不予批准的，应当说明理由。

证券公司设立申请获得批准的，申请人应当在规定的期限内向公司登记机关申请设立登记，领取营业执照。

证券公司应当自领取营业执照之日起十五日内，向国务院证券监督管理机构申请经营证券业务许可证。未取得经营证券业务许可证，证券公司不得经营证券业务。

第一百二十九条　证券公司设立、收购或者撤销分支机构，变更业务范围，增加注册资本且股权结构发生重大调整，减少注册资本，变更持有百分之五以上股权的股东、实际控制人，变更公司章程中的重要条款，合并、分立、停业、解散、破产，必须经国务院证券监督管理机构批准。

证券公司在境外设立、收购或者参股证券经营机构，必须经国务院证券监督管理机构批准。

第一百三十条　国务院证券监督管理机构应当对证券公司的净资本，净资本与负债的比例，净资本与净资产的比例，净资本与自营、承销、资产管理等业务规模的比例，负债与净资产的比例，以及流动资产与流动负债的比例等风险控制指标作出规定。

证券公司不得为其股东或者股东的关联人提供融资或者担保。

第一百三十一条　证券公司的董事、监事、高级管理人员，应当正直诚实，品行良好，熟悉证券法律、行政法规，具有履行职责所需的经营管理能力，并在任职前取得国务院证券监督管理机构核准的任职资格。

有《中华人民共和国公司法》第一百四十六条规定的情形或者下列情形

之一的，不得担任证券公司的董事、监事、高级管理人员：

（一）因违法行为或者违纪行为被解除职务的证券交易所、证券登记结算机构的负责人或者证券公司的董事、监事、高级管理人员，自被解除职务之日起未逾五年；

（二）因违法行为或者违纪行为被撤销资格的律师、注册会计师或者投资咨询机构、财务顾问机构、资信评级机构、资产评估机构、验证机构的专业人员，自被撤销资格之日起未逾五年。

第一百三十二条　因违法行为或者违纪行为被开除的证券交易所、证券登记结算机构、证券服务机构、证券公司的从业人员和被开除的国家机关工作人员，不得招聘为证券公司的从业人员。

第一百三十三条　国家机关工作人员和法律、行政法规规定的禁止在公司中兼职的其他人员，不得在证券公司中兼任职务。

第一百三十四条　国家设立证券投资者保护基金。证券投资者保护基金由证券公司缴纳的资金及其他依法筹集的资金组成，其筹集、管理和使用的具体办法由国务院规定。

第一百三十五条　证券公司从每年的税后利润中提取交易风险准备金，用于弥补证券交易的损失，其提取的具体比例由国务院证券监督管理机构规定。

第一百三十六条　证券公司应当建立健全内部控制制度，采取有效隔离措施，防范公司与客户之间、不同客户之间的利益冲突。

证券公司必须将其证券经纪业务、证券承销业务、证券自营业务和证券资产管理业务分开办理，不得混合操作。

第一百三十七条　证券公司的自营业务必须以自己的名义进行，不得假借他人名义或者以个人名义进行。

证券公司的自营业务必须使用自有资金和依法筹集的资金。

证券公司不得将其自营账户借给他人使用。

第一百三十八条　证券公司依法享有自主经营的权利，其合法经营不受干涉。

第一百三十九条　证券公司客户的交易结算资金应当存放在商业银行，以每个客户的名义单独立户管理。具体办法和实施步骤由国务院规定。

证券公司不得将客户的交易结算资金和证券归入其自有财产。禁止任何单位或者个人以任何形式挪用客户的交易结算资金和证券。证券公司破产或者清算时，客户的交易结算资金和证券不属于其破产财产或者清算财产。非因客户本身的债务或者法律规定的其他情形，不得查封、冻结、扣划或者强制执行客户的交易结算资金和证券。

第一百四十条 证券公司办理经纪业务，应当置备统一制定的证券买卖委托书，供委托人使用。采取其他委托方式的，必须作出委托记录。

客户的证券买卖委托，不论是否成交，其委托记录应当按照规定的期限，保存于证券公司。

第一百四十一条 证券公司接受证券买卖的委托，应当根据委托书载明的证券名称、买卖数量、出价方式、价格幅度等，按照交易规则代理买卖证券，如实进行交易记录；买卖成交后，应当按照规定制作买卖成交报告单交付客户。

证券交易中确认交易行为及其交易结果的对账单必须真实，并由交易经办人员以外的审核人员逐笔审核，保证账面证券余额与实际持有的证券相一致。

第一百四十二条 证券公司为客户买卖证券提供融资融券服务，应当按照国务院的规定并经国务院证券监督管理机构批准。

第一百四十三条 证券公司办理经纪业务，不得接受客户的全权委托而决定证券买卖、选择证券种类、决定买卖数量或者买卖价格。

第一百四十四条 证券公司不得以任何方式对客户证券买卖的收益或者赔偿证券买卖的损失作出承诺。

第一百四十五条 证券公司及其从业人员不得未经过其依法设立的营业场所私下接受客户委托买卖证券。

第一百四十六条 证券公司的从业人员在证券交易活动中，执行所属的证券公司的指令或者利用职务违反交易规则的，由所属的证券公司承担全部责任。

第一百四十七条 证券公司应当妥善保存客户开户资料、委托记录、交易记录和与内部管理、业务经营有关的各项资料，任何人不得隐匿、伪造、篡改或者毁损。上述资料的保存期限不得少于二十年。

第一百四十八条 证券公司应当按照规定向国务院证券监督管理机构报送业务、财务等经营管理信息和资料。国务院证券监督管理机构有权要求证券公司及其股东、实际控制人在指定的期限内提供有关信息、资料。

证券公司及其股东、实际控制人向国务院证券监督管理机构报送或者提供的信息、资料，必须真实、准确、完整。

第一百四十九条 国务院证券监督管理机构认为有必要时，可以委托会计师事务所、资产评估机构对证券公司的财务状况、内部控制状况、资产价值进行审计或者评估。具体办法由国务院证券监督管理机构会同有关主管部门制定。

第一百五十条 证券公司的净资本或者其他风险控制指标不符合规定的，国务院证券监督管理机构应当责令其限期改正；逾期未改正，或者其行为严重危及该证券公司的稳健运行、损害客户合法权益的，国务院证券监督管理机构可以区别情形，对其采取下列措施：

（一）限制业务活动，责令暂停部分业务，停止批准新业务；

（二）停止批准增设、收购营业性分支机构；

（三）限制分配红利，限制向董事、监事、高级管理人员支付报酬、提供福利；

（四）限制转让财产或者在财产上设定其他权利；

（五）责令更换董事、监事、高级管理人员或者限制其权利；

（六）责令控股股东转让股权或者限制有关股东行使股东权利；

（七）撤销有关业务许可。

证券公司整改后，应当向国务院证券监督管理机构提交报告。国务院证券监督管理机构经验收，符合有关风险控制指标的，应当自验收完毕之日起三日内解除对其采取的前款规定的有关措施。

第一百五十一条 证券公司的股东有虚假出资、抽逃出资行为的，国务院证券监督管理机构应当责令其限期改正，并可责令其转让所持证券公司的股权。

在前款规定的股东按照要求改正违法行为、转让所持证券公司的股权前，国务院证券监督管理机构可以限制其股东权利。

第一百五十二条 证券公司的董事、监事、高级管理人员未能勤勉尽责，致使证券公司存在重大违法违规行为或者重大风险的，国务院证券监督管理机构可以撤销其任职资格，并责令公司予以更换。

第一百五十三条 证券公司违法经营或者出现重大风险，严重危害证券市场秩序、损害投资者利益的，国务院证券监督管理机构可以对该证券公司采取责令停业整顿、指定其他机构托管、接管或者撤销等监管措施。

第一百五十四条 在证券公司被责令停业整顿、被依法指定托管、接管或者清算期间，或者出现重大风险时，经国务院证券监督管理机构批准，可以对该证券公司直接负责的董事、监事、高级管理人员和其他直接责任人员采取以下措施：

（一）通知出境管理机关依法阻止其出境；

（二）申请司法机关禁止其转移、转让或者以其他方式处分财产，或者在财产上设定其他权利。

第七章　证券登记结算机构

第一百五十五条　证券登记结算机构是为证券交易提供集中登记、存管与结算服务，不以营利为目的的法人。

设立证券登记结算机构必须经国务院证券监督管理机构批准。

第一百五十六条　设立证券登记结算机构，应当具备下列条件：

（一）自有资金不少于人民币二亿元；

（二）具有证券登记、存管和结算服务所必须的场所和设施；

（三）主要管理人员和从业人员必须具有证券从业资格；

（四）国务院证券监督管理机构规定的其他条件。

证券登记结算机构的名称中应当标明证券登记结算字样。

第一百五十七条　证券登记结算机构履行下列职能：

（一）证券账户、结算账户的设立；

（二）证券的存管和过户；

（三）证券持有人名册登记；

（四）证券交易所上市证券交易的清算和交收；

（五）受发行人的委托派发证券权益；

（六）办理与上述业务有关的查询；

（七）国务院证券监督管理机构批准的其他业务。

第一百五十八条　证券登记结算采取全国集中统一的运营方式。

证券登记结算机构章程、业务规则应当依法制定，并经国务院证券监督管理机构批准。

第一百五十九条　证券持有人持有的证券，在上市交易时，应当全部存管在证券登记结算机构。

证券登记结算机构不得挪用客户的证券。

第一百六十条　证券登记结算机构应当向证券发行人提供证券持有人名

册及其有关资料。

证券登记结算机构应当根据证券登记结算的结果，确认证券持有人持有证券的事实，提供证券持有人登记资料。

证券登记结算机构应当保证证券持有人名册和登记过户记录真实、准确、完整，不得隐匿、伪造、篡改或者毁损。

第一百六十一条　证券登记结算机构应当采取下列措施保证业务的正常进行：

（一）具有必备的服务设备和完善的数据安全保护措施；

（二）建立完善的业务、财务和安全防范等管理制度；

（三）建立完善的风险管理系统。

第一百六十二条　证券登记结算机构应当妥善保存登记、存管和结算的原始凭证及有关文件和资料。其保存期限不得少于二十年。

第一百六十三条　证券登记结算机构应当设立证券结算风险基金，用于垫付或者弥补因违约交收、技术故障、操作失误、不可抗力造成的证券登记结算机构的损失。

证券结算风险基金从证券登记结算机构的业务收入和收益中提取，并可以由结算参与人按照证券交易业务量的一定比例缴纳。

证券结算风险基金的筹集、管理办法，由国务院证券监督管理机构会同国务院财政部门规定。

第一百六十四条　证券结算风险基金应当存入指定银行的专门账户，实行专项管理。

证券登记结算机构以证券结算风险基金赔偿后，应当向有关责任人追偿。

第一百六十五条　证券登记结算机构申请解散，应当经国务院证券监督管理机构批准。

第一百六十六条　投资者委托证券公司进行证券交易，应当申请开立证券账户。证券登记结算机构应当按照规定以投资者本人的名义为投资者开立证券账户。

投资者申请开立账户，必须持有证明中国公民身份或者中国法人资格的合法证件。国家另有规定的除外。

第一百六十七条　证券登记结算机构为证券交易提供净额结算服务时，应当要求结算参与人按照货银对付的原则，足额交付证券和资金，并提供交收担保。

在交收完成之前，任何人不得动用用于交收的证券、资金和担保物。

结算参与人未按时履行交收义务的，证券登记结算机构有权按照业务规则处理前款所述财产。

第一百六十八条　证券登记结算机构按照业务规则收取的各类结算资金和证券，必须存放于专门的清算交收账户，只能按业务规则用于已成交的证券交易的清算交收，不得被强制执行。

第八章　证券服务机构

第一百六十九条　投资咨询机构、财务顾问机构、资信评级机构、资产评估机构、会计师事务所从事证券服务业务，必须经国务院证券监督管理机构和有关主管部门批准。

投资咨询机构、财务顾问机构、资信评级机构、资产评估机构、会计师事务所从事证券服务业务的审批管理办法，由国务院证券监督管理机构和有关主管部门制定。

第一百七十条　投资咨询机构、财务顾问机构、资信评级机构从事证券服务业务的人员，必须具备证券专业知识和从事证券业务或者证券服务业务二年以上经验。认定其证券从业资格的标准和管理办法，由国务院证券监督管理机构制定。

第一百七十一条　投资咨询机构及其从业人员从事证券服务业务不得有下列行为：

（一）代理委托人从事证券投资；

（二）与委托人约定分享证券投资收益或者分担证券投资损失；

（三）买卖本咨询机构提供服务的上市公司股票；

（四）利用传播媒介或者通过其他方式提供、传播虚假或者误导投资者的信息；

（五）法律、行政法规禁止的其他行为。

有前款所列行为之一，给投资者造成损失的，依法承担赔偿责任。

第一百七十二条　从事证券服务业务的投资咨询机构和资信评级机构，应当按照国务院有关主管部门规定的标准或者收费办法收取服务费用。

第一百七十三条　证券服务机构为证券的发行、上市、交易等证券业务活动制作、出具审计报告、资产评估报告、财务顾问报告、资信评级报告或者法律意见书等文件，应当勤勉尽责，对所依据的文件资料内容的真实性、准确性、完整性进行核查和验证。其制作、出具的文件有虚假记载、误导性陈述或者重大遗漏，给他人造成损失的，应当与发行人、上市公司承担连带赔偿责任，但是能够证明自己没有过错的除外。

第九章 证券业协会

第一百七十四条 证券业协会是证券业的自律性组织，是社会团体法人。

证券公司应当加入证券业协会。

证券业协会的权力机构为全体会员组成的会员大会。

第一百七十五条 证券业协会章程由会员大会制定，并报国务院证券监督管理机构备案。

第一百七十六条 证券业协会履行下列职责：

（一）教育和组织会员遵守证券法律、行政法规；

（二）依法维护会员的合法权益，向证券监督管理机构反映会员的建议和要求；

（三）收集整理证券信息，为会员提供服务；

（四）制定会员应遵守的规则，组织会员单位的从业人员的业务培训，开展会员间的业务交流；

（五）对会员之间、会员与客户之间发生的证券业务纠纷进行调解；

（六）组织会员就证券业的发展、运作及有关内容进行研究；

（七）监督、检查会员行为，对违反法律、行政法规或者协会章程的，按照规定给予纪律处分；

（八）证券业协会章程规定的其他职责。

第一百七十七条 证券业协会设理事会。理事会成员依章程的规定由选举产生。

第十章 证券监督管理机构

第一百七十八条 国务院证券监督管理机构依法对证券市场实行监督管理，维护证券市场秩序，保障其合法运行。

第一百七十九条 国务院证券监督管理机构在对证券市场实施监督管理中履行下列职责：

（一）依法制定有关证券市场监督管理的规章、规则，并依法行使审批或者核准权；

（二）依法对证券的发行、上市、交易、登记、存管、结算，进行监督管理；

（三）依法对证券发行人、上市公司、证券公司、证券投资基金管理公司、证券服务机构、证券交易所、证券登记结算机构的证券业务活动，进行监督管理；

（四）依法制定从事证券业务人员的资格标准和行为准则，并监督实施；

（五）依法监督检查证券发行、上市和交易的信息公开情况；

（六）依法对证券业协会的活动进行指导和监督；

（七）依法对违反证券市场监督管理法律、行政法规的行为进行查处；

（八）法律、行政法规规定的其他职责。

国务院证券监督管理机构可以和其他国家或者地区的证券监督管理机构建立监督管理合作机制，实施跨境监督管理。

第一百八十条 国务院证券监督管理机构依法履行职责，有权采取下列措施：

（一）对证券发行人、上市公司、证券公司、证券投资基金管理公司、证券服务机构、证券交易所、证券登记结算机构进行现场检查；

（二）进入涉嫌违法行为发生场所调查取证；

（三）询问当事人和与被调查事件有关的单位和个人，要求其对与被调查事件有关的事项作出说明；

（四）查阅、复制与被调查事件有关的财产权登记、通讯记录等资料；

（五）查阅、复制当事人和与被调查事件有关的单位和个人的证券交易记录、登记过户记录、财务会计资料及其他相关文件和资料；对可能被转移、隐匿或者毁损的文件和资料，可以予以封存；

（六）查询当事人和与被调查事件有关的单位和个人的资金账户、证券账户和银行账户；对有证据证明已经或者可能转移或者隐匿违法资金、证券等涉案财产或者隐匿、伪造、毁损重要证据的，经国务院证券监督管理机构主要负责人批准，可以冻结或者查封；

（七）在调查操纵证券市场、内幕交易等重大证券违法行为时，经国务院证券监督管理机构主要负责人批准，可以限制被调查事件当事人的证券买卖，但限制的期限不得超过十五个交易日；案情复杂的，可以延长十五个交易日。

第一百八十一条 国务院证券监督管理机构依法履行职责，进行监督检查或者调查，其监督检查、调查的人员不得少于二人，并应当出示合法证件和监督检查、调查通知书。监督检查、调查的人员少于二人或者未出示合法证件和监督检查、调查通知书的，被检查、调查的单位有权拒绝。

第一百八十二条　国务院证券监督管理机构工作人员必须忠于职守，依法办事，公正廉洁，不得利用职务便利牟取不正当利益，不得泄露所知悉的有关单位和个人的商业秘密。

第一百八十三条　国务院证券监督管理机构依法履行职责，被检查、调查的单位和个人应当配合，如实提供有关文件和资料，不得拒绝、阻碍和隐瞒。

第一百八十四条　国务院证券监督管理机构依法制定的规章、规则和监督管理工作制度应当公开。

国务院证券监督管理机构依据调查结果，对证券违法行为作出的处罚决定，应当公开。

第一百八十五条　国务院证券监督管理机构应当与国务院其他金融监督管理机构建立监督管理信息共享机制。

国务院证券监督管理机构依法履行职责，进行监督检查或者调查时，有关部门应当予以配合。

第一百八十六条　国务院证券监督管理机构依法履行职责，发现证券违法行为涉嫌犯罪的，应当将案件移送司法机关处理。

第一百八十七条　国务院证券监督管理机构的人员不得在被监管的机构中任职。

第十一章　法律责任

第一百八十八条　未经法定机关核准，擅自公开或者变相公开发行证券的，责令停止发行，退还所募资金并加算银行同期存款利息，处以非法所募资金金额百分之一以上百分之五以下的罚款；对擅自公开或者变相公开发行证券设立的公司，由依法履行监督管理职责的机构或者部门会同县级以上地方人民政府予以取缔。对直接负责的主管人员和其他直接责任人员给予警告，并处以三万元以上三十万元以下的罚款。

第一百八十九条　发行人不符合发行条件，以欺骗手段骗取发行核准，尚未发行证券的，处以三十万元以上六十万元以下的罚款；已经发行证券的，处以非法所募资金金额百分之一以上百分之五以下的罚款。对直接负责的主管人员和其他直接责任人员处以三万元以上三十万元以下的罚款。

发行人的控股股东、实际控制人指使从事前款违法行为的，依照前款的规定处罚。

第一百九十条 证券公司承销或者代理买卖未经核准擅自公开发行的证券的，责令停止承销或者代理买卖，没收违法所得，并处以违法所得一倍以上五倍以下的罚款；没有违法所得或者违法所得不足三十万元的，处以三十万元以上六十万元以下的罚款。给投资者造成损失的，应当与发行人承担连带赔偿责任。对直接负责的主管人员和其他直接责任人员给予警告，撤销任职资格或者证券从业资格，并处以三万元以上三十万元以下的罚款。

第一百九十一条 证券公司承销证券，有下列行为之一的，责令改正，给予警告，没收违法所得，可以并处三十万元以上六十万元以下的罚款；情节严重的，暂停或者撤销相关业务许可。给其他证券承销机构或者投资者造成损失的，依法承担赔偿责任。对直接负责的主管人员和其他直接责任人员给予警告，可以并处三万元以上三十万元以下的罚款；情节严重的，撤销任职资格或者证券从业资格：

（一）进行虚假的或者误导投资者的广告或者其他宣传推介活动；

（二）以不正当竞争手段招揽承销业务；

（三）其他违反证券承销业务规定的行为。

第一百九十二条 保荐人出具有虚假记载、误导性陈述或者重大遗漏的保荐书，或者不履行其他法定职责的，责令改正，给予警告，没收业务收入，并处以业务收入一倍以上五倍以下的罚款；情节严重的，暂停或者撤销相关业务许可。对直接负责的主管人员和其他直接责任人员给予警告，并处以三万元以上三十万元以下的罚款；情节严重的，撤销任职资格或者证券从业资格。

第一百九十三条 发行人、上市公司或者其他信息披露义务人未按照规定披露信息，或者所披露的信息有虚假记载、误导性陈述或者重大遗漏的，责令改正，给予警告，并处以三十万元以上六十万元以下的罚款。对直接负责的主管人员和其他直接责任人员给予警告，并处以三万元以上三十万元以下的罚款。

发行人、上市公司或者其他信息披露义务人未按照规定报送有关报告，或者报送的报告有虚假记载、误导性陈述或者重大遗漏的，责令改正，给予警告，并处以三十万元以上六十万元以下的罚款。对直接负责的主管人员和其他直接责任人员给予警告，并处以三万元以上三十万元以下的罚款。

发行人、上市公司或者其他信息披露义务人的控股股东、实际控制人指使从事前两款违法行为的，依照前两款的规定处罚。

第一百九十四条 发行人、上市公司擅自改变公开发行证券所募集资金的用途的，责令改正，对直接负责的主管人员和其他直接责任人员给予警告，并处以三万元以上三十万元以下的罚款。

发行人、上市公司的控股股东、实际控制人指使从事前款违法行为的，给予警告，并处以三十万元以上六十万元以下的罚款。对直接负责的主管人员和其他直接责任人员依照前款的规定处罚。

第一百九十五条 上市公司的董事、监事、高级管理人员、持有上市公司股份百分之五以上的股东，违反本法第四十七条的规定买卖本公司股票的，给予警告，可以并处三万元以上十万元以下的罚款。

第一百九十六条 非法开设证券交易场所的，由县级以上人民政府予以取缔，没收违法所得，并处以违法所得一倍以上五倍以下的罚款；没有违法所得或者违法所得不足十万元的，处以十万元以上五十万元以下的罚款。对直接负责的主管人员和其他直接责任人员给予警告，并处以三万元以上三十万元以下的罚款。

第一百九十七条 未经批准，擅自设立证券公司或者非法经营证券业务的，由证券监督管理机构予以取缔，没收违法所得，并处以违法所得一倍以上五倍以下的罚款；没有违法所得或者违法所得不足三十万元的，处以三十万元以上六十万元以下的罚款。对直接负责的主管人员和其他直接责任人员给予警告，并处以三万元以上三十万元以下的罚款。

第一百九十八条 违反本法规定，聘任不具有任职资格、证券从业资格的人员的，由证券监督管理机构责令改正，给予警告，可以并处十万元以上三十万元以下的罚款；对直接负责的主管人员给予警告，可以并处三万元以上十万元以下的罚款。

第一百九十九条 法律、行政法规规定禁止参与股票交易的人员，直接或者以化名、借他人名义持有、买卖股票的，责令依法处理非法持有的股票，没收违法所得，并处以买卖股票等值以下的罚款；属于国家工作人员的，还应当依法给予行政处分。

第二百条 证券交易所、证券公司、证券登记结算机构、证券服务机构的从业人员或者证券业协会的工作人员，故意提供虚假资料，隐匿、伪造、篡改或者毁损交易记录，诱骗投资者买卖证券的，撤销证券从业资格，并处以三万元以上十万元以下的罚款；属于国家工作人员的，还应当依法给予行政处分。

第二百零一条 为股票的发行、上市、交易出具审计报告、资产评估报告或者法律意见书等文件的证券服务机构和人员，违反本法第四十五条的规定买卖股票的，责令依法处理非法持有的股票，没收违法所得，并处以买卖股票等值以下的罚款。

第二百零二条 证券交易内幕信息的知情人或者非法获取内幕信息的人，在涉及证券的发行、交易或者其他对证券的价格有重大影响的信息公开前，买卖该证券，或者泄露该信息，或者建议他人买卖该证券的，责令依法处理非法持有的证券，没收违法所得，并处以违法所得一倍以上五倍以下的罚款；没有违法所得或者违法所得不足三万元的，处以三万元以上六十万元以下的罚款。单位从事内幕交易的，还应当对直接负责的主管人员和其他直接责任人员给予警告，并处以三万元以上三十万元以下的罚款。证券监督管理机构工作人员进行内幕交易的，从重处罚。

第二百零三条 违反本法规定，操纵证券市场的，责令依法处理非法持有的证券，没收违法所得，并处以违法所得一倍以上五倍以下的罚款；没有违法所得或者违法所得不足三十万元的，处以三十万元以上三百万元以下的罚款。单位操纵证券市场的，还应当对直接负责的主管人员和其他直接责任人员给予警告，并处以十万元以上六十万元以下的罚款。

第二百零四条 违反法律规定，在限制转让期限内买卖证券的，责令改正，给予警告，并处以买卖证券等值以下的罚款。对直接负责的主管人员和其他直接责任人员给予警告，并处以三万元以上三十万元以下的罚款。

第二百零五条 证券公司违反本法规定，为客户买卖证券提供融资融券的，没收违法所得，暂停或者撤销相关业务许可，并处以非法融资融券等值以下的罚款。对直接负责的主管人员和其他直接责任人员给予警告，撤销任职资格或者证券从业资格，并处以三万元以上三十万元以下的罚款。

第二百零六条 违反本法第七十八条第一款、第三款的规定，扰乱证券市场的，由证券监督管理机构责令改正，没收违法所得，并处以违法所得一倍以上五倍以下的罚款；没有违法所得或者违法所得不足三万元的，处以三万元以上二十万元以下的罚款。

第二百零七条 违反本法第七十八条第二款的规定，在证券交易活动中作出虚假陈述或者信息误导的，责令改正，处以三万元以上二十万元以下的罚款；属于国家工作人员的，还应当依法给予行政处分。

第二百零八条 违反本法规定，法人以他人名义设立账户或者利用他人账户买卖证券的，责令改正，没收违法所得，并处以违法所得一倍以上五倍以下的罚款；没有违法所得或者违法所得不足三万元的，处以三万元以上三十万元以下的罚款。对直接负责的主管人员和其他直接责任人员给予警告，并处以三万元以上十万元以下的罚款。

证券公司为前款规定的违法行为提供自己或者他人的证券交易账户的，除依照前款的规定处罚外，还应当撤销直接负责的主管人员和其他直接责任人员的任职资格或者证券从业资格。

第二百零九条 证券公司违反本法规定，假借他人名义或者以个人名义从事证券自营业务的，责令改正，没收违法所得，并处以违法所得一倍以上五倍以下的罚款；没有违法所得或者违法所得不足三十万元的，处以三十万元以上六十万元以下的罚款；情节严重的，暂停或者撤销证券自营业务许可。对直接负责的主管人员和其他直接责任人员给予警告，撤销任职资格或者证券从业资格，并处以三万元以上十万元以下的罚款。

第二百一十条 证券公司违背客户的委托买卖证券、办理交易事项，或者违背客户真实意思表示，办理交易以外的其他事项的，责令改正，处以一万元以上十万元以下的罚款。给客户造成损失的，依法承担赔偿责任。

第二百一十一条 证券公司、证券登记结算机构挪用客户的资金或者证券，或者未经客户的委托，擅自为客户买卖证券的，责令改正，没收违法所得，并处以违法所得一倍以上五倍以下的罚款；没有违法所得或者违法所得不足十万元的，处以十万元以上六十万元以下的罚款；情节严重的，责令关闭或者撤销相关业务许可。对直接负责的主管人员和其他直接责任人员给予警告，撤销任职资格或者证券从业资格，并处以三万元以上三十万元以下的罚款。

第二百一十二条 证券公司办理经纪业务，接受客户的全权委托买卖证券的，或者证券公司对客户买卖证券的收益或者赔偿证券买卖的损失作出承诺的，责令改正，没收违法所得，并处以五万元以上二十万元以下的罚款，可以暂停或者撤销相关业务许可。对直接负责的主管人员和其他直接责任人员给予警告，并处以三万元以上十万元以下的罚款，可以撤销任职资格或者证券从业资格。

第二百一十三条 收购人未按照本法规定履行上市公司收购的公告、发出收购要约等义务的，责令改正，给予警告，并处以十万元以上三十万元以下的罚款；在改正前，收购人对其收购或者通过协议、其他安排与他人共同收购的股份不得行使表决权。对直接负责的主管人员和其他直接责任人员给予警告，并处以三万元以上三十万元以下的罚款。

第二百一十四条 收购人或者收购人的控股股东，利用上市公司收购，损害被收购公司及其股东的合法权益的，责令改正，给予警告；情节严重的，并处以十万元以上六十万元以下的罚款。给被收购公司及其股东造成损失的，依法承担赔偿责任。对直接负责的主管人员和其他直接责任人员给予警告，并处以三万元以上三十万元以下的罚款。

第二百一十五条 证券公司及其从业人员违反本法规定，私下接受客户委托买卖证券的，责令改正，给予警告，没收违法所得，并处以违法所得一倍以上五倍以下的罚款；没有违法所得或者违法所得不足十万元的，处以十万元以上三十万元以下的罚款。

第二百一十六条 证券公司违反规定，未经批准经营非上市证券的交易的，责令改正，没收违法所得，并处以违法所得一倍以上五倍以下的罚款。

第二百一十七条 证券公司成立后，无正当理由超过三个月未开始营业的，或者开业后自行停业连续三个月以上的，由公司登记机关吊销其公司营业执照。

第二百一十八条 证券公司违反本法第一百二十九条的规定，擅自设立、收购、撤销分支机构，或者合并、分立、停业、解散、破产，或者在境外设立、收购、参股证券经营机构的，责令改正，没收违法所得，并处以违法所得一倍以上五倍以下的罚款；没有违法所得或者违法所得不足十万元的，处以十万元以上六十万元以下的罚款。对直接负责的主管人员给予警告，并处以三万元以上十万元以下的罚款。

证券公司违反本法第一百二十九条的规定，擅自变更有关事项的，责令改正，并处以十万元以上三十万元以下的罚款。对直接负责的主管人员给予警告，并处以五万元以下的罚款。

第二百一十九条 证券公司违反本法规定，超出业务许可范围经营证券业务的，责令改正，没收违法所得，并处以违法所得一倍以上五倍以下的罚款；没有违法所得或者违法所得不足三十万元的，处以三十万元以上六十万元以下罚款；情节严重的，责令关闭。对直接负责的主管人员和其他直接责任人员给予警告，撤销任职资格或者证券从业资格，并处以三万元以上十万元以下的罚款。

第二百二十条 证券公司对其证券经纪业务、证券承销业务、证券自营业务、证券资产管理业务，不依法分开办理，混合操作的，责令改正，没收违法所得，并处以三十万元以上六十万元以下的罚款；情节严重的，撤销相关业务许可。对直接负责的主管人员和其他直接责任人员给予警告，并处以三万元以上十万元以下的罚款；情节严重的，撤销任职资格或者证券从业资格。

第二百二十一条 提交虚假证明文件或者采取其他欺诈手段隐瞒重要事实骗取证券业务许可的，或者证券公司在证券交易中有严重违法行为，不再具备经营资格的，由证券监督管理机构撤销证券业务许可。

第二百二十二条 证券公司或者其股东、实际控制人违反规定，拒不向证券监督管理机构报送或者提供经营管理信息和资料，或者报送、提供的经营管理信息和资料有虚假记载、误导性陈述或者重大遗漏的，责令改正，给予警告，并处以三万元以上三十万元以下的罚款，可以暂停或者撤销证券公司相关业务许可。对直接负责的主管人员和其他直接责任人员，给予警告，并处以三万元以下的罚款，可以撤销任职资格或者证券从业资格。

证券公司为其股东或者股东的关联人提供融资或者担保的，责令改正，给予警告，并处以十万元以上三十万元以下的罚款。对直接负责的主管人员和其他直接责任人员，处以三万元以上十万元以下的罚款。股东有过错的，在按照要求改正前，国务院证券监督管理机构可以限制其股东权利；拒不改正的，可以责令其转让所持证券公司股权。

第二百二十三条 证券服务机构未勤勉尽责，所制作、出具的文件有虚假记载、误导性陈述或者重大遗漏的，责令改正，没收业务收入，暂停或者撤销证券服务业务许可，并处以业务收入一倍以上五倍以下的罚款。对直接负责的主管人员和其他直接责任人员给予警告，撤销证券从业资格，并处以三万元以上十万元以下的罚款。

第二百二十四条 违反本法规定，发行、承销公司债券的，由国务院授权的部门依照本法有关规定予以处罚。

第二百二十五条 上市公司、证券公司、证券交易所、证券登记结算机构、证券服务机构，未按照有关规定保存有关文件和资料的，责令改正，给予警告，并处以三万元以上三十万元以下的罚款；隐匿、伪造、篡改或者毁损有关文件和资料的，给予警告，并处以三十万元以上六十万元以下的罚款。

第二百二十六条 未经国务院证券监督管理机构批准，擅自设立证券登记结算机构的，由证券监督管理机构予以取缔，没收违法所得，并处以违法所得一倍以上五倍以下的罚款。

投资咨询机构、财务顾问机构、资信评级机构、资产评估机构、会计师事务所未经批准，擅自从事证券服务业务的，责令改正，没收违法所得，并处以违法所得一倍以上五倍以下的罚款。

证券登记结算机构、证券服务机构违反本法规定或者依法制定的业务规则的，由证券监督管理机构责令改正，没收违法所得，并处以违法所得一倍以上五倍以下的罚款；没有违法所得或者违法所得不足十万元的，处以十万元以上三十万元以下的罚款；情节严重的，责令关闭或者撤销证券服务业务许可。

第二百二十七条 国务院证券监督管理机构或者国务院授权的部门有下列情形之一的，对直接负责的主管人员和其他直接责任人员，依法给予行政处分：

（一）对不符合本法规定的发行证券、设立证券公司等申请予以核准、批准的；

（二）违反规定采取本法第一百八十条规定的现场检查、调查取证、查询、冻结或者查封等措施的；

（三）违反规定对有关机构和人员实施行政处罚的；

（四）其他不依法履行职责的行为。

第二百二十八条 证券监督管理机构的工作人员和发行审核委员会的组成人员，不履行本法规定的职责，滥用职权、玩忽职守，利用职务便利牟取不正当利益，或者泄露所知悉的有关单位和个人的商业秘密的，依法追究法律责任。

第二百二十九条 证券交易所对不符合本法规定条件的证券上市申请予以审核同意的，给予警告，没收业务收入，并处以业务收入一倍以上五倍以下的罚款。对直接负责的主管人员和其他直接责任人员给予警告，并处以三万元以上三十万元以下的罚款。

第二百三十条 拒绝、阻碍证券监督管理机构及其工作人员依法行使监督检查、调查职权未使用暴力、威胁方法的，依法给予治安管理处罚。

第二百三十一条 违反本法规定，构成犯罪的，依法追究刑事责任。

第二百三十二条 违反本法规定，应当承担民事赔偿责任和缴纳罚款、罚金，其财产不足以同时支付时，先承担民事赔偿责任。

第二百三十三条 违反法律、行政法规或者国务院证券监督管理机构的有关规定，情节严重的，国务院证券监督管理机构可以对有关责任人员采取证券市场禁入的措施。

前款所称证券市场禁入，是指在一定期限内直至终身不得从事证券业务或者不得担任上市公司董事、监事、高级管理人员的制度。

第二百三十四条 依照本法收缴的罚款和没收的违法所得，全部上缴国库。

第二百三十五条 当事人对证券监督管理机构或者国务院授权的部门的处罚决定不服的，可以依法申请行政复议，或者依法直接向人民法院提起诉讼。

第十二章 附 则

第二百三十六条 本法施行前依照行政法规已批准在证券交易所上市交易的证券继续依法进行交易。

本法施行前依照行政法规和国务院金融行政管理部门的规定经批准设立的证券经营机构，不完全符合本法规定的，应当在规定的限期内达到本法规定的要求。具体实施办法，由国务院另行规定。

第二百三十七条 发行人申请核准公开发行股票、公司债券，应当按照规定缴纳审核费用。

第二百三十八条 境内企业直接或者间接到境外发行证券或者将其证券在境外上市交易，必须经国务院证券监督管理机构依照国务院的规定批准。

第二百三十九条 境内公司股票以外币认购和交易的，具体办法由国务院另行规定。

第二百四十条 本法自2006年1月1日起施行。

中华人民共和国公司法

（1993 年 12 月 29 日第八届全国人民代表大会常务委员会第五次会议通过　根据 1999 年 12 月 25 日第九届全国人民代表大会常务委员会第十三次会议《关于修改〈中华人民共和国公司法〉的决定》第一次修正　根据 2004 年 8 月 28 日第十届全国人民代表大会常务委员会第十一次会议《关于修改〈中华人民共和国公司法〉的决定》第二次修正　2005 年 10 月 27 日第十届全国人民代表大会常务委员会第十八次会议修订　根据 2013 年 12 月 28 日第十二届全国人民代表大会常务委员会第六次会议《关于修改〈中华人民共和国海洋环境保护法〉等七部法律的决定》第三次修正　根据 2018 年 10 月 26 日第十三届全国人民代表大会常务委员会第六次会议《关于修改〈中华人民共和国公司法〉的决定》第四次修正）

目　　录

第一章　总　　则

第一条　为了规范公司的组织和行为，保护公司、股东和债权人的合法权益，维护社会经济秩序，促进社会主义市场经济的发展，制定本法。

第二条　本法所称公司是指依照本法在中国境内设立的有限责任公司和股份有限公司。

第三条　公司是企业法人，有独立的法人财产，享有法人财产权。公司以其全部财产对公司的债务承担责任。

有限责任公司的股东以其认缴的出资额为限对公司承担责任；股份有限公司的股东以其认购的股份为限对公司承担责任。

第四条　公司股东依法享有资产收益、参与重大决策和选择管理者等权利。

第五条　公司从事经营活动，必须遵守法律、行政法规，遵守社会公德、商业道德，诚实守信，接受政府和社会公众的监督，承担社会责任。

公司的合法权益受法律保护，不受侵犯。

第六条　设立公司，应当依法向公司登记机关申请设立登记。符合本法规定的设立条件的，由公司登记机关分别登记为有限责任公司或者股份有限公司；不符合本法规定的设立条件的，不得登记为有限责任公司或者股份有限公司。

法律、行政法规规定设立公司必须报经批准的，应当在公司登记前依法办理批准手续。

公众可以向公司登记机关申请查询公司登记事项，公司登记机关应当提供查询服务。

第七条　依法设立的公司，由公司登记机关发给公司营业执照。公司营业执照签发日期为公司成立日期。

公司营业执照应当载明公司的名称、住所、注册资本、经营范围、法定代表人姓名等事项。

公司营业执照记载的事项发生变更的，公司应当依法办理变更登记，由公司登记机关换发营业执照。

第八条 依照本法设立的有限责任公司，必须在公司名称中标明有限责任公司或者有限公司字样。

依照本法设立的股份有限公司，必须在公司名称中标明股份有限公司或者股份公司字样。

第九条 有限责任公司变更为股份有限公司，应当符合本法规定的股份有限公司的条件。股份有限公司变更为有限责任公司，应当符合本法规定的有限责任公司的条件。

有限责任公司变更为股份有限公司的，或者股份有限公司变更为有限责任公司的，公司变更前的债权、债务由变更后的公司承继。

第十条 公司以其主要办事机构所在地为住所。

第十一条 设立公司必须依法制定公司章程。公司章程对公司、股东、董事、监事、高级管理人员具有约束力。

第十二条 公司的经营范围由公司章程规定，并依法登记。公司可以修改公司章程，改变经营范围，但是应当办理变更登记。

公司的经营范围中属于法律、行政法规规定须经批准的项目，应当依法经过批准。

第十三条 公司法定代表人依照公司章程的规定，由董事长、执行董事或者经理担任，并依法登记。公司法定代表人变更，应当办理变更登记。

第十四条 公司可以设立分公司。设立分公司，应当向公司登记机关申请登记，领取营业执照。分公司不具有法人资格，其民事责任由公司承担。

公司可以设立子公司，子公司具有法人资格，依法独立承担民事责任。

第十五条 公司可以向其他企业投资；但是，除法律另有规定外，不得成为对所投资企业的债务承担连带责任的出资人。

第十六条 公司向其他企业投资或者为他人提供担保，依照公司章程的规定，由董事会或者股东会、股东大会决议；公司章程对投资或者担保的总额及单项投资或者担保的数额有限额规定的，不得超过规定的限额。

公司为公司股东或者实际控制人提供担保的，必须经股东会或者股东大会决议。

前款规定的股东或者受前款规定的实际控制人支配的股东，不得参加前款规定事项的表决。该项表决由出席会议的其他股东所持表决权的过半数通过。

第十七条 公司必须保护职工的合法权益，依法与职工签订劳动合同，参加社会保险，加强劳动保护，实现安全生产。

公司应当采用多种形式，加强公司职工的职业教育和岗位培训，提高职工素质。

第十八条 公司职工依照《中华人民共和国工会法》组织工会，开展工会活动，维护职工合法权益。公司应当为本公司工会提供必要的活动条件。公司工会代表职工就职工的劳动报酬、工作时间、福利、保险和劳动安全卫生等事项依法与公司签订集体合同。

公司依照宪法和有关法律的规定，通过职工代表大会或者其他形式，实行民主管理。

公司研究决定改制以及经营方面的重大问题、制定重要的规章制度时，应当听取公司工会的意见，并通过职工代表大会或者其他形式听取职工的意见和建议。

第十九条 在公司中，根据中国共产党章程的规定，设立中国共产党的组织，开展党的活动。公司应当为党组织的活动提供必要条件。

第二十条 公司股东应当遵守法律、行政法规和公司章程，依法行使股东权利，不得滥用股东权利损害公司或者其他股东的利益；不得滥用公司法人独立地位和股东有限责任损害公司债权人的利益。

公司股东滥用股东权利给公司或者其他股东造成损失的，应当依法承担赔偿责任。

公司股东滥用公司法人独立地位和股东有限责任，逃避债务，严重损害公司债权人利益的，应当对公司债务承担连带责任。

第二十一条 公司的控股股东、实际控制人、董事、监事、高级管理人员不得利用其关联关系损害公司利益。

违反前款规定，给公司造成损失的，应当承担赔偿责任。

第二十二条 公司股东会或者股东大会、董事会的决议内容违反法律、行政法规的无效。

股东会或者股东大会、董事会的会议召集程序、表决方式违反法律、行政法规或者公司章程，或者决议内容违反公司章程的，股东可以自决议作出之日起六十日内，请求人民法院撤销。

股东依照前款规定提起诉讼的，人民法院可以应公司的请求，要求股东提供相应担保。

公司根据股东会或者股东大会、董事会决议已办理变更登记的，人民法院宣告该决议无效或者撤销该决议后，公司应当向公司登记机关申请撤销变更登记。

第二章　有限责任公司的设立和组织机构

第一节　设　　立

第二十三条　设立有限责任公司，应当具备下列条件：

（一）股东符合法定人数；

（二）有符合公司章程规定的全体股东认缴的出资额；

（三）股东共同制定公司章程；

（四）有公司名称，建立符合有限责任公司要求的组织机构；

（五）有公司住所。

第二十四条　有限责任公司由五十个以下股东出资设立。

第二十五条　有限责任公司章程应当载明下列事项：

（一）公司名称和住所；

（二）公司经营范围；

（三）公司注册资本；

（四）股东的姓名或者名称；

（五）股东的出资方式、出资额和出资时间；

（六）公司的机构及其产生办法、职权、议事规则；

（七）公司法定代表人；

（八）股东会会议认为需要规定的其他事项。

股东应当在公司章程上签名、盖章。

第二十六条　有限责任公司的注册资本为在公司登记机关登记的全体股东认缴的出资额。

法律、行政法规以及国务院决定对有限责任公司注册资本实缴、注册资本最低限额另有规定的，从其规定。

第二十七条 股东可以用货币出资，也可以用实物、知识产权、土地使用权等可以用货币估价并可以依法转让的非货币财产作价出资；但是，法律、行政法规规定不得作为出资的财产除外。

对作为出资的非货币财产应当评估作价，核实财产，不得高估或者低估作价。法律、行政法规对评估作价有规定的，从其规定。

第二十八条 股东应当按期足额缴纳公司章程中规定的各自所认缴的出资额。股东以货币出资的，应当将货币出资足额存入有限责任公司在银行开设的账户；以非货币财产出资的，应当依法办理其财产权的转移手续。

股东不按照前款规定缴纳出资的，除应当向公司足额缴纳外，还应当向已按期足额缴纳出资的股东承担违约责任。

第二十九条 股东认足公司章程规定的出资后，由全体股东指定的代表或者共同委托的代理人向公司登记机关报送公司登记申请书、公司章程等文件，申请设立登记。

第三十条 有限责任公司成立后，发现作为设立公司出资的非货币财产的实际价额显著低于公司章程所定价额的，应当由交付该出资的股东补足其差额；公司设立时的其他股东承担连带责任。

第三十一条 有限责任公司成立后，应当向股东签发出资证明书。

出资证明书应当载明下列事项：

（一）公司名称；

（二）公司成立日期；

（三）公司注册资本；

（四）股东的姓名或者名称、缴纳的出资额和出资日期；

（五）出资证明书的编号和核发日期。

出资证明书由公司盖章。

第三十二条 有限责任公司应当置备股东名册，记载下列事项：

（一）股东的姓名或者名称及住所；

（二）股东的出资额；

（三）出资证明书编号。

记载于股东名册的股东，可以依股东名册主张行使股东权利。

公司应当将股东的姓名或者名称向公司登记机关登记；登记事项发生变更的，应当办理变更登记。未经登记或者变更登记的，不得对抗第三人。

第三十三条 股东有权查阅、复制公司章程、股东会会议记录、董事会会议决议、监事会会议决议和财务会计报告。

股东可以要求查阅公司会计账簿。股东要求查阅公司会计账簿的，应当向公司提出书面请求，说明目的。公司有合理根据认为股东查阅会计账簿有不正当目的，可能损害公司合法利益的，可以拒绝提供查阅，并应当自股东提出书面请求之日起十五日内书面答复股东并说明理由。公司拒绝提供查阅的，股东可以请求人民法院要求公司提供查阅。

第三十四条 股东按照实缴的出资比例分取红利；公司新增资本时，股东有权优先按照实缴的出资比例认缴出资。但是，全体股东约定不按照出资比例分取红利或者不按照出资比例优先认缴出资的除外。

第三十五条 公司成立后，股东不得抽逃出资。

第二节 组织机构

第三十六条 有限责任公司股东会由全体股东组成。股东会是公司的权力机构，依照本法行使职权。

第三十七条 股东会行使下列职权：

（一）决定公司的经营方针和投资计划；

（二）选举和更换非由职工代表担任的董事、监事，决定有关董事、监事的报酬事项；

（三）审议批准董事会的报告；

（四）审议批准监事会或者监事的报告；

（五）审议批准公司的年度财务预算方案、决算方案；

（六）审议批准公司的利润分配方案和弥补亏损方案；

（七）对公司增加或者减少注册资本作出决议；

（八）对发行公司债券作出决议；

（九）对公司合并、分立、解散、清算或者变更公司形式作出决议；

（十）修改公司章程；

（十一）公司章程规定的其他职权。

对前款所列事项股东以书面形式一致表示同意的，可以不召开股东会会议，直接作出决定，并由全体股东在决定文件上签名、盖章。

第三十八条 首次股东会会议由出资最多的股东召集和主持，依照本法规定行使职权。

第三十九条 股东会会议分为定期会议和临时会议。

定期会议应当依照公司章程的规定按时召开。代表十分之一以上表决权的股东，三分之一以上的董事，监事会或者不设监事会的公司的监事提议召开临时会议的，应当召开临时会议。

第四十条 有限责任公司设立董事会的，股东会会议由董事会召集，董事长主持；董事长不能履行职务或者不履行职务的，由副董事长主持；副董事长不能履行职务或者不履行职务的，由半数以上董事共同推举一名董事主持。

有限责任公司不设董事会的，股东会会议由执行董事召集和主持。

董事会或者执行董事不能履行或者不履行召集股东会会议职责的，由监事会或者不设监事会的公司的监事召集和主持；监事会或者监事不召集和主持的，代表十分之一以上表决权的股东可以自行召集和主持。

第四十一条 召开股东会会议，应当于会议召开十五日前通知全体股东；但是，公司章程另有规定或者全体股东另有约定的除外。

股东会应当对所议事项的决定作成会议记录，出席会议的股东应当在会议记录上签名。

第四十二条 股东会会议由股东按照出资比例行使表决权；但是，公司章程另有规定的除外。

第四十三条 股东会的议事方式和表决程序，除本法有规定的外，由公司章程规定。

股东会会议作出修改公司章程、增加或者减少注册资本的决议，以及公司合并、分立、解散或者变更公司形式的决议，必须经代表三分之二以上表决权的股东通过。

第四十四条 有限责任公司设董事会，其成员为三人至十三人；但是，本法第五十条另有规定的除外。

两个以上的国有企业或者两个以上的其他国有投资主体投资设立的有限责任公司，其董事会成员中应当有公司职工代表；其他有限责任公司董事会成员中可以有公司职工代表。董事会中的职工代表由公司职工通过职工代表大会、职工大会或者其他形式民主选举产生。

董事会设董事长一人，可以设副董事长。董事长、副董事长的产生办法由公司章程规定。

第四十五条 董事任期由公司章程规定，但每届任期不得超过三年。董事任期届满，连选可以连任。

董事任期届满未及时改选，或者董事在任期内辞职导致董事会成员低于法定人数的，在改选出的董事就任前，原董事仍应当依照法律、行政法规和公司章程的规定，履行董事职务。

第四十六条 董事会对股东会负责，行使下列职权：

（一）召集股东会会议，并向股东会报告工作；

（二）执行股东会的决议；

（三）决定公司的经营计划和投资方案；

（四）制订公司的年度财务预算方案、决算方案；

（五）制订公司的利润分配方案和弥补亏损方案；

（六）制订公司增加或者减少注册资本以及发行公司债券的方案；

（七）制订公司合并、分立、解散或者变更公司形式的方案；

（八）决定公司内部管理机构的设置；

（九）决定聘任或者解聘公司经理及其报酬事项，并根据经理的提名决定聘任或者解聘公司副经理、财务负责人及其报酬事项；

（十）制定公司的基本管理制度；

（十一）公司章程规定的其他职权。

第四十七条 董事会会议由董事长召集和主持；董事长不能履行职务或者不履行职务的，由副董事长召集和主持；副董事长不能履行职务或者不履行职务的，由半数以上董事共同推举一名董事召集和主持。

第四十八条 董事会的议事方式和表决程序，除本法有规定的外，由公司章程规定。

董事会应当对所议事项的决定作成会议记录，出席会议的董事应当在会议记录上签名。

董事会决议的表决，实行一人一票。

第四十九条 有限责任公司可以设经理，由董事会决定聘任或者解聘。经理对董事会负责，行使下列职权：

（一）主持公司的生产经营管理工作，组织实施董事会决议；

（二）组织实施公司年度经营计划和投资方案；

（三）拟订公司内部管理机构设置方案；

（四）拟订公司的基本管理制度；

（五）制定公司的具体规章；

（六）提请聘任或者解聘公司副经理、财务负责人；

（七）决定聘任或者解聘除应由董事会决定聘任或者解聘以外的负责管理人员；

（八）董事会授予的其他职权。

公司章程对经理职权另有规定的，从其规定。

经理列席董事会会议。

第五十条　股东人数较少或者规模较小的有限责任公司，可以设一名执行董事，不设董事会。执行董事可以兼任公司经理。

执行董事的职权由公司章程规定。

第五十一条　有限责任公司设监事会，其成员不得少于三人。股东人数较少或者规模较小的有限责任公司，可以设一至二名监事，不设监事会。

监事会应当包括股东代表和适当比例的公司职工代表，其中职工代表的比例不得低于三分之一，具体比例由公司章程规定。监事会中的职工代表由公司职工通过职工代表大会、职工大会或者其他形式民主选举产生。

监事会设主席一人，由全体监事过半数选举产生。监事会主席召集和主持监事会会议；监事会主席不能履行职务或者不履行职务的，由半数以上监事共同推举一名监事召集和主持监事会会议。

董事、高级管理人员不得兼任监事。

第五十二条　监事的任期每届为三年。监事任期届满，连选可以连任。

监事任期届满未及时改选，或者监事在任期内辞职导致监事会成员低于法定人数的，在改选出的监事就任前，原监事仍应当依照法律、行政法规和公司章程的规定，履行监事职务。

第五十三条　监事会、不设监事会的公司的监事行使下列职权：

（一）检查公司财务；

（二）对董事、高级管理人员执行公司职务的行为进行监督，对违反法律、行政法规、公司章程或者股东会决议的董事、高级管理人员提出罢免的建议；

（三）当董事、高级管理人员的行为损害公司的利益时，要求董事、高级管理人员予以纠正；

（四）提议召开临时股东会会议，在董事会不履行本法规定的召集和主持股东会会议职责时召集和主持股东会会议；

（五）向股东会会议提出提案；

（六）依照本法第一百五十一条的规定，对董事、高级管理人员提起诉讼；

（七）公司章程规定的其他职权。

第五十四条 监事可以列席董事会会议，并对董事会决议事项提出质询或者建议。

监事会、不设监事会的公司的监事发现公司经营情况异常，可以进行调查；必要时，可以聘请会计师事务所等协助其工作，费用由公司承担。

第五十五条 监事会每年度至少召开一次会议，监事可以提议召开临时监事会会议。

监事会的议事方式和表决程序，除本法有规定的外，由公司章程规定。

监事会决议应当经半数以上监事通过。

监事会应当对所议事项的决定作成会议记录，出席会议的监事应当在会议记录上签名。

第五十六条 监事会、不设监事会的公司的监事行使职权所必需的费用，由公司承担。

第三节 一人有限责任公司的特别规定

第五十七条 一人有限责任公司的设立和组织机构，适用本节规定；本节没有规定的，适用本章第一节、第二节的规定。

本法所称一人有限责任公司，是指只有一个自然人股东或者一个法人股东的有限责任公司。

第五十八条 一个自然人只能投资设立一个一人有限责任公司。该一人有限责任公司不能投资设立新的一人有限责任公司。

第五十九条 一人有限责任公司应当在公司登记中注明自然人独资或者法人独资，并在公司营业执照中载明。

第六十条 一人有限责任公司章程由股东制定。

第六十一条 一人有限责任公司不设股东会。股东作出本法第三十七条第一款所列决定时，应当采用书面形式，并由股东签名后置备于公司。

第六十二条 一人有限责任公司应当在每一会计年度终了时编制财务会计报告，并经会计师事务所审计。

第六十三条 一人有限责任公司的股东不能证明公司财产独立于股东自己的财产的，应当对公司债务承担连带责任。

第四节 国有独资公司的特别规定

第六十四条 国有独资公司的设立和组织机构，适用本节规定；本节没有规定的，适用本章第一节、第二节的规定。

本法所称国有独资公司，是指国家单独出资、由国务院或者地方人民政府授权本级人民政府国有资产监督管理机构履行出资人职责的有限责任公司。

第六十五条 国有独资公司章程由国有资产监督管理机构制定，或者由董事会制订报国有资产监督管理机构批准。

第六十六条 国有独资公司不设股东会，由国有资产监督管理机构行使股东会职权。国有资产监督管理机构可以授权公司董事会行使股东会的部分职权，决定公司的重大事项，但公司的合并、分立、解散、增加或者减少注册资本和发行公司债券，必须由国有资产监督管理机构决定；其中，重要的国有独资公司合并、分立、解散、申请破产的，应当由国有资产监督管理机构审核后，报本级人民政府批准。

前款所称重要的国有独资公司，按照国务院的规定确定。

第六十七条 国有独资公司设董事会，依照本法第四十六条、第六十六条的规定行使职权。董事每届任期不得超过三年。董事会成员中应当有公司职工代表。

董事会成员由国有资产监督管理机构委派；但是，董事会成员中的职工代表由公司职工代表大会选举产生。

董事会设董事长一人，可以设副董事长。董事长、副董事长由国有资产监督管理机构从董事会成员中指定。

第六十八条 国有独资公司设经理，由董事会聘任或者解聘。经理依照本法第四十九条规定行使职权。

经国有资产监督管理机构同意，董事会成员可以兼任经理。

第六十九条 国有独资公司的董事长、副董事长、董事、高级管理人员，未经国有资产监督管理机构同意，不得在其他有限责任公司、股份有限公司或者其他经济组织兼职。

第七十条 国有独资公司监事会成员不得少于五人，其中职工代表的比例不得低于三分之一，具体比例由公司章程规定。

监事会成员由国有资产监督管理机构委派；但是，监事会成员中的职工代表由公司职工代表大会选举产生。监事会主席由国有资产监督管理机构从监事会成员中指定。

监事会行使本法第五十三条第（一）项至第（三）项规定的职权和国务院规定的其他职权。

第三章 有限责任公司的股权转让

第七十一条 有限责任公司的股东之间可以相互转让其全部或者部分股权。

股东向股东以外的人转让股权，应当经其他股东过半数同意。股东应就其股权转让事项书面通知其他股东征求同意，其他股东自接到书面通知之日起满三十日未答复的，视为同意转让。其他股东半数以上不同意转让的，不同意的股东应当购买该转让的股权；不购买的，视为同意转让。

经股东同意转让的股权，在同等条件下，其他股东有优先购买权。两个以上股东主张行使优先购买权的，协商确定各自的购买比例；协商不成的，按照转让时各自的出资比例行使优先购买权。

公司章程对股权转让另有规定的，从其规定。

第七十二条 人民法院依照法律规定的强制执行程序转让股东的股权时，应当通知公司及全体股东，其他股东在同等条件下有优先购买权。其他股东自人民法院通知之日起满二十日不行使优先购买权的，视为放弃优先购买权。

第七十三条 依照本法第七十一条、第七十二条转让股权后，公司应当注销原股东的出资证明书，向新股东签发出资证明书，并相应修改公司章程和股东名册中有关股东及其出资额的记载。对公司章程的该项修改不需再由股东会表决。

第七十四条 有下列情形之一的，对股东会该项决议投反对票的股东可以请求公司按照合理的价格收购其股权：

（一）公司连续五年不向股东分配利润，而公司该五年连续盈利，并且符合本法规定的分配利润条件的；

（二）公司合并、分立、转让主要财产的；

（三）公司章程规定的营业期限届满或者章程规定的其他解散事由出现，股东会会议通过决议修改章程使公司存续的。

自股东会会议决议通过之日起六十日内，股东与公司不能达成股权收购协议的，股东可以自股东会会议决议通过之日起九十日内向人民法院提起诉讼。

第七十五条　自然人股东死亡后，其合法继承人可以继承股东资格；但是，公司章程另有规定的除外。

第四章　股份有限公司的设立和组织机构

第一节　设　　立

第七十六条　设立股份有限公司，应当具备下列条件：

（一）发起人符合法定人数；

（二）有符合公司章程规定的全体发起人认购的股本总额或者募集的实收股本总额；

（三）股份发行、筹办事项符合法律规定；

（四）发起人制订公司章程，采用募集方式设立的经创立大会通过；

（五）有公司名称，建立符合股份有限公司要求的组织机构；

（六）有公司住所。

第七十七条　股份有限公司的设立，可以采取发起设立或者募集设立的方式。

发起设立，是指由发起人认购公司应发行的全部股份而设立公司。

募集设立，是指由发起人认购公司应发行股份的一部分，其余股份向社会公开募集或者向特定对象募集而设立公司。

第七十八条　设立股份有限公司，应当有二人以上二百人以下为发起人，其中须有半数以上的发起人在中国境内有住所。

第七十九条　股份有限公司发起人承担公司筹办事务。

发起人应当签订发起人协议，明确各自在公司设立过程中的权利和义务。

第八十条　股份有限公司采取发起设立方式设立的，注册资本为在公司登记机关登记的全体发起人认购的股本总额。在发起人认购的股份缴足前，不得向他人募集股份。

股份有限公司采取募集方式设立的，注册资本为在公司登记机关登记的实收股本总额。

法律、行政法规以及国务院决定对股份有限公司注册资本实缴、注册资本最低限额另有规定的，从其规定。

第八十一条　股份有限公司章程应当载明下列事项：

（一）公司名称和住所；

（二）公司经营范围；

（三）公司设立方式；

（四）公司股份总数、每股金额和注册资本；

（五）发起人的姓名或者名称、认购的股份数、出资方式和出资时间；

（六）董事会的组成、职权和议事规则；

（七）公司法定代表人；

（八）监事会的组成、职权和议事规则；

（九）公司利润分配办法；

（十）公司的解散事由与清算办法；

（十一）公司的通知和公告办法；

（十二）股东大会会议认为需要规定的其他事项。

第八十二条　发起人的出资方式，适用本法第二十七条的规定。

第八十三条　以发起设立方式设立股份有限公司的，发起人应当书面认足公司章程规定其认购的股份，并按照公司章程规定缴纳出资。以非货币财产出资的，应当依法办理其财产权的转移手续。

发起人不依照前款规定缴纳出资的，应当按照发起人协议承担违约责任。

发起人认足公司章程规定的出资后，应当选举董事会和监事会，由董事会向公司登记机关报送公司章程以及法律、行政法规规定的其他文件，申请设立登记。

第八十四条　以募集设立方式设立股份有限公司的，发起人认购的股份不得少于公司股份总数的百分之三十五；但是，法律、行政法规另有规定的，从其规定。

第八十五条　发起人向社会公开募集股份，必须公告招股说明书，并制作认股书。认股书应当载明本法第八十六条所列事项，由认股人填写认购股数、金额、住所，并签名、盖章。认股人按照所认购股数缴纳股款。

第八十六条　招股说明书应当附有发起人制订的公司章程，并载明下列事项：

（一）发起人认购的股份数；

（二）每股的票面金额和发行价格；

（三）无记名股票的发行总数；

（四）募集资金的用途；

（五）认股人的权利、义务；

（六）本次募股的起止期限及逾期未募足时认股人可以撤回所认股份的说明。

第八十七条　发起人向社会公开募集股份，应当由依法设立的证券公司承销，签订承销协议。

第八十八条　发起人向社会公开募集股份，应当同银行签订代收股款协议。

代收股款的银行应当按照协议代收和保存股款，向缴纳股款的认股人出具收款单据，并负有向有关部门出具收款证明的义务。

第八十九条　发行股份的股款缴足后，必须经依法设立的验资机构验资并出具证明。发起人应当自股款缴足之日起三十日内主持召开公司创立大会。创立大会由发起人、认股人组成。

发行的股份超过招股说明书规定的截止期限尚未募足的，或者发行股份的股款缴足后，发起人在三十日内未召开创立大会的，认股人可以按照所缴股款并加算银行同期存款利息，要求发起人返还。

第九十条　发起人应当在创立大会召开十五日前将会议日期通知各认股人或者予以公告。创立大会应有代表股份总数过半数的发起人、认股人出席，方可举行。

创立大会行使下列职权：

（一）审议发起人关于公司筹办情况的报告；

（二）通过公司章程；

（三）选举董事会成员；

（四）选举监事会成员；

（五）对公司的设立费用进行审核；

（六）对发起人用于抵作股款的财产的作价进行审核；

（七）发生不可抗力或者经营条件发生重大变化直接影响公司设立的，可以作出不设立公司的决议。

创立大会对前款所列事项作出决议，必须经出席会议的认股人所持表决权过半数通过。

第九十一条　发起人、认股人缴纳股款或者交付抵作股款的出资后，除未按期募足股份、发起人未按期召开创立大会或者创立大会决议不设立公司的情形外，不得抽回其股本。

第九十二条　董事会应于创立大会结束后三十日内，向公司登记机关报送下列文件，申请设立登记：

（一）公司登记申请书；

（二）创立大会的会议记录；

（三）公司章程；

（四）验资证明；

（五）法定代表人、董事、监事的任职文件及其身份证明；

（六）发起人的法人资格证明或者自然人身份证明；

（七）公司住所证明。

以募集方式设立股份有限公司公开发行股票的，还应当向公司登记机关报送国务院证券监督管理机构的核准文件。

第九十三条 股份有限公司成立后，发起人未按照公司章程的规定缴足出资的，应当补缴；其他发起人承担连带责任。

股份有限公司成立后，发现作为设立公司出资的非货币财产的实际价额显著低于公司章程所定价额的，应当由交付该出资的发起人补足其差额；其他发起人承担连带责任。

第九十四条 股份有限公司的发起人应当承担下列责任：

（一）公司不能成立时，对设立行为所产生的债务和费用负连带责任；

（二）公司不能成立时，对认股人已缴纳的股款，负返还股款并加算银行同期存款利息的连带责任；

（三）在公司设立过程中，由于发起人的过失致使公司利益受到损害的，应当对公司承担赔偿责任。

第九十五条 有限责任公司变更为股份有限公司时，折合的实收股本总额不得高于公司净资产额。有限责任公司变更为股份有限公司，为增加资本公开发行股份时，应当依法办理。

第九十六条 股份有限公司应当将公司章程、股东名册、公司债券存根、股东大会会议记录、董事会会议记录、监事会会议记录、财务会计报告置备于本公司。

第九十七条 股东有权查阅公司章程、股东名册、公司债券存根、股东大会会议记录、董事会会议决议、监事会会议决议、财务会计报告，对公司的经营提出建议或者质询。

第二节 股东大会

第九十八条 股份有限公司股东大会由全体股东组成。股东大会是公司的权力机构，依照本法行使职权。

第九十九条 本法第三十七条第一款关于有限责任公司股东会职权的规定，适用于股份有限公司股东大会。

第一百条 股东大会应当每年召开一次年会。有下列情形之一的，应当在两个月内召开临时股东大会：

（一）董事人数不足本法规定人数或者公司章程所定人数的三分之二时；

（二）公司未弥补的亏损达实收股本总额三分之一时；

（三）单独或者合计持有公司百分之十以上股份的股东请求时；

（四）董事会认为必要时；

（五）监事会提议召开时；

（六）公司章程规定的其他情形。

第一百零一条 股东大会会议由董事会召集，董事长主持；董事长不能履行职务或者不履行职务的，由副董事长主持；副董事长不能履行职务或者不履行职务的，由半数以上董事共同推举一名董事主持。

董事会不能履行或者不履行召集股东大会会议职责的，监事会应当及时召集和主持；监事会不召集和主持的，连续九十日以上单独或者合计持有公司百分之十以上股份的股东可以自行召集和主持。

第一百零二条 召开股东大会会议，应当将会议召开的时间、地点和审议的事项于会议召开二十日前通知各股东；临时股东大会应当于会议召开十五日前通知各股东；发行无记名股票的，应当于会议召开三十日前公告会议召开的时间、地点和审议事项。

单独或者合计持有公司百分之三以上股份的股东，可以在股东大会召开十日前提出临时提案并书面提交董事会；董事会应当在收到提案后二日内通知其他股东，并将该临时提案提交股东大会审议。临时提案的内容应当属于股东大会职权范围，并有明确议题和具体决议事项。

股东大会不得对前两款通知中未列明的事项作出决议。

无记名股票持有人出席股东大会会议的，应当于会议召开五日前至股东大会闭会时将股票交存于公司。

第一百零三条 股东出席股东大会会议，所持每一股份有一表决权。但是，公司持有的本公司股份没有表决权。

股东大会作出决议，必须经出席会议的股东所持表决权过半数通过。但是，股东大会作出修改公司章程、增加或者减少注册资本的决议，以及公司合并、分立、解散或者变更公司形式的决议，必须经出席会议的股东所持表决权的三分之二以上通过。

第一百零四条 本法和公司章程规定公司转让、受让重大资产或者对外提供担保等事项必须经股东大会作出决议的，董事会应当及时召集股东大会会议，由股东大会就上述事项进行表决。

第一百零五条 股东大会选举董事、监事，可以依照公司章程的规定或者股东大会的决议，实行累积投票制。

本法所称累积投票制，是指股东大会选举董事或者监事时，每一股份拥有与应选董事或者监事人数相同的表决权，股东拥有的表决权可以集中使用。

第一百零六条 股东可以委托代理人出席股东大会会议，代理人应当向公司提交股东授权委托书，并在授权范围内行使表决权。

第一百零七条 股东大会应当对所议事项的决定作成会议记录，主持人、出席会议的董事应当在会议记录上签名。会议记录应当与出席股东的签名册及代理出席的委托书一并保存。

第三节 董事会、经理

第一百零八条 股份有限公司设董事会，其成员为五人至十九人。

董事会成员中可以有公司职工代表。董事会中的职工代表由公司职工通过职工代表大会、职工大会或者其他形式民主选举产生。

本法第四十五条关于有限责任公司董事任期的规定，适用于股份有限公司董事。

本法第四十六条关于有限责任公司董事会职权的规定，适用于股份有限公司董事会。

第一百零九条 董事会设董事长一人，可以设副董事长。董事长和副董事长由董事会以全体董事的过半数选举产生。

董事长召集和主持董事会会议，检查董事会决议的实施情况。副董事长协助董事长工作，董事长不能履行职务或者不履行职务的，由副董事长履行职务；副董事长不能履行职务或者不履行职务的，由半数以上董事共同推举一名董事履行职务。

第一百一十条 董事会每年度至少召开两次会议，每次会议应当于会议召开十日前通知全体董事和监事。

代表十分之一以上表决权的股东、三分之一以上董事或者监事会，可以提议召开董事会临时会议。董事长应当自接到提议后十日内，召集和主持董事会会议。

董事会召开临时会议，可以另定召集董事会的通知方式和通知时限。

第一百一十一条 董事会会议应有过半数的董事出席方可举行。董事会作出决议，必须经全体董事的过半数通过。

董事会决议的表决，实行一人一票。

第一百一十二条 董事会会议，应由董事本人出席；董事因故不能出席，可以书面委托其他董事代为出席，委托书中应载明授权范围。

董事会应当对会议所议事项的决定作成会议记录，出席会议的董事应当在会议记录上签名。

董事应当对董事会的决议承担责任。董事会的决议违反法律、行政法规或者公司章程、股东大会决议，致使公司遭受严重损失的，参与决议的董事对公司负赔偿责任。但经证明在表决时曾表明异议并记载于会议记录的，该董事可以免除责任。

第一百一十三条 股份有限公司设经理，由董事会决定聘任或者解聘。

本法第四十九条关于有限责任公司经理职权的规定，适用于股份有限公司经理。

第一百一十四条 公司董事会可以决定由董事会成员兼任经理。

第一百一十五条 公司不得直接或者通过子公司向董事、监事、高级管理人员提供借款。

第一百一十六条 公司应当定期向股东披露董事、监事、高级管理人员从公司获得报酬的情况。

第四节 监事会

第一百一十七条 股份有限公司设监事会，其成员不得少于三人。

监事会应当包括股东代表和适当比例的公司职工代表，其中职工代表的比例不得低于三分之一，具体比例由公司章程规定。监事会中的职工代表由公司职工通过职工代表大会、职工大会或者其他形式民主选举产生。

监事会设主席一人，可以设副主席。监事会主席和副主席由全体监事过半数选举产生。监事会主席召集和主持监事会会议；监事会主席不能履行职务或者不履行职务的，由监事会副主席召集和主持监事会会议；监事会副主席不能履行职务或者不履行职务的，由半数以上监事共同推举一名监事召集和主持监事会会议。

董事、高级管理人员不得兼任监事。

本法第五十二条关于有限责任公司监事任期的规定，适用于股份有限公司监事。

第一百一十八条 本法第五十三条、第五十四条关于有限责任公司监事会职权的规定，适用于股份有限公司监事会。

监事会行使职权所必需的费用，由公司承担。

第一百一十九条 监事会每六个月至少召开一次会议。监事可以提议召开临时监事会会议。

监事会的议事方式和表决程序，除本法有规定的外，由公司章程规定。

监事会决议应当经半数以上监事通过。

监事会应当对所议事项的决定作成会议记录，出席会议的监事应当在会议记录上签名。

第五节 上市公司组织机构的特别规定

第一百二十条 本法所称上市公司，是指其股票在证券交易所上市交易的股份有限公司。

第一百二十一条 上市公司在一年内购买、出售重大资产或者担保金额超过公司资产总额百分之三十的，应当由股东大会作出决议，并经出席会议的股东所持表决权的三分之二以上通过。

第一百二十二条 上市公司设独立董事，具体办法由国务院规定。

第一百二十三条 上市公司设董事会秘书，负责公司股东大会和董事会会议的筹备、文件保管以及公司股东资料的管理，办理信息披露事务等事宜。

第一百二十四条 上市公司董事与董事会会议决议事项所涉及的企业有关联关系的，不得对该项决议行使表决权，也不得代理其他董事行使表决权。该董事会会议由过半数的无关联关系董事出席即可举行，董事会会议所作决议须经无关联关系董事过半数通过。出席董事会的无关联关系董事人数不足三人的，应将该事项提交上市公司股东大会审议。

第五章 股份有限公司的股份发行和转让

第一节 股份发行

第一百二十五条 股份有限公司的资本划分为股份，每一股的金额相等。

公司的股份采取股票的形式。股票是公司签发的证明股东所持股份的凭证。

第一百二十六条　股份的发行，实行公平、公正的原则，同种类的每一股份应当具有同等权利。

同次发行的同种类股票，每股的发行条件和价格应当相同；任何单位或者个人所认购的股份，每股应当支付相同价额。

第一百二十七条　股票发行价格可以按票面金额，也可以超过票面金额，但不得低于票面金额。

第一百二十八条　股票采用纸面形式或者国务院证券监督管理机构规定的其他形式。

股票应当载明下列主要事项：

（一）公司名称；

（二）公司成立日期；

（三）股票种类、票面金额及代表的股份数；

（四）股票的编号。

股票由法定代表人签名，公司盖章。

发起人的股票，应当标明发起人股票字样。

第一百二十九条　公司发行的股票，可以为记名股票，也可以为无记名股票。

公司向发起人、法人发行的股票，应当为记名股票，并应当记载该发起人、法人的名称或者姓名，不得另立户名或者以代表人姓名记名。

第一百三十条　公司发行记名股票的，应当置备股东名册，记载下列事项：

（一）股东的姓名或者名称及住所；

（二）各股东所持股份数；

（三）各股东所持股票的编号；

（四）各股东取得股份的日期。

发行无记名股票的，公司应当记载其股票数量、编号及发行日期。

第一百三十一条　国务院可以对公司发行本法规定以外的其他种类的股份，另行作出规定。

第一百三十二条　股份有限公司成立后，即向股东正式交付股票。公司成立前不得向股东交付股票。

第一百三十三条 公司发行新股，股东大会应当对下列事项作出决议：

（一）新股种类及数额；

（二）新股发行价格；

（三）新股发行的起止日期；

（四）向原有股东发行新股的种类及数额。

第一百三十四条 公司经国务院证券监督管理机构核准公开发行新股时，必须公告新股招股说明书和财务会计报告，并制作认股书。

本法第八十七条、第八十八条的规定适用于公司公开发行新股。

第一百三十五条 公司发行新股，可以根据公司经营情况和财务状况，确定其作价方案。

第一百三十六条 公司发行新股募足股款后，必须向公司登记机关办理变更登记，并公告。

第二节 股份转让

第一百三十七条 股东持有的股份可以依法转让。

第一百三十八条 股东转让其股份，应当在依法设立的证券交易场所进行或者按照国务院规定的其他方式进行。

第一百三十九条 记名股票，由股东以背书方式或者法律、行政法规规定的其他方式转让；转让后由公司将受让人的姓名或者名称及住所记载于股东名册。

股东大会召开前二十日内或者公司决定分配股利的基准日前五日内，不得进行前款规定的股东名册的变更登记。但是，法律对上市公司股东名册变更登记另有规定的，从其规定。

第一百四十条 无记名股票的转让，由股东将该股票交付给受让人后即发生转让的效力。

第一百四十一条 发起人持有的本公司股份，自公司成立之日起一年内不得转让。公司公开发行股份前已发行的股份，自公司股票在证券交易所上市交易之日起一年内不得转让。

公司董事、监事、高级管理人员应当向公司申报所持有的本公司的股份及其变动情况，在任职期间每年转让的股份不得超过其所持有本公司股份总数的百分之二十五；所持本公司股份自公司股票上市交易之日起一年内不得转让。上述人员离职后半年内，不得转让其所持有的本公司股份。公司章程可以对公司董事、监事、高级管理人员转让其所持有的本公司股份作出其他限制性规定。

第一百四十二条　公司不得收购本公司股份。但是，有下列情形之一的除外：

（一）减少公司注册资本；

（二）与持有本公司股份的其他公司合并；

（三）将股份用于员工持股计划或者股权激励；

（四）股东因对股东大会作出的公司合并、分立决议持异议，要求公司收购其股份；

（五）将股份用于转换上市公司发行的可转换为股票的公司债券；

（六）上市公司为维护公司价值及股东权益所必需。

公司因前款第（一）项、第（二）项规定的情形收购本公司股份的，应当经股东大会决议；公司因前款第（三）项、第（五）项、第（六）项规定的情形收购本公司股份的，可以依照公司章程的规定或者股东大会的授权，经三分之二以上董事出席的董事会会议决议。

公司依照本条第一款规定收购本公司股份后，属于第（一）项情形的，应当自收购之日起十日内注销；属于第（二）项、第（四）项情形的，应当在六个月内转让或者注销；属于第（三）项、第（五）项、第（六）项情形的，公司合计持有的本公司股份数不得超过本公司已发行股份总额的百分之十，并应当在三年内转让或者注销。

上市公司收购本公司股份的，应当依照《中华人民共和国证券法》的规定履行信息披露义务。上市公司因本条第一款第（三）项、第（五）项、第（六）项规定的情形收购本公司股份的，应当通过公开的集中交易方式进行。

公司不得接受本公司的股票作为质押权的标的。

第一百四十三条　记名股票被盗、遗失或者灭失，股东可以依照《中华人民共和国民事诉讼法》规定的公示催告程序，请求人民法院宣告该股票失效。人民法院宣告该股票失效后，股东可以向公司申请补发股票。

第一百四十四条　上市公司的股票，依照有关法律、行政法规及证券交易所交易规则上市交易。

第一百四十五条　上市公司必须依照法律、行政法规的规定，公开其财务状况、经营情况及重大诉讼，在每会计年度内半年公布一次财务会计报告。

第六章 公司董事、监事、高级管理人员的资格和义务

第一百四十六条 有下列情形之一的，不得担任公司的董事、监事、高级管理人员：

（一）无民事行为能力或者限制民事行为能力；

（二）因贪污、贿赂、侵占财产、挪用财产或者破坏社会主义市场经济秩序，被判处刑罚，执行期满未逾五年，或者因犯罪被剥夺政治权利，执行期满未逾五年；

（三）担任破产清算的公司、企业的董事或者厂长、经理，对该公司、企业的破产负有个人责任的，自该公司、企业破产清算完结之日起未逾三年；

（四）担任因违法被吊销营业执照、责令关闭的公司、企业的法定代表人，并负有个人责任的，自该公司、企业被吊销营业执照之日起未逾三年；

（五）个人所负数额较大的债务到期未清偿。

公司违反前款规定选举、委派董事、监事或者聘任高级管理人员的，该选举、委派或者聘任无效。

董事、监事、高级管理人员在任职期间出现本条第一款所列情形的，公司应当解除其职务。

第一百四十七条 董事、监事、高级管理人员应当遵守法律、行政法规和公司章程，对公司负有忠实义务和勤勉义务。

董事、监事、高级管理人员不得利用职权收受贿赂或者其他非法收入，不得侵占公司的财产。

第一百四十八条 董事、高级管理人员不得有下列行为：

（一）挪用公司资金；

（二）将公司资金以其个人名义或者以其他个人名义开立账户存储；

（三）违反公司章程的规定，未经股东会、股东大会或者董事会同意，将公司资金借贷给他人或者以公司财产为他人提供担保；

（四）违反公司章程的规定或者未经股东会、股东大会同意，与本公司订立合同或者进行交易；

（五）未经股东会或者股东大会同意，利用职务便利为自己或者他人谋取属于公司的商业机会，自营或者为他人经营与所任职公司同类的业务；

（六）接受他人与公司交易的佣金归为己有；

（七）擅自披露公司秘密；

（八）违反对公司忠实义务的其他行为。

董事、高级管理人员违反前款规定所得的收入应当归公司所有。

第一百四十九条 董事、监事、高级管理人员执行公司职务时违反法律、行政法规或者公司章程的规定，给公司造成损失的，应当承担赔偿责任。

第一百五十条 股东会或者股东大会要求董事、监事、高级管理人员列席会议的，董事、监事、高级管理人员应当列席并接受股东的质询。

董事、高级管理人员应当如实向监事会或者不设监事会的有限责任公司的监事提供有关情况和资料，不得妨碍监事会或者监事行使职权。

第一百五十一条 董事、高级管理人员有本法第一百四十九条规定的情形的，有限责任公司的股东、股份有限公司连续一百八十日以上单独或者合计持有公司百分之一以上股份的股东，可以书面请求监事会或者不设监事会的有限责任公司的监事向人民法院提起诉讼；监事有本法第一百四十九条规定的情形的，前述股东可以书面请求董事会或者不设董事会的有限责任公司的执行董事向人民法院提起诉讼。

监事会、不设监事会的有限责任公司的监事，或者董事会、执行董事收到前款规定的股东书面请求后拒绝提起诉讼，或者自收到请求之日起三十日内未提起诉讼，或者情况紧急、不立即提起诉讼将会使公司利益受到难以弥补的损害的，前款规定的股东有权为了公司的利益以自己的名义直接向人民法院提起诉讼。

他人侵犯公司合法权益，给公司造成损失的，本条第一款规定的股东可以依照前两款的规定向人民法院提起诉讼。

第一百五十二条 董事、高级管理人员违反法律、行政法规或者公司章程的规定，损害股东利益的，股东可以向人民法院提起诉讼。

第七章　公司债券

第一百五十三条 本法所称公司债券，是指公司依照法定程序发行、约定在一定期限还本付息的有价证券。

公司发行公司债券应当符合《中华人民共和国证券法》规定的发行条件。

第一百五十四条 发行公司债券的申请经国务院授权的部门核准后，应当公告公司债券募集办法。

公司债券募集办法中应当载明下列主要事项：

（一）公司名称；

（二）债券募集资金的用途；

（三）债券总额和债券的票面金额；

（四）债券利率的确定方式；

（五）还本付息的期限和方式；

（六）债券担保情况；

（七）债券的发行价格、发行的起止日期；

（八）公司净资产额；

（九）已发行的尚未到期的公司债券总额；

（十）公司债券的承销机构。

第一百五十五条 公司以实物券方式发行公司债券的，必须在债券上载明公司名称、债券票面金额、利率、偿还期限等事项，并由法定代表人签名，公司盖章。

第一百五十六条 公司债券，可以为记名债券，也可以为无记名债券。

第一百五十七条 公司发行公司债券应当置备公司债券存根簿。

发行记名公司债券的，应当在公司债券存根簿上载明下列事项：

（一）债券持有人的姓名或者名称及住所；

（二）债券持有人取得债券的日期及债券的编号；

（三）债券总额，债券的票面金额、利率、还本付息的期限和方式；

（四）债券的发行日期。

发行无记名公司债券的，应当在公司债券存根簿上载明债券总额、利率、偿还期限和方式、发行日期及债券的编号。

第一百五十八条 记名公司债券的登记结算机构应当建立债券登记、存管、付息、兑付等相关制度。

第一百五十九条 公司债券可以转让，转让价格由转让人与受让人约定。

公司债券在证券交易所上市交易的，按照证券交易所的交易规则转让。

第一百六十条 记名公司债券，由债券持有人以背书方式或者法律、行政法规规定的其他方式转让；转让后由公司将受让人的姓名或者名称及住所记载于公司债券存根簿。

无记名公司债券的转让，由债券持有人将该债券交付给受让人后即发生转让的效力。

第一百六十一条 上市公司经股东大会决议可以发行可转换为股票的公

司债券，并在公司债券募集办法中规定具体的转换办法。上市公司发行可转换为股票的公司债券，应当报国务院证券监督管理机构核准。

发行可转换为股票的公司债券，应当在债券上标明可转换公司债券字样，并在公司债券存根簿上载明可转换公司债券的数额。

第一百六十二条　发行可转换为股票的公司债券的，公司应当按照其转换办法向债券持有人换发股票，但债券持有人对转换股票或者不转换股票有选择权。

第八章　公司财务、会计

第一百六十三条　公司应当依照法律、行政法规和国务院财政部门的规定建立本公司的财务、会计制度。

第一百六十四条　公司应当在每一会计年度终了时编制财务会计报告，并依法经会计师事务所审计。

财务会计报告应当依照法律、行政法规和国务院财政部门的规定制作。

第一百六十五条　有限责任公司应当依照公司章程规定的期限将财务会计报告送交各股东。

股份有限公司的财务会计报告应当在召开股东大会年会的二十日前置备于本公司，供股东查阅；公开发行股票的股份有限公司必须公告其财务会计报告。

第一百六十六条　公司分配当年税后利润时，应当提取利润的百分之十列入公司法定公积金。公司法定公积金累计额为公司注册资本的百分之五十以上的，可以不再提取。

公司的法定公积金不足以弥补以前年度亏损的，在依照前款规定提取法定公积金之前，应当先用当年利润弥补亏损。

公司从税后利润中提取法定公积金后，经股东会或者股东大会决议，还可以从税后利润中提取任意公积金。

公司弥补亏损和提取公积金后所余税后利润，有限责任公司依照本法第三十四条的规定分配；股份有限公司按照股东持有的股份比例分配，但股份有限公司章程规定不按持股比例分配的除外。

股东会、股东大会或者董事会违反前款规定，在公司弥补亏损和提取法定公积金之前向股东分配利润的，股东必须将违反规定分配的利润退还公司。

公司持有的本公司股份不得分配利润。

第一百六十七条 股份有限公司以超过股票票面金额的发行价格发行股份所得的溢价款以及国务院财政部门规定列入资本公积金的其他收入，应当列为公司资本公积金。

第一百六十八条 公司的公积金用于弥补公司的亏损、扩大公司生产经营或者转为增加公司资本。但是，资本公积金不得用于弥补公司的亏损。

法定公积金转为资本时，所留存的该项公积金不得少于转增前公司注册资本的百分之二十五。

第一百六十九条 公司聘用、解聘承办公司审计业务的会计师事务所，依照公司章程的规定，由股东会、股东大会或者董事会决定。

公司股东会、股东大会或者董事会就解聘会计师事务所进行表决时，应当允许会计师事务所陈述意见。

第一百七十条 公司应当向聘用的会计师事务所提供真实、完整的会计凭证、会计账簿、财务会计报告及其他会计资料，不得拒绝、隐匿、谎报。

第一百七十一条 公司除法定的会计账簿外，不得另立会计账簿。

对公司资产，不得以任何个人名义开立账户存储。

第九章 公司合并、分立、增资、减资

第一百七十二条 公司合并可以采取吸收合并或者新设合并。

一个公司吸收其他公司为吸收合并，被吸收的公司解散。两个以上公司合并设立一个新的公司为新设合并，合并各方解散。

第一百七十三条 公司合并，应当由合并各方签订合并协议，并编制资产负债表及财产清单。公司应当自作出合并决议之日起十日内通知债权人，并于三十日内在报纸上公告。债权人自接到通知书之日起三十日内，未接到通知书的自公告之日起四十五日内，可以要求公司清偿债务或者提供相应的担保。

第一百七十四条 公司合并时，合并各方的债权、债务，应当由合并后存续的公司或者新设的公司承继。

第一百七十五条 公司分立，其财产作相应的分割。

公司分立，应当编制资产负债表及财产清单。公司应当自作出分立决议之日起十日内通知债权人，并于三十日内在报纸上公告。

第一百七十六条 公司分立前的债务由分立后的公司承担连带责任。但是，公司在分立前与债权人就债务清偿达成的书面协议另有约定的除外。

第一百七十七条 公司需要减少注册资本时，必须编制资产负债表及财产清单。

公司应当自作出减少注册资本决议之日起十日内通知债权人，并于三十日内在报纸上公告。债权人自接到通知书之日起三十日内，未接到通知书的自公告之日起四十五日内，有权要求公司清偿债务或者提供相应的担保。

第一百七十八条 有限责任公司增加注册资本时，股东认缴新增资本的出资，依照本法设立有限责任公司缴纳出资的有关规定执行。

股份有限公司为增加注册资本发行新股时，股东认购新股，依照本法设立股份有限公司缴纳股款的有关规定执行。

第一百七十九条 公司合并或者分立，登记事项发生变更的，应当依法向公司登记机关办理变更登记；公司解散的，应当依法办理公司注销登记；设立新公司的，应当依法办理公司设立登记。

公司增加或者减少注册资本，应当依法向公司登记机关办理变更登记。

第十章 公司解散和清算

第一百八十条 公司因下列原因解散：

（一）公司章程规定的营业期限届满或者公司章程规定的其他解散事由出现；

（二）股东会或者股东大会决议解散；

（三）因公司合并或者分立需要解散；

（四）依法被吊销营业执照、责令关闭或者被撤销；

（五）人民法院依照本法第一百八十二条的规定予以解散。

第一百八十一条 公司有本法第一百八十条第（一）项情形的，可以通过修改公司章程而存续。

依照前款规定修改公司章程，有限责任公司须经持有三分之二以上表决权的股东通过，股份有限公司须经出席股东大会会议的股东所持表决权的三分之二以上通过。

第一百八十二条 公司经营管理发生严重困难，继续存续会使股东利益受到重大损失，通过其他途径不能解决的，持有公司全部股东表决权百分之十以上的股东，可以请求人民法院解散公司。

第一百八十三条 公司因本法第一百八十条第（一）项、第（二）项、第（四）项、第（五）项规定而解散的，应当在解散事由出现之日起十五日内成立清算组，开始清算。有限责任公司的清算组由股东组成，股份有限公司的清算组由董事或者股东大会确定的人员组成。逾期不成立清算组进行清算的，债权人可以申请人民法院指定有关人员组成清算组进行清算。人民法院应当受理该申请，并及时组织清算组进行清算。

第一百八十四条 清算组在清算期间行使下列职权：

（一）清理公司财产，分别编制资产负债表和财产清单；

（二）通知、公告债权人；

（三）处理与清算有关的公司未了结的业务；

（四）清缴所欠税款以及清算过程中产生的税款；

（五）清理债权、债务；

（六）处理公司清偿债务后的剩余财产；

（七）代表公司参与民事诉讼活动。

第一百八十五条 清算组应当自成立之日起十日内通知债权人，并于六十日内在报纸上公告。债权人应当自接到通知书之日起三十日内，未接到通知书的自公告之日起四十五日内，向清算组申报其债权。

债权人申报债权，应当说明债权的有关事项，并提供证明材料。清算组应当对债权进行登记。

在申报债权期间，清算组不得对债权人进行清偿。

第一百八十六条 清算组在清理公司财产、编制资产负债表和财产清单后，应当制定清算方案，并报股东会、股东大会或者人民法院确认。

公司财产在分别支付清算费用、职工的工资、社会保险费用和法定补偿金，缴纳所欠税款，清偿公司债务后的剩余财产，有限责任公司按照股东的出资比例分配，股份有限公司按照股东持有的股份比例分配。

清算期间，公司存续，但不得开展与清算无关的经营活动。公司财产在未依照前款规定清偿前，不得分配给股东。

第一百八十七条 清算组在清理公司财产、编制资产负债表和财产清单后，发现公司财产不足清偿债务的，应当依法向人民法院申请宣告破产。

公司经人民法院裁定宣告破产后，清算组应当将清算事务移交给人民法院。

第一百八十八条 公司清算结束后，清算组应当制作清算报告，报股东会、股东大会或者人民法院确认，并报送公司登记机关，申请注销公司登记，公告公司终止。

第一百八十九条 清算组成员应当忠于职守，依法履行清算义务。

清算组成员不得利用职权收受贿赂或者其他非法收入，不得侵占公司财产。

清算组成员因故意或者重大过失给公司或者债权人造成损失的，应当承担赔偿责任。

第一百九十条 公司被依法宣告破产的，依照有关企业破产的法律实施破产清算。

第十一章 外国公司的分支机构

第一百九十一条 本法所称外国公司是指依照外国法律在中国境外设立的公司。

第一百九十二条 外国公司在中国境内设立分支机构，必须向中国主管机关提出申请，并提交其公司章程、所属国的公司登记证书等有关文件，经批准后，向公司登记机关依法办理登记，领取营业执照。

外国公司分支机构的审批办法由国务院另行规定。

第一百九十三条 外国公司在中国境内设立分支机构，必须在中国境内指定负责该分支机构的代表人或者代理人，并向该分支机构拨付与其所从事的经营活动相适应的资金。

对外国公司分支机构的经营资金需要规定最低限额的，由国务院另行规定。

第一百九十四条 外国公司的分支机构应当在其名称中标明该外国公司的国籍及责任形式。

外国公司的分支机构应当在本机构中置备该外国公司章程。

第一百九十五条 外国公司在中国境内设立的分支机构不具有中国法人资格。

外国公司对其分支机构在中国境内进行经营活动承担民事责任。

第一百九十六条 经批准设立的外国公司分支机构，在中国境内从事业务活动，必须遵守中国的法律，不得损害中国的社会公共利益，其合法权益受中国法律保护。

第一百九十七条 外国公司撤销其在中国境内的分支机构时，必须依法清偿债务，依照本法有关公司清算程序的规定进行清算。未清偿债务之前，不得将其分支机构的财产移至中国境外。

第十二章　法律责任

第一百九十八条　违反本法规定，虚报注册资本、提交虚假材料或者采取其他欺诈手段隐瞒重要事实取得公司登记的，由公司登记机关责令改正，对虚报注册资本的公司，处以虚报注册资本金额百分之五以上百分之十五以下的罚款；对提交虚假材料或者采取其他欺诈手段隐瞒重要事实的公司，处以五万元以上五十万元以下的罚款；情节严重的，撤销公司登记或者吊销营业执照。

第一百九十九条　公司的发起人、股东虚假出资，未交付或者未按期交付作为出资的货币或者非货币财产的，由公司登记机关责令改正，处以虚假出资金额百分之五以上百分之十五以下的罚款。

第二百条　公司的发起人、股东在公司成立后，抽逃其出资的，由公司登记机关责令改正，处以所抽逃出资金额百分之五以上百分之十五以下的罚款。

第二百零一条　公司违反本法规定，在法定的会计账簿以外另立会计账簿的，由县级以上人民政府财政部门责令改正，处以五万元以上五十万元以下的罚款。

第二百零二条　公司在依法向有关主管部门提供的财务会计报告等材料上作虚假记载或者隐瞒重要事实的，由有关主管部门对直接负责的主管人员和其他直接责任人员处以三万元以上三十万元以下的罚款。

第二百零三条　公司不依照本法规定提取法定公积金的，由县级以上人民政府财政部门责令如数补足应当提取的金额，可以对公司处以二十万元以下的罚款。

第二百零四条　公司在合并、分立、减少注册资本或者进行清算时，不依照本法规定通知或者公告债权人的，由公司登记机关责令改正，对公司处以一万元以上十万元以下的罚款。

公司在进行清算时，隐匿财产，对资产负债表或者财产清单作虚假记载或者在未清偿债务前分配公司财产的，由公司登记机关责令改正，对公司处以隐匿财产或者未清偿债务前分配公司财产金额百分之五以上百分之十以下的罚款；对直接负责的主管人员和其他直接责任人员处以一万元以上十万元以下的罚款。

第二百零五条　公司在清算期间开展与清算无关的经营活动的，由公司登记机关予以警告，没收违法所得。

第二百零六条 清算组不依照本法规定向公司登记机关报送清算报告，或者报送清算报告隐瞒重要事实或者有重大遗漏的，由公司登记机关责令改正。

清算组成员利用职权徇私舞弊、谋取非法收入或者侵占公司财产的，由公司登记机关责令退还公司财产，没收违法所得，并可以处以违法所得一倍以上五倍以下的罚款。

第二百零七条 承担资产评估、验资或者验证的机构提供虚假材料的，由公司登记机关没收违法所得，处以违法所得一倍以上五倍以下的罚款，并可以由有关主管部门依法责令该机构停业、吊销直接责任人员的资格证书，吊销营业执照。

承担资产评估、验资或者验证的机构因过失提供有重大遗漏的报告的，由公司登记机关责令改正，情节较重的，处以所得收入一倍以上五倍以下的罚款，并可以由有关主管部门依法责令该机构停业、吊销直接责任人员的资格证书，吊销营业执照。

承担资产评估、验资或者验证的机构因其出具的评估结果、验资或者验证证明不实，给公司债权人造成损失的，除能够证明自己没有过错的外，在其评估或者证明不实的金额范围内承担赔偿责任。

第二百零八条 公司登记机关对不符合本法规定条件的登记申请予以登记，或者对符合本法规定条件的登记申请不予登记的，对直接负责的主管人员和其他直接责任人员，依法给予行政处分。

第二百零九条 公司登记机关的上级部门强令公司登记机关对不符合本法规定条件的登记申请予以登记，或者对符合本法规定条件的登记申请不予登记的，或者对违法登记进行包庇的，对直接负责的主管人员和其他直接责任人员依法给予行政处分。

第二百一十条 未依法登记为有限责任公司或者股份有限公司，而冒用有限责任公司或者股份有限公司名义的，或者未依法登记为有限责任公司或者股份有限公司的分公司，而冒用有限责任公司或者股份有限公司的分公司名义的，由公司登记机关责令改正或者予以取缔，可以并处十万元以下的罚款。

第二百一十一条 公司成立后无正当理由超过六个月未开业的，或者开业后自行停业连续六个月以上的，可以由公司登记机关吊销营业执照。

公司登记事项发生变更时，未依照本法规定办理有关变更登记的，由公司登记机关责令限期登记；逾期不登记的，处以一万元以上十万元以下的罚款。

第二百一十二条 外国公司违反本法规定，擅自在中国境内设立分支机构的，由公司登记机关责令改正或者关闭，可以并处五万元以上二十万元以下的罚款。

第二百一十三条 利用公司名义从事危害国家安全、社会公共利益的严重违法行为的，吊销营业执照。

第二百一十四条 公司违反本法规定，应当承担民事赔偿责任和缴纳罚款、罚金的，其财产不足以支付时，先承担民事赔偿责任。

第二百一十五条 违反本法规定，构成犯罪的，依法追究刑事责任。

第十三章 附 则

第二百一十六条 本法下列用语的含义：

（一）高级管理人员，是指公司的经理、副经理、财务负责人，上市公司董事会秘书和公司章程规定的其他人员。

（二）控股股东，是指其出资额占有限责任公司资本总额百分之五十以上或者其持有的股份占股份有限公司股本总额百分之五十以上的股东；出资额或者持有股份的比例虽然不足百分之五十，但依其出资额或者持有的股份所享有的表决权已足以对股东会、股东大会的决议产生重大影响的股东。

（三）实际控制人，是指虽不是公司的股东，但通过投资关系、协议或者其他安排，能够实际支配公司行为的人。

（四）关联关系，是指公司控股股东、实际控制人、董事、监事、高级管理人员与其直接或者间接控制的企业之间的关系，以及可能导致公司利益转移的其他关系。但是，国家控股的企业之间不仅因为同受国家控股而具有关联关系。

第二百一十七条 外商投资的有限责任公司和股份有限公司适用本法；有关外商投资的法律另有规定的，适用其规定。

第二百一十八条 本法自2006年1月1日起施行。

全国人民代表大会常务委员会关于授权国务院在实施股票发行注册制改革中调整适用《中华人民共和国证券法》有关规定的决定

（2015 年 12 月 27 日第十二届全国人民代表大会常务委员会第十八次会议通过）

为了实施股票发行注册制改革，进一步发挥资本市场服务实体经济的基础功能，第十二届全国人民代表大会常务委员会第十八次会议决定：授权国务院对拟在上海证券交易所、深圳证券交易所上市交易的股票的公开发行，调整适用《中华人民共和国证券法》关于股票公开发行核准制度的有关规定，实行注册制度，具体实施方案由国务院作出规定，报全国人民代表大会常务委员会备案。

本决定的实施期限为二年。国务院要加强对股票发行注册制改革工作的组织领导，并就本决定实施情况向全国人民代表大会常务委员会作出中期报告。国务院证券监督管理机构要会同有关部门加强事中事后监管，防范和化解风险，切实保护投资者合法权益。

本决定自 2016 年 3 月 1 日起施行。

全国人民代表大会常务委员会关于延长授权国务院在实施股票发行注册制改革中调整适用《中华人民共和国证券法》有关规定期限的决定

（2018 年 2 月 24 日第十二届全国人民代表大会常务委员会第三十三次会议通过）

为了稳步推进实施股票发行注册制改革，进一步发挥资本市场服务实体经济的基础功能，第十二届全国人民代表大会常务委员会第三十三次会议决定：2015 年 12 月 27 日第十二届全国人民代表大会常务委员会第十八次会议授权国务院在实施股票发行注册制改革中调整适用《中华人民共和国证券法》有关规定的决定施行期限届满后，期限延长二年至2020年2月29日。国务院应当及时总结实践经验，于延长期满前，提出修改法律相关规定的意见。

国务院要进一步加强对股票发行注册制改革工作的组织领导，并将股票发行注册制改革具体实施方案报全国人民代表大会常务委员会备案。国务院证券监督管理机构要继续创造条件，积极推进股票发行注册制改革，并会同有关部门加强事前事中事后全过程监管，防范和化解风险，切实保护投资者合法权益。

本决定自2018年2月25日起施行。

二、纲领性意见

《关于在上海证券交易所设立科创板并试点注册制的实施意见》解读

经党中央、国务院同意，中国证监会于2019年1月28日发布了《关于在上海证券交易所设立科创板并试点注册制的实施意见》（以下简称《实施意见》）。

《实施意见》虽是以证监会的名义发布的，它在效力层级上不是中国证监会最高层级的规则——“证监会规章”，但它是经党中央、国务院同意的，是关于在上海证券交易所（以下简称上交所）设立科创板并试点注册制的纲领性文件。《实施意见》最后一段明确指出：“证监会根据本意见制定《科创板首次公开发行股票注册管理办法（试行）》等监管规则，明确股票发行条件、注册程序、信息披露、中介机构职责、监督管理和法律责任等事项，并完善相关配套制度规则。上交所应制定科创板发行、上市、信息披露、交易、退市等业务规则，建立健全公开透明高效的审核机制。”换言之，证监会和上交所的相关配套制度规则，都是以《实施意见》为具体依据而制定的，是对《实施意见》的具体落实和规则细化。

《实施意见》发布后，中国证监会和上海证券交易所按照《实施意见》要求，有序推进了设立科创板并试点注册制各项工作。

设立科创板并试点注册制，是中国证监会深入贯彻习近平新时代中国特色社会主义思想和党的十九大精神，认真落实习近平总书记关于资本市场的一系列重要指示批示精神，按照党中央、国务院决策部署，进一步落实创新驱动发展战略，增强资本市场对提高我国关键核心技术创新能力的服务水平，支持上海国际金融中心和科技创新中心建设，完善资本市场基础制度，坚持稳中求进工作总基调，贯彻新发展理念，深化供给侧结构性改革的重要举措。

《实施意见》明确了科创板的战略定位。《实施意见》强调，在上交所新设科创板，坚持面向世界科技前沿、面向经济主战场、面向国家重大需求，主要服务于符合国家战略、突破关键核心技术、市场认可度高的科技创新企业。重点支持新一代信息技术、高端装备、新材料、新能源、节能环保以及生物医药等高新技术产业和战略性新兴产业，推动互联网、大数据、云计算、人工智能和制造业深度融合，引领中高端消费，推动质量变革、效率变革、动力变革。

《实施意见》明确了科创板的主要特点。《实施意见》指出，科创板根据板块定位和科创企业特点，设置多元包容的上市条件，允许符合科创板定位、尚未盈利或存在累计未弥补亏损的企业在科创板上市，允许符合相关要求的特殊股权结构企业和红筹企业在科创板上市。科创板相应设置投资者适当性要求，防控好各种风险。

《实施意见》明确了科创板注册制中证监会与上交所的角色分工。《实施意见》明确，在科创板试点注册制，合理制定科创板股票发行条件和更加全面深入精准的信息披露规则体系。上交所负责科创板发行上市审核，中国证监会负责科创板股票发行注册。中国证监会将加强对上交所审核工作的监督，并强化新股发行上市事前事中事后全过程监管。

《实施意见》明确，为做好科创板试点注册制工作，将在五个方面完善资本市场基础制度：一是构建科创板股票市场化发行承销机制，二是进一步强化信息披露监管，三是基于科创板上市公司特点和投资者适当性要求，建立更加市场化的交易机制，四是建立更加高效的并购重组机制，五是严格实施退市制度。

《实施意见》明确了要加强执法和司法工作。《实施意见》强调，设立科创板试点注册制，要加强科创板上市公司持续监管，进一步压实中介机构责任，严厉打击欺诈发行、虚假陈述等违法行为，保护投资者合法权益。证监会将加强行政执法与司法的衔接；推动完善相关法律制度和司法解释，建立健全证券支持诉讼示范判决机制；根据试点情况，探索完善与注册制相适应的证券民事诉讼法律制度。

关于在上海证券交易所设立科创板并试点注册制的实施意见

（2019年1月28日中国证券监督管理委员会公告〔2019〕2号公布自公布之日起施行）

为进一步落实创新驱动发展战略，增强资本市场对提高我国关键核心技术创新能力的服务水平，促进高新技术产业和战略性新兴产业发展，支持上海国际金融中心和科技创新中心建设，完善资本市场基础制度，推动高质量发展，根据党中央、国务院决策部署和全国人民代表大会常务委员会《关于授权国务院在实施股票发行注册制改革中调整适用〈中华人民共和国证券法〉有关规定的决定》、《关于延长授权国务院在实施股票发行注册制改革中调整适用〈中华人民共和国证券法〉有关规定期限的决定》，现就在上海证券交易所（以下简称“上交所”）设立科创板并试点注册制，提出以下意见。

一、总体要求

（一）指导思想。深入贯彻习近平新时代中国特色社会主义思想和党的十九大精神，认真落实习近平总书记关于资本市场的一系列重要指示批示精神，按照党中央、国务院决策部署，坚持稳中求进工作总基调，贯彻新发展理念，深化供给侧结构性改革，着眼于加快形成融资功能完备、基础制度扎实、市场监管有效、投资者合法权益得到有效保护的多层次资本市场体系，从设立上交所科创板入手，稳步试点注册制，统筹推进发行、上市、信息披露、交易、退市等基础制度改革，发挥资本市场对提升科技创新能力和实体经济竞争力的支持功能，更好服务高质量发展。

（二）基本原则。一是坚持市场导向，强化市场约束。尊重市场规律，明确和稳定市场预期，建立以市场机制为主导的新股发行制度安排。二是坚持法治导向，依法治市。健全资本市场法律体系，强化依法全面从严监管，保护投资者合法权益，进一步明确市场参与各方权利义务，逐步形成市场参与各方依法履职尽责及维护自身合法权益的市场环境。三是强化信息披露监管，归位尽责。建立和完善以信息披露为中心的股票发行上市制度，强化发行人对信息披露的诚信义务和法律责任，充分发挥中介机构核查把关作用，引导投资者提高风险识别能力和理性投资意识。四是坚持统筹协调，守住底线。发挥好相关政府部门和有关方面的协同配合作用，形成共促市场稳定健康发展的合力，及时防范和化解市场风险。

二、设立上交所科创板

（三）准确把握科创板定位。在上交所新设科创板，坚持面向世界科技前沿、面向经济主战场、面向国家重大需求，主要服务于符合国家战略、突破关键核心技术、市场认可度高的科技创新企业。重点支持新一代信息技术、高端装备、新材料、新能源、节能环保以及生物医药等高新技术产业和战略性新兴产业，推动互联网、大数据、云计算、人工智能和制造业深度融合，引领中高端消费，推动质量变革、效率变革、动力变革。具体行业范围由上交所发布并适时更新。

（四）制定更具包容性的科创板上市条件。更加注重企业科技创新能力，允许符合科创板定位、尚未盈利或存在累计未弥补亏损的企业在科创板上市。综合考虑预计市值、收入、净利润、研发投入、现金流等因素，设置多元包容的上市条件。具体由上交所制定并公布。

（五）允许特殊股权结构企业和红筹企业上市。依照公司法第一百三十一条规定，允许科技创新企业发行具有特别表决权的类别股份，每一特别表决权股份拥有的表决权数量大于每一普通股份拥有的表决权数量，其他股东权利与普通股份相同。特别表决权股份一经转让，应当恢复至与普通股份同等的表决权。公司发行特别表决权股份的，应当在公司章程中规定特别表决权股份的持有人资格、特别表决权股份拥有的表决权数量与普通股份拥有的表决权数量的比例安排、持有人所持特别表决权股份能够参与表决的股东大会事项范围、特别表决权股份锁定安排及转让限制等事项。

存在特别表决权股份的境内科技创新企业申请发行股票并在科创板上市的，公司章程规定的上述事项应当符合上交所有关要求，同时在招股说明书等公开发行文件中，充分披露并特别提示有关差异化表决安排的主要内容、相关风险及对公司治理的影响，以及依法落实保护投资者合法权益的各项措施。

符合《国务院办公厅转发证监会关于开展创新企业境内发行股票或存托凭证试点若干意见的通知》（国办发〔2018〕21号）规定的红筹企业，可以申请发行股票或存托凭证并在科创板上市。红筹企业发行存托凭证的，按国家有关税收政策执行。

（六）确定投资者适当性要求。个人投资者投资科创板股票，证券账户及资金账户持有资产规模应当达到规定标准，且具备相关股票投资经验和相应的风险承受能力。具体标准由上交所制定，并可根据科创板运行情况作适当调整。强化证券公司投资者适当性管理义务和责任追究。

三、稳步实施注册制试点改革

（七）合理制定股票发行条件。精简优化现行公开发行股票条件。申请公开发行股票的公司，除符合科创板定位外，还应当符合下列基本发行条件：一是具备健全且运行良好的组织机构，具有完整的业务体系和直接面向市场独立经营的能力，不存在对持续经营有重大不利影响的情形；二是会计基础工作规范，内部控制制度健全且有效执行，最近三年财务会计报告被出具标准无保留意见审计报告；三是发行人及其控股股东、实际控制人最近三年不存在贪污、贿赂、侵占财产、挪用财产或者破坏社会主义市场经济秩序的刑事犯罪，不存在严重损害社会公共利益的重大违法行为；四是证监会规定的其他条件。逐步将现行发行条件中可以由投资者判断的事项转化为更加严格，更加全面、深入、精准的信息披露要求制度体系。证监会制定《科创板首次公开发行股票注册管理办法（试行）》等规则，对科创板试点注册制的发行条件、注册程序和具体信息披露要求等作出规定。

企业公开发行股票并在科创板上市交易，必须符合发行条件与上市条件，报上交所审核并经证监会注册。

（八）上交所负责科创板发行上市审核。上交所受理企业公开发行股票并上市的申请，审核并判断企业是否符合发行条件、上市条件和信息披露要求。审核工作主要通过提出问题、回答问题方式展开，督促发行人完善信息披露内容。上交所制定审核标准、审核程序等规则，报证监会批准。

上交所成立由相关领域科技专家、知名企业家、资深投资专家等组成的科技创新咨询委员会，为发行上市审核提供专业咨询和政策建议。必要时可对申请发行上市的企业进行询问。

（九）证监会负责科创板股票发行注册。上交所审核通过后，将审核意见及发行人注册申请文件报送证监会履行注册程序。注册工作不适用发行审核委员会审核程序，按证监会制定的程序进行，依照规定的发行条件和信息披露要求，在 20 个工作日内作出是否同意注册的决定。

科创板上市公司非公开发行新股实行注册制，具体程序与公开发行相同。证监会完善再融资制度，提高科创板再融资便利性。

（十）证监会对上交所审核工作进行监督。督促上交所建立内部防火墙制度，发行上市审核部门与其他部门隔离运行，防范利益冲突。持续追踪发行人的信息披露文件、上交所的审核意见，定期或不定期对上交所审核工作进行抽查和检查，落实对上交所审核工作的监督问责机制。督促上交所提高审核工作透明度，审核过程和审核意见向社会公开，减少自由裁量空间。上交所参与审核的人员，不得与发行人有利害关系，不得直接或间接与发行人有利益往来，不得持有发行人的股票，不得私下与发行人进行接触，切实防范以权谋私、利益输送等违法违纪行为。

（十一）强化事前事中事后全过程监管。在发行上市审核、注册和新股发行过程中，发现发行人存在重大违法违规嫌疑的，证监会可以要求上交所处理，也可以宣布发行注册暂缓生效，或者暂停新股发行，直至撤销发行注册。

四、完善基础制度

（十二）构建科创板股票市场化发行承销机制。科创板市场新股发行价格、规模、节奏主要通过市场化方式决定，强化市场约束。对新股发行定价不设限制，建立以机构投资者为参与主体的询价、定价、配售等机制，充分发挥机构投资者专业能力。试行保荐人相关子公司“跟投”制度。支持科创板上市公司引入战略投资者，科技创新企业高管、员工可以参与战略配售，发挥好超额配售选择权制度作用，促进股价稳定。加强对定价承销的事中事后监管，建立上市后交易价格监控机制，约束非理性定价。制定合理的科创板上市公司股份锁定期和减持制度安排。

（十三）强化信息披露监管。切实树立以信息披露为中心的监管理念，全面建立严格的信息披露体系并严格执行。明确发行人是信息披露第一责任人，充分披露投资者做出价值判断和投资决策所必需的信息，确保信息披露真实、准确、完整、及时、公平。明确发行人的控股股东、实际控制人不得要求或协助发行人隐瞒重要信息。

上交所建立以上市规则为中心的持续监管规则体系，在持续信息披露、并购重组、股权激励、退市等方面制定符合科创板上市公司特点的具体实施规则，报证监会批准。

科创板上市公司要根据自身特点，强化对业绩波动、行业风险、公司治理等相关事项的针对性信息披露。明确要求发行人披露科研水平、科研人员、科研资金投入等相关信息，督促引导发行人将募集资金重点投向科技创新领域。

（十四）完善交易制度。科创板采取独立交易模块和独立行情显示，交易日历、证券账户、申报成交等安排与上交所主板一致。基于科创板上市公司特点和投资者适当性要求，建立更加市场化的交易机制，研究制定股票日涨跌幅等标准。适当提高每笔最低交易股票数量。稳妥有序将科创板股票纳入融资融券标的，促进融资融券业务均衡发展。在竞价交易基础上，条件成熟时引入做市商机制。科创板运行一段时间后，由上交所对交易制度进行综合评估，必要时加以完善。

（十五）建立高效的并购重组机制。科创板上市公司并购重组统一由上交所审核，涉及发行股票的，实行注册制。证监会依法批准上交所制定的科创板上市公司并购重组审核标准及规则体系。达到一定规模的上市公司，可以依法分拆其业务独立、符合条件的子公司在科创板上市。

（十六）严格实施退市制度。严格交易类强制退市指标，对交易量、股价、股东人数等不符合条件的企业依法终止上市。优化财务类强制退市指标，科创板股票不适用证券法第五十六条第三项关于连续亏损终止上市的规定；对连续被出具否定或无法表示意见审计报告的上市公司实施终止上市。严格实施重大违法强制退市制度，对构成欺诈发行、重大信息披露违法或其他重大违法行为的上市公司依法坚决终止上市。科创板股票不适用证券法第五十五条关于暂停上市的规定，应当退市的直接终止上市。

五、完善配套改革措施

（十七）加强科创板上市公司持续监管。上交所要依法发挥一线监管职能，强化监管问询，加大现场检查力度，提高上市公司信息披露质量。适当延长核心技术团队股份锁定期，促进上市公司稳定经营。适当延长未盈利上市公司控股股东、实际控制人、董事、监事、高级管理人员的股份锁定期。加强上市公司信息披露与二级市场监管联动，切实防范和打击内幕交易与操纵市场行为。

（十八）强化中介机构责任。保荐人作为主要中介机构，必须诚实守信、勤勉尽责，充分了解发行人经营情况和风险，并对发行人的申请文件和信息披露资料进行全面核查验证。建立保荐人资格与新股发行信息披露质量挂钩机制。适当延长保荐人持续督导期。证券服务机构及其从业人员应当对本专业相关的业务事项履行特别注意义务，对其他业务事项履行普通注意义务。对发行人、上市公司虚假记载、误导性陈述或重大遗漏负有责任的保荐人、会计师事务所、律师事务所、资产评估机构，加大处罚力度。

（十九）保护投资者合法权益。严厉打击欺诈发行、虚假陈述等违法行为。对以欺骗手段骗取发行注册等违法行为，依照证券法第一百八十九条等规定依法从重处罚。对欺诈发行上市的，可以责令上市公司及其控股股东、实际控制人按规定购回已上市的股份。探索建立发行人和投资者之间的纠纷化解和赔偿救济机制。将发行人和相关中介机构及责任人的信用记录纳入国家统一信用信息平台，加强监管信息共享，完善失信联合惩戒机制。

（二十）推动完善有关法律法规。加强行政执法与司法的衔接，符合刑事追诉标准、涉嫌犯罪的案件，依法及时移送司法机关追究刑事责任。推动完善相关法律制度和司法解释，建立健全证券支持诉讼示范判决机制。根据试点情况，探索完善与注册制相适应的证券民事诉讼法律制度。

证监会根据本意见制定《科创板首次公开发行股票注册管理办法（试行）》等监管规则，明确股票发行条件、注册程序、信息披露、中介机构职责、监督管理和法律责任等事项，并完善相关配套制度规则。上交所应制定科创板发行、上市、信息披露、交易、退市等业务规则，建立健全公开透明高效的审核机制。证监会及上交所根据科创板运行和注册制试点情况，及时总结经验，适时调整完善相关具体制度安排。

《关于开展创新企业境内发行股票或存托凭证试点的若干意见》解读

2018 年 3 月 22 日，国务院办公厅转发证监会《关于开展创新企业境内发行股票或存托凭证试点的若干意见》（以下简称《若干意见》）。

从严格意义上来讲，国务院办公厅转发国务院各部委、直属机构的意见，仍不属于国务院的行政法规。但在实践中，由于其表明了国务院的支持态度，国务院各部委、直属机构将其作为“行政法规”遵守。因此，《若干意见》的最后一段强调，各地区、各相关部门要高度重视，统一思想，提高认识，加大工作力度，确保试点依法有序开展。证监会要加强与各地区、各相关部门的协调配合，稳妥推动相关工作，完善相关配套制度和监管规则，加强市场监管、投资者教育和跨境监管执法合作，依法严肃查处违法违规行为，监督试点企业认真履行信息披露义务，督促中介机构诚实守信、勤勉尽责，切实保护投资者合法权益。

《若干意见》是在科创板并试点注册制之前就发布了的。《若干意见》支持创新企业在境内资本市场发行证券上市，助力我国高新技术产业和战略性新兴产业发展提升，推动经济发展质量变革、效率变革、动力变革。《若干意见》提出，按照市场化、法治化原则，开展创新企业境内发行股票或存托凭证试点。试点企业应当是符合国家战略、掌握核心技术、市场认可度高，属于互联网、大数据、云计算、人工智能、软件和集成电路、高端装备制造、生物医药等高新技术产业和战略性新兴产业，且达到相当规模的创新企业。其中，已在境外上市的大型红筹企业，市值不低于2000 亿元人民币；尚未在境外上市的创新企业（包括红筹企业和境内注册企业），最近一年营业收入不低于30亿元人民币且估值不低于200亿元人民币，或者营业收入快速增长，拥有自主研发、国际领先技术，同行业竞争中处于相对优势地位。试点企业具体标准由证监会制定。红筹企业，指注册地在境外，主要经营活动在境内的企业。

《若干意见》明确，试点企业可以在境内发行股票或存托凭证，对试点涉及的相关发行条件、审核程序、信息披露、投资者保护及法律责任等事项做出了安排。

《若干意见》明确，试点企业在境内发行股票应符合法律法规规定的股票发行条件。试点企业在中国境内发行存托凭证应符合以下基础制度安排：基础证券发行人在境外发行的基础证券由存托人持有，并由存托人在境内签发存托凭证；基础证券发行人应符合证券法关于股票等证券发行的基本条件，参与存托凭证发行，依法履行信息披露等义务，并按规定接受证监会及证券交易所监督管理；存托人应按照存托协议约定，根据存托凭证持有人意愿行使境外基础证券相应权利，办理存托凭证分红、派息等业务；存托人资质应符合证监会有关规定；存托凭证持有人依法享有存托凭证代表的境外基础证券权益，并按照存托协议约定，通过存托人行使其权利；存托协议应约定因存托凭证发生的纠纷适用中国法律法规规定，由境内法院管辖。

《若干意见》虽是在科创板并试点注册制之前就发布了的，但这次上海证券交易所设立科创板并试点注册制之后，由于科创板允许特殊股权结构企业和红筹企业上市[①]，因此《若干意见》的规定也就适用于科创板了。

国务院办公厅转发证监会关于开展创新企业境内发行股票或存托凭证试点若干意见的通知

（2018年3月22日　国办发〔2018〕21号）

各省、自治区、直辖市人民政府，国务院各部委、各直属机构：

证监会《关于开展创新企业境内发行股票或存托凭证试点的若干意见》

① 详见《关于在上海证券交易所设立科创板并试点注册制的实施意见》第二条第（五）项。

已经国务院同意，现转发给你们，请认真贯彻执行。

关于开展创新企业境内发行股票或存托凭证试点的若干意见

为进一步加大资本市场对实施创新驱动发展战略的支持力度，按照市场化、法治化原则，借鉴国际经验，开展创新企业境内发行股票或存托凭证试点，现提出以下意见。

一、指导思想

全面贯彻落实党的十九大精神，以习近平新时代中国特色社会主义思想为指导，认真落实党中央、国务院决策部署，坚持稳中求进工作总基调，牢固树立和贯彻新发展理念，按照高质量发展要求，统筹推进“五位一体”总体布局和协调推进“四个全面”战略布局，深化资本市场改革、扩大开放，支持创新企业在境内资本市场发行证券上市，助力我国高新技术产业和战略性新兴产业发展提升，推动经济发展质量变革、效率变革、动力变革。

二、试点原则

（一）服务国家战略。以服务创新驱动发展为引领，坚持创新与发展有机结合，改革与开放并行并重，助力大众创业万众创新，推动经济结构调整和产业转型升级。

（二）坚持依法合规。在法律法规框架下，做好与相关政策的衔接配合，稳妥适度开展制度创新，确保试点依法依规、高效可行。

（三）稳步有序推进。统筹谋划，循序渐进，探索通过试点解决创新企业境内上市问题，为进一步深化改革、完善制度积累经验、创造条件。

（四）切实防控风险。充分保护中小投资者合法权益，处理好试点与风险防控的关系，把防控风险放到更加重要的位置。强化监管，维护金融市场稳定，坚决守住不发生系统性风险的底线。

三、试点企业

试点企业应当是符合国家战略、掌握核心技术、市场认可度高，属于互联网、大数据、云计算、人工智能、软件和集成电路、高端装备制造、生物医药等高新技术产业和战略性新兴产业，且达到相当规模的创新企业。其中，已在境外上市的大型红筹企业，市值不低于2000亿元人民币；尚未在境外上市的创新企业（包括红筹企业和境内注册企业），最近一年营业收入不低于30亿元人民币且估值不低于200亿元人民币，或者营业收入快速增长，拥有自主研发、国际领先技术，同行业竞争中处于相对优势地位。试点企业具体标准由证监会制定。本意见所称红筹企业，是指注册地在境外、主要经营活动在境内的企业。

证监会成立科技创新产业化咨询委员会（以下简称咨询委员会），充分发挥相关行业主管部门及专家学者作用，严格甄选试点企业。咨询委员会由相关行业权威专家、知名企业家、资深投资专家等组成，按照试点企业标准，综合考虑商业模式、发展战略、研发投入、新产品产出、创新能力、技术壁垒、团队竞争力、行业地位、社会影响、行业发展趋势、企业成长性、预估市值等因素，对申请企业是否纳入试点范围作出初步判断。证监会以此为重要依据，审核决定申请企业是否列入试点，并严格按照法律法规受理审核试点企业发行上市申请。

四、试点方式

试点企业可根据相关规定和自身实际，选择申请发行股票或存托凭证上市。允许试点红筹企业按程序在境内资本市场发行存托凭证上市；具备股票发行上市条件的试点红筹企业可申请在境内发行股票上市；境内注册的试点企业可申请在境内发行股票上市。本意见所称存托凭证，是指由存托人签发、以境外证券为基础在中国境内发行、代表境外基础证券权益的证券。

试点企业在境内发行的股票或存托凭证均应在境内证券交易所上市交易，并在中国证券登记结算有限责任公司集中登记存管、结算。试点企业募集的资金可以人民币形式或购汇汇出境外，也可留存境内使用。试点企业募集资金的使用、存托凭证分红派息等应符合我国外资、外汇管理等相关规定。

证监会根据证券法等法律法规规定，依照现行股票发行核准程序，核准试点红筹企业在境内公开发行股票；原则上依照股票发行核准程序，由发行审核委员会依法审核试点红筹企业存托凭证发行申请。

试点企业在境内的股票或存托凭证相关发行、上市和交易等行为，均纳入现行证券法规范范围。证监会依据证券法和本意见及相关规定实施监管，并与试点红筹企业上市地等相关国家或地区证券监督管理机构建立监管合作机制，实施跨境监管。

五、发行条件

试点企业在境内发行股票应符合法律法规规定的股票发行条件。其中，试点红筹企业股权结构、公司治理、运行规范等事项可适用境外注册地公司法等法律法规规定，但关于投资者权益保护的安排总体上应不低于境内法律要求。对存在协议控制架构的试点企业，证监会会同有关部门区分不同情况，依法审慎处理。

试点红筹企业在境内发行以股票为基础证券的存托凭证应符合证券法关于股票发行的基本条件，同时符合下列要求：一是股权结构、公司治理、运行规范等事项可适用境外注册地公司法等法律法规规定，但关于投资者权益保护的安排总体上应不低于境内法律要求；二是存在投票权差异、协议控制架构或类似特殊安排的，应于首次公开发行时，在招股说明书等公开发行文件显要位置充分、详细披露相关情况特别是风险、公司治理等信息，以及依法落实保护投资者合法权益规定的各项措施。

六、存托凭证基础制度安排

在中国境内发行存托凭证应符合以下基础制度安排，并严格遵守相关监管规则。

（一）参与主体。

基础证券发行人在境外发行的基础证券由存托人持有，并由存托人在境内签发存托凭证。基础证券发行人应符合证券法关于股票等证券发行的基本条件，参与存托凭证发行，依法履行信息披露等义务，并按规定接受证监会及证券交易所监督管理。

存托人应按照存托协议约定，根据存托凭证持有人意愿行使境外基础证券相应权利，办理存托凭证分红、派息等业务。存托人资质应符合证监会有关规定。

存托凭证持有人依法享有存托凭证代表的境外基础证券权益，并按照存托协议约定，通过存托人行使其权利。

（二）存托协议。

基础证券发行人、存托人及存托凭证持有人通过存托协议明确存托凭证所代表权益及各方权利义务。投资者持有存托凭证即成为存托协议当事人，视为其同意并遵守存托协议约定。存托协议应约定因存托凭证发生的纠纷适用中国法律法规规定，由境内法院管辖。

（三）存托凭证基础财产。

存托凭证基础财产包括境外基础证券及其衍生权益。存托人可在境外委托金融机构担任托管人。托管人负责托管存托凭证基础财产，并负责办理与托管相关的其他业务。存托人和托管人应为存托凭证基础财产单独立户，将存托凭证基础财产与其自有财产有效隔离、分别管理、分别记账，不得将存托凭证基础财产归入其自有财产，不得违背受托义务侵占存托凭证基础财产。

（四）跨境转换。

存托凭证与基础证券之间转换的具体要求和方式由证监会规定。

七、信息披露

试点企业及其控股股东、实际控制人等相关信息披露义务人应真实、准确、完整、及时、公平地披露信息，不得有虚假记载、误导性陈述或重大遗漏。试点红筹企业原则上依照现行上市公司信息披露制度履行信息披露义务。试点红筹企业及其控股股东、实际控制人等相关信息披露义务人在境外披露的信息应以中文在境内同步披露，披露内容应与其在境外市场披露内容一致。

试点红筹企业在境内发行证券，应按照证券法等法律法规规定披露财务信息，并在上市安排中明确会计年度期间等相关问题。试点红筹企业在境内发行证券披露的财务报告信息，可按照中国企业会计准则或经财政部认可与中国企业会计准则等效的会计准则编制，也可在按照国际财务报告准则或美国会计准则编制的同时，提供按照中国企业会计准则调整的差异调节信息。

八、投资者保护

试点企业不得有任何损害境内投资者合法权益的特殊安排和行为。发行股票的，应执行境内现行投资者保护制度；尚未盈利试点企业的控股股东、实际控制人和董事、高级管理人员在企业实现盈利前不得减持上市前持有的股票。发行存托凭证的，应确保存托凭证持有人实际享有权益与境外基础股票持有人权益相当，由存托人代表境内投资者对境外基础股票发行人行使权利。投资者合法权益受到损害时，试点企业应确保境内投资者获得与境外投资者相当的赔偿。

九、法律责任

试点企业等相关市场主体违法违规发行证券，未按规定披露信息，所披露信息存在虚假记载、误导性陈述或重大遗漏，或者存在内幕交易、操纵市场等其他违法行为的，应依照证券法等法律法规规定承担法律责任。试点企业等相关市场主体导致投资者合法权益受到损害的，应依法承担赔偿责任，投资者可依法直接要求其承担损害赔偿责任。存托人或托管人违反本意见和证监会有关规定的，证监会可依法采取监管措施，并追究其法律责任。

十、组织管理

各地区、各相关部门要高度重视，统一思想，提高认识，加大工作力度，确保试点依法有序开展。证监会要根据证券法和本意见规定，加强与各地区、各相关部门的协调配合，稳妥推动相关工作，完善相关配套制度和监管规则，加强市场监管、投资者教育和跨境监管执法合作，依法严肃查处违法违规行为，监督试点企业认真履行信息披露义务，督促中介机构诚实守信、勤勉尽责，切实保护投资者合法权益。

三、规章

《科创板首次公开发行股票注册管理办法（试行）》解读

2019年3月1日，证监会发布了《科创板首次公开发行股票注册管理办法（试行）》（以下简称《注册管理办法》）和《科创板上市公司持续监管办法（试行）》，自公布之日起实施。经证监会批准，上交所、中国结算相关业务规则随之发布。

设立科创板并试点注册制主要制度规则自2019年1月30日起向社会公开征求意见至征求意见结束，证监会及上交所、中国结算通过邮件、信函、热线电话等渠道收到各类意见建议共700多份，并通过召开座谈会、发放调查问卷听取了相关各方意见。社会各界对设立科创板并试点注册制给予了高度关注，并提出了修改意见建议。证监会及有关单位对反馈意见逐条进行了认真研究，充分吸收了进一步明确注册要求和程序、优化减持制度、完善信息披露等合理意见，并相应修改完善了《注册管理办法》等制度规则。

《注册管理办法》共8章81条。主要有以下内容：

一是明确科创板试点注册制的总体原则，规定股票发行适用注册制。

二是以信息披露为中心，精简优化现行发行条件，突出重大性原则并强调风险防控。

三是对科创板股票发行上市审核流程做出制度安排，实现受理和审核全流程电子化，全流程重要节点均对社会公开，提高审核效率，减轻企业负担。

四是强化信息披露要求，压实市场主体责任，严格落实发行人等相关主体在信息披露方面的责任，并针对科创板企业特点，制定差异化的信息披露规则。《注册管理办法》第五条明确规定了发行人为信息披露的第一责任人；第七条第二款明确规定证券服务机构及其相关执业人员应当对与本专业相关的业务事项履行特别注意义务，对其他业务事项履行普通注意义务，并承担相应法律责任。

五是明确科创板企业新股发行价格通过向符合条件的网下投资者询价确定。

六是建立全流程监管体系，对违法违规行为负有责任的发行人及其控股股东、实际控制人、保荐人、证券服务机构以及相关责任人员加大追责力度。

科创板首次公开发行股票注册管理办法（试行）

（2019 年 3 月 1 日中国证券监督管理委员会第 1 次主席办公会议审议通过　2019 年 3 月 1 日中国证券监督管理委员会令第 153 号公布　自公布之日起施行）

第一章　总　　则

第一条　为规范在上海证券交易所科创板试点注册制首次公开发行股票相关活动，保护投资者合法权益和社会公共利益，根据《中华人民共和国证券法》《中华人民共和国公司法》《全国人民代表大会常务委员会关于授权国务院在实施股票发行注册制改革中调整适用〈中华人民共和国证券法〉有关规定的决定》《全国人民代表大会常务委员会关于延长授权国务院在实施股票发行注册制改革中调整适用〈中华人民共和国证券法〉有关规定期限的决定》《关于在上海证券交易所设立科创板并试点注册制的实施意见》及相关法律法规，制定本办法。

第二条　在中华人民共和国境内首次公开发行股票并在上海证券交易所科创板（以下简称科创板）上市，适用本办法。

第三条　发行人申请首次公开发行股票并在科创板上市，应当符合科创板定位，面向世界科技前沿、面向经济主战场、面向国家重大需求。优先支持符合国家战略，拥有关键核心技术，科技创新能力突出，主要依靠核心技术开展生产经营，具有稳定的商业模式，市场认可度高，社会形象良好，具有较强成长性的企业。

第四条　首次公开发行股票并在科创板上市，应当符合发行条件、上市条件以及相关信息披露要求，依法经上海证券交易所（以下简称交易所）发行上市审核并报经中国证券监督管理委员会（以下简称中国证监会）履行发行注册程序。

第五条　发行人作为信息披露第一责任人，应当诚实守信，依法充分披露投资者作出价值判断和投资决策所必需的信息，所披露信息必须真实、准确、完整，不得有虚假记载、误导性陈述或者重大遗漏。

发行人应当为保荐人、证券服务机构及时提供真实、准确、完整的财务会计资料和其他资料，全面配合相关机构开展尽职调查和其他相关工作。

发行人的控股股东、实际控制人应当全面配合相关机构开展尽职调查和其他相关工作，不得要求或者协助发行人隐瞒应当披露的信息。

第六条 保荐人应当诚实守信，勤勉尽责，按照依法制定的业务规则和行业自律规范的要求，充分了解发行人经营情况和风险，对注册申请文件和信息披露资料进行全面核查验证，对发行人是否符合发行条件、上市条件独立作出专业判断，审慎作出推荐决定，并对招股说明书及其所出具的相关文件的真实性、准确性、完整性负责。

第七条 证券服务机构应当严格按照依法制定的业务规则和行业自律规范，审慎履行职责，作出专业判断与认定，并对招股说明书中与其专业职责有关的内容及其所出具的文件的真实性、准确性、完整性负责。

证券服务机构及其相关执业人员应当对与本专业相关的业务事项履行特别注意义务，对其他业务事项履行普通注意义务，并承担相应法律责任。

第八条 同意发行人首次公开发行股票注册，不表明中国证监会和交易所对该股票的投资价值或者投资者的收益作出实质性判断或者保证，也不表明中国证监会和交易所对注册申请文件的真实性、准确性、完整性作出保证。

第九条 股票依法发行后，因发行人经营与收益的变化引致的投资风险，由投资者自行负责。

第二章　发行条件

第十条 发行人是依法设立且持续经营 3 年以上的股份有限公司，具备健全且运行良好的组织机构，相关机构和人员能够依法履行职责。

有限责任公司按原账面净资产值折股整体变更为股份有限公司的，持续经营时间可以从有限责任公司成立之日起计算。

第十一条 发行人会计基础工作规范，财务报表的编制和披露符合企业会计准则和相关信息披露规则的规定，在所有重大方面公允地反映了发行人的财务状况、经营成果和现金流量，并由注册会计师出具标准无保留意见的审计报告。

发行人内部控制制度健全且被有效执行，能够合理保证公司运行效率、合法合规和财务报告的可靠性，并由注册会计师出具无保留结论的内部控制鉴证报告。

第十二条 发行人业务完整，具有直接面向市场独立持续经营的能力：

（一）资产完整，业务及人员、财务、机构独立，与控股股东、实际控制人及其控制的其他企业间不存在对发行人构成重大不利影响的同业竞争，不存在严重影响独立性或者显失公平的关联交易。

（二）发行人主营业务、控制权、管理团队和核心技术人员稳定，最近2年内主营业务和董事、高级管理人员及核心技术人员均没有发生重大不利变化；控股股东和受控股股东、实际控制人支配的股东所持发行人的股份权属清晰，最近2年实际控制人没有发生变更，不存在导致控制权可能变更的重大权属纠纷。

（三）发行人不存在主要资产、核心技术、商标等的重大权属纠纷，重大偿债风险，重大担保、诉讼、仲裁等或有事项，经营环境已经或者将要发生重大变化等对持续经营有重大不利影响的事项。

第十三条 发行人生产经营符合法律、行政法规的规定，符合国家产业政策。

最近3年内，发行人及其控股股东、实际控制人不存在贪污、贿赂、侵占财产、挪用财产或者破坏社会主义市场经济秩序的刑事犯罪，不存在欺诈发行、重大信息披露违法或者其他涉及国家安全、公共安全、生态安全、生产安全、公众健康安全等领域的重大违法行为。

董事、监事和高级管理人员不存在最近3年内受到中国证监会行政处罚，或者因涉嫌犯罪被司法机关立案侦查或者涉嫌违法违规被中国证监会立案调查，尚未有明确结论意见等情形。

第三章 注册程序

第十四条 发行人董事会应当依法就本次股票发行的具体方案、本次募集资金使用的可行性及其他必须明确的事项作出决议，并提请股东大会批准。

第十五条 发行人股东大会就本次发行股票作出的决议，至少应当包括下列事项：

（一）本次公开发行股票的种类和数量；

（二）发行对象；

（三）定价方式；

（四）募集资金用途；

（五）发行前滚存利润的分配方案；

（六）决议的有效期；

（七）对董事会办理本次发行具体事宜的授权；

（八）其他必须明确的事项。

第十六条 发行人申请首次公开发行股票并在科创板上市，应当按照中国证监会有关规定制作注册申请文件，由保荐人保荐并向交易所申报。

交易所收到注册申请文件后，5个工作日内作出是否受理的决定。

第十七条 自注册申请文件受理之日起，发行人及其控股股东、实际控制人、董事、监事、高级管理人员，以及与本次股票公开发行并上市相关的保荐人、证券服务机构及相关责任人员，即承担相应法律责任。

第十八条 注册申请文件受理后，未经中国证监会或者交易所同意，不得改动。

发生重大事项的，发行人、保荐人、证券服务机构应当及时向交易所报告，并按要求更新注册申请文件和信息披露资料。

第十九条 交易所设立独立的审核部门，负责审核发行人公开发行并上市申请；设立科技创新咨询委员会，负责为科创板建设和发行上市审核提供专业咨询和政策建议；设立科创板股票上市委员会，负责对审核部门出具的审核报告和发行人的申请文件提出审议意见。

交易所主要通过向发行人提出审核问询、发行人回答问题方式开展审核工作，基于科创板定位，判断发行人是否符合发行条件、上市条件和信息披露要求。

第二十条 交易所按照规定的条件和程序，作出同意或者不同意发行人股票公开发行并上市的审核意见。同意发行人股票公开发行并上市的，将审核意见、发行人注册申请文件及相关审核资料报送中国证监会履行发行注册程序。不同意发行人股票公开发行并上市的，作出终止发行上市审核决定。

第二十一条 交易所应当自受理注册申请文件之日起3个月内形成审核意见。发行人根据要求补充、修改注册申请文件，以及交易所按照规定对发行人实施现场检查，或者要求保荐人、证券服务机构对有关事项进行专项核查的时间不计算在内。

第二十二条 交易所应当提高审核工作透明度，接受社会监督，公开下列事项：

（一）发行上市审核标准和程序等发行上市审核业务规则，以及相关监管问答；

（二）在审企业名单、企业基本情况及审核工作进度；

（三）发行上市审核问询及回复情况，但涉及国家秘密或者发行人商业秘密的除外；

（四）上市委员会会议的时间、参会委员名单、审议的发行人名单、审议结果及现场问询问题；

（五）对股票公开发行并上市相关主体采取的自律监管措施或者纪律处分；

（六）交易所规定的其他事项。

第二十三条 中国证监会收到交易所报送的审核意见、发行人注册申请文件及相关审核资料后，履行发行注册程序。发行注册主要关注交易所发行上市审核内容有无遗漏，审核程序是否符合规定，以及发行人在发行条件和信息披露要求的重大方面是否符合相关规定。中国证监会认为存在需要进一步说明或者落实事项的，可以要求交易所进一步问询。

中国证监会认为交易所对影响发行条件的重大事项未予关注或者交易所的审核意见依据明显不充分的，可以退回交易所补充审核。交易所补充审核后，同意发行人股票公开发行并上市的，重新向中国证监会报送审核意见及相关资料，本办法第二十四条规定的注册期限重新计算。

第二十四条 中国证监会在20个工作日内对发行人的注册申请作出同意注册或者不予注册的决定。发行人根据要求补充、修改注册申请文件，中国证监会要求交易所进一步问询，以及中国证监会要求保荐人、证券服务机构等对有关事项进行核查的时间不计算在内。

第二十五条 中国证监会同意注册的决定自作出之日起1年内有效，发行人应当在注册决定有效期内发行股票，发行时点由发行人自主选择。

第二十六条 中国证监会作出注册决定后、发行人股票上市交易前，发行人应当及时更新信息披露文件内容，财务报表过期的，发行人应当补充财务会计报告等文件；保荐人及证券服务机构应当持续履行尽职调查职责；发生重大事项的，发行人、保荐人应当及时向交易所报告。

交易所应当对上述事项及时处理，发现发行人存在重大事项影响发行条件、上市条件的，应当出具明确意见并及时向中国证监会报告。

第二十七条 中国证监会作出注册决定后、发行人股票上市交易前，发现可能影响本次发行的重大事项的，中国证监会可以要求发行人暂缓或者暂停发行、上市；相关重大事项导致发行人不符合发行条件的，可以撤销注册。

中国证监会撤销注册后，股票尚未发行的，发行人应当停止发行；股票已经发行尚未上市的，发行人应当按照发行价并加算银行同期存款利息返还股票持有人。

第二十八条 交易所因不同意发行人股票公开发行并上市，作出终止发行上市审核决定，或者中国证监会作出不予注册决定的，自决定作出之日起6个月后，发行人可以再次提出公开发行股票并上市申请。

第二十九条 中国证监会应当按规定公开股票发行注册行政许可事项相关的监管信息。

第三十条 存在下列情形之一的，发行人、保荐人应当及时书面报告交易所或者中国证监会，交易所或者中国证监会应当中止相应发行上市审核程序或者发行注册程序：

（一）相关主体涉嫌违反本办法第十三条第二款规定，被立案调查或者被司法机关侦查，尚未结案；

（二）发行人的保荐人，以及律师事务所、会计师事务所等证券服务机构因首次公开发行股票、上市公司证券发行、并购重组业务涉嫌违法违规，或者其他业务涉嫌违法违规且对市场有重大影响被中国证监会立案调查，或者被司法机关侦查，尚未结案；

（三）发行人的签字保荐代表人，以及签字律师、签字会计师等证券服务机构签字人员因首次公开发行股票、上市公司证券发行、并购重组业务涉嫌违法违规，或者其他业务涉嫌违法违规且对市场有重大影响被中国证监会立案调查，或者被司法机关侦查，尚未结案；

（四）发行人的保荐人，以及律师事务所、会计师事务所等证券服务机构被中国证监会依法采取限制业务活动、责令停业整顿、指定其他机构托管、接管等监管措施，或者被交易所实施一定期限内不接受其出具的相关文件的纪律处分，尚未解除；

（五）发行人的签字保荐代表人、签字律师、签字会计师等中介机构签字人员被中国证监会依法采取限制证券从业资格等监管措施或者证券市场禁入的措施，或者被交易所实施一定期限内不接受其出具的相关文件的纪律处分，尚未解除；

（六）发行人及保荐人主动要求中止发行上市审核程序或者发行注册程序，理由正当且经交易所或者中国证监会批准；

（七）发行人注册申请文件中记载的财务资料已过有效期，需要补充提交；

（八）中国证监会规定的其他情形。

前款所列情形消失后，发行人可以提交恢复申请；因前款第（二）、（三）项规定情形中止的，保荐人以及律师事务所、会计师事务所等证券服务机构按照有关规定履行复核程序后，发行人也可以提交恢复申请。交易所或者中国证监会按照有关规定恢复发行上市审核程序或者发行注册程序。

第三十一条 存在下列情形之一的，交易所或者中国证监会应当终止相应发行上市审核程序或者发行注册程序，并向发行人说明理由：

（一）发行人撤回注册申请文件或者保荐人撤销保荐；

（二）发行人未在要求的期限内对注册申请文件作出解释说明或者补充、修改；

（三）注册申请文件存在虚假记载、误导性陈述或者重大遗漏；

（四）发行人阻碍或者拒绝中国证监会、交易所依法对发行人实施检查、核查；

（五）发行人及其关联方以不正当手段严重干扰发行上市审核或者发行注册工作；

（六）发行人法人资格终止；

（七）注册申请文件内容存在重大缺陷，严重影响投资者理解和发行上市审核或者发行注册工作；

（八）发行人注册申请文件中记载的财务资料已过有效期且逾期 3 个月未更新；

（九）发行人中止发行上市审核程序超过交易所规定的时限或者中止发行注册程序超过 3 个月仍未恢复；

（十）交易所不同意发行人公开发行股票并上市；

（十一）中国证监会规定的其他情形。

第三十二条 中国证监会和交易所可以对发行人进行现场检查，可以要求保荐人、证券服务机构对有关事项进行专项核查并出具意见。

中国证监会和交易所应当建立健全信息披露质量现场检查制度，以及对保荐业务、发行承销业务的常态化检查制度，具体制度另行规定。

第三十三条 中国证监会与交易所建立全流程电子化审核注册系统，实现电子化受理、审核，以及发行注册各环节实时信息共享，并满足依法向社会公开相关信息的需要。

第四章 信息披露

第三十四条 发行人申请首次公开发行股票并在科创板上市，应当按照中国证监会制定的信息披露规则，编制并披露招股说明书，保证相关信息真实、准确、完整。信息披露内容应当简明易懂，语言应当浅白平实，以便投资者阅读、理解。

中国证监会制定的信息披露规则是信息披露的最低要求。不论上述规则是否有明确规定，凡是对投资者作出价值判断和投资决策有重大影响的信息，发行人均应当予以披露。

第三十五条 中国证监会依法制定招股说明书内容与格式准则、编报规则，对注册申请文件和信息披露资料的内容、格式、编制要求、披露形式等作出规定。

交易所可以依据中国证监会部门规章和规范性文件，制定信息披露细则或者指引，在中国证监会确定的信息披露内容范围内，对信息披露提出细化和补充要求，报中国证监会批准后实施。

第三十六条 发行人及其董事、监事、高级管理人员应当在招股说明书上签字、盖章，保证招股说明书的内容真实、准确、完整，不存在虚假记载、误导性陈述或者重大遗漏，并声明承担相应法律责任。

发行人控股股东、实际控制人应当在招股说明书上签字、盖章，确认招股说明书的内容真实、准确、完整，不存在虚假记载、误导性陈述或者重大遗漏，并声明承担相应法律责任。

第三十七条 保荐人及其保荐代表人应当在招股说明书上签字、盖章，确认招股说明书的内容真实、准确、完整，不存在虚假记载、误导性陈述或者重大遗漏，并声明承担相应的法律责任。

第三十八条 为证券发行出具专项文件的律师、注册会计师、资产评估人员、资信评级人员及其所在机构，应当在招股说明书上签字、盖章，确认对发行人信息披露文件引用其出具的专业意见无异议，信息披露文件不因引用其出具的专业意见而出现虚假记载、误导性陈述或者重大遗漏，并声明承担相应的法律责任。

第三十九条 发行人应当根据自身特点，有针对性地披露行业特点、业务模式、公司治理、发展战略、经营政策、会计政策，充分披露科研水平、科研人员、科研资金投入等相关信息，并充分揭示可能对公司核心竞争力、经营稳定性以及未来发展产生重大不利影响的风险因素。

发行人尚未盈利的，应当充分披露尚未盈利的成因，以及对公司现金流、业务拓展、人才吸引、团队稳定性、研发投入、战略性投入、生产经营可持续性等方面的影响。

第四十条　发行人应当披露其募集资金使用管理制度，以及募集资金重点投向科技创新领域的具体安排。

第四十一条　存在特别表决权股份的境内科技创新企业申请首次公开发行股票并在科创板上市的，发行人应当在招股说明书等公开发行文件中，披露并特别提示差异化表决安排的主要内容、相关风险和对公司治理的影响，以及依法落实保护投资者合法权益的各项措施。

保荐人和发行人律师应当就公司章程规定的特别表决权股份的持有人资格、特别表决权股份拥有的表决权数量与普通股份拥有的表决权数量的比例安排、持有人所持特别表决权股份能够参与表决的股东大会事项范围、特别表决权股份锁定安排及转让限制等事项是否符合有关规定发表专业意见。

第四十二条　发行人应当在招股说明书中披露公开发行股份前已发行股份的锁定期安排，特别是核心技术人员股份的锁定期安排以及尚未盈利情况下发行人控股股东、实际控制人、董事、监事、高级管理人员股份的锁定期安排。

保荐人和发行人律师应当就前款事项是否符合有关规定发表专业意见。

第四十三条　招股说明书的有效期为 6 个月，自公开发行前最后一次签署之日起计算。

招股说明书引用经审计的财务报表在其最近一期截止日后 6 个月内有效，特殊情况下发行人可申请适当延长，但至多不超过 1 个月。财务报表应当以年度末、半年度末或者季度末为截止日。

第四十四条　交易所受理注册申请文件后，发行人应当按交易所规定，将招股说明书、发行保荐书、上市保荐书、审计报告和法律意见书等文件在交易所网站预先披露。

第四十五条　预先披露的招股说明书及其他注册申请文件不能含有价格信息，发行人不得据此发行股票。

发行人应当在预先披露的招股说明书显要位置作如下声明："本公司的发行申请尚需经上海证券交易所和中国证监会履行相应程序。本招股说明书不具有据以发行股票的法律效力，仅供预先披露之用。投资者应当以正式公告的招股说明书作为投资决定的依据。”

第四十六条 交易所审核同意后，将发行人注册申请文件报送中国证监会时，招股说明书、发行保荐书、上市保荐书、审计报告和法律意见书等文件应在交易所网站和中国证监会网站公开。

第四十七条 发行人股票发行前应当在交易所网站和中国证监会指定网站全文刊登招股说明书，同时在中国证监会指定报刊刊登提示性公告，告知投资者网上刊登的地址及获取文件的途径。

发行人可以将招股说明书以及有关附件刊登于其他报刊和网站，但披露内容应当完全一致，且不得早于在交易所网站、中国证监会指定报刊和网站的披露时间。

第四十八条 保荐人出具的发行保荐书、证券服务机构出具的文件及其他与发行有关的重要文件应当作为招股说明书的附件，在交易所网站和中国证监会指定的网站披露，以备投资者查阅。

第五章 发行与承销的特别规定

第四十九条 首次公开发行股票并在科创板上市的发行与承销行为，适用《证券发行与承销管理办法》，本办法另有规定的除外。

第五十条 首次公开发行股票，应当向经中国证券业协会注册的证券公司、基金管理公司、信托公司、财务公司、保险公司、合格境外机构投资者和私募基金管理人等专业机构投资者（以下统称网下投资者）询价确定股票发行价格。

发行人和主承销商可以根据自律规则，设置网下投资者的具体条件，并在发行公告中预先披露。

第五十一条 网下投资者可以按照管理的不同配售对象账户分别申报价格，每个报价应当包含配售对象信息、每股价格和该价格对应的拟申购股数。

首次公开发行股票价格（或者发行价格区间）确定后，提供有效报价的网下投资者方可参与新股申购。

第五十二条 交易所应当根据《证券发行与承销管理办法》和本办法制定科创板股票发行承销业务规则。

投资者报价要求、最高报价剔除比例、网下初始配售比例、网下优先配售比例、网下网上回拨机制、网下分类配售安排、战略配售、超额配售选择权等事项适用交易所相关规定。

《证券发行与承销管理办法》规定的战略投资者在承诺的持有期限内，可以按规定向证券金融公司借出获得配售的股票。借出期限届满后，证券金融公司应当将借入的股票返还给战略投资者。

第五十三条　保荐人的相关子公司或者保荐人所属证券公司的相关子公司参与发行人股票配售的具体规则由交易所另行规定。

第五十四条　获中国证监会同意注册后，发行人与主承销商应当及时向交易所报备发行与承销方案。交易所5个工作日内无异议的，发行人与主承销商可依法刊登招股意向书，启动发行工作。

第五十五条　交易所对证券发行承销过程实施监管。发行承销涉嫌违法违规或者存在异常情形的，中国证监会可以要求交易所对相关事项进行调查处理，或者直接责令发行人和承销商暂停或者中止发行。

第六章　发行上市保荐的特别规定

第五十六条　首次公开发行股票并在科创板上市保荐业务，适用《证券发行上市保荐业务管理办法》，本办法另有规定的除外。

第五十七条　保荐人应当根据科创板企业特点和注册制要求对科创板保荐工作内部控制做出合理安排，有效控制风险，切实提高执业质量。

第五十八条　保荐人应当按照中国证监会和交易所的规定制作、报送和披露发行保荐书、上市保荐书、回复意见及其他发行上市相关文件，遵守交易所和中国证监会的发行上市审核及发行注册程序，配合交易所和中国证监会的发行上市审核及发行注册工作，并承担相应工作。

第五十九条　首次公开发行股票并在科创板上市的，持续督导的期间为证券上市当年剩余时间及其后3个完整会计年度。

交易所可以对保荐人持续督导内容、履责要求、发行人通知报告事项等作出规定。

第七章　监督管理和法律责任

第六十条　中国证监会负责建立健全以信息披露为中心的注册制规则体系，制定股票发行注册并上市的规章规则，依法批准交易所制定的上市条件、审核标准、审核程序、上市委员会制度、信息披露、保荐、发行承销等方面的制度规则，指导交易所制定与发行上市审核相关的其他业务规则。

第六十一条　中国证监会建立对交易所发行上市审核工作和发行承销过

程监管的监督机制，持续关注交易所审核情况和发行承销过程监管情况；发现交易所自律监管措施或者纪律处分失当的，可以责令交易所改正。

第六十二条 中国证监会对交易所发行上市审核和发行承销过程监管等相关工作进行年度例行检查。在检查过程中，可以调阅审核工作文件，列席相关审核会议。

中国证监会定期或者不定期按一定比例对交易所发行上市审核和发行承销过程监管等相关工作进行抽查。

中国证监会在检查和抽查过程中发现问题的，交易所应当整改。

第六十三条 中国证监会建立对发行上市监管全流程的权力运行监督制约机制，对发行上市审核程序和发行注册程序相关内控制度运行情况进行督导督察，对廉政纪律执行情况和相关人员的履职尽责情况进行监督监察。

第六十四条 交易所应当建立内部防火墙制度，发行上市审核部门、发行承销监管部门与其他部门隔离运行。参与发行上市审核的人员，不得与发行人及其控股股东、实际控制人、相关保荐人、证券服务机构有利害关系，不得直接或者间接与发行人、保荐人、证券服务机构有利益往来，不得持有发行人股票，不得私下与发行人接触。

第六十五条 交易所应当建立定期报告制度，及时总结发行上市审核和发行承销监管的工作情况，并报告中国证监会。

第六十六条 交易所发行上市审核工作违反本办法规定，有下列情形之一的，由中国证监会责令改正；情节严重的，追究直接责任人员相关责任：

（一）未按审核标准开展发行上市审核工作；

（二）未按审核程序开展发行上市审核工作；

（三）不配合中国证监会对发行上市审核工作和发行承销监管工作的检查、抽查，或者不按中国证监会的整改要求进行整改。

第六十七条 发行人不符合发行上市条件，以欺骗手段骗取发行注册的，中国证监会将自确认之日起采取 5 年内不接受发行人公开发行证券相关文件的监管措施。对相关责任人员，视情节轻重，采取认定为不适当人选的监管措施，或者采取证券市场禁入的措施。

第六十八条 对发行人存在本办法第六十七条规定的行为并已经发行上市的，可以依照有关规定责令上市公司及其控股股东、实际控制人在一定期间从投资者手中购回本次公开发行的股票。

第六十九条 发行人存在本办法第三十一条第（三）项、第（四）项、第（五）项规定的情形，重大事项未报告、未披露，或者发行人及其董事、监事、高级管理人员、控股股东、实际控制人的签字、盖章系伪造或者变造的，中国证监会将自确认之日起采取 3 年至 5 年内不接受发行人公开发行证券相关文件的监管措施。

第七十条 发行人的控股股东、实际控制人违反本办法规定，致使发行人所报送的注册申请文件和披露的信息存在虚假记载、误导性陈述或者重大遗漏，或者纵容、指使、协助发行人进行财务造假、利润操纵或者有意隐瞒其他重要信息等骗取发行注册行为的，中国证监会可以视情节轻重，对相关单位和责任人员自确认之日起采取 1 年到 5 年内不接受相关单位及其控制的下属单位公开发行证券相关文件，对责任人员采取认定为不适当人选等监管措施，或者采取证券市场禁入的措施。

发行人的董事、监事和高级管理人员违反本办法规定，致使发行人所报送的注册申请文件和披露的信息存在虚假记载、误导性陈述或者重大遗漏的，中国证监会可以视情节轻重，对责任人员采取认定为不适当人选等监管措施，或者采取证券市场禁入的措施。

第七十一条 保荐人未勤勉尽责，致使发行人信息披露资料存在虚假记载、误导性陈述或者重大遗漏的，中国证监会将视情节轻重，自确认之日起采取暂停保荐人业务资格 1 年到 3 年，责令保荐人更换相关负责人的监管措施；情节严重的，撤销保荐人业务资格，对相关责任人员采取证券市场禁入的措施。

保荐代表人未勤勉尽责，致使发行人信息披露资料存在虚假记载、误导性陈述或者重大遗漏的，按规定撤销保荐代表人资格。

证券服务机构未勤勉尽责，致使发行人信息披露资料中与其职责有关的内容及其所出具的文件存在虚假记载、误导性陈述或者重大遗漏的，中国证监会可以视情节轻重，自确认之日起采取 3 个月至 3 年不接受相关单位及其责任人员出具的发行证券专项文件的监管措施；情节严重的，对证券服务机构相关责任人员采取证券市场禁入的措施。

第七十二条 保荐人存在下列情形的，中国证监会可以视情节轻重，自确认之日起采取暂停保荐人业务资格 3 个月至 3 年的监管措施；情节特别严重的，撤销其业务资格：

（一）伪造或者变造签字、盖章；

（二）重大事项未报告、未披露；

（三）以不正当手段干扰审核注册工作；

（四）不履行其他法定职责。

保荐代表人存在前款规定情形的，视情节轻重，按规定暂停保荐代表人资格3个月至3年；情节严重的，按规定撤销保荐代表人资格。

证券服务机构及其相关人员存在第一款规定情形的，中国证监会可以视情节轻重，自确认之日起，采取3个月至3年不接受相关单位及其责任人员出具的发行证券专项文件的监管措施。

第七十三条 发行人公开发行证券上市当年即亏损的，中国证监会自确认之日起暂停保荐人的保荐人资格3个月，撤销相关人员的保荐代表人资格，尚未盈利的企业或者已在证券发行募集文件中充分分析并揭示相关风险的除外。

第七十四条 保荐人、证券服务机构存在以下情形的，中国证监会可以视情节轻重，采取责令改正、监管谈话、出具警示函、1年内不接受相关单位及其责任人员出具的与注册申请有关的文件等监管措施；情节严重的，可以同时采取3个月到1年内不接受相关单位及其责任人员出具的发行证券专项文件的监管措施：

（一）制作或者出具的文件不齐备或者不符合要求；

（二）擅自改动注册申请文件、信息披露资料或者其他已提交文件；

（三）注册申请文件或者信息披露资料存在相互矛盾或者同一事实表述不一致且有实质性差异；

（四）文件披露的内容表述不清，逻辑混乱，严重影响投资者理解；

（五）未及时报告或者未及时披露重大事项。

发行人存在前款规定情形的，中国证监会可视情节轻重，采取责令改正、监管谈话、出具警示函、6个月至1年内不接受发行人公开发行证券相关文件的监管措施。

第七十五条 发行人披露盈利预测的，利润实现数如未达到盈利预测的80%，除因不可抗力外，其法定代表人、财务负责人应当在股东大会及中国证监会指定报刊上公开作出解释并道歉；中国证监会可以对法定代表人处以警告。

利润实现数未达到盈利预测的50%的，除因不可抗力外，中国证监会在3年内不受理该公司的公开发行证券申请。

注册会计师为上述盈利预测出具审核报告的过程中未勤勉尽责的，中国证监会将视情节轻重，对相关机构和责任人员采取监管谈话等监管措施，记入诚信档案并公布；情节严重的，给予警告等行政处罚。

第七十六条　发行人及其控股股东和实际控制人、董事、监事、高级管理人员，保荐人、承销商、证券服务机构及其相关执业人员，在股票公开发行并上市相关的活动中存在其他违反本办法规定行为的，中国证监会可以视情节轻重，采取责令改正、监管谈话、出具警示函、责令公开说明、责令参加培训、责令定期报告、认定为不适当人选、暂不受理与行政许可有关的文件等监管措施，或者采取证券市场禁入的措施。

第七十七条　发行人及其控股股东、实际控制人、保荐人、证券服务机构及其相关人员违反《中华人民共和国证券法》依法应予以行政处罚的，中国证监会将依法予以处罚；对欺诈发行、虚假陈述负有责任的发行人、保荐人、会计师事务所、律师事务所、资产评估机构及其责任人员依法从重处罚。涉嫌犯罪的，依法移送司法机关，追究其刑事责任。

第七十八条　交易所负责对发行人及其控股股东、实际控制人、保荐人、承销商、证券服务机构等进行自律监管。

中国证券业协会负责制定保荐业务、发行承销自律监管规则，对保荐人、承销商、保荐代表人、网下投资者进行自律监管。

交易所和中国证券业协会应当对发行上市过程中违反自律监管规则的行为采取自律监管措施或者给予纪律处分。

第七十九条　中国证监会会同有关部门，加强对发行人等相关市场主体的监管信息共享，完善失信联合惩戒机制。

第八章　附　　则

第八十条　符合《国务院办公厅转发证监会关于开展创新企业境内发行股票或存托凭证试点若干意见的通知》（国办发〔2018〕21 号，以下简称《若干意见》）等规定的红筹企业，申请首次公开发行股票并在科创板上市，还应当符合本办法相关规定，但公司形式可适用其注册地法律规定；申请发行存托凭证并在科创板上市的，适用本办法关于发行上市审核注册程序的规定。

前款规定的红筹企业在科创板发行上市，适用《若干意见》“营业收入快速增长，拥有自主研发、国际领先技术，同行业竞争中处于相对优势地位”的具体标准，由交易所制定具体规则，并报中国证监会批准。

第八十一条　本办法自公布之日起施行。

《科创板上市公司持续监管办法（试行）》解读

2019年3月1日，证监会发布了《注册管理办法》和《科创板上市公司持续监管办法（试行）》（以下简称《持续监管办法》），自公布之日起实施。经证监会批准，上交所、中国结算相关业务规则随之发布。

《持续监管办法》共9章36条。主要有以下内容：

一是明确适用原则。科创板上市公司（以下简称科创公司）应适用上市公司持续监管的一般规定，《持续监管办法》与证监会其他相关规定不一致的，适用《持续监管办法》。

二是明确科创公司的公司治理相关要求，尤其是存在特别表决权股份的科创公司的章程规定和信息披露。

三是建立具有针对性的信息披露制度，强化行业信息和经营风险的披露，提升信息披露制度的弹性和包容度。尤其需要关注的是第十条的规定，即科创公司筹划的重大事项存在较大不确定性，立即披露可能会损害公司利益或者误导投资者，且有关内幕信息知情人已书面承诺保密的，公司可以暂不披露。这是一项创新性的规定，在此前的信息披露规范中还未出现过。

四是制定宽严结合的股份减持制度。适当延长上市时未盈利企业有关股东的股份锁定期，适当延长核心技术团队的股份锁定期；授权上交所对股东减持的方式、程序、价格、比例及后续转让等事项予以细化。

五是完善重大资产重组制度。科创公司并购重组由上交所审核，涉及发行股票的，实施注册制；规定重大资产重组标的公司须符合科创板对行业、技术的要求，并与现有主业具备协同效应。

六是股权激励制度。增加了可以成为激励对象的人员范围，放宽限制性股票的价格限制等。

七是建立严格的退市制度。根据科创板特点，优化完善财务类、交易类、规范类等退市标准，取消暂停上市、恢复上市和重新上市环节。

此外，《持续监管办法》还对分拆上市、募集资金使用、控股股东股权质押和法律责任等方面做出了规定。

科创板上市公司持续监管办法（试行）

（2019年3月1日中国证券监督管理委员会2019年第1次主席办公会议审议通过　2019年3月1日中国证券监督管理委员会令第154号公布　自公布之日起施行）

第一章　总　　则

第一条　为了规范科创企业股票、存托凭证在上海证券交易所（以下简称交易所）科创板上市后相关各方的行为，支持引导科技创新企业更好地发展，保护投资者合法权益，根据《中华人民共和国证券法》（以下简称《证券法》）、《中华人民共和国公司法》、《国务院办公厅转发证监会关于开展创新企业境内发行股票或存托凭证试点若干意见的通知》、《关于在上海证券交易所设立科创板并试点注册制的实施意见》（以下简称《实施意见》）以及相关法律法规，制定本办法。

第二条　中国证券监督管理委员会（以下简称中国证监会）根据《证券法》等法律法规、《实施意见》、本办法和中国证监会其他相关规定，对科创板上市公司（以下简称科创公司）及相关主体进行监督管理。中国证监会其他相关规定与本办法规定不一致的，适用本办法。

第三条　交易所根据《实施意见》、《证券交易所管理办法》、本办法等有关规定，建立以上市规则为中心的科创板持续监管规则体系，在持续信息披露、股份减持、并购重组、股权激励、退市等方面制定符合科创公司特点的具体实施规则。科创公司应当遵守交易所持续监管实施规则。

交易所应当履行一线监管职责，加强信息披露与二级市场交易监管联动，加大现场检查力度，强化监管问询，切实防范和打击内幕交易与操纵市场行为，督促科创公司提高信息披露质量。

第二章　公司治理

第四条　科创公司应当保持健全、有效、透明的治理体系和监督机制，保证股东大会、董事会、监事会规范运作，督促董事、监事和高级管理人员履行忠实、勤勉义务，保障全体股东合法权利，积极履行社会责任，保护利益相关者的基本权益。

第五条 科创公司控股股东、实际控制人应当诚实守信，依法行使权利，严格履行承诺，维持公司独立性，维护公司和全体股东的共同利益。

第六条 科创公司应当积极回报股东，根据自身条件和发展阶段，制定并执行现金分红、股份回购等股东回报政策。交易所可以制定股东回报相关规则。

第七条 存在特别表决权股份的科创公司，应当在公司章程中规定特别表决权股份的持有人资格、特别表决权股份拥有的表决权数量与普通股份拥有的表决权数量的比例安排、持有人所持特别表决权股份能够参与表决的股东大会事项范围、特别表决权股份锁定安排及转让限制、特别表决权股份与普通股份的转换情形等事项。公司章程有关上述事项的规定，应当符合交易所的有关规定。

科创公司应当在定期报告中持续披露特别表决权安排的情况；特别表决权安排发生重大变化的，应当及时披露。

交易所应对存在特别表决权股份科创公司的上市条件、表决权差异的设置、存续、调整、信息披露和投资者保护事项制定有关规定。

第三章 信息披露

第八条 科创公司和相关信息披露义务人应当及时、公平地披露所有可能对证券交易价格或者投资决策有较大影响的事项，保证所披露信息的真实、准确、完整，不存在虚假记载、误导性陈述或者重大遗漏。

第九条 控股股东和实际控制人应当积极配合科创公司履行信息披露义务，不得要求或者协助科创公司隐瞒应当披露的信息。

第十条 科创公司筹划的重大事项存在较大不确定性，立即披露可能会损害公司利益或者误导投资者，且有关内幕信息知情人已书面承诺保密的，公司可以暂不披露，但最迟应在该重大事项形成最终决议、签署最终协议、交易确定能够达成时对外披露。已经泄密或确实难以保密的，科创公司应当立即披露该信息。

第十一条 科创公司应当结合所属行业特点，充分披露行业经营信息，尤其是科研水平、科研人员、科研投入等能够反映行业竞争力的信息以及核心技术人员任职及持股情况，便于投资者合理决策。

第十二条 科创公司应当充分披露可能对公司核心竞争力、经营活动和未来发展产生重大不利影响的风险因素。

科创公司尚未盈利的，应当充分披露尚未盈利的成因，以及对公司现金流、业务拓展、人才吸引、团队稳定性、研发投入、战略性投入、生产经营可持续性等方面的影响。

第十三条 科创公司和相关信息披露义务人认为相关信息有助于投资者决策，但不属于依法应当披露信息的，可以自愿披露。

科创公司自愿披露的信息应当真实、准确、完整，科创公司不得利用该等信息不当影响公司股票价格，并应当按照同一标准披露后续类似事件。

第十四条 科创公司和信息披露义务人确有需要的，可以在非交易时段对外发布重大信息，但应当在下一交易时段开始前披露相关公告，不得以新闻发布或者答记者问等形式代替信息披露。

第十五条 科创公司和相关信息披露义务人适用中国证监会、交易所相关信息披露规定，可能导致其难以反映经营活动的实际情况、难以符合行业监管要求或者公司注册地有关规定的，可以依照有关规定暂缓适用或免于适用，但是应当充分说明原因和替代方案，并聘请律师事务所出具法律意见。中国证监会、交易所认为依法不应调整适用的，科创公司和相关信息披露义务人应当执行相关规定。

第四章 股份减持

第十六条 股份锁定期届满后，科创公司控股股东、实际控制人、董事、监事、高级管理人员、核心技术人员及其他股东减持首次公开发行前已发行的股份（以下简称首发前股份）以及通过非公开发行方式取得的股份的，应当遵守交易所有关减持方式、程序、价格、比例以及后续转让等事项的规定。

第十七条 上市时未盈利的科创公司，其控股股东、实际控制人、董事、监事、高级管理人员、核心技术人员所持首发前股份的股份锁定期应适当延长，具体期限由交易所规定。

第十八条 科创公司核心技术人员所持首发前股份的股份锁定期应适当延长，具体期限由交易所规定。

第五章 重大资产重组

第十九条 科创公司并购重组，由交易所统一审核；涉及发行股票的，由交易所审核通过后报经中国证监会履行注册程序。审核标准等事项由交易所规定。

第二十条 科创公司重大资产重组或者发行股份购买资产，标的资产应当符合科创板定位，并与公司主营业务具有协同效应。

第六章 股权激励

第二十一条 科创公司以本公司股票为标的实施股权激励的，应当设置合理的公司业绩和个人绩效等考核指标，有利于公司持续发展。

第二十二条 单独或合计持有科创公司5%以上股份的股东或实际控制人及其配偶、父母、子女，作为董事、高级管理人员、核心技术人员或者核心业务人员的，可以成为激励对象。

科创公司应当充分说明前款规定人员成为激励对象的必要性、合理性。

第二十三条 科创公司授予激励对象的限制性股票，包括符合股权激励计划授予条件的激励对象在满足相应条件后分次获得并登记的本公司股票。

限制性股票的授予和登记等事项，应当遵守交易所和证券登记结算机构的有关规定。

第二十四条 科创公司授予激励对象限制性股票的价格，低于市场参考价50%的，应符合交易所有关规定，并应说明定价依据及定价方式。

出现前款规定情形的，科创公司应当聘请独立财务顾问，对股权激励计划的可行性、相关定价依据和定价方法的合理性、是否有利于公司持续发展、是否损害股东利益等发表意见。

第二十五条 科创公司全部在有效期内的股权激励计划所涉及的标的股票总数，累计不得超过公司总股本的20%。

第七章 终止上市

第二十六条 科创公司触及终止上市标准的，股票直接终止上市，不再适用暂停上市、恢复上市、重新上市程序。

第二十七条 科创公司构成欺诈发行、重大信息披露违法或者其他涉及国家安全、公共安全、生态安全、生产安全和公众健康安全等领域的重大违法行为的，股票应当终止上市。

第二十八条 科创公司股票交易量、股价、市值、股东人数等交易指标触及终止上市标准的，股票应当终止上市，具体标准由交易所规定。

第二十九条 科创公司丧失持续经营能力，财务指标触及终止上市标准的，股票应当终止上市。

科创板不适用单一的连续亏损终止上市指标，交易所应当设置能够反映公司持续经营能力的组合终止上市指标。

第三十条 科创公司信息披露或者规范运作方面存在重大缺陷，严重损害投资者合法权益、严重扰乱证券市场秩序的，其股票应当终止上市。交易所可依据《证券法》在上市规则中作出具体规定。

第八章 其他事项

第三十一条 达到一定规模的上市公司，可以依据法律法规、中国证监会和交易所有关规定，分拆业务独立、符合条件的子公司在科创板上市。

第三十二条 科创公司应当建立完善募集资金管理使用制度，按照交易所规定持续披露募集资金使用情况和募集资金重点投向科技创新领域的具体安排。

第三十三条 科创公司控股股东、实际控制人质押公司股份的，应当合理使用融入资金，维持科创公司控制权和生产经营稳定，不得侵害科创公司利益或者向科创公司转移风险，并依据中国证监会、交易所的规定履行信息披露义务。

第三十四条 科创公司及其股东、实际控制人、董事、监事、高级管理人员、其他信息披露义务人、内幕信息知情人等相关主体违反本办法的，中国证监会根据《证券法》等法律法规和中国证监会其他有关规定，依法追究其法律责任。

第三十五条 中国证监会会同有关部门，加强对科创公司等相关市场主体的诚信信息共享，完善失信联合惩戒机制。

第九章 附 则

第三十六条 本办法自公布之日起施行。

《存托凭证发行与交易管理办法（试行）》解读

一、制定背景

为深入贯彻党的十九大精神，认真落实中央经济工作会议和全国金融工作会议精神，增强金融服务实体经济能力，扩大资本市场对外开放，根据《证券法》《国务院办公厅转发证监会关于开展创新企业境内发行股票或存托凭证试点若干意见的通知》（国办发〔2018〕21号），2018年6月6日，证监会正式发布《存托凭证发行与交易管理办法（试行）》（以下简称《存托凭证管理办法》），修改并发布《首次公开发行股票并上市管理办法》（以下简称《首发办法》）、《首次公开发行股票并在创业板上市管理办法》（以下简称《创业板首发办法》），还同时发布了《试点创新企业境内发行股票或存托凭证并上市监管工作实施办法》《公开发行证券的公司信息披露编报规则第22号——创新试点红筹企业财务报告信息特别规定（试行）》《中国证监会科技创新咨询委员会工作规则（试行）》《公开发行证券的公司信息披露编报规则第23号——试点红筹企业公开发行存托凭证招股说明书内容与格式指引》《公开发行证券的公司信息披露内容与格式准则第40号——试点红筹企业公开发行存托凭证并上市申请文件》《保荐创新企业境内发行股票或存托凭证尽职调查工作实施规定》，自公布之日起施行。

制定《存托凭证管理办法》、修改《首发办法》和《创业板首发办法》、同时发布一系列试点工作配套规则、支持创新企业在境内发行股票或存托凭证，是证监会以实际行动落实党的十九大精神、贯彻新发展理念的重要举措。这一系列制度的发布实施，既为创新企业在境内发行股票或存托凭证做好了制度安排，又有助于完善资本市场结构，健全资本市场机制，发挥资本市场投融资功能，进一步推动资本市场改革开放和稳定发展。

《存托凭证管理办法》明确了存托凭证的法律适用和基本监管原则，对存托凭证的发行、上市、交易、信息披露制度等作出了具体安排。

此外，修改后的《首发办法》和《创业板首发办法》，明确规定符合条件的创新试点企业不再适用有关盈利及不存在未弥补亏损的发行条件。

支持符合国家战略、掌握核心技术、市场认可度高的创新企业，在境内资本市场发行股票或存托凭证，是服务供给侧结构性改革、促进经济结构转型升级、提升上市公司质量的重要举措。同时，为防范风险、保护投资者合法权益，证监会设定了严格的试点企业选取标准和选取机制。拟参与试点的创新企业，经具有经验的保荐机构本着勤勉尽责的原则，全面、审慎核查后，认为完全符合试点标准、发行条件和各项信息披露要求的，可以向证监会提出纳入试点和公开发行股票或存托凭证的申请。证监会将按照依法、全面、从严监管的要求，督促企业和中介机构对投资者切实负责，并严格按照法律法规，强化试点企业上市后的持续监管。

证监会强调，证监会将严格掌握试点企业家数和筹资数量，合理安排发行时机和发行节奏。同时，证监会要求发行人及其主承销商根据企业各自情况，科学设计发行方案，对机构投资者参与询价建立合理有效的激励和约束机制，促进专业机构投资者积极参与、审慎报价。证监会希望市场各方理性投资，不要跟风炒作，共同推进试点工作的顺利开展。

二、核心内容提示

1. 关键概念

存托凭证是指由存托人签发、以境外证券为基础在中国境内发行、代表境外基础证券权益的证券。

基础证券，是指存托凭证代表的由境外基础证券发行人在境外发行的证券。

基础财产，是指基础证券及其衍生权益。

存托人，是指按照存托协议的约定持有境外基础证券，并相应签发代表境外基础证券权益的存托凭证的中国境内法人。下列机构可以依法担任存托人：（1）中国证券登记结算有限责任公司及其子公司；（2）经国务院银行业监督管理机构批准的商业银行；（3）证券公司。存托人应当承担以下职责：（1）与境外基础证券发行人签署存托协议，并根据存托协议约定协助完成存托凭证的发行上市；（2）安排存放存托凭证基础财产，可以委托具有相应业务资质、能力和良好信誉的托管人管理存托凭证基础财产，并与其签订托管协议，督促其履行基础财产的托管职责。存托人应当为存托凭证基础财产单独立户，将存托凭证基础财产与其自有财产有效隔离、分别管理、分别记账，不得将存托凭证基础财产归入其自有财产，不得侵占、挪用存托凭证基础财产。存托凭证基础财产因托管人过错受到损害的，存托人承担连带赔偿责任；（3）建立并维护存托凭证持有人名册；（4）办理存托凭证的签发与注销；（5）按照中国证监会规定和存托协议约定，向存托凭证持有人发送通知等文件；（6）按照存托协议约定，向存托凭证持有人派发红利、股息等权益，根据存托凭证持有人意愿行使表决权等权利；（7）境外基础证券发行人股东大会审议有关存托凭证持有人权利义务的议案时，存托人应当参加股东大会并为存托凭证持有人权益行使表决权；（8）中国证监会规定和存托协议约定的其他职责。

托管人，是指受存托人委托，按照托管协议托管存托凭证所代表的基础证券的金融机构。存托人可以委托境外金融机构担任托管人。存托人委托托管人的，应当在存托协议中明确基础财产由托管人托管。托管人应当承担下列职责：(1) 托管基础财产；(2) 按照托管协议约定，协助办理分红派息、投票等相关事项；(3) 向存托人提供基础证券的市场信息；(4) 中国证监会规定和托管协议约定的其他职责。

境内实体运营企业，是指由注册地在境外、主要经营活动在境内的红筹企业通过协议方式实际控制的境内企业。

2. 境外基础证券发行人的义务

中国证监会依照上市公司监管的相关规定，对发行存托凭证的境外基础证券发行人进行持续监督管理。证券交易所依据章程、协议和业务规则，对存托凭证上市、交易活动、境外基础证券发行人及其他信息披露义务人的信息披露行为等进行自律监管。

存托凭证的境外基础证券发行人应当参与存托凭证发行，依法履行发行人、上市公司的义务，承担相应的法律责任。

境外基础证券发行人的股权结构、公司治理、运行规范等事项适用境外注册地公司法等法律法规规定的，应当保障对中国境内投资者权益的保护总体上不低于中国法律、行政法规以及中国证监会规定的要求，并保障存托凭证持有人实际享有的权益与境外基础证券持有人的权益相当，不得存在跨境歧视。境外基础证券发行人应当确保存托凭证持有人实际享有的资产收益、参与重大决策、剩余财产分配等权益与境外基础证券持有人权益相当。境外基础证券发行人具有股东投票权差异等特殊架构的，其持有特别投票权的股东应当按照所适用的法律以及公司章程行使权利，不得滥用特别投票权，不得损害存托凭证持有人等投资者的合法权益。出现前述情形，损害存托凭证持有人等投资者合法权益的，境外基础证券发行人及特别投票权股东应当改正，并依法承担对投资者的损害赔偿责任。

公开发行以股票为基础证券的存托凭证的，境外基础证券发行人应当按照中国证监会规定的格式和内容，向中国证监会报送发行申请文件。申请公开发行存托凭证的，境外基础证券发行人应当依照《证券法》《若干意见》以及中国证监会规定，报请中国证监会核准。申请存托凭证公开发行并上市的，境外基础证券发行人应当依照《证券法》第十一条、第四十九条的规定，聘请具有保荐资格的机构担任保荐人。保荐人应当依照法律、行政法规以及中国证监会规定尽职履行存托凭证发行上市推荐和持续督导职责。

3. 发行条件

公开发行以股票为基础证券的存托凭证的，境外基础证券发行人应当符合下列条件：

(1)《证券法》第十三条第（一）项至第（三）项关于股票公开发行的基本条件；

(2) 为依法设立且持续经营三年以上的公司，公司的主要资产不存在重大权属纠纷；

(3) 最近三年内实际控制人未发生变更，且控股股东和受控股股东、实际控制人支配的股东持有的境外基础证券发行人股份不存在重大权属纠纷；

(4) 境外基础证券发行人及其控股股东、实际控制人最近三年内不存在损害投资者合法权益和社会公共利益的重大违法行为；

(5) 会计基础工作规范、内部控制制度健全；

(6) 董事、监事和高级管理人员应当信誉良好，符合公司注册地法律规定的任职要求，近期无重大违法失信记录；

(7) 中国证监会规定的其他条件。

4. 做市商

存托凭证的交易可以按照有关规定采取做市商交易方式。

5. 信息披露义务

境外基础证券发行人及其控股股东、实际控制人等信息披露义务人应当依照《证券法》《若干意见》、中国证监会规定以及证券交易所业务规则，及时、公平地履行信息披露义务。

境外基础证券发行人的董事、监事、高级管理人员应当忠实、勤勉地履行职责，保证境外基础证券发行人所披露的信息真实、准确、完整。董事、监事、高级管理人员，是指境外基础证券发行人的董事、监事、高级管理人员或者执行类似职权的人员。没有监事、监事会或者执行类似职权的人员或者组织安排的，不适用《证券法》和本办法有关监事、监事会的规定。

境外基础证券发行人应当在招股说明书中，充分披露境外注册地公司法律制度及其公司章程或者章程性文件的主要规定与我国《公司法》等法律制度的主要差异，以及该差异对存托凭证在中国境内发行、上市和对投资者保护的影响。境外基础证券发行人具有股东投票权差异、企业协议控制架构或者类似特殊安排的，应当在招股说明书等公开发行文件显要位置充分、详细披露相关情况特别是风险、公司治理等信息，并以专章说明依法落实保护投资者合法权益规定的各项措施。

境外基础证券发行人具有股东投票权差异、企业协议控制架构或者类似特殊安排的，应当在定期报告中披露相关情形及其对中国境内投资者带来的重大影响和风险。

发生以下情形之一的，境外基础证券发行人应当及时进行披露：(1) 存托人、托管人发生变化；(2) 存托的基础财产发生被质押、挪用、司法冻结或者发生其他权属变化；(3) 对存托协议作出重大修改；(4) 对托管协议作出重大修改；(5) 对股东投票权差异、企业协议控制架构或者类似特殊安排作出重大调整；(6) 中国证监会规定的其他情形。

境外基础证券发行人及其控股股东、实际控制人等信息披露义务人应当保证其在境外市场披露的信息同步在境内市场披露。境外基础证券发行人或者其他信息披露义务人向中国证监会、证券交易所提供的文件或者信息披露文件应当使用中文，文件内容应当与其在境外市场提供的文件或者所披露的文件的内容一致。上述文件内容不一致时，以中文文件为准。

境外基础证券发行人应当在中国境内设立证券事务机构，聘任熟悉境内信息披露规定和要求的信息披露境内代表，负责存托凭证上市期间的信息披露与监管联络事宜。

存托凭证发行与交易管理办法（试行）

（2018 年 6 月 4 日中国证券监督管理委员会 2018 年第 4 次主席办公会议审议通过　2018 年 6 月 6 日中国证券监督管理委员会令第 143 号公布　自公布之日起施行）

第一章　总　　则

第一条　为了规范存托凭证发行和交易行为，保护投资者合法权益，维护证券市场秩序，根据《中华人民共和国证券法》（以下简称《证券法》）《中华人民共和国证券投资基金法》《关于开展创新企业境内发行股票或存托凭证试点的若干意见》（以下简称《若干意见》）以及相关法律、行政法规，制定本办法。

第二条　本办法所称存托凭证是指由存托人签发、以境外证券为基础在中国境内发行、代表境外基础证券权益的证券。

存托凭证的发行和交易，适用《证券法》《若干意见》、本办法以及中国证监会的其他规定。存托凭证的境外基础证券发行人应当参与存托凭证发行，依法履行发行人、上市公司的义务，承担相应的法律责任。

第三条　境外基础证券发行人的股权结构、公司治理、运行规范等事项适用境外注册地公司法等法律法规规定的，应当保障对中国境内投资者权益的保护总体上不低于中国法律、行政法规以及中国证监会规定的要求，并保障存托凭证持有人实际享有的权益与境外基础证券持有人的权益相当，不得存在跨境歧视。

第四条　中国证监会依照上市公司监管的相关规定，对发行存托凭证的境外基础证券发行人进行持续监督管理。法律、行政法规或者中国证监会另有规定的除外。

证券交易所依据章程、协议和业务规则，对存托凭证上市、交易活动、境外基础证券发行人及其他信息披露义务人的信息披露行为等进行自律监管。

第二章　存托凭证的发行

第五条　公开发行以股票为基础证券的存托凭证的，境外基础证券发行人应当符合下列条件：

（一）《证券法》第十三条第（一）项至第（三）项关于股票公开发行的基本条件；

（二）为依法设立且持续经营三年以上的公司，公司的主要资产不存在重大权属纠纷；

（三）最近三年内实际控制人未发生变更，且控股股东和受控股股东、实际控制人支配的股东持有的境外基础证券发行人股份不存在重大权属纠纷；

（四）境外基础证券发行人及其控股股东、实际控制人最近三年内不存在损害投资者合法权益和社会公共利益的重大违法行为；

（五）会计基础工作规范、内部控制制度健全；

（六）董事、监事和高级管理人员应当信誉良好，符合公司注册地法律规定的任职要求，近期无重大违法失信记录；

（七）中国证监会规定的其他条件。

第六条　公开发行以股票为基础证券的存托凭证的，境外基础证券发行人应当按照中国证监会规定的格式和内容，向中国证监会报送发行申请文件。

第七条　申请公开发行存托凭证的，境外基础证券发行人应当依照《证券法》《若干意见》以及中国证监会规定，报请中国证监会核准。

中国证监会发行审核委员会依照《证券法》第二十三条以及中国证监会规定，审核存托凭证发行申请。

仅面向符合适当性管理要求的合格投资者公开发行存托凭证的，可以简化核准程序，具体程序由中国证监会另行规定。

第八条 申请存托凭证公开发行并上市的，境外基础证券发行人应当依照《证券法》第十一条、第四十九条的规定，聘请具有保荐资格的机构担任保荐人。保荐人应当依照法律、行政法规以及中国证监会规定尽职履行存托凭证发行上市推荐和持续督导职责。

公开发行存托凭证的，应当依照《证券法》第二十八条至第三十六条的规定，由证券公司承销，但投资者购买以非新增证券为基础证券的存托凭证以及中国证监会规定无需由证券公司承销的其他情形除外。

第九条 存托凭证在中国境内首次公开发行并上市后，拟发行以境外基础证券发行人新增证券为基础证券的存托凭证的，适用《证券法》《若干意见》以及中国证监会关于上市公司证券发行的规定。

第三章 存托凭证的上市和交易

第十条 依法公开发行的存托凭证应当在中国境内证券交易所上市交易。境外基础证券发行人申请存托凭证上市的，应当符合证券交易所业务规则规定的上市条件，并按照证券交易所的规定提出上市申请，证券交易所审核同意后，双方签订上市协议。

证券交易所应当依据《证券法》《若干意见》以及中国证监会规定制定存托凭证上市的相关业务规则。

第十一条 存托凭证的交易应当遵守法律、行政法规、中国证监会规定以及证券交易所业务规则的规定。

存托凭证的交易可以按照有关规定采取做市商交易方式。

证券交易所应当按照《证券法》第一百一十五条规定，对存托凭证交易实行实时监控，并可以根据需要，对出现重大异常交易情况的证券账户限制交易。

第十二条 境外基础证券发行人的股东、实际控制人、董事、监事、高级管理人员和存托凭证的其他投资者在中国境内减持其持有的存托凭证的，应当遵守法律、行政法规、中国证监会规定以及证券交易所业务规则的规定。

第十三条 境外基础证券发行人的收购及相关股份权益变动活动应当遵守法律、行政法规以及中国证监会规定。

第十四条 境外基础证券发行人实施重大资产重组、发行存托凭证购买资产的，应当符合法律、行政法规以及中国证监会规定。境外基础证券发行人不得通过发行存托凭证在中国境内重组上市。

第十五条 存托凭证应当在中国证券登记结算有限责任公司集中登记、存管和结算。

中国证券登记结算有限责任公司应当依据《证券法》《若干意见》以及中国证监会规定制定存托凭证登记结算业务规则。

第四章 存托凭证的信息披露

第十六条 境外基础证券发行人及其控股股东、实际控制人等信息披露义务人应当依照《证券法》《若干意见》、中国证监会规定以及证券交易所业务规则，及时、公平地履行信息披露义务，所披露的信息必须真实、准确、完整，不得有虚假记载、误导性陈述或者重大遗漏。

境外基础证券发行人的董事、监事、高级管理人员应当忠实、勤勉地履行职责，保证境外基础证券发行人所披露的信息真实、准确、完整。

证券交易所对境外基础证券发行人及其他信息披露义务人披露信息进行监督，督促其依法及时、准确地披露信息。

第十七条 境外基础证券发行人应当按照中国证监会、证券交易所的规定编制并披露招股说明书、上市公告书，披露存托协议、托管协议等文件。

境外基础证券发行人应当在招股说明书中，充分披露境外注册地公司法律制度及其公司章程或者章程性文件的主要规定与《中华人民共和国公司法》等法律制度的主要差异，以及该差异对存托凭证在中国境内发行、上市和对投资者保护的影响。

境外基础证券发行人具有股东投票权差异、企业协议控制架构或者类似特殊安排的，应当在招股说明书等公开发行文件显要位置充分、详细披露相关情况特别是风险、公司治理等信息，并以专章说明依法落实保护投资者合法权益规定的各项措施。

境外基础证券发行人的董事、高级管理人员应当对招股说明书签署书面确认意见。

第十八条 境外基础证券发行人应当按照《证券法》《若干意见》、中国证监会规定以及证券交易所业务规则，按时披露定期报告，并及时就可能对基础证券、存托凭证及其衍生品种交易价格产生较大影响的重大事件披露临时报告。

第十九条 境外基础证券发行人应当按照中国证监会规定的内容和格式要求，编制并披露定期报告。

境外基础证券发行人具有股东投票权差异、企业协议控制架构或者类似特殊安排的，应当在定期报告中披露相关情形及其对中国境内投资者带来的重大影响和风险。

境外基础证券发行人的董事、高级管理人员应当对定期报告签署书面确认意见。

第二十条 发生《证券法》第六十七条以及《上市公司信息披露管理办法》第三十条规定的重大事件，投资者尚未得知时，境外基础证券发行人应当立即披露，说明事件的起因、目前的状态和可能产生的法律后果。

持有或者通过持有境内外存托凭证而间接持有境外基础证券发行人发行的股份合计达到百分之五以上的投资者，属于《证券法》第六十七条第二款第（八）项以及《上市公司信息披露管理办法》第三十条第二款第（八）项规定的持有公司百分之五以上股份的股东。

《上市公司信息披露管理办法》第三十条第二款第（十四）项规定的任一股东所持公司百分之五以上股份，包括持有或者通过持有境内外存托凭证而间接持有境外基础证券发行人发行的股份合计达到百分之五。

《上市公司信息披露管理办法》第三十条第二款第（十五）项规定的主要资产包括境外基础证券发行人境内实体运营企业的主要资产。

第二十一条 发生以下情形之一的，境外基础证券发行人应当及时进行披露：

（一）存托人、托管人发生变化；

（二）存托的基础财产发生被质押、挪用、司法冻结或者发生其他权属变化；

（三）对存托协议作出重大修改；

（四）对托管协议作出重大修改；

（五）对股东投票权差异、企业协议控制架构或者类似特殊安排作出重大调整；

（六）中国证监会规定的其他情形。

第二十二条 境外基础证券发行人及其控股股东、实际控制人等信息披露义务人应当保证其在境外市场披露的信息同步在境内市场披露。

第二十三条 中国证监会、证券交易所对证券已在境外上市的基础证券发行人及其控股股东、实际控制人等信息披露义务人，可以根据境外上市地的监管水平以及境外基础证券发行人公司治理、信息披露等合规运作情况，对其信息披露事项作出具体规定。

除前款规定外，境外基础证券发行人及其控股股东、实际控制人等信息披露义务人有其他需要免予披露或者暂缓披露相关信息特殊情况的，可以根据中国证监会规定以及证券交易所业务规则免予披露或者暂缓披露相关信息，但应当说明原因，并聘请律师事务所就上述事项出具法律意见。

免予披露或者暂缓披露相关信息的原因和律师事务所出具的法律意见应当及时披露。

第二十四条 境外基础证券发行人或者其他信息披露义务人向中国证监会、证券交易所提供的文件或者信息披露文件应当使用中文，文件内容应当与其在境外市场提供的文件或者所披露的文件的内容一致。上述文件内容不一致时，以中文文件为准。

第二十五条 境外基础证券发行人应当在中国境内设立证券事务机构，聘任熟悉境内信息披露规定和要求的信息披露境内代表，负责存托凭证上市期间的信息披露与监管联络事宜。

第五章 存托凭证的存托和托管

第二十六条 下列机构可以依法担任存托人：

（一）中国证券登记结算有限责任公司及其子公司；

（二）经国务院银行业监督管理机构批准的商业银行；

（三）证券公司。

担任存托人的机构应当符合下列条件：

（一）组织机构健全，内部控制规范，风险管理有效；

（二）财务状况良好，净资产或者资本净额符合规定；

（三）信誉良好，最近三年内无重大违法行为；

（四）拥有与开展存托业务相适应的从业人员、机构配置和业务设施；

（五）法律、行政法规和规章规定的其他条件。

第二十七条 存托人应当承担以下职责：

（一）与境外基础证券发行人签署存托协议，并根据存托协议约定协助完成存托凭证的发行上市；

（二）安排存放存托凭证基础财产，可以委托具有相应业务资质、能力和良好信誉的托管人管理存托凭证基础财产，并与其签订托管协议，督促其履行基础财产的托管职责。存托凭证基础财产因托管人过错受到损害的，存托人承担连带赔偿责任；

（三）建立并维护存托凭证持有人名册；

（四）办理存托凭证的签发与注销；

（五）按照中国证监会规定和存托协议约定，向存托凭证持有人发送通知等文件；

（六）按照存托协议约定，向存托凭证持有人派发红利、股息等权益，根据存托凭证持有人意愿行使表决权等权利；

（七）境外基础证券发行人股东大会审议有关存托凭证持有人权利义务的议案时，存托人应当参加股东大会并为存托凭证持有人权益行使表决权；

（八）中国证监会规定和存托协议约定的其他职责。

第二十八条 境外基础证券发行人、存托人和存托凭证持有人通过存托协议明确存托凭证所代表权益和各方权利义务。投资者持有存托凭证即成为存托协议当事人，视为其同意并遵守存托协议约定。

存托协议应当符合法律、行政法规以及中国证监会规定，并包括以下条款：

（一）境外基础证券发行人、存托人的名称、注册地、成立依据的法律和主要经营场所；

（二）基础证券的种类；

（三）发行存托凭证的数量安排；

（四）存托凭证的签发、注销等安排；

（五）基础财产的存放和托管安排；

（六）境外基础证券发行人的权利和义务；

（七）存托人的权利和义务；

（八）存托凭证持有人的权利和义务；

（九）基础证券涉及的分红权、表决权等相应权利的具体行使方式和程序；

（十）存托凭证持有人的保护机制；

（十一）存托凭证涉及收费标准、收费对象和税费处理；

（十二）约定事项的变更方式；

（十三）存托凭证终止上市的安排；

（十四）违约责任；

（十五）解决争议的方法；

（十六）存托协议适用中国法律；

（十七）诉讼管辖法院为中国境内有管辖权的人民法院；

（十八）其他重要事项。

境外基础证券发行人、存托人修改存托协议的，应当由境外基础证券发行人提前以公告形式通知存托凭证持有人。

境外基础证券发行人应当向中国证监会提交存托协议，作为其发行、上市申请文件。存托协议修改的，应当及时向中国证监会报告。

第二十九条　存托人可以委托境外金融机构担任托管人。存托人委托托管人的，应当在存托协议中明确基础财产由托管人托管。托管人应当承担下列职责：

（一）托管基础财产；

（二）按照托管协议约定，协助办理分红派息、投票等相关事项；

（三）向存托人提供基础证券的市场信息；

（四）中国证监会规定和托管协议约定的其他职责。

第三十条　存托人与托管人签订的托管协议，应当包括下列条款：

（一）协议当事人的名称、注册地和主要经营场所；

（二）基础证券种类和数量；

（三）存托人指令的发送、确认和执行的程序；

（四）基础财产不得作为托管人破产财产或者清算财产，及相关资产隔离措施；

（五）托管人的报酬计算方法与支付方式；

（六）基础财产托管及解除托管的程序；

（七）约定事项的变更方式；

（八）违约责任；

（九）解决争议的方法；

（十）其他重要事项。

境外基础证券发行人应当向中国证监会提交存托人与托管人签署的托管

协议，作为其发行申请文件。托管协议修改的，存托人应当及时告知境外基础证券发行人，并由境外基础证券发行人向中国证监会报告。

第三十一条 存托人、托管人应当忠实、勤勉地履行各项职责和义务，不得损害存托凭证持有人的合法权益。

存托人行使境外基础证券相应权利，应当按照存托协议约定的方式事先征求存托凭证持有人的意愿并按其意愿办理，不得擅自行使相应权利或者处分相应存托凭证基础财产。

第三十二条 存托人应当为存托凭证基础财产单独立户，将存托凭证基础财产与其自有财产有效隔离、分别管理、分别记账，不得将存托凭证基础财产归入其自有财产，不得侵占、挪用存托凭证基础财产。

第三十三条 存托人不得买卖其签发的存托凭证，不得兼任其履行存托职责的存托凭证的保荐人。

第六章 投资者保护

第三十四条 向投资者销售存托凭证或者提供相关服务的机构，应当遵守中国证监会关于投资者适当性管理的规定。

证券交易所应当在业务规则中明确存托凭证投资者适当性管理的相关事项。

第三十五条 境外基础证券发行人应当确保存托凭证持有人实际享有的资产收益、参与重大决策、剩余财产分配等权益与境外基础证券持有人权益相当。境外基础证券发行人不得作出任何损害存托凭证持有人合法权益的行为。

法律、行政法规以及中国证监会规定对投资者保护有强制性规定的，应当适用其规定。

第三十六条 境外基础证券发行人、存托人应当按照存托协议约定，采用安全、经济、便捷的网络或者其他方式为存托凭证持有人行使权利提供便利。

第三十七条 中证中小投资者服务中心有限责任公司可以购买最小交易份额的存托凭证，依法行使存托凭证持有人的各项权利。

中证中小投资者服务中心有限责任公司可以接受存托凭证持有人的委托，代为行使存托凭证持有人的各项权利。

中证中小投资者服务中心有限责任公司可以支持受损害的存托凭证持有

人依法向人民法院提起民事诉讼。

第三十八条　境外基础证券发行人与其境内实体运营企业之间的关系安排，不得损害存托凭证持有人等投资者的合法权益。

第三十九条　境外基础证券发行人具有股东投票权差异等特殊架构的，其持有特别投票权的股东应当按照所适用的法律以及公司章程行使权利，不得滥用特别投票权，不得损害存托凭证持有人等投资者的合法权益。

出现前款情形，损害存托凭证持有人等投资者合法权益的，境外基础证券发行人及特别投票权股东应当改正，并依法承担对投资者的损害赔偿责任。

第四十条　存托凭证暂停、终止上市的情形和程序，由证券交易所业务规则规定。

存托凭证出现终止上市情形的，存托人应当根据存托协议的约定，为存托凭证持有人的权利行使提供必要保障。

存托凭证终止上市的，存托人应当根据存托协议的约定卖出基础证券，并将卖出所得扣除税费后及时分配给存托凭证持有人。基础证券无法卖出的，境外基础证券发行人应当在存托协议中作出合理安排，保障存托凭证持有人的合法权益。

第四十一条　存托凭证持有人与境外基础证券发行人、存托人、证券服务机构等主体发生纠纷的，可以向中证中小投资者服务中心有限责任公司及其他依法设立的调解组织申请调解。

第四十二条　投资者通过证券投资基金投资存托凭证的，基金管理人应当制定严格的投资决策流程和风险管理制度，做好制度、业务流程、技术系统等方面准备工作。

基金管理人应当根据审慎原则合理控制基金投资存托凭证的比例，在基金合同、招募说明书中明确投资存托凭证的比例、策略等，并充分揭示风险。

基金托管人应当加强对基金投资存托凭证的监督，切实保护基金份额持有人的合法权益。

第四十三条　已经获得中国证监会核准或者准予注册的公开募集证券投资基金投资存托凭证，应当遵守以下规定：

（一）基金合同已明确约定基金可投资境内上市交易的股票的，基金管理人可以投资存托凭证；

（二）基金合同没有明确约定基金可投资境内上市交易的股票的，如果投资存托凭证，基金管理人应当召开基金份额持有人大会进行表决。

公开募集证券投资基金投资存托凭证的比例限制、估值核算、信息披露等依照境内上市交易的股票执行。

第四十四条 合格境外机构投资者和人民币合格境外机构投资者投资存托凭证的比例限制按照有关管理规定执行，计算基础为境内上市的存托凭证。

第七章 法律责任

第四十五条 中国证监会依法履行职责，对境外基础证券发行人及其控股股东、实际控制人、境内实体运营企业、存托人、托管人、保荐人、承销机构、证券服务机构及其他主体采取进行现场检查、进入涉嫌违法行为发生场所调查取证等措施的，适用《证券法》第一百八十条规定。

第四十六条 存托凭证的发行、交易等活动违反本办法规定的，中国证监会可以采取以下监管措施：

（一）责令改正；

（二）监管谈话；

（三）出具警示函；

（四）认定为不适当人选；

（五）依法可以采取的其他监管措施。

第四十七条 有下列行为的，中国证监会依据《证券法》相关规定进行行政处罚；构成犯罪的，依法追究刑事责任：

（一）未经中国证监会核准，擅自公开或者变相公开发行存托凭证；

（二）不符合发行条件的境外基础证券发行人以欺骗手段骗取存托凭证发行核准；

（三）保荐人在存托凭证发行、上市中出具有虚假记载、误导性陈述或者重大遗漏的保荐书，或者不履行其他法定职责；

（四）境外基础证券发行人或者其他信息披露义务人未按照规定披露信息、报送有关报告，或者所披露的信息、报送的报告有虚假记载、误导性陈述或者重大遗漏；

（五）内幕信息知情人和非法获取内幕信息的人利用内幕信息买卖存托凭证、泄露内幕信息、建议他人买卖存托凭证；

（六）违反《证券法》的规定操纵存托凭证市场；

（七）证券服务机构在为存托凭证的发行、交易等证券业务活动提供服务中，未勤勉尽责，所制作、出具的文件有虚假记载、误导性陈述或者重大遗漏；

（八）《证券法》规定的其他违法行为。

第四十八条 境外基础证券发行人的股东、实际控制人、董事、监事、高级管理人员和存托凭证的其他投资者违反本办法第十二条的规定，在中国境内减持其持有的存托凭证的，责令改正，给予警告，没收违法所得，并处三万元罚款。

第四十九条 法律、行政法规禁止参与股票交易的人员，直接或者以化名、借他人名义持有、买卖、接受他人赠送存托凭证的，依照《证券法》第一百九十九条的规定进行行政处罚。属于国家工作人员的，还应当依法给予行政处分。

第五十条 有下列行为的，依照《证券法》第二百零一条的规定进行行政处罚：

（一）为存托凭证的发行出具审计报告、资产评估报告或者法律意见书等文件的证券服务机构和人员，在该存托凭证承销期内和期满后六个月内，买卖该存托凭证；

（二）为境外基础证券发行人出具审计报告、资产评估报告或者法律意见书等文件的证券服务机构和人员，自接受境外基础证券发行人委托之日起至上述文件公开后五日内，买卖该存托凭证。

第五十一条 境外基础证券发行人的董事、监事、高级管理人员、通过存托凭证或者其他方式持有境外基础证券发行人发行的股份百分之五以上的投资者，将其持有的存托凭证在买入后六个月内卖出，或者在卖出后六个月内又买入的，依照《证券法》第一百九十五条的规定处罚。但是证券公司因包销购入售后剩余存托凭证对应境外基础证券发行人已发行股份达到百分之五以上的除外。

第五十二条 收购人违反本办法第十三条规定的，依照《证券法》第二百一十三条的规定处罚。

收购人或者收购人的控股股东，利用对境外基础证券发行人的收购，损害被收购境外基础证券发行人及其投资者的合法权益的，依照《证券法》第二百一十四条的规定处罚。

第五十三条 存托人、托管人违反本办法规定的，责令改正，给予警告，没收违法所得，并处三万元罚款。对直接负责的主管人员和其他直接责任人员给予警告，没收违法所得，并处三万元罚款。

经中国证监会责令改正后拒不改正或者违法违规情节严重的，中国证监会可以采取责令境外基础证券发行人更换存托人、责令存托人更换托管人、三十六个月内不受理由其担任存托人的申请文件、取消存托人资质等监管措施。

存托人中参与存托业务的人员，在任期内，直接或者以化名、借他人名义持有、买卖、接受他人赠送存托凭证的，责令改正，给予警告，没收违法所得，并处三万元罚款。

第五十四条 违反本办法情节严重的，中国证监会可以对有关责任人员采取证券市场禁入的措施。

第五十五条 境外基础证券发行人及其控股股东、实际控制人、存托人、托管人、保荐人、承销机构、证券服务机构等违反本办法规定，导致存托凭证持有人等投资者合法权益受到损害的，应当依法承担赔偿责任。

第八章 附 则

第五十六条 境内企业在境外发行存托凭证适用《证券法》等法律、行政法规以及中国证监会关于境内企业到境外发行证券或者将其证券在境外上市交易的规定。境内上市公司以新增证券为基础在境外发行存托凭证的，还应当同时符合有关上市公司证券发行的规定。

第五十七条 存托凭证与基础证券之间的转换应当符合国家有关规定。

境内证券交易所与境外证券交易所之间互联互通业务中涉及的存托凭证发行、交易、信息披露和投资者保护等事宜，中国证监会或者证券交易所另有规定的，从其规定。

第五十八条 中国证监会与有关国家或者地区的证券监督管理机构加强跨境监管执法合作，依法查处存托凭证业务相关跨境违法违规行为。

第五十九条 本办法下列用语具有如下含义：

（一）基础证券，是指存托凭证代表的由境外基础证券发行人在境外发行的证券；

（二）基础财产，是指基础证券及其衍生权益；

（三）存托人，是指按照存托协议的约定持有境外基础证券，并相应签发代表境外基础证券权益的存托凭证的中国境内法人；

（四）托管人，是指受存托人委托，按照托管协议托管存托凭证所代表的基础证券的金融机构；

（五）控股股东，是指通过存托凭证或者其他方式持有境外基础证券发行人发行的股份合计达到百分之五十以上的股东；持有股份的比例虽然不足百分之五十，但依其持有的股份所享有的表决权已足以对股东大会或者董事会的决议产生重大影响的股东；

（六）实际控制人，是指虽不是境外基础证券发行人的股东，但通过投资关系、协议或者其他安排，能够实际支配境外基础证券发行人的人；

（七）董事、监事、高级管理人员，是指境外基础证券发行人的董事、监事、高级管理人员或者执行类似职权的人员。没有监事、监事会或者执行类似职权的人员或者组织安排的，不适用《证券法》和本办法有关监事、监事会的规定；

（八）境内实体运营企业，是指由注册地在境外、主要经营活动在境内的红筹企业通过协议方式实际控制的境内企业；

（九）内幕信息，是指《证券法》第七十五条和本办法第二十条、第二十一条规定的信息；

（十）内幕信息知情人，是指《证券法》第七十四条规定的人员及存托人、托管人的相关人员。其中，持有或者通过持有境内外存托凭证而间接持有境外基础证券发行人发行的股份合计达到百分之五以上的投资者，属于《证券法》第七十四条第（二）项规定的持有公司百分之五以上股份的股东。

第六十条 本办法自公布之日起施行。

《存托凭证跨境资金管理办法（试行）》解读

中国人民银行、国家外汇管理局制定的《存托凭证跨境资金管理办法（试行）》是《存托凭证发行与交易管理办法（试行）》的配套性文件。它规定了存托凭证跨境资金管理，包括外汇登记、账户开立、存托凭证跨境转换等。该办法的要点如下：

1. 外汇登记。境外发行人以新增证券为基础发行中国存托凭证，应在获得证监会核准发行后10个工作日内，委托其境内主承销商（或境内相关代理机构），持相关材料到其上市境内证券交易所所在地国家外汇管理局分局或外汇管理部（以下简称所在地外汇局）办理登记。

2. 账户开立。境外发行人以新增证券为基础在境内发行中国存托凭证，应（或委托境内主承销商、境内相关代理机构）凭所在地外汇局打印并加盖业务印章的业务登记凭证，选择一家境内商业银行（以下简称开户行），以境外发行人的名义开立募集资金专用账户（人民币或/和外汇）。

中国存托凭证的境内存托人应开立中国存托凭证存托业务专用账户（人民币或/和外汇），用于中国存托凭证有关的分红、派息、配股等相关资金收付和汇兑。

境外发行人以新增证券为基础在境内发行中国存托凭证所募集的资金可以人民币或外汇汇出境外，也可留存境内使用。

3. 存托凭证跨境转换，指符合相关规定的跨境转换机构将基础股票转换为存托凭证，以及将存托凭证转换为基础股票。跨境转换机构，包括从事中国存托凭证跨境转换的境内证券经营机构，以及从事境外存托凭证跨境转换的境外证券经营机构。跨境转换机构以非新增证券为基础生成或兑回存托凭证需进行跨境证券交易（含基础证券买卖及符合规定的以对冲风险为目的的投资品种）的，应按规定向国家外汇管理局进行跨境证券交易登记。

存托凭证跨境资金管理办法（试行）

（2019年5月25日中国人民银行、国家外汇管理局公告〔2019〕第8号公布　自公布之日起实施）

第一章　总　　则

第一条　为规范存托凭证跨境资金管理，根据《中华人民共和国中国人民银行法》、《中华人民共和国外汇管理条例》（中华人民共和国国务院令第532号）、《国务院办公厅转发证监会关于开展创新企业境内发行股票或存托凭证试点若干意见的通知》（国办发〔2018〕21号）及其他相关规定，制定本办法。

第二条　本办法所称的存托凭证，包括境外基础证券发行人（以下简称境外发行人）在中国境内发行的存托凭证（以下简称中国存托凭证），以及境内企业在境外发行的存托凭证（以下简称境外存托凭证）。

第三条　鼓励存托凭证业务使用人民币进行跨境收付，并通过人民币跨境支付系统（CIPS）完成跨境人民币资金结算。

第四条 中国人民银行及其分支机构、国家外汇管理局及其分局、外汇管理部依法对存托凭证发行、交易等涉及的账户、资金收付及汇兑等实施监督、管理和检查。

第二章 存托凭证发行资金管理

第五条 境外发行人和境内企业发行以新增证券（含首发、增发、配股等，下同）为基础的存托凭证，应按《中华人民共和国外汇管理条例》规定办理登记。

第六条 境内企业以新增证券为基础发行境外存托凭证，应按照《中国人民银行关于进一步完善人民币跨境业务政策、促进贸易投资便利化的通知》（银发〔2018〕3 号）、《国家外汇管理局关于境外上市外汇管理有关问题的通知》（汇发〔2014〕54 号）等规定办理登记、账户开立与使用、资金收付及汇兑等事项。

第七条 境外发行人以新增证券为基础发行中国存托凭证，应在获得证监会核准发行后 10 个工作日内，委托其境内主承销商（或境内相关代理机构），持以下材料到其上市境内证券交易所所在地国家外汇管理局分局或外汇管理部（以下简称所在地外汇局）办理登记：

（一）《以新增证券为基础的中国存托凭证发行登记表》（见附 1）；

（二）证监会核准发行中国存托凭证的证明材料；

（三）境外发行人委托境内主承销商（或境内相关代理机构）办理中国存托凭证登记的委托代理协议。

所在地外汇局审核上述材料无误后，在资本项目信息系统（以下简称系统）为境外发行人办理登记，并通过系统打印业务登记凭证，加盖业务印章后交至境内主承销商（或境内相关代理机构）。

所在地外汇局在为境外发行人首次办理登记时，应在系统中查询境外发行人是否有主体信息。没有主体信息的，应给予境外发行人特殊机构赋码并为其办理主体信息登记。

境外发行人应在中国存托凭证发行结束后 10 个工作日内，通过其境内主承销商（或境内相关代理机构）将更新后的《以新增证券为基础的中国存托凭证发行登记表》报送所在地外汇局。

第八条 境外发行人以新增证券为基础在境内发行中国存托凭证，应（或委托境内主承销商、境内相关代理机构）凭所在地外汇局打印并加盖业务印章的业务登记凭证，选择一家境内商业银行（以下简称开户行），以境外发行人的名义开立募集资金专用账户（人民币或/和外汇）（账户收支范围见附2、账户信息申报规范见附3，下同）。

第九条 境外发行人以新增证券为基础在境内发行中国存托凭证所募集的资金可以人民币或外汇汇出境外，也可留存境内使用。

已办理登记的境外发行人，如需将募集资金汇出境外，应持业务登记凭证到开户行办理相关资金汇出手续；如将募集资金留存境内使用，应符合现行直接投资、全口径跨境融资等管理规定。

第三章 存托凭证跨境转换资金管理

第十条 本办法所称的存托凭证跨境转换，指符合相关规定的跨境转换机构将基础股票转换为存托凭证（以下简称生成），以及将存托凭证转换为基础股票（以下简称兑回）。本办法所称的跨境转换机构，包括从事中国存托凭证跨境转换的境内证券经营机构（以下简称境内转换机构），以及从事境外存托凭证跨境转换的境外证券经营机构（以下简称境外转换机构）。

第十一条 跨境转换机构以非新增证券为基础生成或兑回存托凭证需进行跨境证券交易（含基础证券买卖及符合规定的以对冲风险为目的的投资品种）的，应按规定向国家外汇管理局进行跨境证券交易登记。

第十二条 符合规定的境外转换机构以非新增证券为基础生成或兑回境外存托凭证的，应委托境内一家具有相关业务资格的商业银行等作为托管人（以下简称境内托管人）负责资产托管业务，并通过境内托管人持以下材料向国家外汇管理局进行跨境证券交易登记：

（一）书面申请，详细说明购买证券的种类、规模、金额、资金来源（自有资金、投资者委托资金）、境内托管人信息、已登记跨境证券交易情况（追加登记时提供）等；

（二）境外转换机构开展跨境转换业务相关证明文件。

国家外汇管理局为境外转换机构办理登记后，境内托管人凭登记凭证可为境外转换机构开立境外存托凭证跨境转换专用账户（人民币或/和外汇）（账户收支范围见附2），并办理相关资金收付、汇兑等业务。

境外转换机构以非新增证券为基础生成或兑回境外存托凭证的跨境证券交易累计净汇入资金不得超过经登记的规模。

第十三条 符合规定的境内转换机构以非新增证券为基础生成或兑回中

国存托凭证的，应委托一家境内托管人负责资产托管业务。境内转换机构可持以下材料向国家外汇管理局进行跨境证券交易登记：

（一）书面申请，详细说明购买证券的种类、规模、金额、资金来源（自有资金、投资者委托资金）、境内托管人信息、已登记跨境证券交易情况（追加登记时提供）等；

（二）境内转换机构开展跨境转换业务相关证明文件。

国家外汇管理局为境内转换机构办理登记后，境内托管人凭登记凭证可为境内转换机构开立中国存托凭证跨境转换专用账户（人民币或/和外汇）（账户收支范围见附2），并办理相关资金收付、汇兑等业务。

境内转换机构的境内托管人应委托境外托管人为境内转换机构开立境外托管账户，用于办理与存托凭证相关的资产托管和资金收付、汇兑业务。

境内转换机构以非新增证券为基础生成或兑回中国存托凭证进行的跨境证券交易累计净汇出资金不得超过经登记的规模。

第十四条 境内（外）转换机构需遵守监管部门关于跨境证券交易的相关规定，不得将资金用于与存托凭证无关的其他用途。

境内（外）转换机构因对冲风险需要开展的相关衍生品交易应与跨境基础证券交易具有合理的相关度。

境内（外）转换机构与存托凭证业务相关的境外（内）资产余额上限，应符合中国相关监管机构的要求。

第四章 存托凭证存托资金管理

第十五条 中国存托凭证的境内存托人应开立中国存托凭证存托业务专用账户（人民币或/和外汇）（账户收支范围见附2），用于中国存托凭证有关的分红、派息、配股等相关资金收付和汇兑。

第十六条 中国存托凭证的境内存托人可根据境外发行人的分红、派息、配股等为中国存托凭证持有人提供相应的服务，办理相关资金收付和汇兑。

境外发行人如委托境内存托人以外的其他境内机构配股，可通过其募集资金专用账户（人民币或/和外汇）办理有关的资金收付和汇兑。

第十七条 中国存托凭证退市的相关资金收付及汇兑通过境内存托人中国存托凭证存托业务专用账户（人民币或/和外汇）办理。

境外发行人（或委托境内存托人）应自退市之日起30日内持退市相关证明材料及资金处理计划等，在境内存托人中国存托凭证存托业务专用账户

（人民币或/和外汇）开户行办理相关资金收付及汇兑。

第十八条　境外存托凭证的境外存托人可根据需要在一家境内托管人处开立境外存托凭证存托业务专用账户（人民币或/和外汇）（账户收支范围见附 2），用于办理境内企业分红、派息、配股、退市等相关资金收付和汇兑。

第五章　统计与监督管理

第十九条　中国存托凭证的境外发行人、境内转换机构、境内存托人、境内相关开户行，境外存托凭证的境外转换机构、境外存托人、境内相关开户行，应按照中国人民银行、国家外汇管理局关于人民币银行结算账户、外汇账户管理的有关规定，办理相关账户开立、使用等事项。

中国存托凭证和境外存托凭证的境内相关开户行，应按照相关规定向人民币银行结算账户管理系统备案，并按照人民币跨境收付信息管理系统（RCPMIS）相关管理办法，及时、准确、完整地向人民币跨境收付信息管理系统报送有关账户信息和跨境收支信息。

中国存托凭证的境内转换机构、境内存托人、境内托管人、境内登记结算机构、境内相关开户行及相关涉外收付款人，境外存托凭证的境内托管人、境内相关开户行及相关涉外收付款人，应按照国家外汇管理局关于对外金融资产负债及交易统计、金融机构外汇业务数据采集、国际收支统计申报等规定，及时、准确、完整地报送相关数据。

境内（外）转换机构的境内托管人应于每月第 5 个工作日前向中国人民银行、国家外汇管理局报告截至上月末跨境证券交易、资产余额、跨境资金流动等情况。

境内（外）转换机构变更境内托管人的，应自变更之日起 5 个工作日内（或通过新托管人）向国家外汇管理局报告。

第二十条　中国存托凭证的境内存托人、境内托管人、境内转换机构、境内登记结算机构、境内相关开户行及相关涉外收付款人，境外存托凭证的境外存托人、境内托管人、境外转换机构、境内相关开户行及相关涉外收付款人等违反本办法的，中国人民银行、国家外汇管理局可依法采取相应的监管措施，并依据相关规定予以处罚。

第二十一条　境外发行人在境内发行股票所涉的登记、账户、资金收付及汇兑等，参照适用本办法。

第六章　附　　则

第二十二条　本办法所规定相关申请人提交的材料应为中文文本。同时具有外文文本和中文译本的，以中文译本为准。

第二十三条　本办法由中国人民银行、国家外汇管理局负责解释。

第二十四条　本办法自公布之日起实施。本办法未能规范的，按照其他相关管理规定办理。

附：1. 以新增证券为基础的中国存托凭证发行登记表（略）

2. 存托凭证相关账户收支范围（略）

3. 存托凭证相关信息报送规范（略）

四、信息披露内容与格式准则、编报规则

《公开发行证券的公司信息披露内容与格式准则第41号——科创板公司招股说明书》解读

《公开发行证券的公司信息披露内容与格式准则第41号——科创板公司招股说明书》（以下简称科创板的招股说明书格式准则）与创业板的招股说明书格式准则的不同点主要有：

第一，拟科创板上市的发行人股票发行前应在上海证券交易所网站和中国证监会指定网站全文刊登招股说明书，同时在中国证监会指定报刊刊登提示性公告，告知投资者网上刊登的地址及获取文件的途径。而拟在主板、创业板上市的发行人应在中国证监会指定网站披露招股说明书及其附件，并同时在中国证监会指定报刊上披露首次公开发行股票并在创业板上市提示性公告。简言之，前者多了应在上海证券交易所网站披露的要求。

第二，创业板的招股说明书格式准则要求，发行人应在招股说明书披露后十日内，将正式印刷的招股说明书全文文本一式五份，分别报送中国证监会及其在发行人注册地的派出机构。但科创板的招股说明书格式准则则没有此项要求。

第三，科创板的招股说明书格式准则第二十二条要求，发行人应根据本准则及相关规定，针对实际情况在招股说明书首页作“重大事项提示”，以简要语言提醒投资者需特别关注的重要事项，并提醒投资者认真阅读招股说明书正文内容。而创业板的招股说明书格式准则则没有此项要求。

第四，科创板的招股说明书格式准则第二十五条对概览提出了要求，即要求发行人应对招股说明书作精确、扼要的概览，确保概览内容具体清晰、易于理解，不得披露除招股说明书其他章节披露内容外的发行人其他信息。而创业板的招股说明书格式准则则没有此项规定（但这并不表明主板、创业板的招股说明书可以披露除招股说明书其他章节披露内容外的发行人其他信息）。

第五，科创板的招股说明书格式准则详细规定了招股说明书概览的内容，它至少包括下列各部分：（1）列表披露发行人及本次发行的中介机构基本情况，并给出了参考格式。（2）列表披露本次发行概况，并给出了参考格式。

(3) 列表披露发行人报告期的主要财务数据和财务指标，并给出了参考格式。(4) 结合主要经营和财务数据概述发行人的主营业务经营情况，包括主要业务或产品、主要经营模式、竞争地位以及其他有助于投资者了解发行人业务特点的重要信息。(5) 简要披露发行人技术先进性、模式创新性、研发技术产业化情况以及未来发展战略。(6) 披露发行人选择的具体上市标准。(7) 简要披露发行人公司治理特殊安排等重要事项。(8) 简要披露募集资金用途。而创业板的招股说明书格式准则仅要求发行人应简要披露发行人及其控股股东、实际控制人的情况，概述发行人的主营业务、主要财务数据及财务指标、募集资金用途，更没有给出参考格式。

第六，科创板的招股说明书格式准则在“本次发行概况”方面要求发行人应披露发行人高管、员工拟参与战略配售情况（如有）以及保荐人相关子公司拟参与战略配售情况（如有）。而创业板的招股说明书格式准则则没有此项规定。

第七，在风险因素揭露方面，科创板的招股说明书格式准则要求发行人应结合科创企业特点，披露由于重大技术、产品、政策、经营模式变化等可能导致的风险，包括技术风险、经营风险、内控风险、财务风险、法律风险、发行失败风险、尚未盈利或存在累计未弥补亏损的风险、特别表决权股份或类似公司治理特殊安排的风险等；而创业板的招股说明书格式准则则没有此项规定。

第八，在发行人基本情况披露方面，科创板的招股说明书格式准则要求发行人应披露公司在其他证券市场的上市/挂牌情况，包括上市/挂牌时间、上市/挂牌地点、上市/挂牌期间受到处罚的情况、退市情况（如有）等，而创业板的招股说明书格式准则则没有此项规定。

第九，在有关股本情况的披露方面，科创板的招股说明书格式准则比创业板的招股说明书格式准则的要求更为简略。创业板的招股说明书格式准则要求发行人披露最近一年发行人新增股东的持股数量及变化情况、取得股份的时间、价格和定价依据。属于战略投资者的，应予注明并说明具体的战略关系。新增股东为法人的，应披露其主要股东及实际控制人；为自然人的，应披露国籍、拥有永久境外居留权情况（如有）、身份证号码；为合伙企业的，应披露其普通合伙人及实际控制人、有限合伙人（如有）的情况。而科创板的招股说明书格式准则则仅仅要求发行人披露最近一年发行人新增股东的持股数量及变化情况、取得股份的时间、价格和定价依据。属于战略投资者的，应予注明并说明具体的战略关系。

第十，基于科创企业高度依赖人的因素这一特点，科创板的招股说明书格式准则更重视对“人”的披露：

首先，在董事、监事、高级管理人员及核心技术人员的简要情况披露方面，科创板的招股说明书格式准则的要求更为详细，要求披露：（1）姓名、国籍及境外居留权；（2）性别、年龄；（3）学历及专业背景、职称；（4）主要业务经历及实际负责的业务活动；对发行人设立、发展有重要影响的董事、监事、高级管理人员及核心技术人员，还应披露其创业或从业历程；（5）曾经担任的重要职务及任期；（6）现任发行人的职务及任期。（7）发行人应说明董事、监事、高级管理人员及核心技术人员的兼职情况及所兼职单位与发行人的关联关系，与发行人其他董事、监事、高级管理人员及核心技术人员的亲属关系。对于董事、监事，应披露其提名人。而创业板的招股说明书格式准则没有这方面的具体要求。

其次，科创板的招股说明书格式准则要求发行人应披露与董事、监事、高级管理人员及核心技术人员所签订的对投资者作出价值判断和投资决策有重大影响的协议，以及有关协议的履行情况。发行人的董事、监事、高级管理人员及核心技术人员所持股份发生被质押、冻结或发生诉讼纠纷等情形的，应充分披露上述情形的产生原因及对发行人可能产生的影响。而创业板的招股说明书格式准则没有这方面的具体要求。

再次，科创板的招股说明书格式准则要求，发行人董事、监事、高级管理人员及核心技术人员在最近2年内曾发生变动的，应披露变动情况、原因以及对公司的影响。发行人应披露董事、监事、高级管理人员及核心技术人员与发行人及其业务相关的对外投资情况，包括投资金额、持股比例、有关承诺和协议，对于存在利益冲突情形的，应披露解决情况。而创业板的招股说明书格式准则没有这方面的具体要求。

复次，科创板的招股说明书格式准则要求，发行人应列表披露董事、监事、高级管理人员、核心技术人员及其配偶、父母、配偶的父母、子女、子女的配偶以任何方式直接或间接持有发行人股份的情况、持有人姓名及所持股份的质押或冻结情况。而创业板的招股说明书格式准则没有这方面的具体要求。

科创板的招股说明书格式准则还要求，发行人应披露董事、监事、高级管理人员及核心技术人员的薪酬组成、确定依据、所履行的程序及报告期内薪酬总额占各期发行人利润总额的比重，最近一年从发行人及其关联企业领取收入的情况，以及所享受的其他待遇和退休金计划等。而创业板的招股说明书格式准则没有这方面的具体要求。

最后，科创板的招股说明书格式准则要求，发行人应披露本次公开发行申报前已经制定或实施的股权激励及相关安排，披露股权激励对公司经营状况、财务状况、控制权变化等方面的影响，以及上市后的行权安排。而创业板的招股说明书格式准则没有这方面的具体要求。

第十一，创业板的招股说明书格式准则规定了“同业竞争与关联交易”，“董事、监事、高级管理人员与公司治理”。而科创板的招股说明书格式准则则将二者简化为“公司治理与独立性”，并对发行人存在特别表决权股份或类似安排的，或发行人存在协议控制架构的，提出了详细的信息披露要求，而创业板的招股说明书格式准则没有这方面的具体要求。

第十二，科创板的招股说明书格式准则新增了“投资者保护”一节，要求包括：发行人应披露投资者关系的主要安排；发行人应披露发行后的股利分配政策和决策程序；发行人应披露股东投票机制的建立情况；发行人存在特别表决权股份、协议控制架构或类似特殊安排，尚未盈利或存在累计未弥补亏损的，应披露依法落实保护投资者合法权益规定的各项措施；发行人应充分披露发行人、股东、实际控制人、发行人的董事、监事、高级管理人员、核心技术人员以及本次发行的保荐人及证券服务机构等作出的重要承诺、未能履行承诺的约束措施以及已触发履行条件的承诺事项的履行情况。

公开发行证券的公司信息披露内容与格式准则第41号——科创板公司招股说明书

（2019年3月1日中国证券监督管理委员会公告〔2019〕6号公布自公布之日起施行）

目　录

第一章 总　　则

第一条 为规范在上海证券交易所科创板（以下简称科创板）试点注册制首次公开发行股票的信息披露行为，保护投资者合法权益，根据《公司法》《证券法》《关于在上海证券交易所设立科创板并试点注册制的实施意见》和《科创板首次公开发行股票注册管理办法（试行）》（证监会令第153号）的规定，制定本准则。

第二条 申请在中华人民共和国境内首次公开发行股票并在科创板上市的公司（以下简称发行人或公司）应按本准则编制招股说明书，作为申请首次公开发行股票并在科创板上市的必备法律文件，并按本准则的规定进行披露。

第三条 本准则的规定是对招股说明书信息披露的最低要求。不论本准则是否有明确规定，凡对投资者作出价值判断和投资决策有重大影响的信息，均应披露。

第四条 发行人作为信息披露第一责任人，应以投资者投资需求为导向编制招股说明书，为投资者作出价值判断和投资决策提供充分且必要的信息，保证相关信息的内容真实、准确、完整。

第五条 发行人在招股说明书中披露的财务会计资料应有充分的依据，所引用的发行人的财务报表、盈利预测报告（如有）应由具有证券期货相关业务资格的会计师事务所审计或审核。

第六条　发行人在招股说明书中披露盈利预测及其他涉及发行人未来经营和财务状况信息，应谨慎、合理。

第七条　发行人应在招股说明书显要位置提示科创板投资风险，作如下声明：

“本次股票发行后拟在科创板市场上市，该市场具有较高的投资风险。科创板公司具有研发投入大、经营风险高、业绩不稳定、退市风险高等特点，投资者面临较大的市场风险。投资者应充分了解科创板市场的投资风险及本公司所披露的风险因素，审慎作出投资决定。”

第八条　本准则某些具体要求对发行人确实不适用的，发行人可根据实际情况，在不影响披露内容完整性的前提下作适当调整，但应在提交申请时作书面说明。

第九条　发行人有充分依据证明本准则要求披露的某些信息涉及国家秘密、商业秘密及其他因披露可能导致其违反国家有关保密法律法规规定或严重损害公司利益的，发行人可申请豁免按本准则披露。

第十条　招股说明书应便于投资者阅读，浅白易懂、简明扼要、逻辑清晰，尽量使用图表、图片或其他较为直观的披露方式，具有可读性和可理解性：

（一）应客观、全面，使用事实描述性语言，突出事件实质，不得选择性披露，不得使用市场推广的宣传用语；

（二）应使用直接、简洁、确定的语句，尽量避免使用艰深晦涩、生僻难懂的专业术语或公文用语；

（三）披露的内容应清晰、明确，并结合发行人情况进行具体准确的解释说明；

（四）对不同章节或段落出现的同一语词、表述、事项的披露应具有一致性，在不影响信息披露的完整性和不致引起阅读不便的前提下，可以相互引征。

第十一条　招股说明书引用相关意见、数据或有外文译本的，应符合下列要求：

（一）应准确引用与本次发行有关的中介机构的专业意见或报告；

（二）引用第三方数据或结论，应注明资料来源，确保有权威、客观、独立的依据并符合时效性要求；

（三）引用的数字应采用阿拉伯数字，货币金额除特别说明外，应指人民币金额，并以元、千元、万元或百万元为单位；

（四）可根据有关规定或其他需求，编制招股说明书外文译本，但应保证中、外文文本的一致性，并在外文文本上注明："本招股说明书分别以中、英（或日、法等）文编制，在对中外文本的理解上发生歧义时，以中文文本为准"。

第十二条 信息披露事项涉及重要性水平判断的，发行人应结合自身业务特点，披露重要性水平的确定标准和依据。

第十三条 发行人下属企业的资产、收入或利润规模对发行人有重大影响的，应参照本准则的规定披露该下属企业的相关信息。

第十四条 发行人在报送申请文件后，发生应予披露事项的，应按规定及时履行信息披露义务。

第十五条 申请文件受理后，发行人应按规定履行预先披露程序。

第十六条 发行人股票发行前应在上海证券交易所（以下简称交易所）网站和中国证券监督管理委员会（以下简称中国证监会）指定网站全文刊登招股说明书，同时在中国证监会指定报刊刊登提示性公告，告知投资者网上刊登的地址及获取文件的途径。

发行人可以将招股说明书以及有关附件刊登于其他报刊和网站，但披露内容应完全一致，且不得早于在交易所网站、中国证监会指定报刊和网站的披露时间。

第二章 招股说明书

第一节 封面、书脊、扉页、目录、释义

第十七条 招股说明书文本封面应标有"×××公司首次公开发行股票并在科创板上市招股说明书"字样，并载明发行人、保荐人、主承销商的名称和住所。同时，明确提示科创板投资风险，依照本准则第七条作出恰当的声明。

第十八条 招股说明书纸质文本书脊应标有"×××公司首次公开发行股票并在科创板上市招股说明书"字样。

第十九条 发行人应在招股说明书扉页的显要位置载明：

"中国证监会、交易所对本次发行所作的任何决定或意见，均不表明其对注册申请文件及所披露信息的真实性、准确性、完整性作出保证，也不表明其对发行人的盈利能力、投资价值或者对投资者的收益作出实质性判断或保

证。任何与之相反的声明均属虚假不实陈述。”

“根据《证券法》的规定，股票依法发行后，发行人经营与收益的变化，由发行人自行负责；投资者自主判断发行人的投资价值，自主作出投资决策，自行承担股票依法发行后因发行人经营与收益变化或者股票价格变动引致的投资风险。”

第二十条　发行人应在招股说明书扉页作如下声明：

“发行人及全体董事、监事、高级管理人员承诺招股说明书及其他信息披露资料不存在虚假记载、误导性陈述或重大遗漏，并对其真实性、准确性、完整性承担个别和连带的法律责任。”

“发行人控股股东、实际控制人承诺本招股说明书不存在虚假记载、误导性陈述或重大遗漏，并对其真实性、准确性、完整性承担个别和连带的法律责任。”

“公司负责人和主管会计工作的负责人、会计机构负责人保证招股说明书中财务会计资料真实、完整。”

“发行人及全体董事、监事、高级管理人员、发行人的控股股东、实际控制人以及保荐人、承销的证券公司承诺因发行人招股说明书及其他信息披露资料有虚假记载、误导性陈述或者重大遗漏，致使投资者在证券发行和交易中遭受损失的，将依法赔偿投资者损失。”

“保荐人及证券服务机构承诺因其为发行人本次公开发行制作、出具的文件有虚假记载、误导性陈述或者重大遗漏，给投资者造成损失的，将依法赔偿投资者损失。”

第二十一条　招股说明书扉页应列表载明下列内容：

（一）发行股票类型；

（二）发行股数，股东公开发售股数（如有）；

（三）每股面值；

（四）每股发行价格；

（五）预计发行日期；

（六）拟上市的交易所和板块；

（七）发行后总股本，发行境外上市外资股的公司还应披露在境内上市流通的股份数量和在境外上市流通的股份数量；

（八）保荐人、主承销商；

（九）招股说明书签署日期。

发行人股东公开发售股份的，还应载明发行人拟发行新股和股东拟公开发售股份的数量，并提示股东公开发售股份所得资金不归发行人所有。

第二十二条 发行人应根据本准则及相关规定，针对实际情况在招股说明书首页作“重大事项提示”，以简要语言提醒投资者需特别关注的重要事项，并提醒投资者认真阅读招股说明书正文内容。

第二十三条 招股说明书的目录应标明各章、节的标题及相应的页码，内容编排也应符合通行的惯例。

第二十四条 发行人应对可能造成投资者理解障碍及有特定含义的术语作出释义。招股说明书的释义应在目录次页列示。

第二节 概 览

第二十五条 发行人应对招股说明书作精确、扼要的概览，确保概览内容具体清晰、易于理解，不得披露除招股说明书其他章节披露内容以外的发行人其他信息。

第二十六条 发行人应在招股说明书概览的显要位置声明：“本概览仅对招股说明书全文作扼要提示。投资者作出投资决策前，应认真阅读招股说明书全文。”

第二十七条 招股说明书概览的内容至少包括下列各部分：

（一）列表披露发行人及本次发行的中介机构基本情况，参考格式如下：

（一）发行人基本情况			
发行人名称		成立日期	
注册资本		法定代表人	
注册地址		主要生产经营地址	
控股股东		实际控制人	
行业分类		在其他交易场所（申请）挂牌或上市的情况	
（二）本次发行的有关中介机构			
保荐人		主承销商	

发行人律师		其他承销机构	
审计机构		评估机构（如有）	

（二）列表披露本次发行概况，参考格式如下：

（一）本次发行的基本情况			
股票种类			
每股面值			
发行股数		占发行后总股本比例	
其中：发行新股数量		占发行后总股本比例	
股东公开发售股份数量		占发行后总股本比例	
发行后总股本			
每股发行价格			
发行市盈率			
发行前每股净资产		发行前每股收益	
发行后每股净资产		发行后每股收益	
发行市净率			
发行方式			
发行对象			
承销方式			
拟公开发售股份股东名称			
发行费用的分摊原则			
募集资金总额			
募集资金净额			
募集资金投资项目			
发行费用概算			

（二）本次发行上市的重要日期	
刊登发行公告日期	
开始询价推介日期	
刊登定价公告日期	
申购日期和缴款日期	
股票上市日期	

（三）列表披露发行人报告期的主要财务数据和财务指标，参考格式如下：

项　目				
资产总额（万元）				
归属于母公司所有者权益（万元）				
资产负债率（母公司）（%）				
营业收入（万元）				
净利润（万元）				
归属于母公司所有者的净利润（万元）				
扣除非经常性损益后归属于母公司所有者的净利润（万元）				
基本每股收益（元）				
稀释每股收益（元）				
加权平均净资产收益率（%）				
经营活动产生的现金流量净额（万元）				
现金分红（万元）				
研发投入占营业收入的比例（%）				

（四）结合主要经营和财务数据概述发行人的主营业务经营情况，包括主要业务或产品、主要经营模式、竞争地位以及其他有助于投资者了解发行人业务特点的重要信息；

（五）简要披露发行人技术先进性、模式创新性、研发技术产业化情况以及未来发展战略；

（六）披露发行人选择的具体上市标准；

（七）简要披露发行人公司治理特殊安排等重要事项；

（八）简要披露募集资金用途。

第三节　本次发行概况

第二十八条　发行人应披露本次发行的基本情况，主要包括：

（一）股票种类；

（二）每股面值；

（三）发行股数、股东公开发售股数（如有），占发行后总股本的比例；

（四）每股发行价格；

（五）发行人高管、员工拟参与战略配售情况（如有）；

（六）保荐人相关子公司拟参与战略配售情况（如有）；

（七）标明计算基础和口径的市盈率（如适用）；

（八）预测净利润及发行后每股收益（如有）；

（九）发行前和发行后每股净资产；

（十）标明计算基础和口径的市净率；

（十一）发行方式与发行对象；

（十二）承销方式；

（十三）发行费用概算（包括承销费、保荐费、审计费、评估费、律师费、发行手续费等）。

发行人股东公开发售股份的，还应披露具体方案，包括本次预计发行新股数量，发行人股东公开发售股份的数量，发行费用的分摊原则，拟公开发售股份的股东名称、持股数量及拟公开发售股份数量等。

第二十九条　发行人应列表披露下列机构的名称、法定代表人、住所、联系电话、传真，同时应披露有关经办人员的姓名：

（一）保荐人、主承销商及其他承销机构；

（二）律师事务所；

（三）会计师事务所；

（四）资产评估机构；

（五）股票登记机构；

（六）收款银行；

（七）其他与本次发行有关的机构。

第三十条 发行人应列表披露其与本次发行有关的保荐人、承销机构、证券服务机构及其负责人、高级管理人员、经办人员之间存在的直接或间接的股权关系或其他权益关系。

第三十一条 发行人应针对不同的发行方式列表披露预计发行上市的重要日期，主要包括：

（一）刊登发行公告日期；

（二）开始询价推介日期；

（三）刊登定价公告日期；

（四）申购日期和缴款日期；

（五）股票上市日期。

第四节 风险因素

第三十二条 发行人应遵循重要性原则按顺序简明易懂地披露可能直接或间接对发行人及本次发行产生重大不利影响的所有风险因素。

发行人应以方便投资者投资决策参考的原则对风险因素进行分类列示。

第三十三条 发行人应结合科创企业特点，披露由于重大技术、产品、政策、经营模式变化等可能导致的风险：

（一）技术风险，包括技术升级迭代、研发失败、技术专利许可或授权不具排他性、技术未能形成产品或实现产业化等风险；

（二）经营风险，包括市场或经营前景或行业政策变化，商业周期变化，经营模式失败，依赖单一客户、单一技术、单一原材料等风险；

（三）内控风险，包括管理经验不足，特殊公司治理结构，依赖单一管理人员或核心技术人员等；

（四）财务风险，包括现金流状况不佳，资产周转能力差，重大资产减值，重大担保或偿债风险等；

（五）法律风险，包括重大技术、产品纠纷或诉讼风险，土地、资产权属瑕疵，股权纠纷，行政处罚等方面对发行人合法合规性及持续经营的影响；

（六）发行失败风险，包括发行认购不足，或未能达到预计市值上市条件的风险等；

（七）尚未盈利或存在累计未弥补亏损的风险，包括未来一定期间无法盈利或无法进行利润分配的风险，对发行人资金状况、业务拓展、人才引进、团队稳定、研发投入、市场拓展等方面产生不利影响的风险等；

（八）特别表决权股份或类似公司治理特殊安排的风险；

（九）可能严重影响公司持续经营的其他因素。

第三十四条　发行人披露风险因素时，应针对风险的实际情况，使用恰当的标题概括描述其风险点，不得使用模糊表述。在披露具体风险时，应对风险产生的原因和对发行人的影响程度进行充分揭示。

第三十五条　发行人应尽量对风险因素作定量分析，对导致风险的变动性因素作敏感性分析。无法进行定量分析的，应有针对性地作出定性描述。

第三十六条　一项风险因素不得描述多个风险。风险因素中不得包含风险对策、发行人竞争优势及类似表述。

第五节　发行人基本情况

第三十七条　发行人应披露其基本情况，主要包括：

（一）注册中、英文名称；

（二）注册资本；

（三）法定代表人；

（四）成立日期；

（五）住所和邮政编码；

（六）电话、传真号码；

（七）互联网网址；

（八）电子信箱；

（九）负责信息披露和投资者关系的部门、负责人和电话号码。

第三十八条　发行人应简要披露公司的设立情况和报告期内的股本和股东变化情况。发行人属于有限责任公司整体变更为股份有限公司的，还应披露有限责任公司的设立情况。

发行人应简要披露报告期内的重大资产重组情况，包括具体内容、所履行的法定程序以及对发行人业务、管理层、实际控制人及经营业绩的影响。

发行人应披露公司在其他证券市场的上市/挂牌情况，包括上市/挂牌时间、上市/挂牌地点、上市/挂牌期间受到处罚的情况、退市情况等（如有）。

第三十九条 发行人应采用方框图或其他有效形式，全面披露持有发行人5%以上股份或表决权的主要股东、实际控制人，控股股东、实际控制人所控制的其他企业，发行人的分公司、控股子公司、参股公司，以及其他有重要影响的关联方。

第四十条 发行人应简要披露其控股子公司及对发行人有重大影响的参股公司的情况，主要包括成立时间、注册资本、实收资本、注册地和主要生产经营地、股东构成及控制情况、主营业务及其与发行人主营业务的关系、最近一年及一期末的总资产、净资产、最近一年及一期的净利润，并标明有关财务数据是否经过审计及审计机构名称。

发行人应列表简要披露其他参股公司的情况，包括出资金额、持股比例、入股时间、控股方及主营业务情况等。

第四十一条 发行人应披露持有发行人5%以上股份或表决权的主要股东及实际控制人的基本情况，主要包括：

（一）控股股东、实际控制人的基本情况。控股股东、实际控制人为法人的，应披露成立时间、注册资本、实收资本、注册地和主要生产经营地、股东构成、主营业务及其与发行人主营业务的关系，最近一年及一期末的总资产、净资产、最近一年及一期的净利润，并标明有关财务数据是否经过审计及审计机构名称；为自然人的，应披露国籍、是否拥有永久境外居留权、身份证号码；为合伙企业等非法人组织的，应披露出资人构成、出资比例及实际控制人；

（二）控股股东和实际控制人直接或间接持有发行人的股份是否存在质押或其他有争议的情况；

（三）实际控制人应披露至最终的国有控股主体、集体组织、自然人等；

（四）无控股股东、实际控制人的，应参照本条对发行人控股股东及实际控制人的要求披露对发行人有重大影响的股东情况；

（五）其他持有发行人5%以上股份或表决权的主要股东的基本情况。主要股东为法人的，应披露成立时间、注册资本、实收资本、注册地和主要生产经营地、股东构成、主营业务及其与发行人主营业务的关系；为自然人的，应披露国籍、是否拥有永久境外居留权、身份证号码；为合伙企业等非法人组织的，应披露出资人构成、出资比例。

第四十二条 发行人应披露有关股本的情况，主要包括：

（一）本次发行前的总股本、本次发行及公开发售的股份，以及本次发行及公开发售的股份占发行后总股本的比例；

（二）本次发行前的前十名股东；

（三）本次发行前的前十名自然人股东及其在发行人处担任的职务；

（四）发行人股本有国有股份或外资股份的，应根据有关主管部门对股份设置的批复文件披露相应的股东名称、持股数量、持股比例。涉及国有股的，应在国有股东之后标注“SS”（State-owned Shareholder 的缩写），披露前述标识的依据及标识的含义；

（五）最近一年发行人新增股东的持股数量及变化情况、取得股份的时间、价格和定价依据。属于战略投资者的，应予注明并说明具体的战略关系；

（六）本次发行前各股东间的关联关系及关联股东的各自持股比例；

（七）发行人股东公开发售股份的，应披露公开发售股份对发行人的控制权、治理结构及生产经营产生的影响，并提示投资者关注上述事项。

第四十三条 发行人应披露董事、监事、高级管理人员及核心技术人员的简要情况，主要包括：

（一）姓名、国籍及境外居留权；

（二）性别、年龄；

（三）学历及专业背景、职称；

（四）主要业务经历及实际负责的业务活动；对发行人设立、发展有重要影响的董事、监事、高级管理人员及核心技术人员，还应披露其创业或从业历程；

（五）曾经担任的重要职务及任期；

（六）现任发行人的职务及任期。

发行人应说明董事、监事、高级管理人员及核心技术人员的兼职情况及所兼职单位与发行人的关联关系，与发行人其他董事、监事、高级管理人员及核心技术人员的亲属关系。对于董事、监事，应披露其提名人。

第四十四条 发行人应披露与董事、监事、高级管理人员及核心技术人员所签定的对投资者作出价值判断和投资决策有重大影响的协议，以及有关协议的履行情况。

发行人的董事、监事、高级管理人员及核心技术人员所持股份发生被质押、冻结或发生诉讼纠纷等情形的，应充分披露上述情形的产生原因及对发行人可能产生的影响。

第四十五条 发行人董事、监事、高级管理人员及核心技术人员在最近2年内曾发生变动的，应披露变动情况、原因以及对公司的影响。

第四十六条 发行人应披露董事、监事、高级管理人员及核心技术人员与发行人及其业务相关的对外投资情况，包括投资金额、持股比例、有关承诺和协议，对于存在利益冲突情形的，应披露解决情况。

发行人应列表披露董事、监事、高级管理人员、核心技术人员及其配偶、父母、配偶的父母、子女、子女的配偶以任何方式直接或间接持有发行人股份的情况、持有人姓名及所持股份的质押或冻结情况。

第四十七条 发行人应披露董事、监事、高级管理人员及核心技术人员的薪酬组成、确定依据、所履行的程序及报告期内薪酬总额占各期发行人利润总额的比重，最近一年从发行人及其关联企业领取收入的情况，以及所享受的其他待遇和退休金计划等。

发行人应披露本次公开发行申报前已经制定或实施的股权激励及相关安排，披露股权激励对公司经营状况、财务状况、控制权变化等方面的影响，以及上市后的行权安排。

第四十八条 发行人应简要披露员工情况，包括员工人数及报告期内的变化情况，员工专业结构，报告期内社会保险和住房公积金缴纳情况。

第六节 业务与技术

第四十九条 发行人应清晰、准确、客观地披露主营业务、主要产品或服务的情况，包括：

（一）主营业务、主要产品或服务的基本情况，主营业务收入的主要构成；

（二）主要经营模式，如盈利模式、采购模式、生产或服务模式、营销及管理模式等，分析采用目前经营模式的原因、影响经营模式的关键因素、经营模式和影响因素在报告期内的变化情况及未来变化趋势。发行人的业务及其模式具有创新性的，还应披露其独特性、创新内容及持续创新机制；

（三）设立以来主营业务、主要产品或服务、主要经营模式的演变情况；

（四）主要产品的工艺流程图或服务的流程图；

（五）生产经营中涉及的主要环境污染物、主要处理设施及处理能力。

第五十条 发行人应结合所处行业基本情况披露其竞争状况，主要包括：

（一）所属行业及确定所属行业的依据；

（二）所属行业的行业主管部门、行业监管体制、行业主要法律法规政策及对发行人经营发展的影响；

（三）所属行业在新技术、新产业、新业态、新模式等方面近三年的发展情况和未来发展趋势，发行人取得的科技成果与产业深度融合的具体情况；

（四）发行人产品或服务的市场地位、技术水平及特点、行业内的主要企业、竞争优势与劣势、行业发展态势、面临的机遇与挑战，以及上述情况在报告期内的变化及未来可预见的变化趋势；

（五）发行人与同行业可比公司在经营情况、市场地位、技术实力、衡量核心竞争力的关键业务数据、指标等方面的比较情况。

第五十一条 发行人应披露销售情况和主要客户，包括：

（一）报告期内各期主要产品或服务的规模（产能、产量、销量，或服务能力、服务量）、销售收入、产品或服务的主要客户群体、销售价格的总体变动情况。存在多种销售模式的，应披露各销售模式的规模及占当期销售总额的比重；

（二）报告期内各期向前五名客户合计的销售额占当期销售总额的百分比，向单个客户的销售比例超过总额的50%的、前五名客户中存在新增客户的或严重依赖于少数客户的，应披露其名称或姓名、销售比例。该客户为发行人关联方的，应披露产品最终实现销售的情况。受同一实际控制人控制的客户，应合并计算销售额。

第五十二条 发行人应披露采购情况和主要供应商，包括：

（一）报告期内采购产品、原材料、能源或接受服务的情况，相关价格变动趋势；

（二）报告期内各期向前五名供应商合计的采购额占当期采购总额的百分比，向单个供应商的采购比例超过总额的50%的、前五名供应商中存在新增供应商的或严重依赖于少数供应商的，应披露其名称或姓名、采购比例。受同一实际控制人控制的供应商，应合并计算采购额。

第五十三条 发行人应披露对主要业务有重大影响的主要固定资产、无形资产等资源要素的构成，分析各要素与所提供产品或服务的内在联系，是否存在瑕疵、纠纷和潜在纠纷，是否对发行人持续经营存在重大不利影响。

发行人与他人共享资源要素的，如特许经营权，应披露共享的方式、条件、期限、费用等。

第五十四条 发行人应披露主要产品或服务的核心技术及技术来源，结合行业技术水平和对行业的贡献，披露发行人的技术先进性及具体表征。披露发行人的核心技术是否取得专利或其他技术保护措施、在主营业务及产品或服务中的应用和贡献情况。

发行人应披露核心技术的科研实力和成果情况，包括获得重要奖项，承担的重大科研项目，核心学术期刊论文发表情况等。

发行人应披露正在从事的研发项目、所处阶段及进展情况、相应人员、经费投入、拟达到的目标；结合行业技术发展趋势，披露相关科研项目与行业技术水平的比较；披露报告期内研发投入的构成、占营业收入的比例。与其他单位合作研发的，还应披露合作协议的主要内容，权利义务划分约定及采取的保密措施等。

发行人应披露核心技术人员、研发人员占员工总数的比例，核心技术人员的学历背景构成，取得的专业资质及重要科研成果和获得奖项情况，对公司研发的具体贡献，发行人对核心技术人员实施的约束激励措施，报告期内核心技术人员的主要变动情况及对发行人的影响。

发行人应披露保持技术不断创新的机制、技术储备及技术创新的安排等。

第五十五条 发行人在中华人民共和国境外进行生产经营的，应披露经营的总体情况，并对有关业务活动进行地域性分析。发行人在境外拥有资产的，应详细披露该资产的具体内容、资产规模、所在地、经营管理和盈利情况等。

第七节 公司治理与独立性

第五十六条 发行人应披露股东大会、董事会、监事会、独立董事、董事会秘书制度的建立健全及运行情况，说明上述机构和人员履行职责的情况。结合《公司法》、中国证监会关于公司治理的有关规定及公司章程，披露报告期内发行人公司治理存在的缺陷及改进情况。

发行人应披露战略、审计、提名、薪酬与考核等各专门委员会的设置情况。

第五十七条 发行人存在特别表决权股份或类似安排的，应披露相关安排的基本情况，包括设置特别表决权安排的股东大会决议、特别表决权安排运行期限、持有人资格、特别表决权股份拥有的表决权数量与普通股份拥有表决权数量的比例安排、持有人所持特别表决权股份能够参与表决的股东大会事项范围、特别表决权股份锁定安排及转让限制等，还应披露差异化表决安排可能导致的相关风险和对公司治理的影响，以及相关投资者保护措施。

第五十八条 发行人存在协议控制架构的，应披露协议控制架构的具体安排，包括协议控制架构涉及的各方法律主体的基本情况、主要合同的核心条款等。

第五十九条 发行人应披露公司管理层对内部控制完整性、合理性及有效性的自我评估意见以及注册会计师对公司内部控制的鉴证意见。注册会计师指出公司内部控制存在缺陷的，发行人应披露改进措施。

第六十条 发行人应披露报告期内存在的违法违规行为及受到处罚的情况，并说明对发行人的影响。

第六十一条 发行人应披露报告期内是否存在资金被控股股东、实际控制人及其控制的其他企业以借款、代偿债务、代垫款项或者其他方式占用的情况，或者为控股股东、实际控制人及其控制的其他企业担保的情况。

第六十二条 发行人应分析披露其具有直接面向市场独立持续经营的能力：

（一）资产完整方面。生产型企业具备与生产经营有关的主要生产系统、辅助生产系统和配套设施，合法拥有与生产经营有关的主要土地、厂房、机器设备以及商标、专利、非专利技术的所有权或者使用权，具有独立的原料采购和产品销售系统；非生产型企业具备与经营有关的业务体系及主要相关资产；

（二）人员独立方面。发行人的总经理、副总经理、财务负责人和董事会秘书等高级管理人员不在控股股东、实际控制人及其控制的其他企业中担任除董事、监事以外的其他职务，不在控股股东、实际控制人及其控制的其他企业领薪；发行人的财务人员不在控股股东、实际控制人及其控制的其他企业中兼职；

（三）财务独立方面。发行人已建立独立的财务核算体系、能够独立作出财务决策、具有规范的财务会计制度和对分公司、子公司的财务管理制度；发行人未与控股股东、实际控制人及其控制的其他企业共用银行账户；

（四）机构独立方面。发行人已建立健全内部经营管理机构、独立行使经营管理职权，与控股股东和实际控制人及其控制的其他企业间不存在机构混同的情形；

（五）业务独立方面。发行人的业务独立于控股股东、实际控制人及其控制的其他企业，与控股股东、实际控制人及其控制的其他企业间不存在对发行人构成重大不利影响的同业竞争，以及严重影响独立性或者显失公平的关联交易；

（六）发行人主营业务、控制权、管理团队和核心技术人员稳定，最近2年内主营业务和董事、高级管理人员及核心技术人员均没有发生重大不利变化；控股股东和受控股股东、实际控制人支配的股东所持发行人的股份权属清晰，最近2年实际控制人没有发生变更，不存在导致控制权可能变更的重大权属纠纷；

（七）发行人不存在主要资产、核心技术、商标的重大权属纠纷，重大偿债风险，重大担保、诉讼、仲裁等或有事项，经营环境已经或将要发生的重大变化等对持续经营有重大影响的事项。

第六十三条 发行人应披露是否存在与控股股东、实际控制人及其控制的其他企业从事相同、相似业务的情况。如存在，应对不存在对发行人构成重大不利影响的同业竞争作出合理解释，并披露发行人防范利益输送、利益冲突及保持独立性的具体安排等。

发行人应披露控股股东、实际控制人作出的避免新增同业竞争的承诺。

第六十四条 发行人应根据《公司法》、企业会计准则及中国证监会有关规定披露关联方、关联关系和关联交易。

第六十五条 发行人应根据交易的性质和频率，按照经常性和偶发性分类披露关联交易及关联交易对其财务状况和经营成果的影响。

购销商品、提供劳务等经常性关联交易，应分别披露报告期内关联方名称、交易内容、交易价格的确定方法、交易金额、占当期营业收入或营业成本的比重、占当期同类型交易的比重以及关联交易增减变化的趋势，与交易相关应收应付款项的余额及增减变化的原因，以及上述关联交易是否仍将持续进行。

偶发性关联交易，应披露关联方名称、交易时间、交易内容、交易金额、交易价格的确定方法、资金结算情况、交易产生的利润及对发行人当期经营成果的影响、交易对公司主营业务的影响。

发行人应披露报告期内所发生的全部关联交易的简要汇总表。

第六十六条 发行人应披露报告期内发生的关联交易是否履行了公司章程规定的程序，以及独立董事对关联交易履行的审议程序是否合法及交易价格是否公允的意见。

第六十七条 发行人应披露报告期内关联方的变化情况。由关联方变为非关联方的，发行人应比照关联交易的要求持续披露与上述原关联方的后续交易情况，以及相关资产、人员的去向等。

第八节 财务会计信息与管理层分析

第六十八条 发行人应使用投资者可理解的语言，采用定量与定性相结合的方法，清晰披露所有重大财务会计信息，并结合自身业务特点和投资者决策需要，分析重要财务会计信息的构成、来源与变化等情况，保证财务会计信息与业务经营信息的一致性。

发行人应披露与财务会计信息相关的重大事项或重要性水平的判断标准。

发行人应提示投资者阅读财务报告及审计报告全文。

第六十九条 发行人应披露产品（或服务）特点、业务模式、行业竞争程度、外部市场环境等影响因素及其变化趋势，披露其对发行人未来盈利（经营）能力或财务状况可能产生的具体影响或风险。

影响因素的分析不应仅限于财务因素，还应包括非财务因素，并将财务会计信息与业务经营信息互为对比印证；不应简单重述财务报表或附注内容，应选择使用逐年比较、差异因素量化计算、同行业对比等易于理解的分析方式。选择同行业公司对比分析时，发行人应披露相关公司的选择原因及相关业务的可比程度。

分析比较期间数据时，发行人应对重要或者同比发生重大变动的报表科目、财务指标进行分析并披露变动原因。

发行人存在多个业务或地区分部的，应披露分部信息。

第七十条 发行人应披露报告期的资产负债表、利润表和现金流量表，以及会计师事务所的审计意见类型。发行人编制合并财务报表的，原则上只需披露合并财务报表，同时说明合并财务报表的编制基础、合并范围及变化情况。但合并财务报表与母公司财务报表存在显著差异的，应披露母公司财务报表。

第七十一条 发行人应结合自身业务活动实质、经营模式特点及关键审计事项等，披露对公司财务状况和经营成果有重大影响的会计政策和会计估计，针对性披露相关会计政策和会计估计的具体执行标准，不应简单重述一般会计原则。

发行人应披露重要会计政策及其关键判断、重要会计估计及其关键假设的衡量标准，如根据不同业务类别和销售方式进行收入确认的时点、依据和计量方法，合并财务报表编制方法，成本核算方法，研发支出核算方法，资产减值测试，公允价值计量，股份支付费用，递延税项的确认等会计事项。

发行人重大会计政策或会计估计与可比上市公司存在较大差异的，应分析该差异产生的原因及对公司的影响。发行人报告期存在重大会计政策变更、会计估计变更、会计差错更正的，应披露变更或更正的具体内容、理由及对发行人财务状况、经营成果的影响。

第七十二条 发行人应依据经注册会计师鉴证的非经常性损益明细表，以合并财务报表的数据为基础，披露报告期非经常性损益的具体内容、金额及对当期经营成果的影响，并计算报告期扣除非经常性损益后的净利润金额。

第七十三条 发行人应披露报告期内母公司及重要子公司、各主要业务所适用的主要税种、税率。存在税收减、免、返、退或其他税收优惠的，应按税种分项说明相关法律法规或政策依据、批准或备案认定情况、具体幅度及有效期限。

报告期内发行人税收政策存在重大变化或者税收优惠政策对发行人经营成果有重大影响的，发行人应披露税收政策变化对经营成果的影响情况或者报告期内每期税收优惠占税前利润的比例，并对发行人是否对税收优惠存在严重依赖、未来税收优惠的可持续性等进行分析。

第七十四条 发行人应列表披露报告期的主要财务指标。主要包括流动比率、速动比率、资产负债率、应收账款周转率、存货周转率、息税折旧摊销前利润、归属于发行人股东的净利润、归属于发行人股东扣除非经常性损益后的净利润、研发投入占营业收入的比例、每股经营活动产生的现金流量、每股净现金流量、基本每股收益、稀释每股收益、归属于发行人股东的每股净资产、净资产收益率。其中，净资产收益率和每股收益的计算应执行中国证监会的有关规定。

第七十五条 发行人应以管理层的视角，结合“业务与技术”中披露的业务、经营模式、技术水平、竞争力等要素披露报告期内取得经营成果的逻辑。发行人的管理层分析一般应包括发行人的经营成果，资产质量，偿债能力、流动性与持续经营能力，发行人的重大资本性支出与资产业务重组等方面。发行人应明确披露对上述方面有重大影响的关键因素及其影响程度，充分揭示对发行人经营前景具有核心意义、或其目前已经存在的趋势变化对业绩变动具有较强预示作用的财务或非财务指标。

第七十六条 发行人对于经营成果的分析，应充分说明主要影响项目、事项或因素在数值与结构变动方面的原因、影响程度及风险趋势，一般应包括下列内容：

（一）报告期营业收入以及主营业务收入的构成与变动原因；按产品或服务的类别及地区分布，结合客户结构及销售模式，分析主要产品或服务的销售数量、价格与结构变化对营业收入增减变化的具体影响；产销量或合同订单完成量等业务执行数据与财务确认数据的一致性；营业收入如存在季节性波动应说明原因；

（二）报告期营业成本的分部信息、主要成本项目构成及变动原因；结合主要原材料、能源等采购对象的数量与价格变动，分析营业成本增减变化的影响因素；

（三）报告期毛利的构成与变动情况；综合毛利率、分产品或服务的毛利率的变动情况；以数据分析方式说明毛利率的主要影响因素及变化趋势；存在同行业公司相同或相近产品或服务的，应对比分析毛利率是否存在显著差异及原因；

（四）报告期销售费用、管理费用、研发费用、财务费用的主要构成及变动原因，期间费用水平的变动趋势；与同行业可比公司相比如存在显著差异，应结合业务特点和经营模式分析原因；

对于研发费用，还应披露对应研发项目的整体预算、费用支出金额、实施进度等情况；

（五）对报告期经营成果有重大影响的非经常性损益项目；未纳入合并报表范围的被投资主体或理财工具形成的投资收益或价值变动对公司经营成果及盈利能力稳定性的影响；区分与收益相关或与资产相关分析披露政府补助对发行人报告期与未来期间的影响；

（六）按税种分项披露报告期公司应缴与实缴的税额，说明重大税收政策变化及税收优惠对发行人的影响；

（七）尚未盈利或存在累计未弥补亏损的发行人，应结合行业特点分析该等情形的成因，充分披露尚未盈利或存在累计未弥补亏损对公司现金流、业务拓展、人才吸引、团队稳定性、研发投入、战略性投入、生产经营可持续性等方面的影响。

第七十七条　发行人对于资产质量的分析，应结合自身的经营管理政策，充分说明对发行人存在重大影响的主要资产项目的质量特征、变动原因及风险趋势，一般应包括下列内容：

（一）结合应收款项的主要构成、账龄结构、信用政策、主要债务人等因素，分析披露报告期应收款项的变动原因及期后回款进度，说明是否存在较大的坏账风险；应收账款坏账准备计提比例明显低于同行业上市公司水平的，应分析披露具体原因；

（二）结合业务模式、存货管理政策、经营风险控制等因素，分析披露报告期末存货的分类构成及变动原因，说明是否存在异常的存货余额增长或结构变动情形，分析存货减值测试的合理性；

（三）报告期末持有金额较大的以摊余成本计量的金融资产、以公允价值计量且其变动计入综合收益的金融资产、以公允价值计量且其变动计入当期损益的金融资产以及借与他人款项、委托理财等财务性投资的，应分析其投资目的、期限、管控方式、可回收性、减值准备计提充分性及对发行人资金安排或流动性的影响；

（四）结合产能、业务量或经营规模变化等因素，分析披露报告期末固定资产的分布特征与变动原因，重要固定资产折旧年限与同行业可比公司相比是否合理；报告期如存在大额在建工程转入固定资产的，应说明其内容、依据及影响，尚未完工交付项目预计未来转入固定资产的时间与条件；固定资产与在建工程是否存在重大减值因素；

（五）报告期末主要对外投资项目的投资期限、投资金额和价值变动、股权投资占比等情况，对发行人报告期及未来的影响；

（六）报告期末无形资产、开发支出的主要类别与增减变动原因，重要无形资产对发行人业务和财务的影响；无形资产减值测试的方法与结果；如存在开发支出资本化的，应说明具体项目、依据、时间及金额；

（七）报告期末商誉的形成原因、增减变动与减值测试依据等情况。

第七十八条 发行人对于偿债能力、流动性与持续经营能力的分析，一般应包括下列内容：

（一）最近一期末银行借款、关联方借款、合同承诺债务、或有负债等主要债项的金额、期限、利率及利息费用等情况；如有逾期未偿还债项应说明原因及解决措施；如存在借款费用资本化情况应说明其依据、时间及金额。发行人应分析可预见的未来需偿还的负债金额及利息金额，结合现金流、融资能力与渠道等情况，分析公司的偿债能力；

（二）报告期股利分配的具体实施情况；

（三）报告期经营活动产生的现金流量、投资活动产生的现金流量、筹资活动产生的现金流量的基本情况、主要构成和变动原因。如报告期经营活动产生的现金流量净额为负数或者与当期净利润存在较大差异的，应分析主要影响因素；

（四）截至报告期末的重大资本性支出决议以及未来其他可预见的重大资本性支出计划和资金需求量，如涉及跨行业投资应说明其与公司未来发展战略的关系，如存在较大资金缺口应说明解决措施及其影响；

（五）结合长短期债务配置期限、影响现金流量的重要事件或承诺事项以及风险管理政策，分析披露发行人的流动性已经或可能产生的重大变化或风险趋势，以及发行人应对流动性风险的具体措施；

（六）结合公司的业务或产品定位、报告期经营策略以及未来经营计划，分析披露发行人在持续经营能力方面是否存在重大不利变化或风险因素，以及管理层自我评判的依据。

第七十九条 发行人报告期存在重大投资或资本性支出、重大资产业务重组或股权收购合并等事项的，应分析披露该等重大事项的必要性与基本情况，对发行人生产经营战略、报告期及未来期间经营成果和财务状况的影响。

第八十条 发行人披露的财务会计信息或业绩预告信息应满足及时性要求。

发行人应扼要披露资产负债表日后事项、或有事项、其他重要事项以及重大担保、诉讼等事项在招股说明书签署日的进展情况，说明该等事项对发行人未来财务状况、盈利能力及持续经营的影响。

第八十一条 如果发行人认为提供盈利预测信息将有助于投资者对发行人及投资于发行人的股票作出正确判断，且发行人确信能对最近的未来期间的盈利情况作出比较切合实际的预测，发行人可以披露盈利预测信息，并声明："本公司盈利预测报告是管理层在最佳估计假设的基础上编制的，但所依据的各种假设具有不确定性，投资者进行投资决策时应谨慎使用。"

发行人应提示投资者阅读盈利预测报告及审核报告全文。

发行人应在"重大事项提示"中提醒投资者关注已披露的盈利预测信息。

第八十二条 尚未盈利的发行人应披露未来是否可实现盈利的前瞻性信息及其依据、基础假设等。

披露前瞻性信息的，发行人应声明："本公司前瞻性信息是建立在推测性假设的数据基础上的预测，具有重大不确定性，投资者进行投资决策时应谨慎使用。"

第九节 募集资金运用与未来发展规划

第八十三条 发行人应结合公司现有主营业务、生产经营规模、财务状况、技术条件、管理能力、发展目标合理确定募集资金投资项目，相关项目实施后不新增同业竞争，对发行人的独立性不产生不利影响。

发行人应披露其募集资金使用管理制度，以及募集资金重点投向科技创新领域的具体安排。

第八十四条 发行人应列表简要披露募集资金的投资方向、使用安排等情况。

第八十五条 发行人应根据重要性原则披露募集资金运用情况：

（一）募集资金的具体用途，简要分析募集资金具体用途的可行性及其与发行人现有主要业务、核心技术之间的关系；

（二）投资概算情况。发行人所筹资金如不能满足预计资金使用需求的，应说明缺口部分的资金来源及落实情况；如所筹资金超过预计资金使用需求的，应说明相关资金在运用和管理上的安排；

（三）募集资金具体用途所需的时间周期和时间进度；

（四）募集资金运用涉及履行审批、核准或备案程序的，应披露相关的履行情况；

（五）募集资金运用涉及环保问题的，应披露可能存在的环保问题、采取的措施及资金投入情况；

（六）募集资金运用涉及新取得土地或房产的，应披露取得方式、进展情况及未能如期取得对募集资金具体用途的影响；

（七）募集资金运用涉及与他人合作的，应披露合作方基本情况、合作方式、各方权利义务关系；

（八）募集资金向实际控制人、控股股东及其关联方收购资产，如果对被收购资产有效益承诺的，应披露效益无法完成时的补偿责任。

第八十六条 募集资金用于研发投入、科技创新、新产品开发生产的，应披露其具体安排及其与发行人现有主要业务、核心技术之间的关系。

第八十七条 发行人应披露其制定的战略规划，报告期内为实现战略目标已采取的措施及实施效果，未来规划采取的措施等。

第十节 投资者保护

第八十八条 发行人应披露投资者关系的主要安排，包括信息披露制度和流程、投资者沟通渠道的建立情况以及未来开展投资者关系管理的规划等。

第八十九条 发行人应披露发行后的股利分配政策和决策程序，以及本次发行前后股利分配政策的差异情况。

第九十条 发行人应披露本次发行完成前滚存利润的分配安排和已履行的决策程序。若发行前的滚存利润归发行前的股东享有，应披露滚存利润审计和实际派发情况。

第九十一条 发行人应披露股东投票机制的建立情况，包括采取累积投票制选举公司董事，中小投资者单独计票机制，法定事项采取网络投票方式召开股东大会进行审议表决、征集投票权的相关安排等。

第九十二条 发行人存在特别表决权股份、协议控制架构或类似特殊安排，尚未盈利或存在累计未弥补亏损的，应披露依法落实保护投资者合法权益规定的各项措施，包括但不限于下列内容：

（一）发行人存在特别表决权股份等特殊架构的，其持有特别表决权的股东应按照所适用的法律以及公司章程行使权利，不得滥用特别表决权，不得损害投资者的合法权益。损害投资者合法权益的，发行人及持有特别表决权的股东应改正，并依法承担对投资者的损害赔偿责任；

（二）尚未盈利企业的控股股东、实际控制人和董事、监事、高级管理人员及核心技术人员关于减持股票所做的特殊安排或承诺。

第九十三条 发行人应充分披露发行人、股东、实际控制人、发行人的董事、监事、高级管理人员、核心技术人员以及本次发行的保荐人及证券服务机构等作出的重要承诺、未能履行承诺的约束措施以及已触发履行条件的承诺事项的履行情况。承诺事项主要包括：

（一）本次发行前股东所持股份的限售安排、自愿锁定股份、延长锁定期限以及股东持股及减持意向等承诺；

（二）稳定股价的措施和承诺；

（三）股份回购和股份购回的措施和承诺；

（四）对欺诈发行上市的股份购回承诺；

（五）填补被摊薄即期回报的措施及承诺；

（六）利润分配政策的承诺；

（七）依法承担赔偿或赔偿责任的承诺；

（八）其他承诺事项。

第十一节 其他重要事项

第九十四条 发行人应披露对报告期经营活动、财务状况或未来发展等具有重要影响的已履行和正在履行的合同情况，包括合同当事人、合同标的、合同价款或报酬、履行期限、实际履行情况等。与同一交易主体在一个会计年度内连续发生的相同内容或性质的合同应累计计算。

第九十五条 发行人应披露对外担保的情况，主要包括：

（一）被担保人的名称、注册资本、实收资本、住所、生产经营情况、与发行人有无关联关系、以及最近一年及一期末的总资产、净资产和最近一年及一期的净利润；

（二）主债务的种类、金额和履行债务的期限；

（三）担保方式：采用保证方式还是抵押、质押方式；采用抵押、质押方式的，应披露担保物的种类、数量、价值等相关情况；

（四）担保范围；

（五）担保期间；

（六）解决争议的方法；

（七）其他对担保人有重大影响的条款；

（八）担保履行情况；

（九）如存在反担保的，应简要披露相关情况；

（十）该等担保对发行人业务经营与财务状况的影响。

第九十六条 发行人应披露对财务状况、经营成果、声誉、业务活动、未来前景等可能产生较大影响的诉讼或仲裁事项，以及控股股东或实际控制人、控股子公司，发行人董事、监事、高级管理人员和核心技术人员作为一方当事人可能对发行人产生影响的刑事诉讼、重大诉讼或仲裁事项，主要包括：

（一）案件受理情况和基本案情；

（二）诉讼或仲裁请求；

（三）判决、裁决结果及执行情况；

（四）诉讼、仲裁案件对发行人的影响。

发行人应披露董事、监事、高级管理人员和核心技术人员最近3年涉及行政处罚、被司法机关立案侦查、被中国证监会立案调查情况。

第九十七条 发行人应披露控股股东、实际控制人报告期内是否存在重大违法行为。

第十二节 声 明

第九十八条 发行人全体董事、监事、高级管理人员应在招股说明书正文的尾页声明：

“本公司全体董事、监事、高级管理人员承诺本招股说明书不存在虚假记载、误导性陈述或重大遗漏，并对其真实性、准确性、完整性承担个别和连带的法律责任。”

声明应由全体董事、监事、高级管理人员签名，并由发行人加盖公章。

第九十九条 发行人控股股东、实际控制人应在招股说明书正文后声明：

“本公司或本人承诺本招股说明书不存在虚假记载、误导性陈述或重大遗漏，并对其真实性、准确性、完整性承担个别和连带的法律责任。”

声明应由控股股东、实际控制人签名，加盖公章。

第一百条 保荐人（主承销商）应在招股说明书正文后声明：

“本公司已对招股说明书进行了核查，确认不存在虚假记载、误导性陈述或重大遗漏，并对其真实性、准确性、完整性承担相应的法律责任。”

声明应由法定代表人、保荐代表人、项目协办人签名，并由保荐人（主承销商）加盖公章。

第一百零一条 发行人律师应在招股说明书正文后声明：

“本所及经办律师已阅读招股说明书，确认招股说明书与本所出具的法律意见书无矛盾之处。本所及经办律师对发行人在招股说明书中引用的法律意见书的内容无异议，确认招股说明书不致因上述内容而出现虚假记载、误导性陈述或重大遗漏，并对其真实性、准确性、完整性承担相应的法律责任。”

声明应由经办律师及所在律师事务所负责人签名，并由律师事务所加盖公章。

第一百零二条 为本次发行承担审计业务的会计师事务所应在招股说明书正文后声明：

“本所及签字注册会计师已阅读招股说明书，确认招股说明书与本所出具的审计报告、盈利预测审核报告（如有）、内部控制鉴证报告及经本所鉴证的非经常性损益明细表等无矛盾之处。本所及签字注册会计师对发行人在招股说明书中引用的审计报告、盈利预测审核报告（如有）、内部控制鉴证报告及经本所鉴证的非经常性损益明细表等的内容无异议，确认招股说明书不致因上述内容而出现虚假记载、误导性陈述或重大遗漏，并对其真实性、准确性、完整性承担相应的法律责任。”

声明应由签字注册会计师及所在会计师事务所负责人签名，并由会计师事务所加盖公章。

第一百零三条 为本次发行承担评估业务的资产评估机构应在招股说明书正文后声明：

“本机构及签字注册资产评估师已阅读招股说明书，确认招股说明书与本机构出具的资产评估报告无矛盾之处。本机构及签字注册资产评估师对发行人在招股说明书中引用的资产评估报告的内容无异议，确认招股说明书不致因上述内容而出现虚假记载、误导性陈述或重大遗漏，并对其真实性、准确性、完整性承担相应的法律责任。”

声明应由签字注册资产评估师及所在资产评估机构负责人签名，并由资产评估机构加盖公章。

第一百零四条 为本次发行承担验资业务的机构应在招股说明书正文后声明：

“本机构及签字注册会计师已阅读招股说明书，确认招股说明书与本机构出具的验资报告无矛盾之处。本机构及签字注册会计师对发行人在招股说明书中引用的验资报告的内容无异议，确认招股说明书不致因上述内容而出现虚假记载、误导性陈述或重大遗漏，并对其真实性、准确性、完整性承担相应的法律责任。”

声明应由签字注册会计师及所在验资机构负责人签名，并由验资机构加盖公章。

第一百零五条 发行人及上述机构和人员应按照本准则第九十八条至第一百零四条的规定，在预先披露的招股说明书（申报稿）中发表声明。

第一百零六条 本准则所要求的有关人员的签名下方应以印刷体形式注明其姓名。

第十三节 附 件

第一百零七条 发行人应按本准则规定披露以下附件：

（一）发行保荐书；

（二）上市保荐书；

（三）法律意见书；

（四）财务报告及审计报告；

（五）公司章程（草案）；

（六）发行人及其他责任主体作出的与发行人本次发行上市相关的承诺事项；

（七）发行人审计报告基准日至招股说明书签署日之间的相关财务报表及审阅报告（如有）；

（八）盈利预测报告及审核报告（如有）；

（九）内部控制鉴证报告；

（十）经注册会计师鉴证的非经常性损益明细表；

（十一）中国证监会同意发行人本次公开发行注册的文件；

（十二）其他与本次发行有关的重要文件。

第三章　附　　则

第一百零八条　红筹企业申请首次公开发行股票或发行存托凭证并在科创板上市编制招股说明书时应同时遵循本准则以及《公开发行证券的公司信息披露编报规则第 23 号——试点红筹企业公开发行存托凭证招股说明书内容与格式指引》等规则的规定。

第一百零九条　本准则自公布之日起施行。

《公开发行证券的公司信息披露内容与格式准则第 42 号——首次公开发行股票并在科创板上市申请文件》解读

科创板上市申请文件的特殊要求主要有：

第一，保荐人应对发行人符合科创板定位要求出具专项意见。

第二，红筹企业申请首次公开发行股票或发行存托凭证并在科创板上市，应同时按照本准则和相关规定制作和报送申请文件。

第三，简化了上市申请文件的种类。例如，不再要求提交发起人协议，发行人控股股东、实际控制人对招股说明书的确认意见，发行公告（发行前提供），国有资产管理部门出具的国有股权设置及转持批复文件及商务主管部门出具的外资股确认文件，承销协议等。同时，根据注册制的新特点，新增了提交上市保荐书的要求。

第四，需要注意的是，在境内上市，无论是主板、创业板上市，还是科创板上市，申请文件一经受理，未经同意，不得增加、撤回或更换。对此，本准则第五条有明确规定。《注册管理办法》第十八条也有规定，即“注册申请文件受理后，未经中国证监会或者交易所同意，不得改动。发生重大事项的，发行人、保荐人、证券服务机构应当及时向交易所报告，并按要求更新注册申请文件和信息披露资料”。

2019 年 5 月 21 日，上交所发布了《上交所及时对科创板申报项目违规保荐代表人予以纪律处分》的动态文章。上交所表示，交控科技保荐人在向上交所报送问询回复时，擅自多处修改了招股说明书中相关内容，故对保荐人万某、莫某及其所在机构中金公司处以监管措施。上交所经查明，2019 年 4 月 28 日，在向上交所报送的《交控科技股份有限公司首次公开发行 A 股股票并在科创板上市申请文件审核问询函的回复》（以下简称《问询回复》）及同步报送的更新版招股说明书中，万某、莫某作为保荐工作具体负责人，擅自多处修改了招股说明书中有关经营数据、业务与技术、管理层分析等信息披露数据和内容，并由此同步多处修改了上交所问询问题中引述的招股说明书相关内容。上述修改，未按上交所要求采用楷体加粗格式标明并向上交所报告，也未按照保荐业务执业规范和中金公司内部控制制度的规定报送公司内核部门审核把关。上交所称，上述不当行为，违反了《注册管理办法》和《上海证券交易所科创板股票发行上市审核规则》的相关规定，也违反了保荐代表人的执业规范。基于查明的事实，保荐代表人万某、莫某是本次违规行为的直接责任人，上交所按照纪律处分委员会审核意见，对其予以通报批评。上交所还表示，上述违规行为发生，同时也说明中金公司作为保荐机构，在保荐代表人业务管理、保荐业务内部质量控制等方面存在薄弱环节。就此，上交所已对中金公司另行采取了书面警示的监管措施，督促其在科创板相关发行上市申请项目中，进一步加强保荐业务和保荐代表人监督管理。

公开发行证券的公司信息披露内容与格式准则第42号——首次公开发行股票并在科创板上市申请文件

（2019年3月1日中国证券监督管理委员会公告〔2019〕7号公布 自公布之日起施行）

第一条 为规范在上海证券交易所科创板（以下简称科创板）试点注册制首次公开发行股票申请文件（以下简称申请文件）的格式和报送行为，根据《证券法》《关于在上海证券交易所设立科创板并试点注册制的实施意见》《科创板首次公开发行股票注册管理办法（试行）》（证监会令第153号）的规定，制定本准则。

第二条 申请在中华人民共和国境内首次公开发行股票并在科创板上市的公司（以下简称发行人）应按本准则的要求制作申请文件，并通过上海证券交易所（以下简称交易所）发行上市审核业务系统报送电子文件。

报送的电子文件应和预留原件一致。发行人律师应对报送的电子文件与预留原件的一致性出具鉴证意见。报送的电子文件和预留原件具有同等的法律效力。

第三条 本准则附录规定的申请文件目录是对申请文件的最低要求。中国证券监督管理委员会（以下简称中国证监会）和交易所根据审核需要可以要求发行人、保荐人和相关证券服务机构补充文件。如发行人认为某些文件对其不适用，应作出书面说明。补充文件和相关说明也应通过交易所发行上市审核业务系统报送。

第四条 保荐人应对发行人符合科创板定位要求出具专项意见。

第五条 申请文件一经受理，未经同意，不得增加、撤回或更换。

第六条 发行人应确保申请文件的原始纸质文件已存档。

对于申请文件的原始纸质文件，发行人不能提供有关文件原件的，应由发行人律师提供鉴证意见，或由出文单位盖章，以保证与原件一致。如原出文单位不再存续，由承继其职权的单位或作出撤销决定的单位出文证明文件的真实性。

第七条 申请文件的原始纸质文件所有需要签名处，应载明签名字样的印刷体，并由签名人亲笔签名，不得以名章、签名章等代替。

申请文件的原始纸质文件中需要由发行人律师鉴证的文件，发行人律师应在该文件首页注明“以下第××页至第××页与原件一致”，并签名和签署鉴证日期，律师事务所应在该文件首页加盖公章，并在第××页至第××页侧面以公章加盖骑缝章。

第八条 发行人应根据交易所对申请文件的问询及中国证监会对申请文件的反馈问题提供补充材料。保荐人和相关证券服务机构应对相关问题进行尽职调查并补充出具专业意见。

第九条 发行人向交易所发行上市审核业务系统报送的申请文件应采用标准“.doc”、“.docx”或“.pdf”格式文件，按幅面为209毫米×295毫米规格的纸张（相当于标准A4纸张规格）进行排版，并应采用合适的字体、字号、行距，易于投资者阅读。

申请文件的正文文字应为宋体小四，1.5倍行距。一级标题应为黑体三号，二级标题应为黑体四号，三级标题应为黑体小四字号，且各级标题应分别采用一致的段落间距。

申请文件章与章之间、节与节之间应有明显的分隔标识。文档应根据各级标题建立文档结构图以便于阅读。

申请文件中的页码应与目录中标识的页码相符。例如，第四部分4－1的页码标注为4－1－1，4－1－2，4－1－3，……4－1－n。

第十条 未按本准则的要求制作和报送申请文件的，交易所可以按照有关规定不予受理。

第十一条 红筹企业申请首次公开发行股票或发行存托凭证并在科创板上市，应同时按照本准则和相关规定制作和报送申请文件。

第十二条 本准则由中国证监会负责解释。

第十三条 本准则自发布之日起施行。

附件：

首次公开发行股票并在科创板上市申请文件目录

一、招股文件

1－1 招股说明书（申报稿）

二、发行人关于本次发行上市的申请与授权文件

2－1 关于本次公开发行股票并在科创板上市的申请报告

2－2　董事会有关本次发行并上市的决议

2－3　股东大会有关本次发行并上市的决议

2－4　关于符合科创板定位要求的专项说明

三、保荐人和证券服务机构关于本次发行上市的文件

3－1　保荐人关于本次发行上市的文件

3－1－1　关于发行人符合科创板定位要求的专项意见

3－1－2　发行保荐书

3－1－3　上市保荐书

3－1－4　保荐工作报告

3－1－5　关于发行人预计市值的分析报告（如适用）

3－1－6　保荐机构相关子公司参与配售的相关文件（如有）

3－2　会计师关于本次发行上市的文件

3－2－1　财务报表及审计报告

3－2－2　发行人审计报告基准日至招股说明书签署日之间的相关财务报表及审阅报告（如有）

3－2－3　盈利预测报告及审核报告（如有）

3－2－4　内部控制鉴证报告

3－2－5　经注册会计师鉴证的非经常性损益明细表

3－3　发行人律师关于本次发行上市的文件

3－3－1　法律意见书

3－3－2　律师工作报告

3－3－3　关于发行人董事、监事、高级管理人员、发行人控股股东和实际控制人在相关文件上签名盖章的真实性的鉴证意见

3－3－4　关于申请电子文件与预留原件一致的鉴证意见

四、发行人的设立文件

4－1　发行人的企业法人营业执照

4－2　发行人公司章程（草案）

4－3　发行人关于公司设立以来股本演变情况的说明及其董事、监事、高级管理人员的确认意见

4－4　商务主管部门出具的外资确认文件（如有）

五、与财务会计资料相关的其他文件

5－1　发行人关于最近三年及一期的纳税情况及政府补助情况

5－1－1 发行人最近三年及一期所得税纳税申报表

5－1－2 有关发行人税收优惠、政府补助的证明文件

5－1－3 主要税种纳税情况的说明

5－1－4 注册会计师对主要税种纳税情况说明出具的意见

5－1－5 发行人及其重要子公司或主要经营机构最近三年及一期纳税情况的证明

5－2 发行人需报送的其他财务资料

5－2－1 最近三年及一期原始财务报表

5－2－2 原始财务报表与申报财务报表的差异比较表

5－2－3 注册会计师对差异情况出具的意见

5－3 发行人设立时和最近三年及一期资产评估报告（如有）

5－4 发行人历次验资报告或出资证明

5－5 发行人大股东或控股股东最近一年及一期的原始财务报表及审计报告（如有）

六、关于本次发行上市募集资金运用的文件

6－1 发行人关于募集资金运用方向的总体安排及其合理性、必要性的说明

6－2 募集资金投资项目的审批、核准或备案文件（如有）

6－3 发行人拟收购资产（或股权）的财务报表、审计报告、资产评估报告、盈利预测报告（如有）

6－4 发行人拟收购资产（或股权）的合同或合同草案（如有）

七、其他文件

7－1 产权和特许经营权证书

7－1－1 发行人拥有或使用的对其生产经营有重大影响的商标、专利、计算机软件著作权等知识产权以及土地使用权、房屋所有权等产权证书清单（需列明证书所有者或使用者名称、证书号码、权利期限、取得方式、是否及存在何种他项权利等内容）

7－1－2 发行人律师就7－1－1清单所列产权证书出具的鉴证意见

7－1－3 特许经营权证书（如有）

7－2 重要合同

7－2－1 对发行人有重大影响的商标、专利、专有技术等知识产权许可使用协议（如有）

7－2－2 重大关联交易协议（如有）

7－2－3 重组协议（如有）

7－2－4 特别表决权股份等差异化表决安排涉及的协议（如有）

7－2－5 高管员工配售协议（如有）

7－2－6 其他重要商务合同（如有）

7－3 特定行业（或企业）的管理部门出具的相关意见（如有）

7－4 承诺事项

7－4－1 发行人及其实际控制人、控股股东、持股5%以上股东以及发行人董事、监事、高级管理人员等责任主体的重要承诺以及未履行承诺的约束措施

7－4－2 有关消除或避免同业竞争的协议以及发行人的控股股东和实际控制人出具的相关承诺

7－4－3 发行人全体董事、监事、高级管理人员对发行申请文件真实性、准确性、完整性的承诺书

7－4－4 发行人控股股东、实际控制人对招股说明书的确认意见

7－4－5 发行人关于申请电子文件与预留原件一致的承诺函

7－4－6 保荐人关于申请电子文件与预留原件一致的承诺函

7－4－7 发行人保证不影响和干扰审核的承诺函

7－5 说明事项

7－5－1 发行人关于申请文件不适用情况的说明

7－5－2 发行人关于招股说明书不适用情况的说明

7－5－3 信息披露豁免申请（如有）

7－6 保荐协议

7－7 其他文件

《公开发行证券的公司信息披露编报规则第24号——科创板创新试点红筹企业财务报告信息特别规定》解读

本规定专门针对在科创板公开发行股票或者存托凭证并上市的创新试点

红筹企业的企业财务报告信息做出了特别规定。该规定的主要特色有：

第一，提出了“等效会计准则”“境外会计准则”的概念。等效会计准则，是指经财政部认可与中国企业会计准则等效的会计准则。境外会计准则，是指国际财务报告准则或美国会计准则。

第二，会计准则的可选择性。红筹企业披露的财务报告信息，可按照中国企业会计准则或等效会计准则编制，也可在按照境外会计准则编制的同时，提供按照中国企业会计准则调整的差异调节信息。红筹企业采用等效会计准则编制财务报告时，应当在遵循等效会计准则要求提供的信息基础上，提供满足证券市场各类主体和监管需要的补充财务信息。

第三，会计准则和会计期间的“从一而终原则”。红筹企业在财务报告信息披露中应明确所采用的会计准则类型。红筹企业首次申请境内公开发行股票或者存托凭证时按照中国企业会计准则编制财务报告的，境内上市后不得变更。红筹企业在境内公开发行股票或存托凭证，应在发行上市安排中明确会计年度期间，一经确定，不得随意变更。

第四，财务信息披露的“就高不就低”原则。为充分保护境内投资者合法权益，红筹企业境内财务信息披露应遵循“就高不就低”原则，对于在境外财务报告中披露的信息，在其境内上市财务报告中也应予以披露。

第五，会计准则选择的包容性。红筹企业可以不以公历年度作为会计年度的，但应提供充分理由并予以披露。适用等效或境外会计准则的红筹企业按照本规定编报补充财务信息或差异调节信息，存在实际困难导致不切实可行的，可以向上海证券交易所申请调整适用，但应当说明原因和替代方案。

公开发行证券的公司信息披露编报规则第 24 号——科创板创新试点红筹企业财务报告信息特别规定

（2019 年 3 月 7 日中国证券监督管理委员会公告〔2019〕8 号公布自公布之日起施行）

第一条 为规范在科创板公开发行证券并上市的创新试点红筹企业（以下简称红筹企业）财务信息披露行为，支持引导红筹企业更好地发展，保护红筹企业和投资者的合法权益，根据《中华人民共和国证券法》《关于开展创新企业境内发行股票或存托凭证试点的若干意见》（以下简称《若干意见》）《存托凭证发行与交易管理办法》《关于在上海证券交易所设立科创板并试点注册制的实施意见》（以下简称《实施意见》）以及相关法律法规，制定本规定。

第二条 本规定所称红筹企业，是指按照《若干意见》和《实施意见》等规定，经上海证券交易所和中国证券监督管理委员会（以下简称中国证监会）审核并注册，在科创板公开发行股票或者存托凭证并上市的创新试点红筹企业。

第三条 在境内公开发行股票或存托凭证并上市的红筹企业披露年度财务报告、首次发行股票或存托凭证的红筹企业申报财务报告，以及按照相关规定需要参照年度财务报告披露有关财务信息时，应遵循本规定和其他相关规定的要求。

第四条 红筹企业披露的财务报告信息，可按照中国企业会计准则或经财政部认可与中国企业会计准则等效的会计准则（以下简称等效会计准则）编制，也可在按照国际财务报告准则或美国会计准则（以下简称境外会计准则）编制的同时，提供按照中国企业会计准则调整的差异调节信息。

红筹企业在财务报告信息披露中应明确所采用的会计准则类型。红筹企业首次申请境内公开发行股票或者存托凭证时按照中国企业会计准则编制财务报告的，境内上市后不得变更。

第五条 红筹企业在境内公开发行股票或存托凭证，应在发行上市安排中明确会计年度期间，一经确定、不得随意变更。未以公历年度作为会计年度的，应提供充分理由并予以披露。

第六条 采用中国企业会计准则编制财务报告的红筹企业应遵循《公开发行证券的公司信息披露编报规则第 15 号——财务报告的一般规定》（以下简称《15 号文》），本规定另有规定的除外。

第七条 对于编制合并财务报表的红筹企业，无需提供母公司层面财务信息。

第八条 采用中国企业会计准则编制财务报告的红筹企业，执行《15 号文》时，在不影响投资者决策判断和使用的情况下，可基于简便性原则对以下特定信息予以分类汇总或简化披露：

（一）在财务报告附注中披露子公司信息时，需要按要求披露重要的子公司信息，对不重要的子公司可以分类汇总披露。在确定子公司是否重要时，应考虑子公司的收入、利润、资产、净资产等财务指标占合并报表相关指标的比例，以及子公司经营业务、未来发展战略、持有资质或证照等对公司的影响等因素。

公司确定子公司是否重要的标准应予披露，并且不得随意变更。

（二）在财务报告附注中披露应收款项信息时，可以分类汇总披露按欠款方归集的期末余额前五名的应收款项相关信息，包括期末余额汇总数及占应收款项期末余额合计数的比例，以及相应计提的坏账准备期末余额。

（三）在财务报告附注中披露在建工程信息时，需要披露重要在建工程项目的期初余额、本期增加额、本期转入固定资产金额、本期其他减少金额、期末余额，对于不重要的在建工程项目，可以按性质分类汇总披露。

（四）在财务报告附注中披露开发支出时，需要披露重要开发支出项目的期初余额、期末余额和本期增减变动情况，对于不重要的开发支出项目可以按性质分类汇总披露。

（五）在财务报告附注中披露政府补助信息时，可以按性质分类汇总披露。

（六）中国证监会认可的其他情形。

第九条 红筹企业采用等效会计准则编制财务报告时，应当在遵循等效会计准则要求提供的信息基础上，提供满足证券市场各类主体和监管需要的补充财务信息。

补充财务信息主要包括按照中国企业会计准则调节的关键财务指标，包括但不限于：净利润、净资产、流动资产、非流动资产、流动负债、非流动负债、归属于母公司的所有者权益、营业收入、营业成本、利润总额、归属于母公司的净利润、经营和投资与筹资活动产生的现金流量。

上海证券交易所应制定补充财务信息涉及的财务指标及其调节信息的披露指引，报中国证监会同意后颁布实施。

第十条 红筹企业采用境外会计准则编制财务报告时，除提供按境外会计准则编制的财务报告外，还应提供按照中国企业会计准则调整的差异调节信息，具体包括按照中国企业会计准则重述的资产负债表、利润表、现金流量表和所有者权益变动表。

对于重述的符合中国企业会计准则的财务报表，不需要提供中国企业会计准则要求的附注信息，但需要提供与按境外会计准则编制财务报表的主要差异及调节过程信息。

上海证券交易所应制定按中国企业会计准则重述财务报表主要差异及调节过程信息的披露指引，报中国证监会同意后颁布实施。

第十一条 适用等效或境外会计准则的红筹企业按照本规定编报补充财务信息或差异调节信息，存在实际困难导致不切实可行的，可以向上海证券交易所申请调整适用，但应当说明原因和替代方案。

第十二条 红筹企业采用等效会计准则和境外会计准则编制财务报告时，可不执行《15 号文》规定，但应遵照中国证监会相关要求披露非经常性损益、净资产收益率和每股收益等相关信息。

第十三条 红筹企业编制的财务报表、按有关规定需要审计的，应当由境内具有证券期货相关业务资格的会计师事务所根据中国审计准则进行审计，并出具审计报告。

采用等效或境外会计准则编制财务报表的红筹企业，按有关规定提供的补充财务信息或按照中国企业会计准则重述的财务报表，应当由境内具有证券期货相关业务资格的会计师事务所根据中国审计准则及配套审计指引、监管规定进行鉴证，并独立发表鉴证意见。

第十四条 为充分保护境内投资者合法权益，红筹企业境内财务信息披露应遵循“就高不就低”原则，对于在境外财务报告中披露的信息，在其境内上市财务报告中也应予以披露。

第十五条 采用等效或境外会计准则编制财务报表的红筹企业，在中期报告中提供财务信息时，仅需要提供按中国企业会计准则调节的净资产和净利润。

第十六条 本规定自公布之日起实施。

《试点创新企业境内发行股票或存托凭证并上市监管工作实施办法》解读

本办法是对《若干意见》《存托凭证管理办法》等法律法规及规范性文件的落实和细化，规定了试点企业的具体选取标准，细化了发行条件与审核核准程序，并细化规定了其发行与上市事宜。值得关注的规定主要有：

1. 试点企业可以是已境外上市的红筹企业，或尚未境外上市的企业（包括红筹企业和境内注册企业）。

2. 试点企业应当是符合国家战略、科技创新能力突出并掌握核心技术、市场认可度高，属于互联网、大数据、云计算、人工智能、软件和集成电路、高端装备制造、生物医药等高新技术产业和战略性新兴产业，达到相当规模，社会形象良好，具有稳定的商业模式和盈利模式，对经济社会发展有突出贡献，能够引领实体经济转型升级的创新企业。

3. 已境外上市试点红筹企业，市值应不低于2000亿元人民币。

4. 尚未境外上市试点企业，应符合下列两套标准之一：（1）最近一年经审计的主营业务收入不低于30亿元人民币，且企业估值不低于200亿元人民币。（2）拥有自主研发、国际领先、能够引领国内重要领域发展的知识产权或专有技术，具备明显的技术优势的高新技术企业，研发人员占比超过30%，已取得与主营业务相关的发明专利100项以上，或者取得至少一项与主营业务相关的一类新药药品批件，或者拥有经有权主管部门认定具有国际领先和引领作用的核心技术；依靠科技创新与知识产权参与市场竞争，具有相对优势的竞争地位，主要产品市场占有率排名前三，最近三年营业收入复合增长率30%以上，最近一年经审计的主营业务收入不低于10亿元人民币，且最近三年研发投入合计占主营业务收入合计的比例10%以上。对国家创新驱动发展战略有重要意义，且拥有较强发展潜力和市场前景的企业除外。

5. 特别风险提示。试点红筹企业发行存托凭证存在股东投票权差异、企业协议控制架构或类似特殊安排的，应当按照相关信息披露规定在招股说明书等公开发行文件显要位置充分、详细披露相关情况，特别是风险、公司治理等信息，以及依法落实保护投资者合法权益规定的各项措施。存在投票权差异的，相关安排应当符合拟上市证券交易所的相关规定，并应明确维持特殊投票权的前提条件，特殊投票权不得随相关股份的转让而转让，以及除境内公开发行前公司章程已有合理规定外，境内公开发行后不得通过任何方式提高特殊投票权股份的数量及其代表投票权的比例。

6. 股份减持。试点红筹企业发行股票或存托凭证的，境外存量股票在境内减持退出的要求如下：（1）试点红筹企业不得在境内公开发行的同时出售存量股份，或同时出售以发行在外存量基础股票对应的存托凭证。（2）试点红筹企业境内上市后，境内发行的存托凭证与境外发行的存量基础股票原则上暂不安排相互转换。为了防止股东的道德风险以及维持公司经营的稳定性，本实施办法规定，尚未盈利的试点企业发行股票的，控股股东、实际控制人、董事、高级管理人员在试点企业实现盈利前不得减持上市前持有的公司股票；试点红筹企业发行存托凭证的，实际控制人应承诺境内上市后三年内不主动放弃实际控制人地位。

试点创新企业境内发行股票或存托凭证并上市监管工作实施办法

（2018年6月6日中国证券监督管理委员会公告〔2018〕13号公布 自公布之日起施行）

第一章 总　　则

第一条 为规范有序推进创新企业在境内发行股票或存托凭证试点，保护投资者的合法权益和社会公共利益，根据《中华人民共和国证券法》（以下简称《证券法》）、《中华人民共和国公司法》、《关于开展创新企业境内发行股票或存托凭证试点的若干意见》（以下简称《若干意见》）、《存托凭证发行与交易管理办法（试行）》（以下简称《存托凭证管理办法》）等法律法规及规范性文件，制定本办法。

第二条 试点创新企业（以下简称试点企业，包括纳入试点的红筹企业和境内注册企业）在中华人民共和国境内公开发行股票或存托凭证，适用本办法。

第三条 中国证券监督管理委员会（以下简称中国证监会）根据公开、公平、公正的原则选取试点企业，依法审核和核准试点企业公开发行股票或存托凭证申请。

中国证监会依照《证券法》、《若干意见》、《存托凭证管理办法》、《首次公开发行股票并上市管理办法》（以下简称《首发办法》）、《首次公开发行股票并在创业板上市管理办法》（以下简称《创业板首发办法》）等规定，对试点企业及相关主体实施监管。

第四条 投资者应自主判断试点企业的投资价值，自主作出投资决策，自行承担投资风险。

中国证监会对试点企业公开发行股票或存托凭证的核准，不表明其对试点企业的盈利能力、投资价值或者投资者的收益作出实质性判断或保证。

第五条 试点企业的控股股东、实际控制人、董事、监事、高级管理人员等责任主体应当诚实守信，全面履行公开承诺事项，不得损害境内投资者的合法权益。

第二章 试点企业的选取

第六条 试点企业应当是符合国家战略、科技创新能力突出并掌握核心技术、市场认可度高，属于互联网、大数据、云计算、人工智能、软件和集成电路、高端装备制造、生物医药等高新技术产业和战略性新兴产业，达到相当规模，社会形象良好，具有稳定的商业模式和盈利模式，对经济社会发展有突出贡献，能够引领实体经济转型升级的创新企业。

试点企业可以是已境外上市的红筹企业，或尚未境外上市的企业（包括红筹企业和境内注册企业）。

第七条 已境外上市试点红筹企业，市值应不低于2000亿元人民币。

前款所称市值，按照试点企业提交纳入试点申请日前120个交易日平均市值计算，汇率按照人民银行公布的申请日前1日中间价计算。上市不足120个交易日的，按全部交易日平均市值计算。

第八条 尚未境外上市试点企业，应符合下列标准之一：

（一）最近一年经审计的主营业务收入不低于30亿元人民币，且企业估值不低于200亿元人民币，企业估值应参考最近三轮融资估值及相应投资人、投资金额、投资股份占总股本的比例，并结合收益法、成本法、市场乘数法等估值方法综合判定。融资不足三轮的，参考全部融资估值判定。

（二）拥有自主研发、国际领先、能够引领国内重要领域发展的知识产权或专有技术，具备明显的技术优势的高新技术企业，研发人员占比超过30%，已取得与主营业务相关的发明专利100项以上，或者取得至少一项与主营业务相关的一类新药药品批件，或者拥有经有权主管部门认定具有国际领先和引领作用的核心技术；依靠科技创新与知识产权参与市场竞争，具有相对优势的竞争地位，主要产品市场占有率排名前三，最近三年营业收入复合增长率30%以上，最近一年经审计的主营业务收入不低于10亿元人民币，且最近三年研发投入合计占主营业务收入合计的比例10%以上。对国家创新驱动发展战略有重要意义，且拥有较强发展潜力和市场前景的企业除外。

第九条 中国证监会成立中国证监会科技创新咨询委员会（以下简称咨

询委员会)，提出咨询意见。

第三章　试点企业的发行条件及审核核准程序

第十条　试点企业申请境内发行股票应当符合《证券法》《若干意见》规定的条件。申请在主板（中小板）上市还应当符合《首发办法》规定的发行条件；申请在创业板上市还应当符合《创业板首发办法》规定的发行条件。

申请发行股票的试点红筹企业存在协议控制架构的，中国证监会根据企业的不同情况依法审慎处理。

第十一条　试点红筹企业发行存托凭证应当符合《证券法》《若干意见》《存托凭证管理办法》的有关规定。

对于《存托凭证管理办法》规定的“会计基础工作规范、内部控制制度健全”、“董事、监事和高级管理人员应当信誉良好，符合公司注册地法律规定的任职要求，近期无重大违法失信记录”具体应符合以下要求：

（一）会计基础工作规范，财务报表的编制和披露符合相关会计准则和信息披露规则的规定，在所有重大方面公允地反映了公司的财务状况、经营成果和现金流量，并由具有证券期货相关资格的会计师事务所出具无保留意见的审计报告。

（二）内部控制制度健全且被有效执行，能够合理保证公司运行效率、合法合规和财务报告的可靠性，并由具有证券期货相关资格的会计师事务所出具无保留结论的内部控制鉴证报告。

（三）公司的董事和高级管理人员应当具备注册地法律规定的要求，且最近三年内不存在因重大违规受到监管部门处罚的情形；不存在因涉嫌犯罪被司法机关立案侦查或者涉嫌违法违规被中国证监会立案调查，尚未有明确结论意见的情形。

第十二条　试点红筹企业发行存托凭证存在股东投票权差异、企业协议控制架构或类似特殊安排的，应当按照相关信息披露规定在招股说明书等公开发行文件显要位置充分、详细披露相关情况，特别是风险、公司治理等信息，以及依法落实保护投资者合法权益规定的各项措施。存在投票权差异的，相关安排应当符合拟上市证券交易所的相关规定，并应明确维持特殊投票权的前提条件，特殊投票权不得随相关股份的转让而转让，以及除境内公开发行前公司章程已有合理规定外，境内公开发行后不得通过任何方式提高特殊投票权股份的数量及其代表投票权的比例。

第十三条 试点红筹企业的股权结构、公司治理、运营规范等事项适用境外注册地公司法等法律法规规定的，其投资者权益保护水平，包括资产收益、参与重大决策、剩余财产分配等权益，总体上应不低于境内法律、行政法规以及中国证监会规定的要求，并保障境内存托凭证持有人实际享有的权益与境外基础证券持有人的权益相当。

第十四条 试点企业境内发行股票或存托凭证应当聘请具有保荐机构资格的证券公司履行保荐职责。保荐人及其保荐代表人应当按照《证券发行上市保荐业务管理办法》《保荐人尽职调查工作准则》《保荐创新企业境内发行股票或存托凭证尽职调查工作实施规定》等规定，履行保荐职责，开展尽职调查工作。

试点企业注册地在境外的，试点企业和保荐人应向试点企业境内主营业地派出机构申请办理辅导备案和辅导验收事宜。

第十五条 试点企业应聘请律师事务所及具有证券期货业务资格的会计师事务所作为审计机构履行职责。

律师事务所应按照《律师事务所从事证券法律业务管理办法》《公开发行证券公司信息披露的编报规则第12号——公开发行证券的法律意见书和律师工作报告》等规定从事证券法律业务并出具相关文件。

审计机构应按照《中国注册会计师审计准则》及其他相关规定，对公司实施审计工作，出具审计报告。

第十六条 申请纳入试点并在境内公开发行股票或存托凭证的企业，应当按照中国证监会有关规定制作证券发行申请文件，由保荐人保荐并向中国证监会报送申请文件。保荐人应就企业是否符合试点标准和发行条件发表核查意见。

第十七条 试点企业依法披露的信息，必须真实、准确、完整、及时、公平，不得有虚假记载、误导性陈述或者重大遗漏。

信息披露应当符合《证券法》《首发办法》《创业板首发办法》《公开发行证券的公司信息披露内容与格式准则第1号——招股说明书》《公开发行证券的公司信息披露内容与格式准则第28号——创业板公司招股说明书》《公开发行证券的公司信息披露编报规则第23号——试点红筹企业公开发行存托凭证招股说明书内容与格式指引》等法律法规及规范性文件有关信息披露的规定。

第十八条 中国证监会受理企业在境内公开发行股票或存托凭证申请后，

结合咨询委员会的咨询意见，判断企业是否符合试点条件。

中国证监会根据《证券法》《首发办法》《创业板首发办法》等法律法规及规范性文件，依照现行股票发行核准程序，单独安排试点企业发行审核工作；由相关职能部门初审，发行审核委员会审核，中国证监会做出核准或不予核准的决定。

第四章　发行与上市

第十九条　试点企业股票及存托凭证的发行与承销按照《存托凭证管理办法》《证券发行与承销管理办法》办理。

第二十条　试点企业发行股票的，公开发行的股份比例按照现行股票上市有关规定执行；已在境外上市的，境内外公开发行的股份可合并计算。

试点企业发行存托凭证的，相关上市要求，按照拟上市证券交易所的有关规定执行。

第二十一条　试点红筹企业发行股票或存托凭证的，境外存量股票在境内减持退出的要求如下：

（一）试点红筹企业不得在境内公开发行的同时出售存量股份，或同时出售以发行在外存量基础股票对应的存托凭证。

（二）试点红筹企业境内上市后，境内发行的存托凭证与境外发行的存量基础股票原则上暂不安排相互转换。

第二十二条　试点企业发行股票的，其股东应遵守境内法律、行政法规、中国证监会规定和拟上市证券交易所业务规则中关于股份减持的规定。

尚未盈利的试点企业发行股票的，控股股东、实际控制人、董事、高级管理人员在试点企业实现盈利前不得减持上市前持有的公司股票。

第二十三条　试点红筹企业发行存托凭证的，实际控制人应承诺境内上市后三年内不主动放弃实际控制人地位。

尚未盈利的试点红筹企业发行存托凭证的，相关减持安排需符合拟上市证券交易所的有关规定。

第五章　附　　则

第二十四条　本办法自公布之日起施行。

《公开发行证券的公司信息披露编报规则第23号——试点红筹企业公开发行存托凭证招股说明书内容与格式指引》解读

《公开发行证券的公司信息披露编报规则第23号——试点红筹企业公开发行存托凭证招股说明书内容与格式指引》是《若干意见》与《存托凭证管理办法》等法律法规及规范性文件的配套性规定。结合科创板的特殊性，试点红筹企业公开发行存托凭证招股说明书内容与格式指引值得关注的规定主要有：

1. 规则适用方面，境外基础证券发行人为公开发行存托凭证编制招股说明书时，应遵循中国证监会有关招股说明书内容与格式准则的一般规定以及本指引的要求。也就是说，境外基础证券发行人为公开发行存托凭证编制招股说明书时，应同时遵循科创板招股说明书内容与格式指引以及试点红筹企业公开发行存托凭证招股说明书内容与格式指引。其中，科创板招股说明书内容与格式指引是一般规定，试点红筹企业公开发行存托凭证招股说明书内容与格式指引是特别规定，二者是一般法与特别法的关系。

2. 招股说明书全文文本封面应载明境外基础证券发行人、存托人、托管人、保荐人、主承销商的名称和住所。境外基础证券发行人应在“本次发行概况”一节披露存托人、托管人的名称、住所、联系方式及有关经办人员的姓名。

3. 招股说明书扉页应载有如下声明：“本存托凭证系由存托人签发、以本公司境外证券为基础在中国境内发行、代表境外基础证券权益的证券。”“存托凭证的发行、上市、交易等相关行为，适用《证券法》《若干意见》《存托凭证管理办法》以及中国证监会的其他相关规定。本公司作为境外基础证券发行人参与存托凭证发行，依法履行发行人、上市公司的义务，接受中国证监会依照试点红筹企业监管的相关法律法规、规定，对本公司进行的监管。”“存托人、托管人遵守中国证监会相关规定及证券交易所、证券登记结算机构业务规则，按照存托协议、托管协议的约定，签发存托凭证，履行各项职责和义务。”

4. 招股说明书“本次发行概况”一节后新增一节“存托托管安排”。之后，再新增一节“存托凭证持有人权益保护”。

5. 境外基础证券发行人应在“风险因素”一节充分披露与存托凭证有关的风险因素，并充分披露与投票权差异或类似安排、协议控制架构、投票协议或其他公司治理特殊安排有关的风险因素。

6. 境外基础证券发行人应在“公司治理”一节，充分披露注册地公司法律制度及其公司章程或章程性文件的主要规定与我国《公司法》等法律制度的主要差异，以及该差异对其在境内发行、上市和投资者保护的影响。

7. 境外基础证券发行人及其董事、高级管理人员对招股说明书签署的书面确认意见、作出的声明或承诺，可在不改变实质内容的前提下，对相关表述作出适当调整。

8. 境外基础证券发行人应在“其他重要事项”一节披露存托协议、投票协议、协议控制架构涉及的重要协议的主要内容。

公开发行证券的公司信息披露编报规则第23号——试点红筹企业公开发行存托凭证招股说明书内容与格式指引

（2018年6月6日中国证券监督管理委员会公告〔2018〕14号　自公布之日起施行）

第一条　为规范在境内发行存托凭证的试点红筹企业（以下简称境外基础证券发行人）及相关主体的信息披露行为，保护投资者的合法权益，根据《中华人民共和国证券法》（以下简称《证券法》）、《关于开展创新企业境内发行股票或存托凭证试点的若干意见》（以下简称《若干意见》）、《存托凭证发行与交易管理办法（试行）》以及中国证监会的其他规定，制定本指引。

第二条　境外基础证券发行人为公开发行存托凭证编制招股说明书时，应遵循中国证监会有关招股说明书内容与格式准则的一般规定以及本指引的要求。

第三条 招股说明书全文文本封面应标有“×××公司公开发行存托凭证招股说明书”字样，并载明境外基础证券发行人、存托人、托管人、保荐人、主承销商的名称和住所。

第四条 招股说明书扉页应载有如下声明：

“本存托凭证系由存托人签发、以本公司境外证券为基础在中国境内发行、代表境外基础证券权益的证券。”

“存托凭证的发行、上市、交易等相关行为，适用《证券法》《若干意见》《存托凭证发行与交易管理办法（试行）》以及中国证监会的其他相关规定。本公司作为境外基础证券发行人参与存托凭证发行，依法履行发行人、上市公司的义务，接受中国证监会依照试点红筹企业监管的相关法律法规、规定，对本公司进行的监管。”

“存托人、托管人遵守中国证监会相关规定及证券交易所、证券登记结算机构业务规则，按照存托协议、托管协议的约定，签发存托凭证，履行各项职责和义务。”

第五条 境外基础证券发行人应在“本次发行概况”一节披露存托人、托管人的名称、住所、联系方式及有关经办人员的姓名。

第六条 招股说明书“本次发行概况”一节后新增一节“存托托管安排”。境外基础证券发行人应在该部分披露存托凭证的存托托管安排和相关主体的主要权利与义务，包括但不限于下列内容：

（一）每份存托凭证所代表的基础股票的类别及数量；

（二）存托凭证持有人的权利及义务；

（三）存托凭证持有人行使表决权、获得利润分配的方式和程序；

（四）与存托凭证持有人行使权利相关的通知、公告等信息传递程序；

（五）存托人的权利及义务，存托协议关于免除或限制存托人责任的具体约定；

（六）存托凭证持有人需直接或间接支付的费用（包括支付对象、金额或计算方法、服务内容、费用收取方式等）；

（七）存托凭证与基础股票之间的转换安排及限制；

（八）存托凭证的托管安排，托管人的主要职责；

（九）存托协议的修改及终止；

（十）存托协议关于因存托凭证发生的纠纷适用中国法律，由中国境内有管辖权的人民法院管辖的约定。

存托凭证、存托凭证所代表的基础证券具有面值的，境外基础证券发行人应披露面值信息。

第七条　招股说明书“存托托管安排”一节后新增一节“存托凭证持有人权益保护”。境外基础证券发行人应在该部分披露保护存托凭证持有人合法权益的具体措施，包括但不限于下列内容：

（一）境外基础证券发行人确保存托凭证持有人实际享有的资产收益、参与重大决策、剩余财产分配等权益与境外基础证券持有人权益相当的措施；

（二）境外基础证券发行人、存托人按照存托协议的约定，采用安全、经济、便捷的网络或者其他方式为存托凭证持有人行使权利提供便利的安排；

（三）关于确保存托凭证持有人在合法权益受到损害时，能够获得与境外投资者相当赔偿的保障性措施；

（四）尚未盈利的境外基础证券发行人的控股股东、实际控制人和董事、高级管理人员在企业实现盈利前的股份锁定安排；

（五）因增发基础股票导致存托凭证持有人的权益可能被摊薄时，相关事项的表决机制、信息披露方式等方面的具体安排；

（六）存托凭证持有人能否依据境内法律或境外基础证券发行人注册地法律向境外基础证券发行人及相关主体提起民事诉讼程序，以及相关民事判决、裁定的可执行性；

（七）境外基础证券发行人聘请的信息披露境内证券事务机构和信息披露境内代表；

（八）境外基础证券发行人有关对境内投资者权益的保护总体上不低于境内法律、行政法规及中国证监会要求的说明以及保荐人和律师的结论性意见。

第八条　境外基础证券发行人应在“风险因素”一节充分披露与存托凭证有关的风险因素，包括但不限于下列内容：

（一）存托凭证持有人与持有基础股票的股东在法律地位、享有权利等方面存在差异可能引发的风险；

（二）存托凭证持有人在分红派息、行使表决权等方面的特殊安排可能引发的风险；

（三）存托凭证持有人持有存托凭证即成为存托协议当事人，视为同意并遵守存托协议的约定；

（四）境外基础证券发行人由于多地上市，证券交易规则差异、基础股票价格波动等因素造成存托凭证市场价格波动的风险；

（五）增发基础证券可能导致的存托凭证持有人权益被摊薄的风险；

（六）存托凭证退市的风险及后续相关安排；

（七）已在境外上市的基础证券发行人，在持续信息披露监管方面与境内可能存在差异的风险；

（八）境内外法律制度、监管环境差异可能引发的其他风险。

第九条 境外基础证券发行人应在“风险因素”一节充分披露与投票权差异或类似安排、协议控制架构、投票协议或其他公司治理特殊安排有关的风险因素。

第十条 境外基础证券发行人应在“风险因素”一节，结合创新企业投入大、迭代快、风险高、易被颠覆等特点，披露由于重大技术、产品、政策、经营模式变化等可能导致的经营风险，充分揭示业绩下滑或亏损的风险。

尚未盈利或存在累计未弥补亏损的境外基础证券发行人，应在招股说明书显要位置充分、详细披露相关情况，特别是未来三年无法盈利、无法进行利润分配的风险，并在“存托凭证持有人权益保护”一节披露依法落实保护投资者合法权益规定的各项措施。

第十一条 境外基础证券发行人应在“境外基础证券发行人基本情况”一节合并或汇总披露本次发行前已发行的股票和存托凭证的简要情况，包括证券类别、发行时间、发行数量及占总股本的比例、融资总额。

境外基础证券发行人已在境外上市的，应披露申报前120个交易日以来证券价格和市值等境外证券交易信息变动情况。

境外基础证券发行人尚未在境外上市的，应披露符合试点企业估值条件的相关依据。

第十二条 境外基础证券发行人应在“业务和技术”一节，结合行业特点披露其商业模式、核心竞争力及市场地位，包括但不限于下列内容：

（一）所处行业在新技术、新产业、新业态、新模式等方面近三年的发展情况和未来发展趋势；境外基础证券发行人在互联网、大数据、云计算、人工智能、软件和集成电路、高端装备制造或生物医药等方面取得的科技成果与产业深度融合的具体情况；

（二）境外基础证券发行人的商业模式、经营模式及盈利模式；核心竞争力的具体体现；核心经营团队的竞争力及研发团队的研发能力；报告期内的研发投入，核心技术储备，现有及未来研发产品的应用前景；研发失败的风险及对境外基础证券发行人的影响；境外基础证券发行人未来的成长性；

（三）所处行业的基本特点、主要技术门槛和技术壁垒，衡量核心竞争力的关键指标；境外基础证券发行人在所属产业中的创新地位和引领作用，发展战略、研发能力是否符合行业发展趋势；

（四）尚未盈利或存在累计未弥补亏损的境外基础证券发行人，应结合行业特点分析该等情形的成因，充分披露尚未盈利或存在累计未弥补亏损对公司现金流、业务拓展、人才吸引、团队稳定性、研发投入、战略性投入、生产经营可持续性等方面的影响。

第十三条　境外基础证券发行人应在“公司治理”一节，充分披露注册地公司法律制度及其公司章程或章程性文件的主要规定与境内《公司法》等法律制度的主要差异，以及该差异对其在境内发行、上市和投资者保护的影响。

境外基础证券发行人公司章程及相关协议中存在反收购条款等特殊条款或类似安排的，应披露相关安排的具体内容，以及对存托凭证持有人权益的影响。

第十四条　境外基础证券发行人存在投票权差异或类似安排的，应在“公司治理”一节充分披露相关具体安排及风险，包括但不限于下列内容：

（一）投票权差异或类似安排下的股权种类、每股所具有的投票权数量及上限；

（二）不适用投票权差异或类似安排下的表决机制的特殊事项；

（三）投票权差异或类似安排对存托凭证持有人在提名和选举公司董事、参与公司决策等方面的限制和影响；

（四）拥有特殊投票权的股东因存在利益冲突而损害公司或其他股东合法权益的风险；

（五）投票权差异结构下保护存托凭证持有人合法权益的保障性措施，例如在公司章程中限制转让具有特殊投票权的股份，出现控制权变更、创始人退休等情形时，特殊投票权股份自动转换为普通投票权股份的情形等；

（六）境外基础证券发行人关于在境内公开发行存托凭证后不通过任何方式提高特殊投票权股份比重及其所代表投票权比重的安排，境内公开发行存托凭证前公司章程已有约定的除外。

第十五条　境外基础证券发行人存在协议控制架构的，应在“公司治理”一节充分披露协议控制架构的具体安排及相关风险，包括但不限于下列内容：

（一）协议控制架构涉及的各方法律主体的基本情况、主要合同的核心条款；

（二）境内外有关协议控制架构的法律法规、政策环境发生变化可能引发的境外基础证券发行人受到处罚、需调整相关架构、协议控制无法实现或成本大幅上升的风险；

（三）境外基础证券发行人依赖协议控制架构而非通过股权直接控制经营实体可能引发的控制权风险；

（四）协议控制架构下相关主体的违约风险；

（五）境外基础证券发行人丧失对通过协议控制架构下可变经营实体获得的经营许可、业务资质及相关资产的控制的风险；

（六）协议控制架构及相关安排可能引发的税务风险。

第十六条 境外基础证券发行人应在“公司治理”一节披露近三年是否存在违反境内及其注册地、主要经营地法律法规的行为，若存在违法违规行为，应披露违规事实和受到处罚的情况，并说明对本次发行的影响。

境外基础证券发行人已在境外上市的，应披露近三年受到境外监管机构处罚或被证券交易所采取监管措施和纪律处分的情况，并说明对境外基础证券发行人的影响；境外基础证券发行人应说明本次发行的信息披露与其在境外上市期间的信息披露内容是否存在重大实质性差异。

第十七条 境外基础证券发行人按照中国企业会计准则或经财政部认可与中国企业会计准则等效的会计准则编制财务报告的，如同时在境外上市，还应当在会计报表附注中披露境内财务信息与境外财务信息的差异调整情况。

境外基础证券发行人按照国际财务报告准则或美国会计准则编制财务报告的，应提供并披露按照中国企业会计准则调整的差异调节信息。所提供的差异调节信息，应由具有中国境内证券期货相关业务资格的会计师事务所按照中国注册会计师审计准则进行审计，并出具审计报告。境外基础证券发行人应在“管理层讨论与分析”中披露主要的差异调节事项及对主要财务指标和估值的影响；境外基础证券发行人如存在重大差异调节事项并可能对投资者决策产生重大影响的，还应当在“风险因素”中披露并进行“重大事项提示”。

第十八条 境外基础证券发行人未以公历年度作为会计年度的，应提供充足理由，并在招股说明书中对会计年度的起止期间进行“重大事项提示”，在招股说明书“财务会计信息”一节披露会计年度的确定依据和考虑因素。

第十九条 境外基础证券发行人应披露公司管理层对内部控制有效性的

自我评价意见，并披露具有境内证券期货相关业务资格的会计师事务所根据《企业内部控制基本规范》及配套指引等规定出具的内部控制鉴证意见。

第二十条 境外基础证券发行人应在招股说明书“股利分配政策”中披露公司章程中与利润分配相关的条款。境外基础证券发行人为控股型公司的，应当披露主要控股子公司的章程和财务管理制度中利润分配条款内容以及能否有效保证境外基础证券发行人未来具备现金分红能力。境外基础证券发行人利润分配能力受外汇管制、注册地法规政策要求、债务合同约束、盈利水平、期末未弥补亏损等方面限制的，应充分披露相关因素对利润分配的具体影响、解决或改善措施，充分提示风险。境外基础证券发行人未来三年内没有利润分配或者现金分红计划的，应详细披露具体情况和原因，并进行“重大事项提示”。

第二十一条 境外基础证券发行人应披露每份存托凭证对应的收益、经营活动产生的现金流量、净现金流量、归属于境外基础证券发行人股东的净资产。其中，每份存托凭证对应的收益应分别按照基本和稀释后两种口径计算披露，计算方法参照中国证监会对每股收益计算有关规定执行。

第二十二条 境外基础证券发行人应披露境内存托凭证持有人所适用的税收相关规定，包括但不限于境外基础证券发行人从向存托凭证持有人的分配中扣减的税项（如有），境外基础证券发行人注册地与中国是否有税收互惠条约等。

第二十三条 对于下列事项，境外基础证券发行人可在不影响信息披露完整性的前提下，在招股说明书内容与格式准则的基础上适当调整披露方式或简化披露：

（一）境外基础证券发行人确实无法事先确定募集资金数额或投资项目的，应简要披露募集资金的投资方向、存放与使用安排、闲置募集资金管理安排、改变募集资金用途的程序以及募集资金运用对公司财务状况及经营成果的影响。募集资金投资方向应符合国家产业政策、环境保护、土地管理以及其他法律、法规和规章的规定，不得用于财务性投资及直接或间接向以买卖有价证券为主要业务公司的投资；

（二）境外基础证券发行人应按照招股说明书内容与格式准则等相关规则要求披露关联方和关联关系。对于关联方众多，且部分与境外基础证券发行人关联交易金额较小的，如有足够证据证明相关关联交易对发行人财务状况、经营成果、业务发展等不产生重大影响，且不影响投资者决策，可对该部分关联方及关联交易进行分类或汇总披露；

（三）境外基础证券发行人应按照招股说明书内容与格式准则的要求披露主要股东的相关信息，对于其他股东可以简化披露；

（四）境外基础证券发行人应按照招股说明书内容与格式准则的要求披露其控股子公司、参股子公司的简要情况。子公司众多且地域分布广泛的，可按照招股说明书内容与格式准则的要求披露重要子公司的相关信息，对其他子公司进行分类或汇总披露。重要子公司包括但不限于下列范围：

1. 对境外基础证券发行人收入、利润、资产、净资产等财务指标影响较大的子公司；

2. 现有经营业务、未来发展战略、持有资质或证照等对境外基础证券发行人影响较大的子公司；

3. 有关信息对投资者决策影响较大的子公司。

（五）董事、监事、高级管理人员与核心技术人员的个人信息、对外投资、薪酬等事项，可按照重要性原则简化或汇总披露。

第二十四条　境外基础证券发行人及其董事、高级管理人员对招股说明书签署的书面确认意见、作出的声明或承诺，可在不改变实质内容的前提下，对相关表述作出适当调整。

已在境外上市的基础证券发行人可不适用发行人及相关主体稳定股价的承诺、填补回报措施能够得到切实履行的承诺等披露事项。

第二十五条　境外基础证券发行人应在“其他重要事项”一节披露存托协议、投票协议、协议控制架构涉及的重要协议的主要内容。

第二十六条　存托人应在招股说明书正文后声明：

本公司将忠实、勤勉地履行法律、行政法规、中国证监会的相关规定及证券交易所、证券登记结算机构业务规则的规定，以及存托协议、托管协议约定的各项职责和义务，不得有任何损害存托凭证持有人合法权益的行为。

第二十七条　境外基础证券发行人应将存托协议、托管协议作为招股说明书的备查文件。

第二十八条　符合条件的试点红筹企业为在境内首次公开发行股票编制招股说明书时，应遵守本指引的要求，但仅适用于存托凭证发行的披露事项除外。

第二十九条　本指引自公布之日起施行。

《公开发行证券的公司信息披露内容与格式准则第40号——试点红筹企业公开发行存托凭证并上市申请文件》解读

《公开发行证券的公司信息披露内容与格式准则第40号——试点红筹企业公开发行存托凭证并上市申请文件》（以下简称试点红筹企业公开发行存托凭证并上市申请文件或本准则）也是《若干意见》《存托凭证管理办法》等法律法规及规范性文件的配套规定。其值得关注的规定主要有：

1. 规则适用方面，拟在科创板发行上市的试点红筹企业应同时符合《公开发行证券的公司信息披露内容与格式准则第42号——首次公开发行股票并在科创板上市申请文件》与《公开发行证券的公司信息披露内容与格式准则第40号——试点红筹企业公开发行存托凭证并上市申请文件》的规定。二者重复要求的，仅提供一份即可；二者有不同要求的，需同时满足二者的要求，即都需要提供。但如果某些文件对境外基础证券发行人不适用，可不提供，但应向中国证监会作出书面说明。

2. 本准则附录规定的申请文件目录是对发行申请文件的最低要求。根据审核需要，中国证监会可以要求境外基础证券发行人、保荐人和相关证券服务机构补充文件。

3. 发行结束后，境外基础证券发行人应将招股说明书的电子文件及历次报送的电子文件汇总报送中国证监会备案。

公开发行证券的公司信息披露内容与格式准则第40号——试点红筹企业公开发行存托凭证并上市申请文件

（2018年6月6日中国证券监督管理委员会公告〔2018〕15号公布 自公布之日起施行）

第一条 为了规范试点红筹企业公开发行存托凭证并上市申请文件的格式和报送方式，根据《中华人民共和国证券法》《关于开展创新企业境内发行股票或存托凭证试点的若干意见》和《存托凭证发行与交易管理办法（试行）》的规定，制定本准则。

第二条 申请在中华人民共和国境内公开发行存托凭证并上市的公司（以下简称境外基础证券发行人）应按本准则的要求制作和报送申请文件。

第三条 本准则附录规定的申请文件目录是对发行申请文件的最低要求。根据审核需要，中国证券监督管理委员会（以下简称中国证监会）可以要求境外基础证券发行人、保荐人和相关证券服务机构补充文件。如果某些文件对境外基础证券发行人不适用，可不提供，但应向中国证监会作出书面说明。

第四条 申请文件一经受理，未经中国证监会同意，不得增加、撤回或更换。

第五条 境外基础证券发行人和相关信息披露义务人提供的所有文件和信息披露文件应当使用简体中文。

第六条 境外基础证券发行人报送申请文件，初次报送应提交一份全套申报文件原件，二份全套申报文件电子版及二份部分申报文件复印件单行本（包括招股说明书、发行保荐书、法律意见书、财务报告和审计报告）。根据审核需要，中国证监会可以要求境外基础证券发行人补充报送申请文件。

境外基础证券发行人不能提供有关文件的原件的，应由境外基础证券发行人律师提供鉴证意见，或由出文单位盖章，以保证与原件一致。如原出文单位不再存续，由承继其职权的单位或作出撤销决定的单位出文证明文件的真实性。

第七条 申请文件所有需要签名处，应载明签名字样的印刷体，并由签名人亲笔签名，不得以名章、签名章等代替。

申请文件中需要由境外基础证券发行人律师鉴证的文件，律师应在该文件首页注明“以下第××页至第××页与原件一致”，并签名和签署鉴证日期，律师事务所应在该文件首页加盖公章，并在第××页至第××页侧面以公章加盖骑缝章。

第八条　境外基础证券发行人应根据中国证监会对申请文件的反馈意见提供补充材料。保荐人和相关证券服务机构应对反馈意见相关问题进行尽职调查或补充出具专业意见。

第九条　申请文件应采用幅面为209毫米×295毫米规格的纸张（相当于标准A4纸张规格），双面印刷（需提供原件的历史文件除外）。

第十条　申请文件的封面和侧面应标明“××公司公开发行存托凭证并上市申请文件”字样。

第十一条　申请文件的扉页应标明境外基础证券发行人董事会秘书、存托人、保荐人和相关证券服务机构项目负责人的姓名、电话、传真及其他方便的联系方式。

第十二条　申请文件章与章之间、节与节之间应有明显的分隔标识。

申请文件中的页码应与目录中标识的页码相符。例如，第四章4－1的页码标注为4－1－1，4－1－2，4－1－3，……4－1－n。

第十三条　境外基础证券发行人在每次报送书面申请文件的同时，应报送一份相应的标准电子文件（标准.doc或.rtf格式文件）。

发行结束后，境外基础证券发行人应将招股说明书的电子文件及历次报送的电子文件汇总报送中国证监会备案。

第十四条　未按本准则的要求制作和报送申请文件的，中国证监会按照有关规定不予受理。

第十五条　本准则自公布之日起施行。

附录

试点红筹企业公开发行存托凭证并上市申请文件目录

第一章　招股说明书与发行公告

1－1　招股说明书（申报稿）

1－2　境外基础证券发行人董事、高级管理人员对招股说明书的确认意见

1－3 发行公告（发行前提供）

第二章 关于本次发行的申请及授权文件

2－1 境外基础证券发行人关于纳入试点的申请报告

2－2 境外基础证券发行人关于本次发行的申请报告

2－3 境外基础证券发行人董事会有关本次发行的决议

2－4 境外基础证券发行人股东（大）会有关本次发行的决议（如有）

第三章 保荐人和证券服务机构文件

3－1 保荐人关于本次发行的文件

3－1－1 关于境外基础证券发行人符合试点企业选取标准的核查报告

3－1－2 发行保荐书（附：关于对境内投资者权益的保护总体上不低于境内法律、行政法规以及中国证监会要求的结论性意见）

3－1－3 发行保荐工作报告

3－1－4 未在境外上市的基础证券发行人的估值报告

3－2 注册会计师关于本次发行的文件

3－2－1 根据中国企业会计准则编制的财务报表及审计报告（如选用）

3－2－2 根据国际财务报告准则或美国会计准则编制的财务报表及审计报告并同时按照中国企业会计准则调整的差异调节信息及审计报告（如选用）

3－2－3 境外基础证券发行人审计报告基准日至招股说明书签署日之间的相关财务报表及审阅报告（发行前提供）

3－2－4 盈利预测报告及审核报告（如有）

3－2－5 内部控制鉴证报告

3－2－6 经注册会计师鉴证的非经常性损益明细表

3－3 境外基础证券发行人律师关于本次发行的文件

3－3－1 关于境外基础证券发行人符合试点企业选取标准的核查报告

3－3－2 法律意见书（附：关于对境内投资者权益的保护总体上不低于境内法律、行政法规以及中国证监会要求的结论性意见）

3－3－3 律师工作报告

第四章 境外基础证券发行人的设立文件

4－1 境外基础证券发行人的公司注册文件

4－2 境外基础证券发行人公司章程

第五章 与财务会计资料相关的其他文件

5－1 境外基础证券发行人关于最近三年及一期的纳税情况的说明

5－1－1 境外基础证券发行人主要经营实体最近三年及一期所得税纳税申报表

5－1－2 对境外基础证券发行人有重大影响的税收优惠、财政补贴证明文件（如有）

5－1－3 主要税种纳税情况的说明及注册会计师出具的意见

5－1－4 境内主要经营实体主管税收征管机构出具的最近三年及一期该经营实体纳税情况的证明

5－2 公司需报送的其他财务资料

5－2－1 主要经营实体最近三年原始财务报表

5－2－2 主要经营实体原始财务报表与本次申报经审计的财务报表差异比较表

5－2－3 注册会计师对差异情况出具的意见

5－3 境外基础证券发行人设立时和最近三年及一期的资产评估报告（含土地评估报告）（如有）

5－4 境外基础证券发行人的历次验资报告（如有）

5－5 境外基础证券发行人大股东或控股股东最近一年及一期的原始财务报表及审计报告（如有）

第六章 其他文件

6－1 产权和特许经营权证书

6－1－1 境外基础证券发行人拥有或使用的对其生产经营有重大影响的商标、专利、计算机软件著作权等知识产权以及土地使用权、房屋所有权、采矿权等产权证书清单（需由境外基础证券发行人律师出具鉴证意见）

6－1－2 特许经营权证书

6－2 重要合同

6－2－1 协议控制架构等特殊安排涉及的协议

6－2－2 投票权差异、投票协议或类似特殊安排涉及的协议

6－2－3 对境外基础证券发行人有重大影响的商标、专利、专有技术等知识产权许可使用协议

6－2－4 重大关联交易协议

6－2－5 重大资产购买或出售协议

6－3 承诺和说明事项

6－3－1 境外基础证券发行人关于确保存托凭证持有人实际享有与境外基础股票持有人相当权益的承诺

6－3－2 境外基础证券发行人关于确保存托凭证持有人在合法权益受到损害时能够获得与境外投资者相当赔偿的承诺

6－3－3 有关消除或避免同业竞争的协议以及境外基础证券发行人的控股股东和实际控制人出具的相关承诺

6－3－4 境外基础证券发行人全体董事对发行申请文件真实性、准确性、完整性、及时性的承诺书

6－3－5 境外基础证券发行人关于对境内投资者权益的保护总体上不低于境内法律、行政法规以及中国证监会要求的说明

6－3－6 境外基础证券发行人相关股东关于股份锁定的承诺

6－4 特定行业（或企业）的管理部门出具的相关意见（如有）

6－5 存托协议

6－6 托管协议

6－7 保荐协议和承销协议

五、业务规则及问答、答记者问

1. 发行上市审核类

《上海证券交易所科创板股票发行上市审核规则》解读

2019年3月1日，上海证券交易所集中发布了6项科创板主要配套务规则，即《上海证券交易所科创板股票发行上市审核规则》《上海证券交易所科创板股票上市委员会管理办法》《上海证券交易所科技创新咨询委员会工作规则》《上海证券交易所科创板股票发行与承销实施办法》《上海证券交易所科创板股票上市规则》《上海证券交易所科创板股票交易特别规定》。这些业务规则，是依据《实施意见》以及中国证监会相关规章等上位制度制定的，形成了交易所层面设立科创板并试点注册制改革中的业务规则体系，明确了科创板股票发行、上市、交易、信息披露、退市和投资者保护等各个环节的主要制度安排，确立了交易所试点注册制下发行上市审核的基本理念、标准、机制和程序。

《上海证券交易所科创板股票发行上市审核规则》（以下简称《审核规则》）值得关注的规定有：

1. 基于科创板定位，上交所的发行上市审核，应重点关注并判断下列事项：（1）发行人是否符合中国证监会规定的科创板股票发行条件；（2）发行人是否符合上交所规定的科创板股票上市条件；（3）发行人的信息披露是否符合中国证监会和上交所的要求。

2. 上交所发行上市审核实行电子化审核，申请、受理、问询、回复等事项通过上交所发行上市审核业务系统办理。这避免了纸张浪费，节约了资源，保护了环境，提高了信息传递的及时性，同时也便于留存。

3. 审核基本流程是：上交所设立科创板发行上市审核机构（以下简称发行上市审核机构），对发行人的发行上市申请文件进行审核，出具审核报告。设立科创板股票上市委员会（以下简称上市委员会），对发行上市审核机构出具的审核报告和发行上市申请文件进行审议，提出审议意见。结合上市委员会的审议意见，上交所出具同意股票发行上市的审核意见或者作出终止发行上市审核的决定。

4. 建立了审核机构与发行人及保荐人之间的常态化沟通机制，即在提交发行上市申请文件前，对于重大疑难、无先例事项等涉及上交所业务规则理解与适用的问题，发行人及保荐人可以通过上交所发行上市审核业务系统进行咨询；确需当面咨询的，可以通过上交所发行上市审核业务系统预约。

5. 交易所向证监会请示的机制。上交所在发行上市审核中，对发行条件具体审核标准等涉及中国证监会部门规章及规范性文件理解和适用的重大疑难问题、重大无先例情况以及其他需要中国证监会决定的事项，将及时请示中国证监会。

6. 明确了五套可选的具体上市标准。除特殊股权结构企业和试点红筹企业外，发行人申请股票首次发行上市的，应当至少符合下列上市标准中的一项，发行人的招股说明书和保荐人的上市保荐书应当明确说明所选择的具体上市标准：

（1）预计市值不低于人民币10亿元，最近两年净利润均为正且累计净利润不低于人民币5000万元，或者预计市值不低于人民币10亿元，最近一年净利润为正且营业收入不低于人民币1亿元；

（2）预计市值不低于人民币15亿元，最近一年营业收入不低于人民币2亿元，且最近三年累计研发投入占最近三年累计营业收入的比例不低于15%；

（3）预计市值不低于人民币20亿元，最近一年营业收入不低于人民币3亿元，且最近三年经营活动产生的现金流量净额累计不低于人民币1亿元；

（4）预计市值不低于人民币30亿元，且最近一年营业收入不低于人民币3亿元；

（5）预计市值不低于人民币40亿元，主要业务或产品需经国家有关部门批准，市场空间大，目前已取得阶段性成果。医药行业企业需至少有一项核心产品获准开展二期临床试验，其他符合科创板定位的企业需具备明显的技术优势并满足相应条件。

7. 信息披露的主要审核方式是提问。上交所对发行上市申请文件进行审核，通过提出问题、回答问题等多种方式，督促发行人及其保荐人、证券服务机构完善信息披露，真实、准确、完整地披露信息，提高信息披露质量。这种提出问题的方式，目的在于“问出一个真公司”，而不是“问出一个好公司”。

8. 信息披露审核的“新三性”标准。明确了在试点注册制中，交易所对发行上市相关的信息披露，将从充分性、一致性、可理解性（简称“新三性”）三个方面进行审核。

注册制试点下，发行人应当保证信息披露的真实性、准确性和完整性（简称“老三性”），保荐人、证券服务机构对发行人的信息披露承担把关责任。按照《审核规则》，交易所将从充分性、一致性和可理解性的角度，对发行上市申请文件进行信息披露审核，以督促发行人及其保荐人、证券服务机构真实、准确、完整地披露信息，提高信息披露质量。

上交所表示，“新三性”与“老三性”之间的关系，可以从如下两方面来理解：

一方面，“老三性”是对发行上市信息披露的基本要求。发行人应当保证“老三性”，保荐人、证券服务机构承担把关责任。发行人是信息披露第一责任人，应当保证信息披露的真实、准确、完整，应当充分披露与投资者投资决策相关的重大信息；保荐人承担“看门人”职责，按照依法制定的业务规则和行业自律规范的要求，对发行上市申请文件进行全面核查验证，确保发行上市申请文件及所披露信息的真实、准确、完整。证券服务机构要确保相关信息披露文件及所披露信息的真实、准确、完整。将发行人的诚信责任和中介机构的把关责任落实到位，是发行上市监管的重要目标，也是注册制试点的改革方向。

另一方面，“新三性”与“老三性”之间是方式和目的、手段和结果的关系，交易所通过“新三性”审核促进“老三性”。在发行上市审核中，交易所将以信息披露为中心，从投资者立场出发，以“新三性”为抓手和切入点，开展信息披露审核问询。基本目标是：通过审核问询，督促发行人承担好信息披露第一责任人职责；督促保荐人、证券服务机构切实履行信息披露的把关责任；对相关信息披露义务人形成震慑，以减少和避免欺诈发行；提高信息披露质量，以便于投资者在信息充分的情况下作出投资决策。

从充分性的角度进行审核时，重点关注发行上市申请文件披露的内容是否包含对投资者作出投资决策有重大影响的信息，披露程度是否达到投资者作出投资决策所必需的水平。包括但不限于是否充分、全面披露发行人业务、技术、财务、公司治理、投资者保护等方面的信息以及本次发行的情况和对发行人的影响，是否充分揭示可能对发行人经营状况、财务状况产生重大不利影响的所有因素等事项。

从一致性的角度进行审核时，重点关注发行上市申请文件的内容是否前后一致、是否具有内在逻辑性。包括但不限于财务数据之间是否具有合理的勾稽关系、非财务信息之间是否存在矛盾、财务信息与非财务信息能否相互印证、能否对与同行业公司存在的重大差异作出合理解释等事项。

从可理解性的角度进行审核时，重点关注发行上市申请文件披露的内容是否简明易懂，是否便于一般投资者阅读和理解。包括但不限于是否使用浅白语言，是否简明扼要、重点突出、逻辑清晰，是否结合企业自身特点进行有针对性的信息披露，是否采用直观、准确、易于理解的披露形式等事项。

9. 首次对验证版招股说明书提出了明确规定。《审核规则》第十七条规定："本所受理发行上市申请文件后十个工作日内，保荐人应当以电子文档形式报送保荐工作底稿和验证版招股说明书，供监管备查。"所谓验证版招股说明书，是指在招股说明书中标示出重要的披露内容对应保荐工作底稿依据的招股说明书版本。保荐工作底稿和验证版招股说明书提交后，可以作为判断中介机构是否尽职的法律依据，解决了诉讼取证的问题。也有人建议，不但保荐人的工作底稿要提交，律师和会计师的工作底稿也应提交，以防止有的中介机构不尽职尽责，当时不做底稿，事后抽查时急匆匆补底稿的现象。

上海证券交易所关于发布《上海证券交易所科创板股票发行上市审核规则》的通知

（2019年3月1日　上证发〔2019〕18号）

各市场参与人：

为了规范上海证券交易所（以下简称本所）科创板试点注册制的股票发行上市审核工作，保护投资者合法权益，根据《中华人民共和国证券法》《中华人民共和国公司法》《关于在上海证券交易所设立科创板并试点注册制的实施意见》《科创板首次公开发行股票注册管理办法（试行）》等有关规定，本所制定了《上海证券交易所科创板股票发行上市审核规则》（详见附件），经中国证监会批准，现予以发布，并自发布之日起施行。

特此通知。

附件：上海证券交易所科创板股票发行上市审核规则

上海证券交易所科创板股票发行上市审核规则

第一章 总 则

第一条 为了规范上海证券交易所（以下简称本所）科创板试点注册制的股票发行上市审核工作，保护投资者合法权益，根据《中华人民共和国证券法》《中华人民共和国公司法》《关于在上海证券交易所设立科创板并试点注册制的实施意见》《科创板首次公开发行股票注册管理办法（试行）》（以下简称《注册办法》）等相关法律、行政法规、部门规章和规范性文件，制定本规则。

第二条 发行人申请首次公开发行股票并在科创板上市（以下简称股票首次发行上市）的审核，适用本规则。

符合《国务院办公厅转发证监会关于开展创新企业境内发行股票或存托凭证试点若干意见的通知》（国办发〔2018〕21 号）及中国证监会和本所相关规定的红筹企业，申请发行股票或者存托凭证并在科创板上市的审核，适用本规则。

第三条 发行人申请股票首次发行上市，应当符合科创板定位，面向世界科技前沿、面向经济主战场、面向国家重大需求。优先支持符合国家战略，拥有关键核心技术，科技创新能力突出，主要依靠核心技术开展生产经营，具有稳定的商业模式，市场认可度高，社会形象良好，具有较强成长性的企业。

第四条 发行人申请股票首次发行上市，应当向本所提交发行上市申请文件。

本所对发行人的发行上市申请文件进行审核（以下简称发行上市审核），审核通过的，将审核意见、发行上市申请文件及相关审核资料报送中国证监会履行注册程序；审核不通过的，作出终止发行上市审核的决定。

第五条 本所发行上市审核基于科创板定位，重点关注并判断下列事项：

（一）发行人是否符合中国证监会规定的科创板股票发行条件；

（二）发行人是否符合本所规定的科创板股票上市条件；

（三）发行人的信息披露是否符合中国证监会和本所要求。

第六条 本所通过审核发行上市申请文件，督促发行人真实、准确、完整地披露信息，保荐人、证券服务机构切实履行信息披露的把关责任；督促发行人及其保荐人、证券服务机构提高信息披露质量，便于投资者在信息充分的情况下作出投资决策。

本所发行上市审核遵循依法合规、公开透明、便捷高效的原则，提高审核透明度，明确市场预期。

第七条 本所发行上市审核实行电子化审核，申请、受理、问询、回复等事项通过本所发行上市审核业务系统办理。

第八条 本所设立科创板发行上市审核机构（以下简称发行上市审核机构），对发行人的发行上市申请文件进行审核，出具审核报告。

本所设立科创板股票上市委员会（以下简称上市委员会），对发行上市审核机构出具的审核报告和发行上市申请文件进行审议，提出审议意见。上市委员会的职责、人员组成、工作程序等事项，由本所另行规定。

本所结合上市委员会的审议意见，出具同意股票发行上市的审核意见或者作出终止发行上市审核的决定。

第九条 本所依据法律、行政法规、部门规章、规范性文件、本规则及本所其他相关规定（以下简称相关法律及规则），对下列机构和人员在科创板股票发行上市中的相关活动进行自律监管：

（一）发行人及其董事、监事、高级管理人员；

（二）发行人的控股股东、实际控制人及其相关人员；

（三）保荐人、保荐代表人及保荐人其他相关人员；

（四）会计师事务所、律师事务所等证券服务机构及其相关人员。

前款规定的机构和人员应当积极配合本所发行上市审核工作，接受本所自律监管并承担相应的法律责任。

第十条 本所出具同意发行上市的审核意见，不表明本所对发行上市申请文件及所披露信息的真实性、准确性、完整性作出保证，也不表明本所对该股票的投资价值或者投资者的收益作出实质性判断或者保证。

第二章 申请与受理

第十一条 发行人申请股票首次发行上市，应当按照规定聘请保荐人进行保荐，并委托保荐人通过本所发行上市审核业务系统报送下列发行上市申请文件：

（一）中国证监会规定的招股说明书、发行保荐书、审计报告、法律意见书、公司章程、股东大会决议等注册申请文件；

（二）上市保荐书；

（三）本所要求的其他文件。

发行上市申请文件的内容与格式应当符合中国证监会和本所的相关规定。

第十二条 在提交发行上市申请文件前，对于重大疑难、无先例事项等涉及本所业务规则理解与适用的问题，发行人及保荐人可以通过本所发行上市审核业务系统进行咨询；确需当面咨询的，可以通过本所发行上市审核业务系统预约。

第十三条 本所收到发行上市申请文件后五个工作日内，对文件进行核对，作出是否受理的决定，告知发行人及其保荐人，并在本所网站公示。

发行上市申请文件与中国证监会及本所规定的文件目录不相符、文档名称与文档内容不相符、文档格式不符合本所要求、签章不完整或者不清晰、文档无法打开或者存在本所认定的其他不齐备情形的，发行人应当予以补正，补正时限最长不超过三十个工作日。

发行人补正发行上市申请文件的，本所收到发行上市申请文件的时间以发行人最终提交补正文件的时间为准。

本所按照收到发行人发行上市申请文件的先后顺序予以受理。

第十四条 存在下列情形之一的，本所不予受理发行人的发行上市申请文件：

（一）招股说明书、发行保荐书、上市保荐书等发行上市申请文件不齐备且未按要求补正。

（二）保荐人、证券服务机构及其相关人员不具备相关资质；或者因证券违法违规被采取限制资格、限制业务活动、一定期限内不接受其出具的相关文件等相关措施，尚未解除；或者因首次公开发行并上市、上市公司发行证券、并购重组业务涉嫌违法违规，或者其他业务涉嫌违法违规且对市场有重大影响被立案调查、侦查，尚未结案。

第十五条 发行上市申请文件的内容应当真实、准确、完整。

发行上市申请文件一经受理，发行人及其控股股东、实际控制人、董事、监事和高级管理人员，以及与本次股票发行上市相关的保荐人、证券服务机构及其相关人员即须承担相应的法律责任。

未经本所同意，不得对发行上市申请文件进行更改。

第十六条 本所受理发行上市申请文件当日，发行人应当在本所网站预先披露招股说明书、发行保荐书、上市保荐书、审计报告和法律意见书等文件。

本所受理发行上市申请后至中国证监会作出注册决定前，发行人应当按照本规则的规定，对预先披露的招股说明书、发行保荐书、上市保荐书、审计报告和法律意见书等文件予以更新并披露。

依照前两款规定预先披露的招股说明书等文件不是发行人发行股票的正式文件，不能含有股票发行价格信息，发行人不得据此发行股票。

发行人应当在预先披露的招股说明书的显要位置声明："本公司的发行申请尚需经上海证券交易所和中国证监会履行相应程序。本招股说明书不具有据以发行股票的法律效力，仅供预先披露之用。投资者应当以正式公告的招股说明书作为投资决定的依据。"

第十七条 本所受理发行上市申请文件后十个工作日内，保荐人应当以电子文档形式报送保荐工作底稿和验证版招股说明书，供监管备查。

第三章 发行条件、上市条件的审核

第十八条 发行人申请股票首次发行上市的，应当符合中国证监会《注册办法》规定的发行条件。

第十九条 发行人应当结合科创板定位，就是否符合相关行业范围、依靠核心技术开展生产经营、具有较强成长性等事项，进行审慎评估；保荐人应当就发行人是否符合科创板定位进行专业判断。

本所在发行上市审核中，将关注发行人的评估是否客观，保荐人的判断是否合理，并可以根据需要就发行人是否符合科创板定位，向本所设立的科技创新咨询委员会提出咨询。

第二十条 本所对发行条件的审核，重点关注下列事项：

（一）发行人是否符合《注册办法》及中国证监会规定的发行条件；

（二）保荐人和律师事务所等证券服务机构出具的发行保荐书、法律意见书等文件中是否就发行人符合发行条件逐项发表明确意见，且具备充分的理由和依据。

本所对前款规定的事项存在疑问的，发行人应当按照本所要求作出解释说明，保荐人及证券服务机构应当进行核查，并相应修改发行上市申请文件。

第二十一条 本所在发行上市审核中，对发行条件具体审核标准等涉及中国证监会部门规章及规范性文件理解和适用的重大疑难问题、重大无先例情况以及其他需要中国证监会决定的事项，将及时请示中国证监会。

第二十二条 发行人申请股票首次发行上市的，应当符合《上海证券交易所科创板股票上市规则》规定的上市条件。

除本规则第二十三条、第二十四条规定的情形外，发行人申请股票首次发行上市的，应当至少符合下列上市标准中的一项，发行人的招股说明书和保荐人的上市保荐书应当明确说明所选择的具体上市标准：

（一）预计市值不低于人民币10亿元，最近两年净利润均为正且累计净利润不低于人民币5000万元，或者预计市值不低于人民币10亿元，最近一年净利润为正且营业收入不低于人民币1亿元；

（二）预计市值不低于人民币15亿元，最近一年营业收入不低于人民币2亿元，且最近三年累计研发投入占最近三年累计营业收入的比例不低于15%；

（三）预计市值不低于人民币20亿元，最近一年营业收入不低于人民币3亿元，且最近三年经营活动产生的现金流量净额累计不低于人民币1亿元；

（四）预计市值不低于人民币30亿元，且最近一年营业收入不低于人民币3亿元；

（五）预计市值不低于人民币40亿元，主要业务或产品需经国家有关部门批准，市场空间大，目前已取得阶段性成果。医药行业企业需至少有一项核心产品获准开展二期临床试验，其他符合科创板定位的企业需具备明显的技术优势并满足相应条件。

前款所称净利润以扣除非经常性损益前后的孰低者为准，所称净利润、营业收入、经营活动产生的现金流量净额均指经审计的数值。

本所可以根据市场情况，经中国证监会批准，对第二款规定的具体标准进行调整。

第二十三条 符合《国务院办公厅转发证监会关于开展创新企业境内发行股票或存托凭证试点若干意见的通知》（国办发〔2018〕21号）相关规定的红筹企业，可以申请发行股票或存托凭证并在科创板上市。

营业收入快速增长，拥有自主研发、国际领先技术，同行业竞争中处于相对优势地位的尚未在境外上市红筹企业，申请发行股票或存托凭证并在科创板上市的，市值及财务指标应当至少符合下列上市标准中的一项，发行人的招股说明书和保荐人的上市保荐书应当明确说明所选择的具体上市标准：

（一）预计市值不低于人民币100亿元；

（二）预计市值不低于人民币50亿元，且最近一年营业收入不低于人民币5亿元。

第二十四条　存在表决权差异安排的发行人申请股票或者存托凭证首次公开发行并在科创板上市的，其表决权安排等应当符合《上海证券交易所科创板股票上市规则》等规则的规定；发行人应当至少符合下列上市标准中的一项，发行人的招股说明书和保荐人的上市保荐书应当明确说明所选择的具体上市标准：

（一）预计市值不低于人民币100亿元；

（二）预计市值不低于人民币50亿元，且最近一年营业收入不低于人民币5亿元。

第二十五条　本所对上市条件的审核，重点关注下列事项：

（一）发行人是否符合本规则及本所相关规则规定的上市条件；

（二）保荐人和律师事务所等证券服务机构出具的上市保荐书、法律意见书等文件中是否就发行人选择的上市标准以及符合上市条件发表明确意见，且具备充分的理由和依据。

本所对前款规定的事项存在疑问的，发行人应当按照本所要求作出解释说明，保荐人及证券服务机构应当进行核查，并相应修改发行上市申请文件。

第二十六条　发行人存在实施员工持股计划、期权激励、整体变更前累计未弥补亏损等事项的处理，由本所另行规定。

第四章　信息披露的要求与审核

第一节　信息披露的要求

第二十七条　申请股票首次发行上市的，发行人及其控股股东、实际控制人、董事、监事和高级管理人员应当依法履行信息披露义务，保荐人、证券服务机构应当依法对发行人的信息披露进行核查把关。

第二十八条　发行人作为信息披露第一责任人，应当诚实守信，依法充分披露投资者作出价值判断和投资决策所必需的信息，保证发行上市申请文件和信息披露的真实、准确、完整，不得有虚假记载、误导性陈述或者重大遗漏。

发行人应当为保荐人、证券服务机构及时提供真实、准确、完整的业务运营、财务会计及其他资料，全面配合相关机构开展尽职调查和其他相关工作。

第二十九条　发行人的控股股东、实际控制人、董事、监事、高级管理人员等相关主体应当诚实守信，保证发行上市申请文件和信息披露的真实、准确、完整，依法作出并履行相关承诺，不得损害投资者合法权益。

前款规定的相关主体应当全面配合相关机构开展尽职调查和其他相关工作。发行人的控股股东、实际控制人不得指使或者协助发行人进行虚假记载、误导性陈述或者重大遗漏等违法违规行为。

第三十条　保荐人应当诚实守信、勤勉尽责，保证招股说明书及其出具发行保荐书、上市保荐书等文件的真实、准确、完整。

保荐人应当严格遵守依法制定的业务规则和行业自律规范的要求，严格执行内部控制制度，对发行上市申请文件进行全面核查验证，对发行人是否符合科创板定位、发行条件、上市条件和信息披露要求作出专业判断，审慎作出推荐决定。

第三十一条　会计师事务所、律师事务所等证券服务机构应当诚实守信、勤勉尽责，保证招股说明书中与其专业职责有关的内容及其出具文件的真实、准确、完整。

证券服务机构应当严格遵守依法制定的业务规则和行业自律规范，严格执行内部控制制度，对与其专业职责有关的业务事项进行核查验证，履行特别注意义务，审慎发表专业意见。

第二节　信息披露的审核

第三十二条　本所对发行上市申请文件进行审核，通过提出问题、回答问题等多种方式，督促发行人及其保荐人、证券服务机构完善信息披露，真实、准确、完整地披露信息，提高信息披露质量。

第三十三条　本所在信息披露审核中，重点关注发行人的信息披露是否达到真实、准确、完整的要求，是否符合招股说明书内容与格式准则的要求。

第三十四条　本所在信息披露审核中，重点关注发行上市申请文件及信息披露内容是否包含对投资者作出投资决策有重大影响的信息，披露程度是否达到投资者作出投资决策所必需的水平。包括但不限于是否充分、全面披露发行人业务、技术、财务、公司治理、投资者保护等方面的信息以及本次发行的情况，是否充分揭示可能对发行人经营状况、财务状况产生重大不利影响的所有因素。

第三十五条　本所在信息披露审核中，重点关注发行上市申请文件及信息披露内容是否一致、合理和具有内在逻辑性，包括但不限于财务数据是否勾稽合理，是否符合发行人实际情况，非财务信息与财务信息是否相互印证，保荐人、证券服务机构核查依据是否充分，能否对财务数据的变动或者与同行业公司存在的差异作出合理解释。

第三十六条 本所在信息披露审核中，重点关注发行上市申请文件披露的内容是否简明易懂，是否便于一般投资者阅读和理解。包括但不限于是否使用浅白语言，是否简明扼要、重点突出、逻辑清晰，是否结合企业自身特点进行有针对性的信息披露。

第三十七条 本所对发行上市申请文件的信息披露进行审核时，可以视情况在审核问询中对发行人、保荐人及证券服务机构，提出下列要求：

（一）解释和说明相关问题及原因；

（二）补充核查相关事项；

（三）补充提供新的证据或材料；

（四）修改或更新信息披露内容。

第五章 审核程序

第一节 审核机构审核

第三十八条 本所发行上市审核机构按照发行上市申请文件受理的先后顺序开始审核。

第三十九条 对股票首次发行上市申请，本所发行上市审核机构自受理之日起二十个工作日内，通过保荐人向发行人提出首轮审核问询。

在首轮审核问询发出前，发行人及其保荐人、证券服务机构及其相关人员不得与审核人员接触，不得以任何形式干扰审核工作。

第四十条 在首轮审核问询发出后，发行人及其保荐人对本所审核问询存在疑问的，可以通过本所发行上市审核业务系统进行沟通；确需当面沟通的，可以通过本所发行上市审核业务系统预约。

第四十一条 首轮审核问询后，存在下列情形之一的，本所发行上市审核机构收到发行人回复后十个工作日内可以继续提出审核问询：

（一）首轮审核问询后，发现新的需要问询事项；

（二）发行人及其保荐人、证券服务机构的回复未能有针对性地回答本所发行上市审核机构提出的审核问询，或者本所就其回复需要继续审核问询；

（三）发行人的信息披露仍未满足中国证监会和本所规定的要求；

（四）本所认为需要继续审核问询的其他情形。

第四十二条 发行人及其保荐人、证券服务机构应当按照本所发行上市审核机构审核问询要求进行必要的补充调查和核查，及时、逐项回复本所发行上市审核机构提出的审核问询，相应补充或者修改发行上市申请文件，并于上市委员会审议会议结束后十个工作日内汇总补充报送与审核问询回复相关的保荐工作底稿和更新后的验证版招股说明书。

发行人及其保荐人、证券服务机构对本所发行上市审核机构审核问询的回复是发行上市申请文件的组成部分，发行人及其保荐人、证券服务机构应当保证回复的真实、准确、完整，并在回复后及时在本所网站披露问询和回复的内容。

第四十三条 本所发行上市审核机构可以根据需要，就发行上市申请文件中与发行人业务与技术相关的问题，向本所科技创新咨询委员会进行咨询；科技创新咨询委员会所提出的咨询意见，可以供本所审核问询参考。

第四十四条 发行上市申请文件和对本所发行上市审核机构审核问询的回复中，拟披露的信息属于国家秘密、商业秘密，披露后可能导致其违反国家有关保密的法律法规或者严重损害公司利益的，发行人及其保荐人可以向本所申请豁免披露。本所认为豁免披露理由不成立的，发行人应当按照规定予以披露。

第四十五条 本所在发行上市审核中，可以根据需要，约见问询发行人的董事、监事、高级管理人员、控股股东、实际控制人以及保荐人、证券服务机构及其相关人员，调阅发行人、保荐人、证券服务机构与发行上市申请相关的资料。

第四十六条 本所依照相关规定，从发行上市申请已被本所受理的发行人中抽取一定比例，对其信息披露质量进行现场检查。

本所在发行上市审核中，发现发行上市申请文件存在重大疑问且发行人及其保荐人、证券服务机构回复中无法作出合理解释的，可以对发行人及其保荐人、证券服务机构进行现场检查。

第四十七条 本所发行上市审核机构收到发行人及其保荐人、证券服务机构对本所审核问询的回复后，认为不需要进一步审核问询的，将出具审核报告并提交上市委员会审议。

第四十八条 申请股票首次发行上市的，本所自受理发行上市申请文件之日起三个月内出具同意发行上市的审核意见或者作出终止发行上市审核的决定，但发行人及其保荐人、证券服务机构回复本所审核问询的时间不计算在内。发行人及其保荐人、证券服务机构回复本所审核问询的时间总计不超过三个月。

本规则规定的中止审核、请示有权机关、落实上市委员会意见、实施现场检查等情形，不计算在前款规定的时限内。

第四十九条 发行上市审核中，发行人回复本所审核问询或者发生其他情形，需要更新预先披露文件的，应当修改相关信息披露文件，并在本所发出上市委员会会议通知前，将修改后的招股说明书、发行保荐书、上市保荐书、审计报告和法律意见书等文件预先披露。

第二节 上市委员会审议

第五十条 上市委员会召开审议会议，对本所发行上市审核机构出具的审核报告及发行上市申请文件进行审议。

每次审议会议由五名委员参加，其中会计、法律专家至少各一名。

第五十一条 上市委员会进行审议时要求对发行人及其保荐人进行现场问询的，发行人代表及保荐代表人应当到会接受问询，回答委员提出的问题。

第五十二条 上市委员会审议时，参会委员就审核报告的内容和发行上市审核机构提出的初步审核意见发表意见，通过合议形成同意或者不同意发行上市的审议意见。

第五十三条 本所结合上市委员会的审议意见，出具同意发行上市的审核意见或者作出终止发行上市审核的决定。

上市委员会同意发行人发行上市，但要求发行人补充披露有关信息的，本所发行上市审核机构告知保荐人组织落实；发行上市审核机构对发行人及其保荐人、证券服务机构的落实情况予以核对，通报参会委员，无须再次提请上市委员会审议。发行人对相关事项补充披露后，本所出具同意发行上市的审核意见。

第三节 向证监会报送审核意见

第五十四条 本所审核通过的，向中国证监会报送同意发行上市的审核意见、相关审核资料和发行人的发行上市申请文件。

中国证监会要求本所进一步问询的，本所向发行人及保荐人、证券服务机构提出反馈问题。

中国证监会在注册程序中，决定退回本所补充审核的，本所发行上市审核机构对要求补充审核的事项重新审核，并提交上市委员会审议。本所审核通过的，重新向中国证监会报送审核意见及相关资料；审核不通过的，作出终止发行上市审核的决定。

第五十五条 发行人应当根据本所审核意见或者其他需要更新预先披露文件的情形，修改相关信息披露文件；本所向中国证监会报送同意发行上市的审核意见时，发行人应当将修改后的招股说明书、发行保荐书、上市保荐书、审计报告和法律意见书等文件在中国证监会网站和本所网站同步公开。

第五十六条 发行人在取得中国证监会同意注册决定后，启动股票公开发行前，应当在本所网站和中国证监会指定网站披露招股意向书。

第五十七条 发行价格确定后五个工作日内，发行人应当在本所网站和中国证监会指定网站刊登招股说明书，同时在中国证监会指定报刊刊登提示性公告，告知投资者网上刊登的地址及获取文件的途径。

招股说明书的有效期为六个月，自公开发行前最后一次签署之日起计算。发行人应当使用有效期内的招股说明书完成本次发行。

招股说明书中引用的财务报表在其最近一期截止日后六个月内有效。特别情况下发行人可以申请适当延长，延长至多不超过一个月。财务报表应当以年度末、半年度末或者季度末为截止日。

第四节 会后事项

第五十八条 本所受理发行上市申请后至股票上市交易前，发生重大事项的，发行人及其保荐人应当及时向本所报告，并按要求更新发行上市申请文件。发行人的保荐人、证券服务机构应当持续履行尽职调查职责，并向本所提交专项核查意见。

第五十九条 上市委员会审议会议后至股票上市交易前，发生重大事项，对发行人是否符合发行条件、上市条件或者信息披露要求产生重大影响的，发行上市审核机构经重新审核后决定是否重新提交上市委员会审议。

重新提交上市委员会审议的，应当向中国证监会报告，并按照本章的相关规定办理。

第六十条 中国证监会作出注册决定后至股票上市交易前，发生重大事项，可能导致发行人不符合发行条件、上市条件或者信息披露要求的，发行人应当暂停发行；已经发行的，暂缓上市。本所发现发行人存在上述情形的，有权要求发行人暂缓上市。

发行人及其保荐人应当将上述情况及时报告本所并作出公告，说明重大事项相关情况及发行人将暂停发行、暂缓上市。

本所经审核认为相关重大事项导致发行人不符合发行条件、上市条件或者信息披露要求的，将出具明确意见并向中国证监会报告。

第五节　复　　审

第六十一条　本所对发行上市申请不予受理或者终止审核的，发行人可以在收到本所相关文件后五个工作日内，向本所申请复审。但因发行人撤回发行上市申请或者保荐人撤回保荐终止审核的，发行人不得申请复审。

第六十二条　发行人根据前条规定申请复审的，应当向本所提交下列申请文件：

（一）复审申请书；

（二）保荐人就复审事项出具的意见书；

（三）律师事务所就复审事项出具的法律意见书；

（四）本所规定的其他文件。

第六十三条　本所收到复审申请后二十个工作日内，召开上市委员会复审会议。上市委员会复审期间，原决定的效力不受影响。

上市委员会复审会议认为申请复审理由成立的，本所对发行上市申请予以受理或者重新审核，审核时限自受理之日或重新审核之日起算，本所对审核时限另有规定的除外；复审会议认为申请复审理由不成立的，本所维持原决定。

本所因审核不通过作出终止发行上市审核的决定后，发行人提出异议申请复审的，参加上市委员会原审议会议的委员，不得参加本次复审会议。

第六章　审核中止与终止

第六十四条　出现下列情形之一的，发行人、保荐人和证券服务机构应当及时告知本所，本所将中止发行上市审核，通知发行人及其保荐人：

（一）发行人及其控股股东、实际控制人涉嫌贪污、贿赂、侵占财产、挪用财产或者破坏社会主义市场经济秩序的犯罪，或者涉嫌欺诈发行、重大信息披露违法或其他涉及国家安全、公共安全、生态安全、生产安全、公众健康安全等领域的重大违法行为，被立案调查或者被司法机关立案侦查，尚未结案；

（二）发行人的保荐人或者签字保荐代表人、证券服务机构或者相关签字人员因首次公开发行并上市、上市公司发行证券、并购重组业务涉嫌违法违规，或者其他业务涉嫌违法违规且对市场有重大影响被中国证监会立案调查，或者被司法机关侦查，尚未结案；

（三）发行人的保荐人、证券服务机构被中国证监会依法采取限制业务活动、责令停业整顿、指定其他机构托管或者接管等监管措施，尚未解除；

（四）发行人的签字保荐代表人、证券服务机构相关签字人员被中国证监会依法采取市场禁入、限制证券从业资格等监管措施，尚未解除；

（五）保荐人或者签字保荐代表人、证券服务机构或者相关签字人员，被本所实施一定期限内不接受其出具的相关文件的纪律处分，尚未解除；

（六）发行上市申请文件中记载的财务资料已过有效期，需要补充提交；

（七）发行人及保荐人主动要求中止审核，理由正当并经本所同意。

出现前款第一项至六项所列情形，发行人、保荐人和证券服务机构未及时告知本所，本所经核实符合中止审核情形的，将直接中止审核。

第六十五条 因前条第一款第二项至五项中止审核，发行人根据规定需要更换保荐人或者证券服务机构的，更换后的保荐人或者证券服务机构应当自中止审核之日起三个月内完成尽职调查，重新出具相关文件，并对原保荐人或者证券服务机构出具的文件进行复核，出具复核意见，对差异情况作出说明。发行人根据规定无需更换保荐人或者证券服务机构的，保荐人或者证券服务机构应当及时向本所出具复核报告。

因前条第一款第二项至五项中止审核，发行人更换签字保荐代表人或者证券服务机构相关签字人员的，更换后的保荐代表人或者证券服务机构相关人员应当自中止审核之日起一个月内，对原保荐代表人或者证券服务机构相关人员签字的文件进行复核，出具复核意见，对差异情况作出说明。

因前条第一款第六项、第七项中止审核的，发行人应当在中止审核后三个月内补充提交有效文件或者消除主动要求中止审核的相关情形。

第六十六条 本规则第六十四条第一款所列中止审核的情形消除或者在本规则第六十五条规定的时限内完成相关事项后，发行人、保荐人和证券服务机构应当及时告知本所。本所经审核确认后，恢复对发行人的发行上市审核，并通知发行人及其保荐人。

依照前款规定恢复审核的，审核时限自恢复审核之日起继续计算。但发行人对其财务报告期进行调整达到一个或一个以上会计年度的，审核时限自恢复审核之日起重新起算。

第六十七条　出现下列情形之一的，本所将终止发行上市审核，通知发行人及其保荐人：

（一）发行上市申请文件内容存在重大缺陷，严重影响投资者理解和本所审核；

（二）发行人撤回发行上市申请或者保荐人撤销保荐；

（三）发行人未在规定时限内回复本所审核问询或者未对发行上市申请文件作出解释说明、补充修改；

（四）发行上市申请文件被认定存在虚假记载、误导性陈述或者重大遗漏；

（五）发行人阻碍或者拒绝本所依法实施的检查；

（六）发行人及其关联方以不正当手段严重干扰本所发行上市审核工作；

（七）发行人的法人资格终止；

（八）本规则第六十四条第一款规定的中止审核情形未能在三个月内消除，或者未能在本规则第六十五条规定的时限内完成相关事项；

（九）本所审核不通过。

第七章　审核相关事项

第六十八条　本所受理发行上市申请后至股票上市交易前，发行人及其保荐人应当密切关注公共媒体关于发行人的重大报道、市场传闻。

相关报道、传闻与发行人信息披露存在重大差异，所涉事项可能对本次发行上市产生重大影响的，发行人及其保荐人应当向本所作出解释说明，并按规定履行信息披露义务；保荐人、证券服务机构应当进行必要的核查并将核查结果向本所报告。

第六十九条　本所受理发行上市申请后至股票上市交易前，本所收到与发行人本次发行上市相关的投诉举报的，可以就投诉举报涉及的事项向发行人及其保荐人、证券服务机构进行问询，要求发行人及其保荐人向本所作出解释说明，并按规定履行信息披露义务；要求保荐人、证券服务机构进行必要的核查并将核查结果向本所报告。

第七十条　发行人应当将信息披露文件刊登在本所网站，并按照规定在中国证监会指定网站刊登相关信息披露文件。发行人应当保证在中国证监会指定网站与在本所网站披露的相应文件内容完全一致。

发行人可以将信息披露文件刊登于其他报刊和网站，但披露内容应当完全一致，且披露时间不得早于本所网站和中国证监会指定报刊和网站的披露时间。

发行人不得以新闻发布或者答记者问等其他形式代替信息披露或者泄露未公开信息。

第七十一条　本所向市场公开发行上市审核工作的下列信息，接受社会监督：

（一）发行上市审核标准和审核程序等发行上市审核业务规则，以及相关监管问答；

（二）在审企业名单、企业基本信息及审核工作进度；

（三）本所审核问询和发行人及其保荐人、证券服务机构回复，但涉及国家秘密或者发行人商业秘密的除外；

（四）上市委员会会议的时间、参会委员名单、审议的发行人名单、审议结果及现场问询问题；

（五）本所对发行人及其控股股东、实际控制人、保荐人、证券服务机构及其相关人员采取的监管措施或者纪律处分；

（六）本所认为必要的其他信息。

第八章　自律管理

第七十二条　本所在发行上市审核中，可以根据本规则及本所相关规则采取下列监管措施：

（一）书面警示；

（二）监管谈话；

（三）要求限期改正；

（四）要求公开更正、澄清或者说明；

（五）要求限期参加培训或者考试；

（六）本所规定的其他监管措施。

第七十三条　本所在发行上市审核中，可以根据本规则及本所相关规则实施下列纪律处分：

（一）通报批评；

（二）公开谴责；

（三）六个月至五年内不接受发行人提交的发行上市申请文件；

（四）三个月至三年内不接受保荐人、证券服务机构提交的发行上市申请文件、信息披露文件；

（五）三个月至三年内不接受保荐代表人及保荐人其他相关人员、证券服务机构相关人员签字的发行上市申请文件、信息披露文件；

（六）公开认定发行人董事、监事、高级管理人员三年以上不适合担任上市公司董事、监事、高级管理人员；

（七）本所规定的其他纪律处分。

第七十四条　本规则第九条规定的主体出现下列情形之一的，本所可以视情节轻重采取书面警示、监管谈话、要求限期改正等监管措施，或者给予通报批评、公开谴责、三个月至一年内不接受保荐人、证券服务机构及相关人员提交的发行上市申请文件及信息披露文件、六个月至一年内不接受发行人提交的发行上市申请文件等纪律处分：

（一）制作、出具的发行上市申请文件不符合要求，或者擅自改动招股说明书等发行上市申请文件；

（二）发行上市申请文件、信息披露文件内容存在重大缺陷，严重影响投资者理解和本所审核；

（三）发行上市申请文件、信息披露文件未做到真实、准确、完整，但未达到虚假记载、误导性陈述和重大遗漏的程度；

（四）发行上市申请文件前后存在实质性差异且无合理理由；

（五）未在规定时限内回复本所审核问询，且未说明理由；

（六）未及时向本所报告相关重大事项或者未及时披露；

（七）本所认定的其他情形。

第七十五条　存在下列情形之一的，本所对发行人给予一年至五年内不接受其提交的发行上市申请文件的纪律处分：

（一）发行人向本所报送的发行上市申请文件、信息披露文件被认定存在虚假记载、误导性陈述或者重大遗漏；

（二）发行人拒绝、阻碍、逃避本所检查，谎报、隐匿、销毁相关证据材料；

（三）发行人及其关联方以不正当手段严重干扰本所发行上市审核工作；

（四）重大事项未向本所报告或者未披露；

（五）发行上市申请文件中发行人或者其董事、监事、高级管理人员、控股股东、实际控制人的签字、盖章系伪造、变造。

第七十六条 发行人的控股股东、实际控制人、董事、监事、高级管理人员违反本规则规定，致使发行人报送的发行上市申请文件、信息披露文件被认定存在虚假记载、误导性陈述或者重大遗漏的，本所可以视情节轻重对相关主体给予通报批评、公开谴责、公开认定三年以上不适合担任上市公司董事、监事、高级管理人员或者自确认之日起一年至五年内不接受控股股东、实际控制人及其控制的其他发行人提交的发行上市申请文件等纪律处分。

第七十七条 保荐人未勤勉尽责，致使发行上市申请文件、信息披露文件被认定存在虚假记载、误导性陈述或者重大遗漏的，本所视情节轻重，自确认之日起，可以对保荐人、保荐代表人及相关责任人员给予一年至三年内不接受其提交或签字的发行上市申请文件、信息披露文件的纪律处分。

证券服务机构未勤勉尽责，致使发行上市申请文件、信息披露文件中与其职责有关的内容及其所出具的文件被认定存在虚假记载、误导性陈述或者重大遗漏的，本所视情节轻重，自确认之日起，可以对相关机构及其责任人员给予三个月至三年内不接受其提交或签字的发行上市申请文件、信息披露文件的纪律处分。

保荐人、证券服务机构及其相关人员存在下列情形之一的，本所视情节轻重，可以给予三个月至三年内不接受其提交或者签字的发行上市申请文件、信息披露文件的纪律处分：

（一）伪造、变造发行上市申请文件中的签字、盖章；

（二）重大事项未报告或者未披露；

（三）以不正当手段干扰本所发行上市审核工作；

（四）内部控制、尽职调查等制度存在缺陷或者未有效执行；

（五）通过相关业务谋取不正当利益；

（六）不履行其他法定职责。

第七十八条 保荐人报送的发行上市申请在一年内累计两次被本所不予受理的，自第二次收到本所相关文件之日起三个月后，方可向本所报送新的发行上市申请。

本所审核不通过作出终止发行上市审核的决定或者中国证监会作出不予注册决定的，自决定作出之日起六个月后，发行人方可再次向本所提交发行上市申请。

第七十九条 发行人披露盈利预测的，利润实现数未达到盈利预测百分之八十的，除因不可抗力外，本所可以对发行人及其董事长、总经理、财务负责人给予通报批评、公开谴责或者一年内不接受发行人提交的发行上市申请文件的纪律处分；对签字保荐代表人给予通报批评、公开谴责或者三个月至一年内不接受其签字的发行上市申请文件、信息披露文件的纪律处分。

利润实现数未达到盈利预测百分之五十的，除因不可抗力外，本所可以对发行人及其董事长、总经理、财务负责人给予公开谴责或者三年内不接受发行人提交的发行上市申请文件的纪律处分；对签字保荐代表人给予公开谴责或者一年至二年内不接受其签字的发行上市申请文件、信息披露文件的纪律处分。

注册会计师在对前两款规定的盈利预测出具审核报告的过程中未勤勉尽责的，本所可以对签字注册会计师给予通报批评、公开谴责或者一年内不接受其签字的发行上市申请文件、信息披露文件的纪律处分。

第八十条 监管对象不服本所给予第七十三条第二项至六项的纪律处分决定的，可以按照《上海证券交易所复核实施办法》向本所提出复核申请。

第八十一条 本所建立发行人及其控股股东、实际控制人、董事、监事、高级管理人员以及保荐人、证券服务机构及其相关人员等机构和个人的诚信公示制度，对外公开本所采取的监管措施和纪律处分，记入诚信档案，并向中国证监会报告。

本所对保荐人、证券服务机构在科创板从事股票发行上市相关业务的执业质量进行定期评价，评价结果供发行上市审核参考。

第八十二条 本所在发行上市审核中，发现发行人及其控股股东、实际控制人、保荐人、证券服务机构及其相关人员涉嫌证券违法行为的，将依法报中国证监会查处。

第九章 附 则

第八十三条 本规则下列用语具有如下含义：

（一）营业收入：指公司利润表列报的营业收入；公司编制合并财务报表的为合并利润表列报的营业总收入。

（二）净利润：指公司利润表列报的净利润；公司编制合并财务报表的为合并利润表列报的归属于母公司所有者的净利润，不包括少数股东损益。

（三）经营活动产生的现金流量净额：指公司现金流量表列报的经营活动产生的现金流量净额；公司编制合并财务报表的为合并现金流量表列报的经

营活动产生的现金流量净额。

（四）预计市值：指股票公开发行后按照总股本乘以发行价格计算出来的发行人股票名义总价值。

（五）红筹企业：指注册地在境外、主要经营活动在境内的企业。

（六）表决权差异安排：指发行人按照《中华人民共和国公司法》第一百三十一条的规定，在一般规定的普通股份之外，发行拥有特别表决权的股份。每一特别表决权的股份拥有的表决权数量大于每一普通股份拥有的表决权数量，其他股东权利与普通股份相同。

（七）验证版招股说明书：指在招股说明书中标示出重要的披露内容对应保荐工作底稿依据的招股说明书版本。

第八十四条 本规则经本所理事会审议通过，报中国证监会批准后生效，修改时亦同。

第八十五条 本规则由本所负责解释。

第八十六条 本规则自发布之日起施行。

《上海证券交易所科创板股票上市委员会管理办法》解读

上海证券交易所此前也设有上市委员会，其审核的对象是：（1）股票、企业债券、公司债券、证券投资基金份额的首次上市；（2）股票、企业债券、公司债券、可转换公司债券的暂停上市与恢复上市；（3）股票、企业债券、公司债券、可转换公司债券、证券投资基金份额的终止上市，但因债券到期而终止上市的除外；（4）上交所审核的其他证券上市、暂停上市、恢复上市及终止上市。但由于主板实行的是证券公开发行核准制，证券公开发行审核权在于中国证监会（及中国证监会发行审核委员会），因此上海证券交易所的上市委员会的作用不够显著。

上海证券交易所设立科创板并试点注册制后，为了更好地履行注册和审核职责，保证试点审核工作的公开、公平和公正，提升审核工作专业性、权威性和公信力，抵制科层制下上级官员的说情压力，上海证券交易所设立了科创板股票上市委员会（以下简称上市委）。

在试点过程中，上交所层面的发行上市审核职责将由上交所发行上市审核机构（以下简称审核机构）与上市委共同承担。审核机构承担主要审核职责，提出明确的审核意见。上市委侧重于通过审议会议等形式，审议交易所审核机构提出的审核报告，发挥监督制衡作用。

《上海证券交易所科创板股票上市委员会管理办法》明确了上市委运行机制：

一是在人员构成上，注重专业性与独立性。上市委主要由本所以外专家和本所相关专业人员共30～40人组成，专业上主要包括会计、法律专业人士，来源上包括市场人士和监管机构人员。

二是在工作职责上，突出监督与把关。上市委审议会议对审核机构出具的审核报告及发行上市申请文件进行审议，参会委员就审核报告内容和审核机构是否同意发行上市的初步建议发表意见，全面、充分讨论，形成合议意见。

三是在工作程序上，强调公正、勤勉。上市委相关制度依照公开、公正的原则，对委员选聘、参会委员抽选、会议通知、回避要求、审议机制、审议工作监督等，作出全面、细致的安排，确保上市委切实履行职责。

值得关注的是，科创板上市委有任期届数的限制。《上海证券交易所科创板股票上市委员会管理办法》第十条第一款规定：“上市委委员每届任期二年，可以连任，但最长不超过两届；上市委委员担任本所相关职务的，其任职期限可以与职务任期保持一致。”而主板上市委、科创板咨询委、科创板自律委均没有任期届数的限制，① 这可能是因为科创板上市委的权力较大，而主板上市委、科创板咨询委、科创板自律委的权力较小。

在以信息披露为中心的发行上市审核理念下，交易所上市审核机构审核、上市委审议、证监会发行注册三个环节职责的有效配置，既要发挥各自的功能优势，有机衔接，又要合理分工，避免不必要的重复审核。按照相关制度规定，审核企业是否符合发行条件、上市条件和信息披露要求，由交易所审核机构承担主体责任，提出初步审核意见，把好第一道关口。上市委需要对交易所审核机构提出的审核报告和初步审核意见进行审议，重点从审核机构的审核问询是否有重大遗漏、发行人及中介机构的回复是否充分、审核机构初步意见的形成过程和判断依据是否合理，相关信息披露文件是否有利于市

① 《上海证券交易所证券上市审核实施细则》第七条规定：“上市委员会委员每届任期2年，任期届满，可以连任。本所根据需要，可以调整委员每届任期和任职届数。”

场判断和投资者决策等角度，发挥把关和监督作用。在对交易所审核报告和初步审核意见进行审议中，参与审核的上市委委员对招股说明书等信息披露文件也会进行审阅，提出需要问询发行人和中介机构、提交上市委会议讨论的问题，但需要避免对发行人信息披露文件进行不必要的全面重复性审核。

科创板上市委的审议会议，将按照现有规则规定组织召开。每次审议会议由5名委员组成，召集人采取轮值制度，委员按抽签确定，并需满足相关专业和界别结构要求。上市委审议会议召开前，参会委员撰写委员工作底稿，并根据需要提交拟向发行人问询的问题。审议会议的主要议程包括审核人员汇报审核情况和初步审核意见、委员发表意见、委员讨论形成合议意见等主要环节。上市委审议会议可根据情况，要求发行人和保荐人进行现场问询。上市委审议会议将形成审议意见并经参会委员现场确认，上市委问询问题和审议结果将及时向市场公告。

上海证券交易所关于发布《上海证券交易所科创板股票上市委员会管理办法》的通知

（2019年3月1日　上证发〔2019〕19号）

各市场参与人：

为了规范上海证券交易所（以下简称本所）科创板股票发行上市审核工作，提高本所科创板股票上市委员会的工作质量和透明度，确保科创板股票上市委员会规范、公平、高效地运行，根据《科创板首次公开发行股票注册管理办法（试行）》等有关规定，本所制定了《上海证券交易所科创板股票上市委员会管理办法》（详见附件），经中国证监会批准，现予以发布，并自发布之日起施行。

特此通知。

附件：上海证券交易所科创板股票上市委员会管理办法

上海证券交易所科创板股票上市委员会管理办法

第一章　总　　则

第一条　为了规范上海证券交易所（以下简称本所）科创板股票发行上

市审核工作，提高本所科创板股票上市委员会（以下简称上市委）的工作质量和透明度，根据《科创板首次公开发行股票注册管理办法（试行）》等有关规定，制定本办法。

第二条 上市委参与科创板股票发行上市审核工作，适用本办法。

前款所称参与科创板股票发行上市审核工作包括：

（一）对本所发行上市审核机构提交的审核报告和发行上市申请文件进行审议；

（二）对发行人提出异议的本所不予受理、终止审核决定进行复审；

（三）对本所发行上市审核工作提供咨询；

（四）本所规定的其他职责。

第三条 上市委依照法律、行政法规、中国证监会规定、本办法以及本所相关规定，独立履行职责，不受任何机构和个人的干扰。

第四条 上市委通过上市委工作会议（以下简称上市委会议）的形式履行职责。上市委会议以合议方式进行审议和复审，通过集体讨论，形成合议意见。

第五条 本所负责上市委事务的日常管理，为上市委及委员履行职责提供必要的条件和便利，对上市委及委员的工作进行考核和监督。

第二章 人员组成与任期

第六条 上市委委员主要由本所以外的专家和本所相关专业人员组成，由本所聘任。

第七条 上市委由三十至四十名委员组成。

本所可以根据需要对上市委委员人数和人员构成进行调整。

第八条 上市委委员应当符合下列条件：

（一）具有较高的政治思想素质、理论水平和道德修养；

（二）坚持原则，公正廉洁，忠于职守，严格遵守法律、行政法规、部门规章和本所及相关自律组织的业务规则；

（三）熟悉股票发行上市相关业务及有关证券法律、行政法规、部门规章和本所业务规则；

（四）熟悉所从事行业的专业知识，在所从事领域内有较高声誉；

（五）没有违法、违规记录以及严重不良诚信记录；

（六）本所认为必要的其他条件。

第九条 本所按照下列程序聘任上市委委员：

（一）本所提请相关单位推荐上市委委员人选；

（二）本所将委员人选名单在本所网站公示，公示期不少于五个工作日；

（三）公示期满后，本所总经理办公会议根据委员选任条件进行遴选，拟定拟聘任委员名单后提交理事会审定；

（四）本所作出聘任决定，接受聘任的委员按照本所规定签署履职相关承诺。

第十条 上市委委员每届任期二年，可以连任，但最长不超过两届；上市委委员担任本所相关职务的，其任职期限可以与职务任期保持一致。

委员任期届满的，由本所予以续聘或者更换。

本所根据需要，可以调整委员每届任期年限和连续任职期限。

第十一条 上市委委员有下列情形之一的，本所予以解聘：

（一）不符合本办法第八条规定的条件；

（二）存在不遵守回避制度、利用委员身份开展商业活动等违反工作纪律的行为；

（三）未勤勉尽责，不符合本所考核要求；

（四）本人提出辞职申请；

（五）所在单位或者推荐其担任委员的机构提请解聘，经本所研究认为不适合担任上市委委员的；

（六）两次以上无故不参加上市委会议；

（七）本所认为不适合担任上市委委员的其他情形。

上市委委员的解聘不受任期是否届满的限制。上市委委员解聘后，本所将及时选聘新的上市委委员。

第三章 职　　责

第十二条 上市委履行以下职责：

（一）对本所发行上市审核机构出具的审核报告以及发行上市申请文件进行审议，就发行上市审核机构提出的初步审核意见，提出审议意见；

（二）对发行人提出异议的本所不予受理、终止审核决定进行复审，提出复审意见；

（三）对本所发行上市审核机构及相关部门提交咨询的事项进行讨论，提出咨询意见；

（四）对上市委年度工作进行讨论、研究；

（五）本所规定的其他职责。

第十三条 上市委委员履行以下职责：

（一）保证足够的时间和精力参与上市委的工作，勤勉尽责；

（二）按时出席上市委会议，独立、客观、公正地发表意见；

（三）及时向本所报告影响或可能影响其公正履职的有关事项；

（四）遵守本所上市委有关规则和纪律要求，接受本所的考核和监督，签署并遵守其履职承诺；

（五）本所规定的其他职责。

第十四条 上市委委员应当亲自出席会议，不得委托他人代为出席。

上市委委员因回避、不可抗力、意外事件或者其他特殊情形不能亲自出席会议的，应当提前通知上市委秘书处。本所可根据情况对参会委员或会议安排等做相应调整。

第十五条 上市委委员审议股票发行上市事宜时，有下列情形之一的，应当回避：

（一）上市委委员或者其亲属近两年内担任发行人或其控股股东、实际控制人或者保荐人的董事、监事、高级管理人员；

（二）上市委委员或者其亲属、上市委委员所在工作单位与发行人或者保荐人存在股权关系，可能影响其公正履行职责；

（三）上市委委员或者其亲属、上市委委员所在工作单位近两年内为发行人提供保荐、承销、审计、评估、法律、咨询等服务，可能影响其公正履行职责；

（四）上市委委员或者其亲属担任董事、监事、高级管理人员的公司与发行人存在行业竞争关系，或者与发行人或保荐人有利害关系，经认定可能影响其公正履行职责；

（五）上市委会议召开前，与发行人、保荐人及其他相关单位或者个人进行过接触，可能影响其公正履行职责；

（六）本所认定的可能产生利害冲突或者上市委委员认为可能影响其公正履行职责的其他情形。

前款所称亲属，包括上市委委员的配偶、父母、子女、兄弟姐妹、配偶的父母、子女的配偶、兄弟姐妹的配偶。

第十六条 本所设立上市委秘书处，作为上市委的办事机构，负责处理下列具体事务：

（一）选定上市委委员参加会议，安排会议场地及设施，通知参会人员，送达会议材料等；

（二）维护会场秩序，负责上市委会议录音录像，记录会议讨论情况，起草会议纪要；

（三）在本所网站发布上市委会议有关信息，对有关文件资料进行存档；

（四）落实上市委委员遴选、聘任、解聘、换届等工作；

（五）负责委员的联络沟通、服务保障、考核监督等日常工作；

（六）上市委要求办理的其他事项。

第四章　上市委会议

第一节　审议会议

第十七条　上市委以召开审议会议的形式履行职责。

审议会议由会议召集人负责召集，组织委员发表意见和讨论，主持形成合议意见。

第十八条　本所根据发行上市审核工作进度，安排上市委审议会议，确定会议召开时间。

第十九条　每次审议会议由五名委员参加，法律、会计专家至少各一名。

会议召开前，本所依照公平公正的原则抽选参会委员。抽选的委员因回避等事由无法参会的，可以抽选其他委员补足。

第二十条　上市委秘书处于审议会议召开七个工作日前，将下列材料以电子文档的形式发送给拟参会委员。

（一）会议时间、地点、拟审议发行人名单等；

（二）发行上市审核机构出具的审核报告；

（三）发行上市申请文件、审核问询以及回复；

（四）本所认为需要提交上市委审议的其他材料。

第二十一条　本所于会议召开七个工作日前，公布审议会议的时间、拟参会委员名单、审议会议涉及的发行人名单等，同时通知发行人及其保荐人。

因不可抗力、意外事件或者其他特殊情形，导致审议会议无法按照原定安排召开的，本所可以取消会议或者另行安排，并在本所网站公布。本所将及时通知上市委委员、发行人及其保荐人。

因不可抗力、意外事件或者其他特殊情形，导致某项发行上市申请无法在该次会议审议的，本所在本所网站予以公布，并及时通知上市委委员、发行人及其保荐人。

第二十二条 上市委委员收到会议通知后，确认出席会议的，应当签署《声明与承诺函》，并于会议召开前提交上市委秘书处。

委员因回避、不可抗力、意外事件或者其他特殊情形不能亲自出席会议的，应当于审议会议召开五个工作日前将《回避或缺席申请》提交上市委秘书处。

第二十三条 拟参会委员应当于审议会议召开四个工作日前，将拟提问询问题提交上市委秘书处。

上市委秘书处应当于审议会议召开三个工作日前，将问询问题告知发行人及其保荐人。

第二十四条 发行人、保荐人及其他相关单位和个人认为拟参会委员与审议事项存在利害冲突或者潜在利害冲突，可能影响委员独立、客观、公正履行职责的，应当于会议召开五个工作日前向本所提出要求有关委员予以回避的书面申请，并充分说明委员回避的理由。

第二十五条 本所收到拟参会委员《回避或缺席申请》或者发行人、保荐人、其他相关单位和个人要求委员回避的书面申请的，本所将进行核实；经核实理由成立的，该委员应当回避，本所将及时告知申请人。

上市委委员、发行人、保荐人及其他相关单位和个人未在规定时间内向本所提交有关回避申请，但上市委委员存在应当回避情形的，本所可以决定相关委员回避。

因回避或者缺席导致参会委员人数不符合规定的，本所将安排其他委员参加会议，并及时公告；难以及时安排其他委员参加会议的，本所可以取消该次审议会议。

第二十六条 审议会议召开前，参会委员不得私自与本次审议事项相关的发行人、保荐人或者其他相关单位和个人进行接触。

发行人、保荐人、其他相关单位和个人，不得直接或者间接以不正当手段影响上市委委员的专业判断，或者以其他方式干扰上市委委员审议。

第二十七条 审议会议召开时，会议召集人负责主持会议，确认应当参会的委员全部到场后，宣读会议纪律、注意事项和拟审议事项。

第二十八条 本所发行上市审核机构的审核人员就提交审议的审核报告和初步审核意见向上市委进行汇报。

第二十九条 审核人员汇报完毕后，参会委员应当根据《委员工作底稿》，就审核报告的内容和发行上市审核机构提出的初步审核意见发表意见，可以要求审核人员就有关问题进行解释说明。

第三十条 审议会议过程中，参会委员可以在拟提出问询问题的范围内，向发行人代表及保荐代表人询问并要求其回答。

第三十一条 会议召集人根据参会委员的意见及讨论情况进行总结，经合议，按少数服从多数的原则形成审议意见。

审议会议应当全程录音录像，形成会议纪要，并由参会委员签字确认。

本所于审议会议结束当日，在本所网站公布审议意见及问询问题。

第三十二条 参会委员应当于审议会议结束时当场向上市委秘书处提交《委员工作底稿》，列明关注的主要问题、对中介机构履职情况的意见和建议等内容。《委员工作底稿》的内容不得与其在审议会议上的审议情况不一致。

第三十三条 审议意见为同意发行上市的，本所结合审议意见，向中国证监会报送同意发行上市的审核意见及发行上市申请文件，并通知发行人及其保荐人。

第三十四条 审议意见为同意发行上市，但要求发行人补充披露有关信息或者要求保荐人、证券服务机构补充核查的，由本所发行上市审核机构通知保荐人组织落实。

发行人补充披露或保荐人、证券服务机构补充核查后，本所发行上市审核机构将有关落实情况通报参会委员，无须再次提请上市委审议。本所结合审议意见，向中国证监会报送同意发行上市的审核意见及发行上市申请文件，并通知发行人及其保荐人。

第三十五条 审议意见为不同意发行上市的，本所结合审议意见，作出终止发行上市审核的决定。

第三十六条 审议会议召开前，发生重大事项，对发行人是否符合发行条件、上市条件或者信息披露要求产生重大影响的，本所可以取消该次审议会议，并在上述事项处理完毕后再行召开审议会议。

上市委审议会议后至股票上市交易前发生重大事项，对发行人是否符合发行条件、上市条件或者信息披露要求产生重大影响的，经本所发行上市审核机构重新审核后，可以再次提请上市委审议。

第二节 复审会议、咨询会议和全体会议

第三十七条 发行人对本所不予受理、终止审核的决定提出异议的，上市委召开会议进行复审。

复审会议由会议召集人负责召集，组织委员发表意见和讨论，主持形成合议意见。

上市委复审期间，原决定的效力不受影响。

第三十八条 发行人向上市委申请复审的，应当自收到本所相关决定之日起五个工作日内，向本所提交下列申请文件：

（一）复审申请书；

（二）保荐人就复审事项出具的意见书；

（三）律师事务所就复审事项出具的法律意见书；

（四）本所规定的其他文件。

第三十九条 本所收到复审申请二十个工作日内组织召开复审会议。参加复审会议的委员人数及组成、回避情形、会议程序、会议记录等参照审议会议相关规定执行。

本所审核不通过并作出终止发行上市审核的决定后，发行人提出异议进行复审的，参加上市委员会原审议会议的委员，不得参加本次复审会议。

复审会议可与审议会议一并召开。

第四十条 上市委秘书处应当于复审会议召开五个工作日前，将发行人的复审申请、本所作出的相关决定以及发行上市申请文件等相关材料以电子文档形式发送给参会委员，并通知发行人及其保荐人。

第四十一条 复审会议认为申请复审理由成立的，本所作出予以受理或重新审核的决定；复审会议认为申请复审理由不成立的，本所维持原决定，并通知发行人及其保荐人。

本所于会议结束当日，在本所网站公布复审结果。

第四十二条 本所不定期召开上市委咨询会议，对本所发行上市审核机构及相关部门提交咨询的下列事项进行研究、讨论：

（一）发行上市审核中具有共性的新情况、新问题；

（二）发行上市审核业务规则中需要修订增补的内容；

（三）市场关注度较高的发行上市审核相关问题；

（四）其他需要研究讨论的发行上市审核相关事项。

第四十三条 上市委每年至少召开一次全体会议，就下列事项进行讨论：

（一）上市委当年工作总结；

（二）对本所发行上市审核工作的意见和建议；

（三）对本所发行上市审核机构及相关部门提交的其他事项进行研究、讨论。

全体会议应当由上市委二分之一以上的委员出席。

第五章 上市委审议工作监督

第四十四条 上市委委员参加会议，应当遵守下列规定：

（一）按时参加上市委会议，遵守会议纪律，并在审核工作中勤勉尽责；

（二）保守国家秘密、发行人的商业秘密；

（三）妥善保管会议材料和系统电子密钥，不得泄露上市委会议材料及会议讨论内容、合议情况及其他有关情况，不得将电子密钥出借给他人使用；

（四）不得利用上市委委员身份开展商业活动，或者利用在履行职责时所得到的非公开信息，为本人或者他人直接或者间接谋取利益；

（五）不得与发行人有利害关系，不得直接或者间接接受发行人、保荐人及其他相关单位和个人提供的资金、物品等馈赠和其他利益，不得私下与发行人、保荐人及其他相关单位和个人进行接触；

（六）独立、客观、公正地发表意见，不得串通发表意见；

（七）在规定时间内提交《声明与承诺》《回避或缺席申请》《委员工作底稿》等材料，不得拖延、在会议现场或经由他人提出回避申请；

（八）本所其他有关规定。

上市委委员为兼职委员的，受聘时应当向本所报告本人及其配偶、父母、子女、子女的配偶持有的股票情况；受聘期间上述主体不得买入或者受让股票，不得持有所审议、复审发行人的股票，卖出其持有的其他股票应当在转让后二个工作日内向本所备案。上市委委员为专职委员的，执行本所从业人员禁止买卖股票的规定。

第四十五条 发行人聘请的保荐人、证券服务机构有义务督促发行人遵守本所有关规定。保荐人、证券服务机构唆使、协助或者参与干扰上市委工作的，本所可以按照相关规定进行处理。

第四十六条 本所对上市委委员进行考核监督。

上市委委员违反本办法相关规定的，本所可以根据情节轻重对有关委员进行谈话提醒、批评或者予以解聘。

第四十七条 本所建立对上市委委员的举报监督机制。上市委委员涉嫌违反本办法或者本所其他相关规定的，本所可以进行调查，并根据调查结果对有关委员进行谈话提醒、批评或者予以解聘。涉嫌违法的，本所向中国证监会报告。

第四十八条 本所可以将上市委委员批评及予以解聘的相关信息公开，并报告中国证监会，通报有关自律组织。

第六章 附 则

第四十九条 本办法由本所理事会审议通过，报中国证监会批准后生效，修改时亦同。

第五十条 本办法由本所负责解释。

第五十一条 本办法自发布之日起施行。

《上海证券交易所科技创新咨询委员会工作规则》解读

上海证券交易所设立了科技创新咨询委员会（以下简称咨询委员会），主要是为科创板相关工作提供专业咨询、政策建议，推动科创板建设，促进科创板制度设计完善。

科创企业处于科技前沿，专业性较强，更新迭代和发展变化快，为更准确地把握科创企业的行业特点，咨询委员会将根据上交所上市推广及发行上市审核工作的需要，提供专业咨询意见。

《上海证券交易所科技创新咨询委员会工作规则》规定了咨询委员会运作机制：

一是在人员构成上，突出专业性和代表性。咨询委员会由40～60名从事科技创新行业的权威专家、知名企业家、资深投资专家组成，并根据行业划分为多个咨询小组。咨询委委员由上交所选聘，并可商请有关部委、单位及相关科研院校与行业协会推荐委员人选。

二是在工作职责上，定位于专家咨询机构，重在提供专业咨询意见和建议。咨询委员会将根据本所工作需要，在上市推广相关工作中，就企业是否具有科创企业属性、是否符合技术发展趋势，提供咨询意见；在发行上市审核相关工作中，就发行人披露的行业现状、技术水平和发展前景涉及的专业性、技术性问题，对审核问询提供意见和建议。

三是在履职方式上，保持适当的灵活性。上交所通过召开会议、书面函件等方式，就具体咨询事项向相关行业委员进行咨询。

为了咨询委员会公正履职，上交所还建立了回避制度。

上海证券交易所关于发布《上海证券交易所科技创新咨询委员会工作规则》的通知

（2019 年 3 月 1 日　上证发〔2019〕20 号）

各市场参与人：

为了促进上海证券交易所（以下简称本所）科创板建设和股票发行上市工作，规范科技创新咨询委员会运作，根据《关于在上海证券交易所设立科创板并试点注册制的实施意见》《科创板首次公开发行股票注册管理办法（试行）》等有关规定，本所制定了《上海证券交易所科技创新咨询委员会工作规则》（详见附件），经中国证监会批准，现予以发布，并自发布之日起施行。

特此通知。

附件：上海证券交易所科技创新咨询委员会工作规则

上海证券交易所科技创新咨询委员会工作规则

第一章　总　　则

第一条　为了促进上海证券交易所（以下简称本所）科创板建设和股票发行上市工作，根据《关于在上海证券交易所设立科创板并试点注册制的实施意见》《科创板首次公开发行股票注册管理办法（试行）》等有关规定，本所设立科技创新咨询委员会（以下简称咨询委员会），并制定本规则。

第二条　咨询委员会是本所专家咨询机构，负责向本所提供专业咨询、人员培训和政策建议。

第三条 本所负责咨询委员会的日常事务和具体运作，为咨询委员会及委员履行职责提供必要的条件和便利，并对委员的工作进行考核和监督。

第二章 委员构成与选聘

第四条 咨询委员会委员共四十至六十名，由从事科技创新行业的权威专家、知名企业家、资深投资专家组成，所有委员均为兼职。

根据科技创新企业行业相关性，咨询委员会中设立不同咨询组别。

本所可以根据需要对咨询委员会委员人数和人员构成进行调整。

第五条 咨询委员会委员由本所按照依法、公开、择优的原则予以选聘。

本所可以商请有关部委、科研院校、行业协会等单位推荐委员人选。

第六条 咨询委员会委员应当符合下列条件：

（一）严格遵守国家法律法规，坚持原则，公正廉洁，恪守职业道德和诚信准则，没有严重不良诚信记录；

（二）从事科技创新行业的科学研究、企业经营、投资管理、政策制定等相关工作，熟悉相关方面的产业政策、前沿技术、发展前景、竞争态势等，在所在领域取得突出成就，享有较高社会声望；

（三）愿意且保证认真参与咨询委员会工作；

（四）本所认为需要符合的其他条件。

第七条 咨询委员会委员每届任期两年，可以连任。

第八条 咨询委员会委员有下列情形之一的，本所予以解聘：

（一）违反法律、行政法规、中国证监会和本所相关规定；

（二）未按照本所的相关规定勤勉履职；

（三）本人提出辞职申请；

（四）本所认为不适合继续担任委员的其他情形。

咨询委员会委员被解聘后，本所可以根据工作需要选聘新的咨询委员会委员。

第三章 工作职责与机制

第九条 咨询委员会就下列事项提供咨询意见：

（一）本所科创板的定位以及发行人是否具备科技创新属性、符合科创板定位；

（二）本所《科创板企业上市推荐指引》等相关规则的制定；

（三）发行上市申请文件中与发行人业务和技术相关的问题；

（四）国内外科技创新及产业化应用的发展动态；

（五）本所根据工作需要提请咨询的其他事项。

第十条 咨询委员会委员应当遵守下列规定：

（一）保证足够的时间和精力参与咨询委员会工作，勤勉尽责、诚实守信；

（二）保守在参与咨询委员会工作中获取的国家秘密、商业秘密和内幕信息，不得向任何第三方泄露工作相关内容；

（三）提供咨询意见的事项与自身利益相关或者可能存在利益冲突的，应当及时提出回避；

（四）不得利用咨询委员会委员身份谋取不正当利益或者进行业务宣传，不得接受咨询事项所涉企业的馈赠或者存在有损其公正履职的其他行为；

（五）与委员履行职责相关的其他规定。

第十一条 本所根据工作需要向咨询委员会委员进行咨询的，应当提出具体咨询事项，并通过召开会议、书面函件等方式，向咨询事项涉及的相关行业委员进行咨询。

咨询委员会委员应当结合自身专长和所从事工作，认真阅研本所提出的咨询事项以及相关材料，以个人身份独立、客观、公正地提供咨询意见。

第十二条 咨询委员会委员提供咨询意见，有下列情形之一的，应当回避：

（一）咨询委员会委员或者其亲属近两年内担任发行人或其控股股东、实际控制人或者保荐人的董事、监事、高级管理人员；

（二）咨询委员会委员或者其亲属、咨询委员会委员所在工作单位与发行人或者保荐人存在股权关系，可能影响其公正履行职责；

（三）咨询委员会委员或者其亲属、咨询委员会委员所在工作单位近两年内与发行人存在业务往来，可能影响其公正履行职责；

（四）咨询委员会委员或者其亲属担任董事、监事、高级管理人员的公司与发行人存在行业竞争关系，或者与发行人或保荐人有利害关系，经认定可能影响其公正履行职责；

（五）咨询委员会委员提供咨询意见前，与发行人、保荐人及其他相关单位或者个人进行过接触，可能影响其公正履行职责；

（六）本所认定的可能产生利害冲突或者咨询委员会委员认为可能影响其

公正履行职责的其他情形。

前款所称亲属，包括咨询委员会委员的配偶、父母、子女、兄弟姐妹、配偶的父母、子女的配偶、兄弟姐妹的配偶。

第十三条　咨询委员会委员收到本所具体咨询事项后，发现其存在前条规定的回避情形的，应当及时告知咨询委员会秘书处，并提交书面回避申请。

发行人、保荐人及其他相关单位和个人认为咨询委员会委员存在本规则第十二条规定的回避情形的，应当及时向本所提出要求有关委员回避的书面申请，并说明理由。

第十四条　收到咨询委员会委员回避申请或者发行人、保荐人、其他相关单位和个人要求有关委员回避的书面申请后，本所将进行核实；经核实理由成立的，本所不向有关委员进行咨询。

咨询委员会委员、发行人、保荐人及其他相关单位和个人未向本所提出回避申请，但咨询委员会委员存在回避情形的，本所可以决定有关委员回避。

咨询委员会委员存在回避情形但未回避的，本所将根据本规则第八条的规定解聘有关委员。委员由相关单位推荐的，本所将解聘情况通报其推荐单位。

第十五条　本所设立咨询委员会秘书处，负责处理下列事务：

（一）落实咨询委员会委员遴选、聘任、解聘、换届等工作；

（二）处理向咨询委员会委员进行咨询的相关工作，及时收集委员的咨询意见；

（三）组织召开咨询委员会相关会议，记录会议讨论情况；

（四）负责委员的联络沟通、服务保障、考核监督等日常工作；

（五）本所或者咨询委员会要求办理的其他事项。

第十六条　咨询委员会每年至少召开一次全体会议，总结委员会年度工作情况，提出委员会工作计划和意见建议。

第四章　附　　则

第十七条　本规则由本所理事会审议通过，报中国证监会批准后生效，修改时亦同。

第十八条　本规则由本所负责解释。

第十九条　本规则自发布之日起施行。

《上海证券交易所科创板股票公开发行自律委员会工作规则》解读

按照设立科创板并试点注册制总体工作部署，在中国证监会指导支持下，上海证券交易所组建了三个委员会：科创板股票上市委员会（以下简称上市委员会）、咨询委员会、公开发行自律委员会（以下简称自律委员会），以切实发挥“三委”在推进科创板建设和试点注册制工作中的重要作用。

上海证券交易所设立自律委员会，主要是为了落实《实施意见》提出的“构建科创板股票市场化发行承销机制”要求，保障科创板股票发行与承销工作平稳有序，以发挥行业自律作用，引导形成良好稳定预期。

自律委员会由35名委员组成，包括34名市场机构委员和1名上交所委员，其中，市场机构委员由股票市场买方、卖方各17家市场机构组成，均为股票发行一级市场主要参与主体。

自律委员会的职责包括：（1）分析和评估科创板市场当前和今后一段时期的供需状况；（2）根据评估情况，对如何有效保持市场供需平衡以及今后一段时期的股票发行审核工作提出意见和建议；（3）对科创板发行与承销的相关政策和运行机制提供咨询意见；（4）以适当方式回应市场关于科创板股票发行工作的问题和建议；（5）上交所业务规则规定或者上交所提请办理的其他事项。

上海证券交易所关于发布《上海证券交易所科创板股票公开发行自律委员会工作规则》的通知

（2019年4月4日　上证发〔2019〕41号）

各市场参与人：

为了规范科创板股票发行活动，引导市场形成良好稳定预期，保障科创板稳定健康发展，保护投资者合法权益，上海证券交易所（以下简称本所）

设立科创板股票公开发行自律委员会，并制定了《上海证券交易所科创板股票公开发行自律委员会工作规则》（详见附件）。上述规则已经第一届科创板股票公开发行自律委员会讨论和本所理事会审议通过，现予以发布，并自发布之日起施行。

特此通知。

附件：上海证券交易所科创板股票公开发行自律委员会工作规则

上海证券交易所科创板股票公开发行自律委员会工作规则

第一条 为了规范科创板股票发行活动，引导市场形成良好稳定预期，保障科创板稳定健康发展，保护投资者合法权益，上海证券交易所（以下简称本所）设立科创板股票公开发行自律委员会（以下简称自律委员会）。

第二条 自律委员会是由科创板股票发行一级市场主要参与主体组成的咨询和议事机构，负责就科创板股票发行相关政策制定提供咨询意见、对股票发行和承销等事宜提出行业倡导建议。

第三条 自律委员会通过自律委员会工作会议的形式履行职责。工作会议以合议方式开展集体讨论，形成合议意见。

第四条 本所负责自律委员会事务的日常管理，为自律委员会及委员履行职责提供必要的条件和便利，对自律委员会的工作进行监督。

第五条 自律委员会委员共35名，由市场机构委员和本所委员组成。

市场机构委员由科创板股票一级市场买卖双方共34家机构组成。

本所可以根据市场情况适当增补自律委员会委员。

第六条 自律委员会市场机构委员由本所按照依法、公开、择优的原则聘任。

买方市场机构委员从股票市场投资规模居前的公募基金、社保基金、养老金、企业年金基金和保险资金等投资机构中产生。

卖方市场机构委员从股票发行家数、募资金额与研究力量等方面居前的证券公司以及本所会员理事、会员监事中产生。

第七条 自律委员会委员每届任期2年，可以连任。

第八条 自律委员会设主任委员一名，副主任委员若干名，由市场机构委员担任。

第九条 自律委员会市场机构委员指定的代表应当符合以下条件：

（一）坚持原则，公正廉洁，忠于职守，严格遵守法律、行政法规、部门规章和本所及相关自律组织的业务规则；

（二）熟悉或者长期从事股票一、二级市场业务；

（三）愿意且保证认真参与自律委员会工作；

（四）本所认为需要符合的其他条件。

市场机构委员指定的代表不符合履职要求的，应当按照本所要求及时更换委员代表。

本所委员代表由本所指定相关负责人担任。

第十条 自律委员会市场机构委员有下列情形之一的，本所可以终止其委员资格，并选聘新的市场机构委员：

（一）不再符合本规则规定的聘任条件；

（二）自行提出不再担任委员；

（三）不能正常履行委员职责，并对本所市场造成严重影响；

（四）指派的委员代表不符合规定，且拒不改派；

（五）委员有重大违法行为或者严重违反本所业务规则的行为；

（六）本所认为不适合继续担任委员的其他情形。

第十一条 自律委员会的职责包括：

（一）分析和评估科创板市场当前和今后一段时期的供需状况；

（二）根据评估情况，对如何有效保持市场供需平衡以及今后一段时期的股票发行审核工作提出意见和建议；

（三）对科创板发行与承销的相关政策和运行机制提供咨询意见；

（四）以适当方式回应市场关于科创板股票发行工作的问题和建议；

（五）本所业务规则规定或者本所提请办理的其他事项。

第十二条 自律委员会委员及其指派的代表应当遵守以下规定：

（一）保证足够的时间和精力参与自律委员会工作，勤勉尽职；

（二）按时出席自律委员会会议，独立、客观、公正地发表意见；

（三）遵守自律委员会的会议决议与倡导建议；

（四）保守在参与自律委员会工作中获取的国家秘密、商业秘密和内幕信息，不向任何第三方泄露工作相关内容；

（五）不得利用自律委员会委员身份进行宣传；

（六）与自律委员会履行职责相关的其他规定。

第十三条 自律委员会在本所发行承销业务管理部门设立秘书处，负责处理下列具体事务：

（一）落实自律委员会委员遴选、聘任、解聘、换届等工作；

（二）组织委员会工作会议，安排会议场地及设施，通知参会人员，送达会议材料；

（三）维护会场秩序，记录会议讨论情况，发布会议公告；

（四）负责委员联络沟通、服务保障等日常工作；

（五）本所或者自律委员会要求办理的其他事项。

秘书处工作人员由本所指派人员担任。

第十四条 自律委员会每半年召开一次定期工作会议。根据需要，可以召开临时工作会议。

第十五条 自律委员会每年召开一次年度工作会议，就下列事项进行讨论：

（一）自律委员会当年工作总结；

（二）自律委员会下年工作计划；

（三）对本所提交的其他事项进行研究、讨论。

第十六条 出席定期工作会议、临时工作会议和年度工作会议的委员应当不少于委员总数的三分之二，买方市场机构委员和卖方市场机构委员的参会人数应当均不少于参会总人数的三分之一。

委员指派的代表因故不能出席的，应当指定其受托代表出席、代为履行全部职责，并在出席会议前及时告知秘书处相关情况。

本所理事会可以根据需要指派人员列席自律委员会工作会议。

第十七条 自律委员会会议由自律委员会主任委员或其授权的副主任委员担任会议召集人，组织委员发表意见和讨论。

会议讨论结束后，会议召集人根据参会委员的意见及讨论情况进行总结，经合议形成会议决议。

参会委员对会议形成的会议决议持不同意见的，应提交书面资料至秘书处存档。

第十八条 自律委员会委员应当自觉遵守和执行自律委员会会议形成的会议决议。

本所可以根据需要，将自律委员会会议形成的会议决议以适当方式向行业公布，并对其执行情况予以监督。

第十九条 自律委员会委员及其指派的代表应当妥善保管会议材料，并对会议情况负有保密义务，不得以任何形式泄露自律委员会会议的会议材料、讨论内容、决议及其他有关信息。

第二十条 本规则经自律委员会讨论和本所理事会审议通过后生效，修改时亦同。

第二十一条 本规则由本所负责解释。

第二十二条 本规则自发布之日起施行。

《上海证券交易所科创板上市保荐书内容与格式指引》解读

上市保荐书是上市申请文件的必备文件，是保荐机构推荐发行人证券发行上市的文件。

《证券发行上市保荐业务管理办法》规定，保荐机构推荐发行人发行证券，应当向中国证监会提交发行保荐书、保荐代表人专项授权书以及中国证监会要求的其他与保荐业务有关的文件。保荐机构推荐发行人证券上市，应当向证券交易所提交上市保荐书以及证券交易所要求的其他与保荐业务有关的文件，并报中国证监会备案。这是在核准制下，在发行审核与上市审核分离的情况下所作的规定。科创板实施发行审核与上市审核合二为一后，也就将发行保荐书和上市保荐书合并为上市保荐书了，不再要求单独提交发行保荐书，而此时的上市保荐书显然也不同于在核准制下，在发行审核与上市审核分离的情况下的上市保荐书了，其涵盖的内容要广得多。

需要关注的是《上海证券交易所科创板上市保荐书内容与格式指引》（以下简称《上市保荐书指引》）规定的以下重要条款：

《上市保荐书指引》第十一条规定，保荐人应当说明针对发行人是否符合科创板定位所作出的专业判断以及相应理由和依据，并说明保荐人的核查内容和核查过程。

《上市保荐书指引》第十二条规定，保荐人应当逐项说明发行人是否符合《上海证券交易所科创板股票上市规则》规定的上市条件，并明确说明发行人所选择的具体上市标准，详细载明得出每项结论的查证过程及事实依据。对于市值指标，保荐人应当结合发行人报告期外部股权融资情况、可比公司在境内外市场的估值情况等进行说明。发行人为红筹企业的，保荐人应当说明发行人的投资者权益保护水平、特别披露事项、重大交易决策程序等是否符合《上海证券交易所科创板股票上市规则》的相关规定。发行人具有表决权差异安排的，保荐人应当说明发行人有关表决权差异安排的主要内容、相关风险及对公司治理的影响，以及依法落实保护投资者合法权益的各项措施，相关安排是否符合《上海证券交易所科创板股票上市规则》的相关规定。

《上市保荐书指引》第十五条规定，保荐人报送上市保荐书后，发行人情况发生重大变化并影响本次证券上市条件的，保荐人应当及时对上市保荐书进行补充、更新。发行人发行完成后，保荐人应当结合发行情况更新上市保荐书，就市值及财务指标等是否符合选定的上市标准发表明确结论意见，并将更新后的上市保荐书提交本所。

上述条款都是根据科创板的特殊性而做出的新安排。

上海证券交易所关于发布《上海证券交易所科创板上市保荐书内容与格式指引》的通知

（2019年3月1日　上证发〔2019〕24号）

各市场参与人：

为了规范上海证券交易所（以下简称本所）科创板上市保荐书的编制和报送行为，加强证券发行上市的信息披露，提高保荐人及其保荐代表人的执业水准，根据《中华人民共和国证券法》《证券发行上市保荐业务管理办法》《科创板首次公开发行股票注册管理办法（试行）》和《上海证券交易所科创板股票发行上市审核规则》等有关规定，本所制定了《上海证券交易所科创板上市保荐书内容与格式指引》（详见附件），现予以发布，并自发布之日起施行。

特此通知。

附件：上海证券交易所科创板上市保荐书内容与格式指引

上海证券交易所科创板上市保荐书内容与格式指引

第一条 为了规范上海证券交易所（以下简称本所）科创板上市保荐书的编制和报送行为，加强证券发行上市的信息披露，提高保荐人及其保荐代表人的执业水准，根据《中华人民共和国证券法》（以下简称《证券法》）、《证券发行上市保荐业务管理办法》《科创板首次公开发行股票注册管理办法（试行）》和《上海证券交易所科创板股票发行上市审核规则》等规定，制定本指引。

第二条 发行人申请首次公开发行股票并在科创板上市的，所聘请的保荐人应当按照本指引的要求出具上市保荐书。

第三条 上市保荐书开头部分应当载明，保荐人及其保荐代表人已根据《中华人民共和国公司法》（以下简称《公司法》）、《证券法》等法律法规和中国证监会及本所的有关规定，诚实守信，勤勉尽责，严格按照依法制定的业务规则和行业自律规范出具上市保荐书，并保证所出具文件真实、准确、完整。

第四条 保荐人应当简述发行人基本情况，包括发行人名称、注册地及注册时间、联系方式、主营业务、核心技术、研发水平、主要经营和财务数据及指标、发行人存在的主要风险等内容。

第五条 保荐人应当简述发行人本次发行情况，包括证券种类、发行数量、发行方式等内容。

第六条 保荐人应当简述本次证券发行上市的保荐代表人、协办人及项目组其他成员情况，包括人员姓名、保荐业务执业情况等内容。

第七条 保荐人应当详细说明发行人与保荐人是否存在下列情形：

（一）保荐人或其控股股东、实际控制人、重要关联方持有或者通过参与本次发行战略配售持有发行人或其控股股东、实际控制人、重要关联方股份的情况；

（二）发行人或其控股股东、实际控制人、重要关联方持有保荐人或其控股股东、实际控制人、重要关联方股份的情况；

（三）保荐人的保荐代表人及其配偶，董事、监事、高级管理人员，持有发行人或其控股股东、实际控制人及重要关联方股份，以及在发行人或其控股股东、实际控制人及重要关联方任职的情况；

（四）保荐人的控股股东、实际控制人、重要关联方与发行人控股股东、实际控制人、重要关联方相互提供担保或者融资等情况；

（五）保荐人与发行人之间的其他关联关系。

存在上述情形的，应当重点说明其对保荐人及其保荐代表人公正履行保荐职责可能产生的影响。

第八条 保荐人应当承诺已按照法律法规和中国证监会及本所的相关规定，对发行人及其控股股东、实际控制人进行了尽职调查、审慎核查，充分了解发行人经营状况及其面临的风险和问题，履行了相应的内部审核程序。

保荐人应当对本次证券发行上市发表明确的推荐结论，并具备相应的保荐工作底稿支持。

第九条 保荐人应当在上市保荐书中就《证券发行上市保荐业务管理办法》第二十九条所列相关事项作出承诺。

第十条 保荐人应当简要说明发行人是否已就本次证券发行上市履行了《公司法》《证券法》和中国证监会及本所规定的决策程序。

第十一条 保荐人应当说明针对发行人是否符合科创板定位所作出的专业判断以及相应理由和依据，并说明保荐人的核查内容和核查过程。

第十二条 保荐人应当逐项说明发行人是否符合《上海证券交易所科创板股票上市规则》规定的上市条件，并明确说明发行人所选择的具体上市标准，详细载明得出每项结论的查证过程及事实依据。对于市值指标，保荐人应当结合发行人报告期外部股权融资情况、可比公司在境内外市场的估值情况等进行说明。

发行人为红筹企业的，保荐人应当说明发行人的投资者权益保护水平、特别披露事项、重大交易决策程序等是否符合《上海证券交易所科创板股票上市规则》的相关规定。

发行人具有表决权差异安排的，保荐人应当说明发行人有关表决权差异安排的主要内容、相关风险及对公司治理的影响，以及依法落实保护投资者合法权益的各项措施，相关安排是否符合《上海证券交易所科创板股票上市规则》的相关规定。

第十三条 保荐人应当说明对发行人证券上市后持续督导工作的具体安排，包括持续督导事项、持续督导期限、持续督导计划等内容。

第十四条 本指引的规定是对上市保荐书内容的最低要求。不论本指引是否有明确规定，凡对本次证券发行上市有重大影响的事项，均应当说明。

第十五条 保荐人报送上市保荐书后，发行人情况发生重大变化并影响本次证券上市条件的，保荐人应当及时对上市保荐书进行补充、更新。

发行人发行完成后，保荐人应当结合发行情况更新上市保荐书，就市值及财务指标等是否符合选定的上市标准发表明确结论意见，并将更新后的上市保荐书提交本所。

第十六条 上市保荐书应当由保荐人法定代表人、保荐业务负责人、内核负责人、保荐代表人和项目协办人签字，加盖保荐人公章并注明签署日期。

第十七条 本指引由本所负责解释。

第十八条 本指引自发布之日起施行。

《上海证券交易所科创板股票发行上市申请文件受理指引》解读

《上海证券交易所科创板股票发行上市申请文件受理指引》是对《注册管理办法》《审核规则》的细化，它规定了科创板股票发行上市申请文件具体的受理业务指南。本指引有三大鲜明特色：

一是电子化。发行人应当通过保荐人向上海证券交易所发行上市审核业务系统提交电子版申请文件，申请文件应当与书面原件一致。保荐人应当于受理后十个工作日内，按照上海证券交易所规定的途径以电子文档形式向本所报送保荐工作底稿和验证版招股说明书，供监管备查。

二是加强了约束。相关申请文件应由两名保荐代表人签字。每名保荐代表人可在科创板同时负责两家在审企业，但存在下列情形之一的，仅可在科创板负责一家在审企业：(1) 最近三年内有过违规记录，包括被中国证监会采取过监管措施、受到过证券交易所公开谴责或中国证券业协会自律处分；(2) 最近三年内未曾担任过已完成的首发、再融资项目签字保荐代表人。申请一经受理，发行人及其控股股东、实际控制人、董事、监事和高级管理人员，以及与本次股票发行上市相关的保荐人、证券服务机构及其相关人员即须承担相应的法律责任。保荐人提交的发行上市申请在十二个月内累计二次被上海证券交易所不予受理的，上海证券交易所自第二次作出不予受理决定之日起三个月内不再受理该保荐人报送的发行上市申请。

三是一次性提出全部补正要求。即存在特定情形的，上海证券交易所向保荐人发出补正通知，一次性提出全部补正要求，发行人应当予以补正，补正时限最长不超过三十个工作日。

同时需要关注预披露要求：申请文件符合要求的，上海证券交易所作出予以受理的决定，出具受理通知。受理当日，发行人申请文件中的招股说明书、发行保荐书、上市保荐书、审计报告和法律意见书等文件应当在本所网站预先披露。

下列细节条款也需要注意：

1. 会计师事务所、律师事务所要加盖总所公章，不能以分所公章代替。
2. 相关文件因无法提供原件而提供复印件的，应由律师提供鉴证意见。

上海证券交易所关于发布《上海证券交易所科创板股票发行上市申请文件受理指引》的通知

（2019 年 3 月 1 日　上证发〔2019〕25 号）

各市场参与人：

为了促进上海证券交易所（以下简称本所）科创板建设和股票发行上市工作，规范科创板股票的发行上市申请与受理，维护审核工作秩序，根据《科创板首次公开发行股票注册管理办法（试行）》《上海证券交易所科创板股票发行上市审核规则》等有关规定，本所制定了《上海证券交易所科创板股票发行上市申请文件受理指引》（详见附件），现予以发布，并自发布之日起施行。

特此通知。

附件：上海证券交易所科创板股票发行上市申请文件受理指引

上海证券交易所科创板股票发行上市申请文件受理指引

第一条　为了提高上海证券交易所（以下简称本所）科创板股票发行上市审核效率，维护审核工作秩序，依据《科创板首次公开发行股票注册管理办法

(试行)》《上海证券交易所科创板股票发行上市审核规则》制定本指引。

第二条 发行人及保荐人应当按照中国证监会及本所相关规定报送发行上市申请文件（以下简称申请文件）。

第三条 发行人应当通过保荐人向本所发行上市审核业务系统提交电子版申请文件，申请文件应当与书面原件一致。

相关申请文件应由两名保荐代表人签字。每名保荐代表人可在科创板同时负责两家在审企业，但存在下列情形之一的，仅可在科创板负责一家在审企业：

（一）最近三年内有过违规记录，包括被中国证监会采取过监管措施、受到过证券交易所公开谴责或中国证券业协会自律处分；

（二）最近三年内未曾担任过已完成的首发、再融资项目签字保荐代表人。

申报项目时，保荐人应针对签字保荐代表人申报的在审企业家数及是否存在前款第一项、第二项情况做出说明与承诺。

第四条 本所收到申请文件后，对申请文件进行核对，并在五个工作日内作出受理或者不予受理的决定。

第五条 存在下列情形的，本所向保荐人发出补正通知，一次性提出全部补正要求，发行人应当予以补正，补正时限最长不超过三十个工作日：

（一）申请文件与中国证监会及本所规定的文件目录不相符；

（二）申请文件目录中的文件名称与文件本身内容不相符；

（三）不适用申请文件目录情况的说明与提交的申请文件不一致；

（四）申请文件无法打开或读取；

（五）文档字体排版等格式不符合中国证监会和本所的相关规定；

（六）申请文件签字处缺少本人亲笔签字，或者签字不清晰；

（七）申请文件盖章处未加盖公章，印章不清晰，或者公章上的名称与应盖章机构的名称不一致；

（八）会计师事务所、律师事务所未加盖总所公章；

（九）相关文件因无法提供原件而提供复印件的，未由律师提供鉴证意见；

（十）申请文件中保荐人、证券服务机构及相关人员的证照文件不齐全；

（十一）招股说明书中引用的财务报表未在六个月有效期内；

（十二）本所认定应当补正的其他情形。

第六条 发行人补正申请文件的，本所收到申请文件的时间以发行人完成全部补正要求的时间为准。

第七条　本所作出受理或不予受理的决定前，发行人要求撤回申请的，应当提交撤回申请并说明撤回理由。

第八条　申请文件符合要求的，本所作出予以受理的决定，出具受理通知。受理当日，发行人申请文件中的招股说明书、发行保荐书、上市保荐书、审计报告和法律意见书等文件应当在本所网站预先披露。

申请一经受理，发行人及其控股股东、实际控制人、董事、监事和高级管理人员，以及与本次股票发行上市相关的保荐人、证券服务机构及其相关人员即须承担相应的法律责任。

未经本所同意，不得对申请文件进行更改。

第九条　保荐人应当于受理后十个工作日内，按照本所规定的途径以电子文档形式向本所报送保荐工作底稿和验证版招股说明书，供监管备查。

第十条　存在下列情形之一的，本所作出不予受理的决定，出具不予受理通知：

（一）招股说明书、发行保荐书、上市保荐书等申请文件不齐备且未按要求补正。

（二）保荐人、证券服务机构及其相关人员不具备相关资质；或者因证券违法违规被采取限制资格、限制业务活动、一定期限内不接受其出具的相关文件等相关措施尚未解除；或者因首次公开发行并上市、上市公司发行证券、并购重组业务涉嫌违法违规，或者其他业务涉嫌违法违规且对市场有重大影响被立案调查、侦查，尚未结案。

第十一条　保荐人提交的发行上市申请在十二个月内累计二次被本所不予受理的，本所自第二次作出不予受理决定之日起三个月内不再受理该保荐人报送的发行上市申请。

第十二条　本所受理发行人的申请文件，并不表明申请文件符合法定要求，也不表明本所同意发行人的发行上市申请。

第十三条　本指引由本所负责解释。

第十四条　本指引自发布之日起施行。

《上海证券交易所科创板企业上市推荐指引》解读

《上海证券交易所科创板企业上市推荐指引》要求保荐机构把握好科创板的战略定位要求，优先推荐符合科创板战略定位要求的企业。本指引要求保荐机构应当准确把握科创板定位，切实履行勤勉尽责要求，做好推荐企业是否符合科创板定位的核查论证工作，就企业是否符合相关行业范围、依靠核心技术开展生产经营、具有较强成长性等事项进行专业判断，审慎作出推荐决定，并就企业符合科创板定位出具专项意见。本指引规定了保荐机构在推荐和论证过程中需要重点关注的事项。

本指引还明确了保荐机构可以重点推荐的六大领域，即新一代信息技术领域、高端装备领域、新材料领域、新能源领域、节能环保领域、生物医药领域。同时，还明确了保荐机构不得推荐的领域、行业的企业，包括国家产业政策明确抑制行业的企业，危害“五大安全”（即国家安全、公共安全、生态安全、生产安全、公众健康安全）的企业。

上海证券交易所关于发布《上海证券交易所科创板企业上市推荐指引》的通知

（2019 年 3 月 3 日　上证发〔2019〕30 号）

各市场参与人：

为了促进上海证券交易所（以下简称本所）科创板建设，规范和引导保荐机构准确把握科创板定位，做好科创板企业上市推荐工作，根据《关于在上海证券交易所设立科创板并试点注册制的实施意见》《科创板首次公开发行股票注册管理办法（试行）》《证券发行上市保荐业务管理办法》《上海证券交易所科创板股票发行上市审核规则》等有关规定，本所制定了《上海证券交易所科创板企业上市推荐指引》（详见附件），现予以发布，并自发布之日起施行。

特此通知。

附件：上海证券交易所科创板企业上市推荐指引

上海证券交易所科创板企业上市推荐指引

第一条 为了规范和引导保荐机构准确把握科创板定位，做好科创板企业上市推荐工作，根据《关于在上海证券交易所设立科创板并试点注册制的实施意见》（以下简称《实施意见》）《科创板首次公开发行股票注册管理办法（试行）》（以下简称《注册管理办法》）《证券发行上市保荐业务管理办法》《上海证券交易所科创板股票发行上市审核规则》（以下简称《审核规则》）等有关规定，制定本指引。

第二条 保荐机构应当基于科创板定位，推荐企业在科创板发行上市。保荐机构在把握科创板定位时，应当遵循下列原则：

（一）坚持面向世界科技前沿、面向经济主战场、面向国家重大需求；

（二）尊重科技创新规律和企业发展规律；

（三）处理好科技创新企业当前现实和科创板建设目标的关系；

（四）处理好优先推荐科创板重点支持的企业与兼顾科创板包容的企业之间的关系。

第三条 保荐机构应当按照《实施意见》《注册管理办法》《审核规则》明确的科创板定位要求，优先推荐下列企业：

（一）符合国家战略、突破关键核心技术、市场认可度高的科技创新企业；

（二）属于新一代信息技术、高端装备、新材料、新能源、节能环保以及生物医药等高新技术产业和战略性新兴产业的科技创新企业；

（三）互联网、大数据、云计算、人工智能和制造业深度融合的科技创新企业。

保荐机构在优先推荐前款规定企业的同时，可以按照本指引的要求，推荐其他具有较强科技创新能力的企业。

第四条 保荐机构应当准确把握科创板定位，切实履行勤勉尽责要求，做好推荐企业是否符合科创板定位的核查论证工作，就企业是否符合相关行业范围、依靠核心技术开展生产经营、具有较强成长性等事项进行专业判断，审慎作出推荐决定，并就企业符合科创板定位出具专项意见。

第五条 保荐机构应当准确把握科技创新企业的运行特点，充分评估企业科技创新能力，重点关注以下事项：

（一）是否掌握具有自主知识产权的核心技术，核心技术是否权属清晰、是否国内或国际领先、是否成熟或者存在快速迭代的风险；

（二）是否拥有高效的研发体系，是否具备持续创新能力，是否具备突破关键核心技术的基础和潜力，包括但不限于研发管理情况、研发人员数量、研发团队构成及核心研发人员背景情况、研发投入情况、研发设备情况、技术储备情况；

（三）是否拥有市场认可的研发成果，包括但不限于与主营业务相关的发明专利、软件著作权及新药批件情况，独立或牵头承担重大科研项目情况，主持或参与制定国家标准、行业标准情况，获得国家科学技术奖项及行业权威奖项情况；

（四）是否具有相对竞争优势，包括但不限于所处行业市场空间和技术壁垒情况，行业地位及主要竞争对手情况，技术优势及可持续性情况，核心经营团队和技术团队竞争力情况；

（五）是否具备技术成果有效转化为经营成果的条件，是否形成有利于企业持续经营的商业模式，是否依靠核心技术形成较强成长性，包括但不限于技术应用情况、市场拓展情况、主要客户构成情况、营业收入规模及增长情况、产品或服务盈利情况；

（六）是否服务于经济高质量发展，是否服务于创新驱动发展战略、可持续发展战略、军民融合发展战略等国家战略，是否服务于供给侧结构性改革。

保荐机构应当在《关于发行人符合科创板定位要求的专项意见》中披露相关核查过程、依据和结论。

第六条 保荐机构应当准确把握科技创新的发展趋势，重点推荐下列领域的科技创新企业：

（一）新一代信息技术领域，主要包括半导体和集成电路、电子信息、下一代信息网络、人工智能、大数据、云计算、新兴软件、互联网、物联网和智能硬件等；

（二）高端装备领域，主要包括智能制造、航空航天、先进轨道交通、海洋工程装备及相关技术服务等；

（三）新材料领域，主要包括先进钢铁材料、先进有色金属材料、先进石化化工新材料、先进无机非金属材料、高性能复合材料、前沿新材料及相关技术服务等；

（四）新能源领域，主要包括先进核电、大型风电、高效光电光热、高效储能及相关技术服务等；

（五）节能环保领域，主要包括高效节能产品及设备、先进环保技术装备、先进环保产品、资源循环利用、新能源汽车整车、新能源汽车关键零部件、动力电池及相关技术服务等；

（六）生物医药领域，主要包括生物制品、高端化学药、高端医疗设备与器械及相关技术服务等；

（七）符合科创板定位的其他领域。

第七条 保荐机构不得推荐国家产业政策明确抑制行业的企业，不得推荐危害国家安全、公共安全、生态安全、生产安全、公众健康安全的企业。

第八条 保荐机构关于科创板定位的核查论证工作将作为上海证券交易所（以下简称本所）对保荐机构和保荐代表人执业质量考核的依据。

第九条 本所基于科创板定位开展发行上市审核工作，结合保荐机构出具的专项意见，对企业是否符合科创板定位予以充分关注。

第十条 本所可以根据国家经济发展战略和产业政策导向，对本指引所列重点推荐领域以及重点关注事项等进行调整。

第十一条 本指引由本所负责解释。

第十二条 本指引自发布之日起施行。

《保荐人通过上海证券交易所科创板股票发行上市审核系统办理业务指南》解读

《注册管理办法》第三十三条规定："中国证监会与交易所建立全流程电子化审核注册系统，实现电子化受理、审核，以及发行注册各环节实时信息共享，并满足依法向社会公开相关信息的需要。"

《审核规则》第七条规定："本所发行上市审核实行电子化审核，申请、受理、问询、回复等事项通过本所发行上市审核业务系统办理。"

《公开发行证券的公司信息披露内容与格式准则第42号——首次公开发行股票并在科创板上市申请文件》第二条也规定："申请在中华人民共和国境

内首次公开发行股票并在科创板上市的公司（以下简称发行人）应按本准则的要求制作申请文件，并通过上海证券交易所（以下简称交易所）发行上市审核业务系统报送电子文件。报送的电子文件应和预留原件一致。发行人律师应对报送的电子文件与预留原件的一致性出具鉴证意见。报送的电子文件和预留原件具有同等的法律效力。”

实施电子化审核，有利于提高审核效率，减轻企业负担。为落实上述规定，2019年3月15日，上交所发布《保荐人通过上海证券交易所科创板股票发行上市审核系统办理业务指南》。

科创板发行上市审核实行电子化审核，发行人和保荐人应注意相关细节要求与风险。为了规范保荐人通过上海证券交易所科创板股票发行上市审核系统办理业务的行为，本指南对电子化审核的细节和操作问题进行了规范。

发行人及其保荐人、证券服务机构应当按照科创板相关规则的要求准备发行上市申请文件、办理相关事项，并遵守本指南的规定，由保荐人通过科创板股票发行上市审核系统进行相关发行上市申请业务操作。具体包括提交申请文件、收阅问询函、提交问询回复及补充或修改后的申请文件、申请信息披露豁免、预先披露申请文件、咨询与预约沟通、申请中止或恢复审核、报送会后事项以及撤回发行上市申请等事项。

保荐人应安排专人对系统中在办业务进行跟踪，包括及时收阅系统信息及函件、查看项目进度和公告通知、提醒相关人员及时处理待办任务、遵守审核时限等事项，并及时协调发行人、相关证券服务机构配合做好相关发行上市审核工作。

保荐人应认真阅读本所发布的《科创板股票发行上市审核系统操作手册》，熟练掌握系统的操作事项，对于操作不当等影响审核进程事项造成的后果应自行承担责任。

保荐人应提前向上证所信息网络有限公司申请相关数字证书（以下简称EKey）。EKey是保荐人通过系统办理发行上市申请业务的唯一身份证明，保荐人应自行承担不当使用、丢失等造成的法律责任。

上海证券交易所关于发布《保荐人通过上海证券交易所科创板股票发行上市审核系统办理业务指南》的通知

（2019 年 3 月 15 日　上证函〔2019〕436 号）

各市场参与人：

为了规范保荐人通过上海证券交易所（以下简称本所）科创板股票发行上市审核系统办理业务的行为，根据《上海证券交易所科创板股票发行上市审核规则》等有关规定，本所制定了《保荐人通过上海证券交易所科创板股票发行上市审核系统办理业务指南》，现予以发布，并自发布之日起施行。

上述指南全文可至本所官方网站（http://www. sse. com. cn）“设立科创板并试点注册制专栏”查询。

特此通知。

附件：保荐人通过上海证券交易所科创板股票发行上市审核系统办理业务指南

保荐人通过上海证券交易所科创板股票发行上市审核系统办理业务指南

第一章　一般要求

第一条　为了方便并规范发行人及其保荐人办理科创板股票发行上市申请业务，上海证券交易所（以下简称本所）根据《关于在上海证券交易所设立科创板并试点注册制的实施意见》《科创板首次公开发行股票注册管理办法（试行）》《上海证券交易所科创板股票发行上市审核规则》（以下简称《审核规则》）《上海证券交易所科创板股票上市委员会管理办法》等有关规定（以下统称科创板相关规则），制定本指南。

第二条　科创板发行上市审核实行电子化审核。发行人及其保荐人、证券服务机构应当按照科创板相关规则的要求准备发行上市申请文件（以下简称申请文件）、办理相关事项，并遵守本指南的规定，由保荐人通过科创板股票发行上市审核系统（以下简称系统）进行相关发行上市申请业务操作。具体包括提交申请文件、收阅问询函、提交问询回复及补充或修改后的申请文件、申请信息披露豁免、预先披露申请文件、咨询与预约沟通、申请中止或恢复审核、报送会后事项以及撤回发行上市申请等事项。

第三条 对于保荐人通过系统提交的相关文件或信息，本所视为已经发行人授权同意且保荐人、相关证券服务机构已进行了全面的核查验证。发行人及其控股股东、实际控制人、董事、监事和高级管理人员、以及保荐人、证券服务机构及其相关人员应当依法承担相应的法律责任。

第四条 保荐人应安排专人对系统中在办业务进行跟踪，包括及时收阅系统信息及函件、查看项目进度和公告通知、提醒相关人员及时处理待办任务、遵守审核时限等事项，并及时协调发行人、相关证券服务机构配合做好相关发行上市审核工作。

第五条 保荐人应认真阅读本所发布的《科创板股票发行上市审核系统操作手册》，熟练掌握系统的操作事项，对于操作不当等影响审核进程事项造成的后果应自行承担责任。

第二章 系统数字证书的申请与管理

第六条 保荐人应提前向上证所信息网络有限公司申请相关数字证书（以下简称 EKey）。保荐人须使用 EKey 登录系统办理发行上市申请业务。Ekey 申请流程参见《上海证券交易所科创板股票发行上市审核系统数字证书申请流程》（附件一）。

第七条 保荐人申请的 EKey 分以下三类权限：

（一）管理员权限，可对保荐人所有科创板发行上市申请项目进行查询和业务办理，以及对其他 EKey 权限进行设置与管理；

（二）业务办理权限，可对一个或多个科创板发行上市申请项目进行业务办理，以及查询本 EKey 办理项目的进展情况；

（三）查询权限，可查询保荐人所有科创板发行上市申请项目的进展情况，但不能进行业务办理。

第八条 保荐人应根据内部管理要求，建立健全的 EKey 使用制度，合理安排不同权限 EKey 的使用人员及使用方式。保荐人应要求相关人员妥善保管 EKey，并监督其在使用 EKey 时尽职尽责。

第九条 EKey 是保荐人通过系统办理发行上市申请业务的唯一身份证明，保荐人应自行承担不当使用、丢失等造成的法律责任。

第三章 申请文件的提交

第十条 在通过系统提交申请文件前，保荐人、证券服务机构及其相关业务人员应进行自查，确保符合《审核规则》《上海证券交易所科创板股票发行上市申请文件受理指引》（以下简称《受理指引》）关于执业资质的有关规定。

保荐人、证券服务机构及其相关人员不符合执业资质要求的，本所将不予受理发行上市申请。

第十一条 在提交发行上市申请前，如有重大疑难、无先例事项或其他涉及本所业务规则理解与适用等问题，保荐人可以通过系统提交业务咨询问题。

确需当面咨询的，保荐人可以通过系统提交预约沟通申请，在申请附件中明确说明需沟通的具体事项，预约沟通申请应加盖保荐人公章。

第十二条 保荐人通过系统进行项目申报时，应首先选择以下方式之一填写项目信息：

（一）直接在系统“项目信息”页面中填写相关信息；

（二）下载“IPO 模板”，在 Excel 中填写完成后导出 JSON 文件，再上传导入系统。

保荐人在填写项目信息时，应确保符合以下要求：

（一）填报信息日期与提交申报时间一致；

（二）项目信息填报应准确完整，并与申请文件相关内容一致；

（三）保荐人名称、联系方式等信息与 EKey 账户信息一致；

（四）电话、邮箱等联系方式准确、有效，可随时查收系统发送的通知。

第十三条 保荐人填写完毕项目信息后，应按要求上传项目申报文件。发行人及其保荐人、证券服务机构在准备项目申报文件时，应注意以下事项：

（一）依据《上海证券交易所关于科创板首次公开发行并上市申请文件的命名要求》（见附件二）的规定对相关申请文件进行命名，并按文件类别和文件名称分别上传到指定条目内。确无相对应条目的，可上传至“其他申请文件”条目内；

（二）申报文件类型原则上要求为 DOC 格式；对于科创板相关规则要求预披露的文件，应同时上传 PDF 格式文件；单个文件不得超过 80 兆；

（三）对于没有 DOC 或 PDF 格式电子文档的申报材料，应提供电子扫描文件。申请文件中的签字盖章页、电子扫描文件应采取彩色扫描方式，保证格式内容与原件一致。

第十四条 保荐人提交申请文件前，应对项目信息和项目申报文件进行检查，确保符合科创板相关规则的要求。

保荐人确认申请文件填报无误后，在系统页面点击完成，在项目申报页面点击“项目申报”，确认后点击提交即完成申请文件的申报流程。

第十五条 保荐人可以在以下时段提交申请文件：

（一）工作日 8:00－22:00；

（二）单一非工作日或连续非工作日的最后一日 13:00－22:00。

如存在系统维护、开放时间临时调整等特殊情形，本所将在系统“公告周知”栏目发布通知。保荐人应及时登录系统查阅申请文件处理结果，并根据处理结果进行后续流程。

第十六条 本所审核机构收到申请文件后，对申请文件进行核对，并在五个工作日内通过系统发送受理或者不予受理的决定。

发行人补正申请文件的，本所审核机构收到申请文件的时间以发行人完成全部补正要求的时间为准。

第十七条 申请文件存在《受理指引》第五条规定情形的，本所审核机构将向保荐人发出补正通知，一次性提出全部补正要求。保荐人收到补正通知后，应组织发行人、证券服务机构根据补正意见对相关申请文件进行补充完善，并及时通过系统提交补正后的相关文件。

补正时限最长不得超过三十个工作日。多次补正的，补正时间累计计算。

第十八条 在本所审核机构作出受理或不予受理前，发行人可通过保荐人在系统中提出发行上市申请的撤回申请，并说明撤回理由。

第十九条 保荐人应在申请文件受理后十个工作日内，通过证通云盘上传电子版保荐工作底稿及验证版招股说明书，供中国证监会及本所监管备查。具体操作要求参见《上海证券交易所证通云盘操作指南》（附件三）。

保荐人在准备工作底稿时，应确保符合以下要求：

（一）保荐工作底稿应按照中国证监会有关规定编制目录；

（二）非电子文件的工作底稿，应进行彩色扫描，确保和原底稿一致。

第二十条 保荐人在申请文件受理后，应及时通过本所科创板股票发行上市审核网站（kcb. sse. com. cn，以下简称本所网站）查看并确认预披露的申请文件。

第四章　审核问询与回复

第二十一条　自发行上市申请受理之日起至首轮问询函发出前，本所审核机构不接受保荐人通过系统提交的业务咨询和预约沟通申请。

第二十二条　自发行上市申请受理之日起二十个工作日内，本所审核机构通过系统向保荐人提出首轮审核问询。保荐人应及时通过系统查收本所出具的首轮问询函。

收到问询函后，保荐人应及时协调相关证券服务机构，按问询问题要求逐项予以回复。

第二十三条　保荐人在收到审核问询函后，对问询问题存在疑问的，可通过系统进行咨询沟通。保荐人应对咨询问题进行梳理汇总，一次性通过系统提交。

确需当面沟通的，保荐人应提前汇总问题，通过系统提交预约沟通申请并上传具体问题内容。预约确认后，发行人及其保荐人、证券服务机构相关人员应按照约定时间抵达本所指定地点，沟通人数一般不超过六人。

第二十四条　为便于审核人员审阅，问询回复文件应按照问询问题编制目录。保荐人在回复问询函过程中，需要对申请文件进行更新修改的，应使用楷体加粗等方式对修改的内容予以凸显标注。

问询回复文件应通过系统“项目申报文件”页面中的“问询回复及其他补充文件”栏目提交；需要更新原申报文件的，应在更新后上传至对应的文件条目内。

第二十五条　保荐人就审核问询问题的回复材料，将通过本所网站进行披露。

保荐人对问询问题回复时，认为拟披露的回复信息属于国家秘密、商业机密的，可以通过系统在提交拟披露的回复文件（PDF版）时，一并提交豁免披露申请。

本所审核机构认为豁免披露理由不成立的，保荐人应补充提供相关内容并予以披露。

第二十六条　保荐人提交首轮问询回复后，本所审核机构认为需继续问询的，将在十个工作日内通过系统发送问询意见函。

保荐人再次提交问询意见回复的，应参照本指南第二十二条至第二十五条规定进行，并提交修改更新的相关申请文件。

第二十七条　在发行上市审核期间，本所审核机构可以根据需要通过系统通知等方式要求发行人及其控股股东、实际控制人、董事、监事、高级管理人员，保荐人、证券服务机构及其相关人员至本所指定地点接受当面问询。接受问询的相关人员应在约定时间准时到本所指定地点进行问询沟通。

本所审核机构要求调阅与发行上市申请相关资料的，发行人及其保荐人、证券服务机构应通过适当的方式及时提交，确保相关资料真实、准确、完整，不得随意修改或损毁。

第二十八条　在审核过程中，如发生可能对本次发行上市申请产生重大影响事项的，保荐人应及时通过系统向本所审核机构报告。

发行人应对相关事项可能对本次发行上市的具体影响作出解释说明，保荐人及相关证券服务机构应出具专项核查意见，并由保荐人通过系统项目申报文件页面“其他文件”栏目完成提交。

第五章　上市委员会审议会议相关事项

第二十九条　审核问询结束后，本所审核机构将根据以下不同情形，通过系统向保荐人发送审核意见函：

（一）要求更新申请文件，并做好上市委员会审议准备；

（二）要求进一步落实相关事项。

第三十条　保荐人收到本所审核意见函后，应及时通过系统提交更新后的申请文件（上会稿）。

如有相关事项需要落实的，保荐人应对相关问题进行逐项落实，并及时通过系统提交落实回复文件。落实过程中涉及其他申请文件修改的，应通过系统一并提交更新后的申请文件。

第三十一条　保荐人落实完相关事项、提交申请文件（上会稿）并预先披露后，本所审核机构将通过本所网站发布上市委员会审议会议通知公告，并通过系统告知发行人及其保荐人。通知内容包括会议时间、会议地点、审议项目、参会委员名单等。

在上市委员会审议会议通知的同时，申请文件（上会稿）在本所网站预先披露。

第三十二条　发行人及其保荐人认为参会委员存在利害关系，可能对发行上市审核结果造成影响的，可以在上市委员会审议会议召开五个工作日前，由保荐人通过系统提出就相关委员的回避申请并充分说明理由。经本所审核机构核实申请理由成立的，相关委员应当回避，并及时告知申请人。

第三十三条 参会委员拟对审核项目进行现场问询的，上市委秘书处在审议会议召开三个工作日前，将拟问询问题发送给保荐人。保荐人应及时收阅现场问询问题清单，做好相关准备工作。

第三十四条 上市委员会审议会议结束当日，保荐人应注意查收短信信息，并及时登录本所网站查看上市委员会审议会议结果。

第三十五条 上市委员会审议后，如要求发行人及其保荐人、证券服务机构补充披露、核查相关事项的，本所审核机构将通过系统向保荐人发送关于落实上市委审议意见的函件。发行人及其保荐人、证券服务机构应对相关事项进行落实，并通过系统提交落实情况的回复文件及更新后的申请文件。

第三十六条 上市委员会审议会议结束后十个工作日内，保荐人应通过证通云盘汇总补充报送与审核问询回复相关的保荐工作底稿和更新后的验证版招股说明书。

第三十七条 上市委员会审议会议通过后至中国证监会作出注册决定前，发行人发生重大事项或相关事项可能对发行上市条件产生影响的，保荐人应及时通过系统向本所审核机构报告，并提交更新的申请文件。

本所审核机构在收到重大事项报告后，系统将暂停处理相关项目业务流程。若相关发行申请已提请中国证监会履行发行注册程序的，本所将及时向中国证监会报告。

第三十八条 经本所讨论确认，重大事项不会对发行条件、上市条件及信息披露要求产生重大影响的，本所将通过系统通知其保荐人，并恢复相关业务处理流程。

第三十九条 经本所讨论确认，重大事项对发行条件、上市条件及信息披露要求产生重大影响的，本所审核机构将提交上市委员会重新审议，并通过系统告知保荐人。

第六章 证监会注册

第四十条 上市委员会同意发行人发行上市的，保荐人应及时修改、更新相关预披露文件，并通过系统报送申请文件（注册稿）。在本所向中国证监会报送同意发行上市的审核意见时，申请文件（注册稿）将在中国证监会网站和本所网站同步披露。

保荐人报送申请文件（注册稿）后，如因会后事项需要更新申请文件的，应通过系统重新报送更新后的申请文件（注册稿）。

第四十一条 中国证监会在注册过程中，如要求本所进一步问询的，本所审核机构将通过系统向保荐人发送反馈问题。保荐人应及时收阅，认真组织落实，并通过系统及时回复。

第四十二条 中国证监会作出注册决定文件后，本所将通过系统向保荐人转发中国证监会的注册决定文件。

第四十三条 发行人注册生效后，发行人及其保荐人应及时与本所保荐承销管理部门联系，做好发行承销的相关准备工作。

第七章 中止、终止和复审

第四十四条 在审核过程中，发行人及其保荐人、证券服务机构出现《审核规则》有关规定的中止情形的，应由保荐人及时通过系统向本所提出中止审核申请。

发行人及其保荐人、证券服务机构未及时告知本所，经确认符合直接中止审核情形的，本所将直接中止审核，并通过系统告知保荐人。

第四十五条 中止审核的情形消除后，保荐人应通过系统申请恢复审核。本所经审核确认后，恢复对发行人的发行上市审核流程，并通过系统通知保荐人。

保荐人应严格遵守《审核规则》关于相应中止事项的时限要求。

第四十六条 在审核过程中，本所发现存在《审核规则》有关规定应当终止审核情形的，将作出终止审核决定，并通过系统发送给保荐人。

第四十七条 本所对发行上市申请不予受理或终止审核的，保荐人可在收到相关决定后五个工作日内，通过系统提出复审申请，说明具体理由，并提交保荐人就复审事项出具的意见书、律师事务所出具的法律意见书。

发行人撤回发行上市申请或保荐人撤回保荐终止审核的，不得申请复审。

第八章 回复时限计算

第四十八条 发行人及其保荐人、证券服务回复审核问询的时间总计不超过三个月。中止审核、请示有权机关、落实上市委员会意见、处理会后事项、实施现场检查等情形，均不计算在前款规定的时限内。

回复时间从保荐人收到审核问询函的次日起开始计算，从保荐人提交相关回复之日的次日起暂停计算。

第四十九条　保荐人申请中止审核的，中止期间自保荐人向本所审核机构提交齐备的中止审核申请之日起开始计算，到本所审核机构决定恢复审核之日结束计算。

本所审核机构直接中止审核的，中止期间自决定中止审核之日起开始计算，到本所审核机构决定恢复审核之日结束计算。

第五十条　科创板相关规则中的时限以月为单位的，一个月按三十个自然日计算；以年为单位的，一年按三百六十五个自然日计算。

第九章　其他事项

第五十一条　在上市申请受理后至股票上市交易前，如存在相关报道、传闻与发行人信息披露存在重大差异，可能对本次发行上市产生重大影响的，保荐人应及时向本所提交专项说明。保荐人、证券服务机构应进行补充核查，并将相关核查意见一并通过系统向本所审核机构提交。

第五十二条　保荐人在通过系统办理业务时，如有问题需要咨询的，可通过系统右上角“帮助”中的联系方式向本所反映。

第十章　附　　则

第五十三条　本指南由本所负责解释。

第五十四条　本指南自发布之日起施行。

附件一：上海证券交易所科创板股票发行上市审核系统数字证书申请流程

附件二：上海证券交易所关于科创板首次公开发行并上市申请文件的命名要求

附件三：上海证券交易所证通云盘操作指南

附件一：

上海证券交易所科创板股票发行上市审核系统数字证书申请流程

具备科创板股票发行上市保荐资质的保荐人可向上证所信息网络有限公司申请科创板股票发行上市审核系统数字证书（以下简称 EKey）。

一、申请方式

1. EKey 申请采用电子化方式，保荐人可以持本所有效 EKey

登录本所 CA 在线业务系统（https：//cnsca. sse. com. cn/），证书类型选择“科创板发行上市审核系统”，根据页面要求如实填写相关内容。没有本所有效 EKey 的保荐人，可以新注册用户登录 CA 在线业务系统。

2. 按页面要求下载打印《CnSCA 数字证书申请表》和《CnSCA 数字证书申请责任书》，填写完成并加盖公章，将加盖公章的公司营业执照以及上述材料分别扫描，通过 CA 在线业务系统提交。

3. 通过 EKey 登录 CA 在线业务系统提交申请的，不需寄送申请材料原件。新注册用户登录 CA 在线业务系统提交申请的，需将上述申请材料原件寄送至本所信息公司 CA 中心。

邮寄地址：上海市浦东新区张东路 1387 号 37 栋

邮编：201203

收件人：上证所信息网络有限公司 CA 中心

二、数字证书类型

保荐人可以申请多个 EKey，第 1 个 EKey 应为管理权限证书，其余为查询权限证书与业务办理权限。

三、证书发放

EKey 制作周期一般为 5 个工作日，EKey 制作完毕后，本所信息公司将按照保荐人申请 EKey 时选择的方式，快递送达或通知现场领取。

四、联系方式

EKey 申请有关事项咨询电话：021－68814725。

附件二：

上海证券交易所关于科创板首次公开发行并上市申请文件的命名要求

为规范科创板首次公开发行股票并上市申请文件（以下简称“申请文件”）的命名格式，规范相关申请文件的信息披露，现对申请文件名的命名格式要求如下。

一、基本要求

1. 发行人、保荐人以及证券服务机构出具的申请文件应确保文件名称与文件内容一致。

2. 发行人、保荐人以及证券服务机构在对相关申请文件命名时，应根据文件内容适当概括，避免文件名称过长，单一文件名不得超过80个字符。

3. 发行人、保荐人以及证券服务机构在对申请文件命名时，应参考中国证监会及本所关于申请文件的有关规定，确保文件名与对应栏目相匹配。

4. 发行人及其保荐人、证券服务机构在对申请文件进行命名时，DOC文件应标注类似“3－1－2”等序号。但PDF文件不得在文件名前标注上述类似序号，以便于在本所网站进行披露。

二、具体申请文件要求

1. 招股说明书文件名应包括发行人名称，即“×××公司科创板首次公开发行股票招股说明书”，并根据不同披露阶段在尾部标注“（申报稿）”、“（上会稿）”或“（注册稿）”。

2. 对于招股说明书以外须披露的申请文件，应在文件名中显示发行人、保荐人、证券服务机构名称，以上名称均可使用简称。以法律意见书为例，其文件名为“××律师事务所关于××公司首次公开发行股票并在科创板上市的法律意见书”。

3. 发行人及其保荐人、证券服务机构在提交回复文件时，应标明“问询函回复”或“落实意见函回复”，以及回复人简称。

发行人及其保荐人、证券服务机构被多轮问询的，在回复时应标明问询次数，例如“XX证券关于第二次审核问询函的回复”。

4. 发行人及其保荐人、证券服务机构对财务、审计资料进行命名时，如存在多个文件的，应根据文件内容标明具体期间。

三、其他文件

申请文件确实无法与审核系统中项目申报文件列表中任一文件对应的，可以根据相关文件的主要内容进行命名，通过审核系统作为项目申报文件栏目中“其他文件”进行报送。

附件三：

上海证券交易所证通云盘操作指南

一、功能

证通云盘用于保荐人上传科创板股票发行上市申请项目的保荐工作底稿和验证版招股说明书。

二、系统要求

1. 电脑系统应为 Windows 7 及以上操作系统；
2. 推荐使用 Chrome 浏览器；
3. 建议网络上行带宽在 100Mb/s 以上。

三、使用说明

1. 下载证通云盘软件（证通云盘 ztDisk）并解压缩。

下载路径：

上海证券交易所官网 - 服务 - 交易服务 - 交易技术专区 - 软件下载

下载地址：

http：//www. sse. com. cn/services/tradingservice/tradingtech/download/

2. 插入科创板股票发行上市审核系统数字证书（EKey），双击解压缩中的 start. bat 文件，启动证通云盘。
3. 打开 Chrome 浏览器输入：localhost：8080。
4. 找到对应的投件箱，开始上传保荐工作底稿和验证版招股说明书。
5. 证通云盘支持多任务共传、断点续传。

四、上传工作底稿要求

1. 单独文件或压缩包不得超过 40G。
2. 自本所作出受理决定日起，保荐人应在十个工作日内通过“××公司项目首次申报”投件箱完成保荐工作底稿和验证版招股说明书上传。

3. 上市委员会审议会议结束后十个工作日内，保荐人应通过“××公司项目补充申报”投件箱补充上传保荐工作底稿和更新后的验证版招股说明书。

五、联系方式

保荐人在证通云盘使用过程中，如存在技术相关问题导致工作底稿无法上传的，可以通过以下方式联系技术支持人员。

联系方式：技术服务热线4009003600（8:00-20:00）

上海证券交易所关于发布《上海证券交易所科创板股票发行上市审核问答》的通知

（2019年3月3日　上证发〔2019〕29号）

各市场参与人：

为了更好满足科创企业发行上市的需求，《科创板首次公开发行股票注册管理办法（试行）》《上海证券交易所科创板股票发行上市审核规则》《上海证券交易所科创板股票上市规则》等规则针对科创企业的特点，设置了差异化的发行条件、上市条件，市场各方对此较为关注。

为明确市场预期，提高科创板股票发行上市审核透明度，上海证券交易所（以下简称本所）按照“急用先行”原则，就科创企业发行条件和上市条件相关事项制定了《上海证券交易所科创板股票发行上市审核问答》（以下简称《发行上市审核问答》，详见附件），经中国证监会批准，现予以发布，并自发布之日起实施。

本所将根据审核实践，及时总结经验，对《发行上市审核问答》进行补充完善。

特此通知。

附件：上海证券交易所科创板股票发行上市审核问答

上海证券交易所科创板股票发行上市审核问答

目　录

损的，信息披露有哪些要求？中介机构应当如何进行核查？

14. 发行人存在研发支出资本化情况的，信息披露有哪些要求？中介机构应当如何进行核查？

15. 发行人存在科研项目相关政府补助的，在非经常性损益列报等信息披露方面及中介机构核查方面有哪些要求？

16.《上市审核规则》规定，发行上市申请文件和对本所发行上市审核机构审核问询的回复中，拟披露的信息属于国家秘密、商业秘密，披露后可能导致其违反国家有关保密的法律法规或者严重损害公司利益的，发行人及其保荐机构可以向本所申请豁免披露。对此在审核中应当如何处理？

1.《上海证券交易所科创板股票上市规则》（以下简称《上市规则》）设置了多套上市标准，发行人如何选择适用？保荐机构应当如何把关？申报后能否变更？

答：为增强科创板的包容性，《上市规则》以市值为中心，结合净利润、营业收入、研发投入和经营活动产生的现金流量等财务指标，设置了多套上市标准。其中，第2.1.2条规定了通用上市标准，第2.1.3条规定了红筹企业适用的上市标准，第2.1.4条规定了具有表决权差异安排的发行人适用的上市标准。

（一）发行人应当选择一项具体上市标准

根据《上海证券交易所科创板股票发行上市审核规则》（以下简称《上市审核规则》）相关规定，发行人申请股票首次公开发行并在科创板上市的，应当在相关申请文件中明确说明所选择的一项具体上市标准，即《上市规则》第2.1.2条中规定的五项标准之一。红筹企业应选择第2.1.3条规定的标准之一。具有表决权差异安排的发行人应选择第2.1.4条规定的标准之一。

发行人应当结合自身财务状况、公司治理特点、发展阶段以及上市后的持续监管要求等因素，审慎选择适当的上市标准。

保荐机构应当为发行人选择适当的上市标准提供专业指导，审慎推荐，并在上市保荐书中就发行人选择的上市标准逐项说明适用理由，其中对预计市值指标，应当结合发行人报告期外部股权融资情况、可比公司在境内外市场的估值情况等进行说明。

（二）发行人申请上市标准变更的处理

科创板股票上市委员会召开审议会议前，发行人因更新财务报告等情形导致不再符合申报时选定的上市标准，需要变更为其他标准的，应当及时向本所提出申请，说明原因并更新相关文件；不再符合任何一项上市标准的，可以撤回发行上市申请。

保荐机构应当核查发行人变更上市标准的理由是否充分，就发行人新选择的上市标准逐项说明适用理由，并就发行人是否符合上市条件重新发表明确意见。

2. 针对部分申请科创板上市的企业尚未盈利或最近一期存在累计未弥补亏损的情形，在信息披露方面有什么特别要求？

答：（一）发行人信息披露要求

1. 原因分析

尚未盈利或最近一期存在累计未弥补亏损的发行人，应结合行业特点分析并披露该等情形的成因，如：产品仍处研发阶段，未形成实际销售；产品尚处于推广阶段，未取得客户广泛认同；产品与同行业公司相比技术含量或品质仍有差距，未产生竞争优势；产品产销量较小，单位成本较高或期间费用率较高，尚未体现规模效应；产品已趋于成熟并在报告期内实现盈利，但由于前期亏损较多，导致最近一期仍存在累计未弥补亏损；其他原因。发行人还应说明尚未盈利或最近一期存在累计未弥补亏损是偶发性因素，还是经常性因素导致。

2. 影响分析

发行人应充分披露尚未盈利或最近一期存在累计未弥补亏损对公司现金流、业务拓展、人才吸引、团队稳定性、研发投入、战略性投入、生产经营可持续性等方面的影响。

3. 趋势分析

尚未盈利的发行人应当披露未来是否可实现盈利的前瞻性信息，对其产品、服务或者业务的发展趋势、研发阶段以及达到盈亏平衡状态时主要经营要素需要达到的水平进行预测，并披露相关假设基础；存在累计未弥补亏损的发行人应当分析并披露在上市后的变动趋势。披露前瞻性信息时应当声明其假设的数据基础及相关预测具有重大不确定性，提醒投资者进行投资决策时应谨慎使用。

4. 风险因素

尚未盈利或最近一期存在累计未弥补亏损的发行人，应充分披露相关风险因素，包括但不限于：未来一定期间无法盈利或无法进行利润分配的风险，收入无法按计划增长的风险，研发失败的风险，产品或服务无法得到客户认同的风险，资金状况、业务拓展、人才引进、团队稳定、研发投入等方面受到限制或影响的风险等。未盈利状态持续存在或累计未弥补亏损继续扩大的，应分析触发退市条件的可能性，并充分披露相关风险。

5. 投资者保护措施及承诺

尚未盈利或最近一期存在累计未弥补亏损的发行人，应当披露依法落实保护投资者合法权益规定的各项措施；还应披露本次发行前累计未弥补亏损是否由新老股东共同承担以及已履行的决策程序。尚未盈利企业还应披露其控股股东、实际控制人和董事、监事、高级管理人员、核心技术人员按照相关规定作出的关于减持股份的特殊安排或承诺。

（二）中介机构核查要求

保荐机构及申报会计师应充分核查上述情况，对发行人尚未盈利或最近一期存在累计未弥补亏损是否影响发行人持续经营能力明确发表结论性意见。

3. 对发行条件中“其他涉及国家安全、公共安全、生态安全、生产安全、公众健康安全等领域的重大违法行为”，应当如何理解？

答：最近3年内，发行人及其控股股东、实际控制人在国家安全、公共安全、生态安全、生产安全、公众健康安全等领域，存在以下违法行为之一的，原则上视为重大违法行为：被处以罚款等处罚且情节严重；导致严重环境污染、重大人员伤亡、社会影响恶劣等。

有以下情形之一且中介机构出具明确核查结论的，可以不认定为重大违法：违法行为显著轻微、罚款数额较小；相关规定或处罚决定未认定该行为属于情节严重；有权机关证明该行为不属于重大违法。但违法行为导致严重环境污染、重大人员伤亡、社会影响恶劣等并被处以罚款等处罚的，不适用上述情形。

4. 对发行条件发行人“与控股股东、实际控制人及其控制的其他企业间不存在对发行人构成重大不利影响的同业竞争”中的“重大不利影响”，应当如何理解？

答：申请在科创板上市的企业，如存在同业竞争情形，认定同业竞争是否构成重大不利影响时，保荐机构及发行人律师应结合竞争方与发行人的经营地域、产品或服务的定位，同业竞争是否会导致发行人与竞争方之间的非公平竞争、是否会导致发行人与竞争方之间存在利益输送、是否会导致发行人与竞争方之间相互或者单方让渡商业机会情形，对未来发展的潜在影响等方面，核查并出具明确意见。竞争方的同类收入或毛利占发行人该类业务收入或毛利的比例达30%以上的，如无充分相反证据，原则上应认定为构成重大不利影响。

发行人应在招股说明书中，披露以下内容：一是竞争方与发行人存在同业竞争的情况，二是保荐机构及发行人律师针对同业竞争是否对发行人构成重大不利影响的核查意见和认定依据。

5. 发行条件规定，控股股东和受控股股东、实际控制人支配的股东所持发行人的股份权属清晰。对于控股股东、实际控制人位于国际避税区且持股层次复杂的申请在科创板上市企业，如何做好核查及信息披露工作？

答：对于控股股东、实际控制人设立在国际避税区且持股层次复杂的，保荐机构和发行人律师应当对发行人设置此类架构的原因、合法性及合理性、持股的真实性、是否存在委托持股、信托持股、是否有各种影响控股权的约定、股东的出资来源等问题进行核查，说明发行人控股股东和受控股股东、实际控制人支配的股东所持发行人的股份权属是否清晰，以及发行人如何确保其公司治理和内控的有效性，并发表核查意见。

6. 对发行条件中发行人最近2年内“董事、高级管理人员及核心技术人员均没有发生重大不利变化”，应当如何理解？

答：申请在科创板上市的企业，应当根据企业生产经营需要和相关人员对企业生产经营发挥的实际作用，确定核心技术人员范围，并在招股说明书中披露认定情况和认定依据。原则上，核心技术人员通常包括公司技术负责人、研发负责人、研发部门主要成员、主要知识产权和非专利技术的发明人或设计人、主要技术标准的起草者等。

对发行人的董事、高级管理人员及核心技术人员是否发生重大不利变化的认定，应当本着实质重于形式的原则，综合两方面因素分析：一是最近2年内的变动人数及比例，在计算人数比例时，以上述人员合计总数作为基数；二是上述人员离职或无法正常参与发行人的生产经营是否对发行人生产经营产生重大不利影响。

变动后新增的上述人员来自原股东委派或发行人内部培养产生的，原则上不构成重大不利变化。发行人管理层因退休、调任等原因发生岗位变化的，原则上不构成重大不利变化，但发行人应当披露相关人员变动对公司生产经营的影响。

如果最近2年内发行人上述人员变动人数比例较大或上述人员中的核心

人员发生变化，进而对发行人的生产经营产生重大不利影响的，应视为发生重大不利变化。

7.《上市规则》规定的财务指标包括“最近三年累计研发投入占最近三年累计营业收入的比例不低于15%”，其中“研发投入”如何认定？研发相关内控有哪些要求？信息披露有哪些要求？中介机构应当如何进行核查？

答：（一）研发投入认定

研发投入为企业研究开发活动形成的总支出。研发投入通常包括研发人员工资费用、直接投入费用、折旧费用与长期待摊费用、设计费用、装备调试费、无形资产摊销费用、委托外部研究开发费用、其他费用等。

本期研发投入为本期费用化的研发费用与本期资本化的开发支出之和。

（二）研发相关内控要求

发行人应制定并严格执行研发相关内控制度，明确研发支出的开支范围、标准、审批程序以及研发支出资本化的起始时点、依据、内部控制流程。同时，应按照研发项目设立台账归集核算研发支出。发行人应审慎制定研发支出资本化的标准，并在报告期内保持一致。

（三）发行人信息披露要求

发行人应在招股说明书中披露研发相关内控制度及其执行情况，并披露研发投入的确认依据、核算方法、最近三年研发投入的金额、明细构成、最近三年累计研发投入占最近三年累计营业收入的比例及其与同行业可比上市公司的对比情况。

（四）中介机构核查要求

1. 保荐机构及申报会计师应对报告期内发行人的研发投入归集是否准确、相关数据来源及计算是否合规进行核查，并发表核查意见。

2. 保荐机构及申报会计师应对发行人研发相关内控制度是否健全且被有效执行进行核查，就以下事项作出说明，并发表核查意见：

（1）发行人是否建立研发项目的跟踪管理系统，有效监控、记录各研发项目的进展情况，并合理评估技术上的可行性；

（2）是否建立与研发项目相对应的人财物管理机制；

（3）是否已明确研发支出开支范围和标准，并得到有效执行；

（4）报告期内是否严格按照研发开支用途、性质据实列支研发支出，是否存在将与研发无关的费用在研发支出中核算的情形；

（5）是否建立研发支出审批程序。

8.《上市规则》规定的上市标准中包含市值，针对市值指标，发行上市审核及监管中有哪些要求？

答：发行人在提交发行上市申请时，应当明确所选择的具体上市标准，保荐机构应当对发行人的市值进行预先评估，并在《关于发行人预计市值的分析报告》中充分说明发行人市值评估的依据、方法、结果以及是否满足所选择上市标准中的市值指标的结论性意见等。保荐机构应当根据发行人特点、市场数据的可获得性及评估方法的可靠性等，谨慎、合理地选用评估方法，结合发行人报告期外部股权融资情况、可比公司在境内外市场的估值情况等进行综合判断。

在初步询价结束后，发行人预计发行后总市值不满足所选择的上市标准的，应当根据《上海证券交易所科创板股票发行与承销实施办法》的相关规定中止发行。对于预计发行后总市值与申报时市值评估结果存在重大差异的，保荐机构应当向本所说明相关差异情况。本所在对保荐机构执业质量进行评价时，将考量上述因素。

9.《上市审核规则》规定发行人应当符合科创板定位。对此应如何把握？

答：《上市审核规则》规定，本所对发行上市进行审核。审核事项包括三个方面：一是发行人是否符合发行条件；二是发行人是否符合上市条件；三是发行人的信息披露是否符合要求。在对上述事项进行审核判断时，将关注发行人是否符合科创板定位。发行人应当对其是否符合科创板定位进行审慎评估，保荐机构应当就发行人是否符合科创板定位进行专业判断。

（一）发行人自我评估的考虑因素

发行人进行自我评估时，应当尊重科技创新规律、资本市场规律和企业发展规律，并结合自身和行业科技创新实际情况，准确理解、把握科创板定位，重点考虑以下因素：

1. 所处行业及其技术发展趋势与国家战略的匹配程度；

2. 企业拥有的核心技术在境内与境外发展水平中所处的位置；

3. 核心竞争力及其科技创新水平的具体表征，如获得的专业资质和重要奖项、核心技术人员的科研能力、科研资金的投入情况、取得的研发进展及其成果等；

4. 保持技术不断创新的机制、技术储备及技术创新的具体安排；

5. 依靠核心技术开展生产经营的实际情况等。

（二）对保荐机构的相关要求

保荐机构应当根据《上海证券交易所科创板企业上市推荐指引》的相关要求，围绕科创板定位，对发行人自我评估涉及的相关事项进行核查，并结合尽职调查取得的充分证据、资料等，对其是否符合科创板定位作出专业判断，出具专项意见，说明理由和依据、具体的核查内容、核查过程等，并在上市保荐书中简要说明核查结论及依据。

（三）本所审核中予以关注

审核问询中，本所发行上市审核机构将关注发行人的评估是否客观，保荐人的判断是否合理；根据需要，可以向科技创新咨询委员会提出咨询，将其作出的咨询意见作为审核参考。

10.《上市审核规则》规定，发行人应当主要依靠核心技术开展生产经营，对此应当如何理解？信息披露有哪些要求？中介机构应当如何进行核查？

答：（一）主要依靠核心技术开展生产经营的理解

主要依靠核心技术开展生产经营，是指企业的主要经营成果来源于依托核心技术的产品或服务。一是发行人能够坚持科技创新，通过持续的研发投入积累形成核心技术。二是发行人主要的生产经营能够以核心技术为基础，将核心技术进行成果转化，形成基于核心技术的产品（服务）。如果企业核心技术处于研发阶段，其主要研发投入均应当围绕该核心技术及其相关的产品（服务）。三是核心技术的判断主要结合发行人所处行业的国家科技发展战略和政策、整体技术水平、国内外科技发展水平和趋势等因素，综合判断。

（二）发行人信息披露要求

发行人应在招股说明书中披露以下信息：

1. 报告期内通过核心技术开发产品（服务）的情况，报告期内核心技术产品（服务）的生产和销售数量，核心技术产品（服务）在细分行业的市场占有率；

2. 报告期内营业收入中，发行人依靠核心技术开展生产经营所产生收入的构成、占比、变动情况及原因等。

（三）保荐机构核查要求

保荐机构应结合发行人所处的行业、技术水平和产业应用前景，重点核查以下事项：

1. 发行人的研发投入是否主要围绕核心技术及其相关产品（服务）；

2. 发行人营业收入是否主要来源于依托核心技术的产品（服务），营业收入中是否存在较多的与核心技术不具有相关性的贸易等收入，核心技术能否支持公司的持续成长；

3. 发行人核心技术产品（服务）收入的主要内容和计算方法是否适当，是否为偶发性收入，是否来源于显失公平的关联交易；

4. 其他对发行人利用核心技术开展生产经营活动产生影响的情形。

保荐机构应当就发行人是否“主要依靠核心技术开展生产经营”发表明确意见。保荐机构在全面核查并发表明确核查意见的基础上，应审慎选择并推荐符合科创板定位的企业上市，督促发行人做好相关信息披露和风险揭示。

11. 发行人在首发申报前实施员工持股计划的，信息披露有哪些要求？中介机构应当如何进行核查？

答：（一）首发申报前实施员工持股计划应当符合的要求

发行人首发申报前实施员工持股计划的应当体现增强公司凝聚力、维护公司长期稳定发展的导向，建立健全激励约束长效机制，有利于兼顾员工与公司长远利益，为公司持续发展夯实基础。原则上应当符合下列要求：

1. 发行人实施员工持股计划，应当严格按照法律、法规、规章及规范性文件要求履行决策程序，并遵循公司自主决定、员工自愿参加的原则，不得以摊派、强行分配等方式强制实施员工持股计划。

2. 参与持股计划的员工，与其他投资者权益平等，盈亏自负，风险自担，不得利用知悉公司相关信息的优势，侵害其他投资者合法权益。

员工入股应主要以货币出资，并按约定及时足额缴纳。按照国家有关法律法规，员工以科技成果出资入股的，应提供所有权属证明并依法评估作价，及时办理财产权转移手续。

3. 发行人实施员工持股计划，可以通过公司、合伙企业、资产管理计划等持股平台间接持股，并建立健全持股在平台内部的流转、退出机制，以及股权管理机制。

参与持股计划的员工因离职、退休、死亡等原因离开公司的，其间接所持股份权益应当按照员工持股计划的章程或相关协议约定的方式处置。

（二）员工持股计划穿透计算的“闭环原则”

员工持股计划符合以下要求之一的，在计算公司股东人数时，按一名股东计算；不符合下列要求的，在计算公司股东人数时，穿透计算持股计划的权益持有人数。

1. 员工持股计划遵循“闭环原则”。员工持股计划不在公司首次公开发行股票时转让股份，并承诺自上市之日起至少36个月的锁定期。发行人上市前及上市后的锁定期内，员工所持相关权益拟转让退出的，只能向员工持股计划内员工或其他符合条件的员工转让。锁定期后，员工所持相关权益拟转让退出的，按照员工持股计划章程或有关协议的约定处理。

2. 员工持股计划未按照“闭环原则”运行的，员工持股计划应由公司员工持有，依法设立、规范运行，且已经在基金业协会依法依规备案。

(三) 发行人信息披露要求

发行人应在招股说明书中充分披露员工持股计划的人员构成、是否遵循“闭环原则”、是否履行登记备案程序、股份锁定期等内容。

(四) 中介机构核查要求

保荐机构及发行人律师应当对员工持股计划是否遵循“闭环原则”、具体人员构成、员工减持承诺情况、规范运行情况及备案情况进行充分核查，并发表明确核查意见。

12. **发行人存在首发申报前制定的期权激励计划，并准备在上市后实施的，信息披露有哪些要求？中介机构应当如何进行核查？**

答：(一) 发行人首发申报前制定、上市后实施的期权激励计划应当符合的要求

发行人存在首发申报前制定、上市后实施的期权激励计划的，应体现增强公司凝聚力、维护公司长期稳定发展的导向。原则上应符合下列要求：

1. 激励对象应当符合《上市规则》第10.4条相关规定；

2. 激励计划的必备内容与基本要求，激励工具的定义与权利限制，行权安排，回购或终止行权，实施程序等内容，应参考《上市公司股权激励管理办法》的相关规定予以执行；

3. 期权的行权价格由股东自行商定确定，但原则上不应低于最近一年经审计的净资产或评估值；

4. 发行人全部在有效期内的期权激励计划所对应股票数量占上市前总股本的比例原则上不得超过15%，且不得设置预留权益；

5. 在审期间，发行人不应新增期权激励计划，相关激励对象不得行权；

6. 在制定期权激励计划时应充分考虑实际控制人稳定，避免上市后期权行权导致实际控制人发生变化；

7. 激励对象在发行人上市后行权认购的股票，应承诺自行权日起三年内不减持，同时承诺上述期限届满后比照董事、监事及高级管理人员的相关减

持规定执行。

（二）发行人信息披露要求

发行人应在招股说明书中充分披露期权激励计划的有关信息：

1. 期权激励计划的基本内容、制定计划履行的决策程序、目前的执行情况；

2. 期权行权价格的确定原则，以及和最近一年经审计的净资产或评估值的差异与原因；

3. 期权激励计划对公司经营状况、财务状况、控制权变化等方面的影响；

4. 涉及股份支付费用的会计处理等。

（三）中介机构核查要求

保荐机构及申报会计师应对下述事项进行核查并发表核查意见：

1. 期权激励计划的制定和执行情况是否符合以上要求；

2. 发行人是否在招股说明书中充分披露期权激励计划的有关信息；

3. 股份支付相关权益工具公允价值的计量方法及结果是否合理；

4. 发行人报告期内股份支付相关会计处理是否符合《企业会计准则》相关规定。

13. **发行人在有限责任公司整体变更为股份有限公司时存在累计未弥补亏损的，信息披露有哪些要求？中介机构应当如何进行核查？**

答：部分科创企业因前期技术研发、市场培育等方面投入较大，在有限责任公司整体变更为股份有限公司前，存在累计未弥补亏损。此类发行人可以依照发起人协议，履行董事会、股东会等内部决策程序后，以不高于净资产金额折股，通过整体变更设立股份有限公司方式解决以前累计未弥补亏损，持续经营时间可以从有限责任公司成立之日起计算。整体变更存在累计未弥补亏损，或者因会计差错更正追溯调整报表而致使整体变更时存在累计未弥补亏损的，发行人可以在完成整体变更的工商登记注册后提交发行上市申请文件，不受运行36个月的限制。

发行人应在招股说明书中充分披露其由有限责任公司整体变更为股份有限公司的基准日未分配利润为负的形成原因，该情形是否已消除，整体变更后的变化情况和发展趋势，与报告期内盈利水平变动的匹配关系，对未来盈利能力的影响，整体变更的具体方案及相应的会计处理、整改措施（如有），并充分揭示相关风险。

保荐机构及发行人律师应对下述事项进行核查并发表核查意见：整体变

更相关事项是否经董事会、股东会表决通过，相关程序是否合法合规，改制中是否存在侵害债权人合法权益情形，是否与债权人存在纠纷，是否已完成工商登记注册和税务登记相关程序，整体变更相关事项是否符合《中华人民共和国公司法》等法律法规规定。

14. 发行人存在研发支出资本化情况的，信息披露有哪些要求？中介机构应当如何进行核查？

答：（一）研发支出资本化的会计处理要求

发行人内部研究开发项目的支出，应按照《企业会计准则——基本准则》《企业会计准则第6号——无形资产》等相关规定进行确认和计量。研究阶段的支出，应于发生时计入当期损益；开发阶段的支出，应按规定在同时满足会计准则列明的条件时，才能确认为无形资产。

在初始确认和计量时，发行人应结合研发支出资本化相关内控制度的健全性和有效性，对照会计准则规定的相关条件，逐条具体分析进行资本化的开发支出是否同时满足上述条件。在后续计量时，相关无形资产的预计使用寿命和摊销方法应符合会计准则规定，按规定进行减值测试并足额计提减值准备。

（二）发行人信息披露要求

发行人应在招股说明书中披露：

1. 与资本化相关研发项目的研究内容、进度、成果、完成时间（或预计完成时间）、经济利益产生方式（或预计产生方式）、当期和累计资本化金额、主要支出构成，以及资本化的起始时点和确定依据等内容；

2. 与研发支出资本化相关的无形资产的预计使用寿命、摊销方法、减值等情况，并说明是否符合相关规定。

发行人还应结合研发项目推进和研究成果运用时可能发生的内外部不利变化、与研发支出资本化相关的无形资产规模等因素，充分披露相关无形资产的减值风险及其对公司未来业绩可能产生的不利影响。

（三）中介机构核查要求

保荐机构及申报会计师应关注以下事项，并对发行人研发支出资本化相关会计处理的合规性、谨慎性和一贯性发表核查意见：

1. 研究阶段和开发阶段的划分是否合理，是否与研发活动的流程相联系，是否遵循了正常研发活动的周期及行业惯例，并一贯运用，研究阶段与开发阶段划分的依据是否完整、准确披露；

2. 研发支出资本化的条件是否均已满足，是否具有内外部证据支持。重点从技术上的可行性，预期产生经济利益的方式，技术、财务资源和其他资源的支持等方面进行关注；

3. 研发支出的成本费用归集范围是否恰当，研发支出的发生是否真实，是否与相关研发活动切实相关，是否存在为申请高新技术企业认定及企业所得税费用加计扣除目的虚增研发支出的情形；

4. 研发支出资本化的会计处理与可比公司是否存在重大差异。

15. **发行人存在科研项目相关政府补助的，在非经常性损益列报等信息披露方面及中介机构核查方面有哪些要求？**

答：发行人科研项目相关政府补助的非经常性损益列报应当符合以下要求：

（一）会计处理要求

发行人将科研项目政府补助计入当期收益的，应结合补助条件、形式、金额、时间及补助与公司日常活动的相关性等，说明相关会计处理是否符合《企业会计准则第16号——政府补助》的规定。

（二）非经常性损益列报要求

发行人应结合承担科研项目是否符合国家科技创新发展规划、相关政府补助的会计处理方法、补助与公司正常经营业务的相关性、补助是否具有持续性等，说明将政府补助相关收益列入经常性损益、而未列入非经常性损益是否符合《公开发行证券的公司信息披露解释性公告第1号——非经常性损益》的规定。

（三）发行人信息披露要求

发行人应结合国家科技创新发展规划、公司承担科研项目的内容、技术创新水平、申报程序、评审程序、实施周期和补助资金来源等，说明所承担的科研项目是否符合国家科技创新规划。

发行人应在招股说明书中披露所承担科研项目的名称、项目类别、实施周期、总预算及其中的财政预算金额、计入当期收益和经常性损益的政府补助金额等内容。

（四）中介机构核查要求

保荐机构及申报会计师应对发行人上述事项进行核查，并对发行人政府补助相关会计处理和非经常性损益列报的合规性发表核查意见。

16.《上市审核规则》规定，发行上市申请文件和对本所发行上市审核机构审核问询的回复中，拟披露的信息属于国家秘密、商业秘密，披露后可能导致其违反国家有关保密的法律法规或者严重损害公司利益的，发行人及其保荐机构可以向本所申请豁免披露。对此在审核中应当如何处理？

答：发行人有充分依据证明拟披露的某些信息涉及国家秘密、商业秘密的，发行人及其保荐机构应当在提交发行上市申请文件或问询回复时，一并提交关于信息豁免披露的申请文件（以下简称豁免申请）。

（一）豁免申请的内容

发行人应在豁免申请中逐项说明需要豁免披露的信息，认定国家秘密或商业秘密的依据和理由，并说明相关信息披露文件是否符合招股说明书准则及相关规定要求，豁免披露后的信息是否对投资者决策判断构成重大障碍。

（二）涉及国家秘密的要求

发行人从事军工等涉及国家秘密业务的，应当符合以下要求：

1. 提供国家主管部门关于发行人申请豁免披露的信息为涉密信息的认定文件；

2. 提供发行人全体董事、监事、高级管理人员出具的关于首次公开发行股票并上市的申请文件不存在泄密事项且能够持续履行保密义务的声明；

3. 提供发行人控股股东、实际控制人对其已履行和能够持续履行相关保密义务出具承诺文件；

4. 在豁免申请中说明相关信息披露文件是否符合《军工企业对外融资特殊财务信息披露管理暂行办法》及有关保密规定；

5. 说明内部保密制度的制定和执行情况，是否符合《保密法》等法律法规的规定，是否存在因违反保密规定受到处罚的情形；

6. 说明中介机构是否根据国防科工局《军工涉密业务咨询服务安全保密监督管理办法》取得军工企业服务资质；

7. 对审核中提出的信息豁免披露或调整意见，发行人应相应回复、补充相关文件的内容，有实质性增减的，应当说明调整后的内容是否符合相关规定、是否存在泄密风险。

（三）涉及商业秘密的要求

发行人因涉及商业秘密提出豁免申请的，应当符合以下要求：

1. 发行人应当建立相应的内部管理制度，并明确相关内部审核程序，审慎认定信息豁免披露事项；

2. 发行人的董事长应当在豁免申请文件中签字确认；

3. 豁免披露的信息应当尚未泄漏。

（四）中介机构核查要求

保荐机构及发行人律师应当对发行人信息豁免披露符合相关规定、不影响投资者决策判断、不存在泄密风险出具专项核查报告。

申报会计师应当对发行人审计范围是否受到限制、审计证据的充分性、豁免披露相关信息是否影响投资者决策判断出具核查报告。

上海证券交易所关于发布《上海证券交易所科创板股票发行上市审核问答（二）》的通知

（2019年3月24日　上证发〔2019〕36号）

各市场参与人：

为明确市场预期，提高科创板股票发行上市审核透明度，中国证监会按照设立科创板并试点注册制改革方向，完善相关审核标准，并指导上海证券交易所（以下简称本所）形成《上海证券交易所科创板股票发行上市审核问答（二）》，在科创板先行使用。经中国证监会批准，本所现予发布《上海证券交易所科创板股票发行上市审核问答（二）》（详见附件），并自发布之日起实施。

本所将根据审核实践，及时总结经验，对发行上市审核问答进行补充完善。

特此通知。

附件：上海证券交易所科创板股票发行上市审核问答（二）

上海证券交易所科创板股票发行上市审核问答（二）

目　录

3. 发行人历史上存在出资瑕疵或者改制瑕疵的，中介机构核查应当重点关注哪些方面？

4. 发行人的资产部分来自于上市公司，中介机构核查应当重点关注哪些方面？

5. 关于实际控制人的认定，发行人及中介机构应当如何把握？

6. 发行人没有或难以认定实际控制人的，发行人股东所持股票的锁定期如何安排？

7. 发行人租赁控股股东、实际控制人房产或者商标、专利、主要技术来自于控股股东、实际控制人的授权使用，中介机构核查应当注意哪些方面？

8. 一些发行人在经营中存在与其控股股东、实际控制人或董事、监事、高级管理人员的相关共同投资行为，发行人对此应当如何披露，中介机构核查应当重点关注哪些方面？

9. 发行人在全国股份转让系统挂牌期间形成契约性基金、信托计划、资产管理计划等“三类股东”的，对于相关信息的核查和披露有何要求？

10. 部分投资机构在投资时约定有估值调整机制（对赌协议），发行人及中介机构应当如何把握？

11. 企业合并过程中，对于合并各方是否在同一控制权下的认定应当重点关注哪些内容？红筹企业如存在协议控制或类似特殊安排，在与合并报表编制相关的信息披露和核查方面有哪些要求？

12. 发行人客户集中度较高，中介机构应当重点关注哪些方面？

13. 影响发行人持续经营能力的重要情形有哪些？中介机构应当如何进行核查？

14. 发行人报告期存在财务内控不规范情形，应当如何进行规范？中介机构核查应当重点关注哪些方面？

15. 关于第三方回款，发行人及中介机构应当重点关注哪些方面？

16. 发行人报告期内存在会计政策、会计估计变更或会计差错更正情形的，应当如何把握？

1. 发行人历史上存在工会、职工持股会持股或者自然人股东人数较多等情形的，发行人应当如何进行规范？中介机构应当如何进行核查？

答：（一）工会及职工持股会持股的规范要求

考虑到发行条件对发行人控股权权属清晰的要求，发行人控股股东或实际控制人存在职工持股会或工会持股情形的，应当予以清理。

对于间接股东存在职工持股会或工会持股情形的，如不涉及发行人实际控制人控制的各级主体，发行人不需要清理，但应予以充分披露。

对于工会或职工持股会持有发行人子公司股份，经保荐机构、发行人律师核查后认为不构成发行人重大违法违规的，发行人不需要清理，但应予以充分披露。

（二）自然人股东人数较多的核查要求

对于历史沿革涉及较多自然人股东的发行人，保荐机构、发行人律师应当核查历史上自然人股东入股、退股（含工会、职工持股会清理等事项）是否按照当时有效的法律法规履行了相应程序，入股或股权转让协议、款项收付凭证、工商登记资料等法律文件是否齐备，并抽取一定比例的股东进行访谈，就相关自然人股东股权变动的真实性、所履行程序的合法性，是否存在委托持股或信托持股情形，是否存在争议或潜在纠纷发表明确意见。对于存在争议或潜在纠纷的，保荐机构、发行人律师应就相关纠纷对发行人控股权权属清晰稳定的影响发表明确意见。发行人以定向募集方式设立股份公司的，中介机构应以有权部门就发行人历史沿革的合规性、是否存在争议或潜在纠纷等事项的意见作为其发表意见的依据。

2. 发行人申报前后新增股东的，应当如何进行核查和信息披露？股份锁定如何安排？

答：（一）申报前新增股东

对 IPO 前通过增资或股权转让产生的股东，保荐机构、发行人律师应主要考察申报前一年新增的股东，全面核查发行人新股东的基本情况、产生新股东的原因、股权转让或增资的价格及定价依据，有关股权变动是否是双方真实意思表示，是否存在争议或潜在纠纷，新股东与发行人其他股东、董事、监事、高级管理人员、本次发行中介机构负责人及其签字人员是否存在亲属关系、关联关系、委托持股、信托持股或其他利益输送安排，新股东是否具备法律、法规规定的股东资格。发行人在招股说明书信息披露时，除满足招股说明书信息披露准则的要求外，如新股东为法人，应披露其股权结构及实际控制人；如为自然人，应披露其基本信息；如为合伙企业，应披露合伙企业的基本情况及普通合伙人的基本信息。最近一年末资产负债表日后增资扩股引入新股东的，申报前须增加一期审计。

股份锁定方面，控股股东和实际控制人持有的股份上市后锁定 3 年；申报前6个月内进行增资扩股的，新增股份的持有人应当承诺：新增股份自发行人完成增资扩股工商变更登记手续之日起锁定3年。在申报前6个月内从控股股东或实际控制人处受让的股份，应比照控股股东或实际控制人所持股份进行锁定。控股股东和实际控制人的亲属所持股份应比照该股东本人进行锁定。

（二）申报后新增股东

申报后，通过增资或股权转让产生新股东的，原则上发行人应当撤回发行上市申请，重新申报。但股权变动未造成实际控制人变更，未对发行人控股权的稳定性和持续经营能力造成不利影响，且符合下列情形的除外：新股东产生系因继承、离婚、执行法院判决或仲裁裁决、执行国家法规政策要求或由省级及以上人民政府主导，且新股东承诺其所持股份上市后36个月之内不转让、不上市交易（继承、离婚原因除外）。在核查和信息披露方面，发行人申报后产生新股东且符合上述要求无需重新申报的，应比照申报前一年新增股东的核查和信息披露要求处理。除此之外，保荐机构和发行人律师还应对股权转让事项是否造成发行人实际控制人变更，是否对发行人控股权的稳定性和持续经营能力造成不利影响进行核查并发表意见。

3. 发行人历史上存在出资瑕疵或者改制瑕疵的，中介机构核查应当重点关注哪些方面？

答：保荐机构和发行人律师应关注发行人是否存在股东未全面履行出资义务、抽逃出资、出资方式等存在瑕疵，或者发行人历史上涉及国有企业、集体企业改制存在瑕疵的情形。

（一）历史上存在出资瑕疵

历史上存在出资瑕疵的，应当在申报前依法采取补救措施。保荐机构和发行人律师应当对出资瑕疵事项的影响及发行人或相关股东是否因出资瑕疵受到过行政处罚、是否构成重大违法行为及本次发行的法律障碍，是否存在纠纷或潜在纠纷进行核查并发表明确意见。发行人应当充分披露存在的出资瑕疵事项、采取的补救措施，以及中介机构的核查意见。

（二）历史上存在改制瑕疵

对于发行人是国有企业、集体企业改制而来的或历史上存在挂靠集体组织经营的企业，若改制过程中法律依据不明确、相关程序存在瑕疵或与有关法律法规存在明显冲突，原则上发行人应在招股说明书中披露有权部门关于改制程序的合法性、是否造成国有或集体资产流失的意见。国有企业、集体企业改制过程不存在上述情况的，保荐机构、发行人律师应结合当时有效的法律法规等，分析说明有关改制行为是否经有权机关批准、法律依据是否充分、履行的程序是否合法以及对发行人的影响等。发行人应在招股说明书中披露相关中介机构的核查意见。

4. **发行人的部分资产来自于上市公司，中介机构核查应当重点关注哪些方面?**

答：如发行人部分资产来自于上市公司，保荐机构和发行人律师应当针对以下事项进行核查并发表意见：

（一）发行人取得上市公司资产的背景、所履行的决策程序、审批程序与信息披露情况，是否符合法律法规、交易双方公司章程以及证监会和证券交易所有关上市公司监管和信息披露要求，是否存在争议或潜在纠纷。

（二）发行人及其关联方的董事、监事和高级管理人员在上市公司及其控制公司的历史任职情况及合法合规性，是否存在违反竞业禁止义务的情形；上述资产转让时，发行人的董事、监事和高级管理人员在上市公司的任职情况，与上市公司及其董事、监事和高级管理人员是否存在亲属及其他密切关系。如存在上述关系，在相关决策程序履行过程中，上述人员是否回避表决或采取保护非关联股东利益的有效措施。

（三）资产转让完成后，发行人及其关联方与上市公司之间是否就上述转让资产存在纠纷或诉讼。

（四）发行人及其关联方的董事、监事、高级管理人员以及上市公司在转让上述资产时是否存在损害上市公司及其中小投资者合法利益的情形。

（五）发行人来自于上市公司的资产置入发行人的时间，在发行人资产中的占比情况，对发行人生产经营的作用。

（六）境内外上市公司分拆子公司在科创板上市，是否符合相关规定。

5. **关于实际控制人的认定，发行人及中介机构应当如何把握?**

答：（一）实际控制人认定的基本要求

实际控制人是拥有公司控制权的主体。在确定公司控制权归属时，应当本着实事求是的原则，尊重企业的实际情况，以发行人自身的认定为主，由发行人股东予以确认。保荐机构、发行人律师应通过对公司章程、协议或其他安排以及发行人股东大会（股东出席会议情况、表决过程、审议结果、董事提名和任命等）、董事会（重大决策的提议和表决过程等）、监事会及发行人经营管理的实际运作情况的核查对实际控制人认定发表明确意见。

发行人股权较为分散但存在单一股东控制比例达到30%的情形的，若无相反的证据，原则上应将该股东认定为控股股东或实际控制人。存在下列情形之一的，保荐机构应进一步说明是否通过实际控制人认定而规避发行条件或监管并发表专项意见：（1）公司认定存在实际控制人，但其他股东持股比例较高与实际控制人持股比例接近的，且该股东控制的企业与发行人之间存在竞争或潜在竞争的；（2）第一大股东持股接近 30%，其他股东比例不高且较为分散，公司认定无实际控制人的。

（二）共同实际控制人

法定或约定形成的一致行动关系并不必然导致多人共同拥有公司控制权的情况，发行人及中介机构不应为扩大履行实际控制人义务的主体范围或满足发行条件而作出违背事实的认定。通过一致行动协议主张共同控制的，无合理理由的（如第一大股东为纯财务投资人），一般不能排除第一大股东为共同控制人。实际控制人的配偶、直系亲属，如其持有公司股份达到 5% 以上或者虽未超过 5% 但是担任公司董事、高级管理人员并在公司经营决策中发挥重要作用，除非有相反证据，原则上应认定为共同实际控制人。

共同实际控制人签署一致行动协议的，应当在协议中明确发生意见分歧或纠纷时的解决机制。对于作为实际控制人亲属的股东所持的股份，应当比照实际控制人自发行人上市之日起锁定 36 个月。保荐机构及发行人律师应重点关注最近 2 年内公司控制权是否发生变化，存在为满足发行条件而调整实际控制人认定范围嫌疑的，应从严把握，审慎进行核查及信息披露。

（三）实际控制人变动的特殊情形

实际控制人为单名自然人或有亲属关系多名自然人，实际控制人去世导致股权变动，股权受让人为继承人的，通常不视为公司控制权发生变更。其他多名自然人为实际控制人，实际控制人之一去世的，保荐机构及发行人律师应结合股权结构、去世自然人在股东大会或董事会决策中的作用、对发行人持续经营的影响等因素综合判断。

（四）实际控制人认定中涉及股权代持情形的处理

实际控制人认定中涉及股权代持情况的，发行人、相关股东应说明存在代持的原因，并提供支持性证据。对于存在代持关系但不影响发行条件的，发行人应在招股说明书中如实披露，保荐机构、发行人律师应出具明确的核查意见。如经查实，股东之间知晓代持关系的存在，且对代持关系没有异议、代持的股东之间没有纠纷和争议，则应将代持股份还原至实际持有人。发行人及中介机构通常不应以股东间存在代持关系为由，认定公司控制权未发生变动。对于以表决权让与协议、一致行动协议等方式认定实际控制人的，比照代持关系进行处理。

6. 发行人没有或难以认定实际控制人的，发行人股东所持股票的锁定期如何安排？

答：根据《上海证券交易所科创板股票上市规则》的有关规定，发行人控股股东和实际控制人所持股份自发行人股票上市之日起36个月内不得转让。对于发行人没有或难以认定实际控制人的，为确保发行人股权结构稳定、正常生产经营不因发行人控制权发生变化而受到影响，要求发行人的股东按持股比例从高到低依次承诺其所持股份自上市之日起锁定36个月，直至锁定股份的总数不低于发行前A股股份总数的51%。

位列上述应予以锁定51%股份范围的股东，符合下列情形之一的，不适用上述锁定36个月规定：员工持股计划；持股5%以下的股东；非发行人第一大股东且符合一定条件的创业投资基金股东。其中，“符合一定条件的创业投资基金股东”是指符合《私募基金监管问答——关于首发企业中创业投资基金股东的认定标准》的创业投资基金。

对于存在刻意规避股份限售期要求的，本所将按照实质重于形式的原则，要求相关股东参照控股股东、实际控制人的限售期进行股份锁定。

7. 发行人租赁控股股东、实际控制人房产或者商标、专利、主要技术来自于控股股东、实际控制人的授权使用，中介机构核查应当注意哪些方面？

答：发行人存在从控股股东、实际控制人租赁或授权使用资产的，中介机构应当予以关注。存在以下两种情况的：一是生产型企业的发行人，其生产经营所必需的主要厂房、机器设备等固定资产系向控股股东、实际控制人租赁使用；二是发行人的核心商标、专利、主要技术等无形资产是由控股股东、实际控制人授权使用，中介机构应结合相关资产的具体用途、对发行人的重要程度、未投入发行人的原因、租赁或授权使用费用的公允性、是否能确保发行人长期使用、今后的处置方案等，充分论证该等情况是否对发行人资产完整和独立性构成重大不利影响，督促发行人做好信息披露和风险揭示，并就发行人是否符合科创板发行条件审慎发表意见。

8. 一些发行人在经营中存在与其控股股东、实际控制人或董事、监事、高级管理人员的相关共同投资行为，发行人对此应当如何披露，中介机构核查应当重点关注哪些方面？

答：发行人如存在与其控股股东、实际控制人、董事、监事、高级管理人员及其亲属直接或者间接共同设立公司情形，发行人及中介机构应主要披露及核查以下事项：

（一）发行人应当披露相关公司的基本情况，包括但不限于公司名称、成立时间、注册资本、住所、经营范围、股权结构、最近一年又一期主要财务数据及简要历史沿革。

（二）中介机构应当核查发行人与上述主体共同设立公司的背景、原因和必要性，说明发行人出资是否合法合规、出资价格是否公允。

（三）如发行人与共同设立的公司存在业务或资金往来的，还应当披露相关交易的交易内容、交易金额、交易背景以及相关交易与发行人主营业务之间的关系。中介机构应当核查相关交易的真实性、合法性、必要性、合理性及公允性，是否存在损害发行人利益的行为。

（四）如公司共同投资方为董事、高级管理人员及其近亲属，中介机构应核查说明公司是否符合《公司法》第148条规定，即董事、高级管理人员未经股东会或者股东大会同意，不得利用职务便利为自己或者他人谋取属于公司的商业机会，自营或者为他人经营与所任职公司同类的业务。

9. 发行人在全国股份转让系统挂牌期间形成契约性基金、信托计划、资产管理计划等“三类股东”的，对于相关信息的核查和披露有何要求？

答：发行人在全国股份转让系统挂牌期间形成“三类股东”持有发行人股份的，中介机构和发行人应从以下方面核查披露相关信息：

（一）核查确认公司控股股东、实际控制人、第一大股东不属于“三类股东”。

（二）中介机构应核查确认发行人的“三类股东”依法设立并有效存续，已纳入国家金融监管部门有效监管，并已按照规定履行审批、备案或报告程序，其管理人也已依法注册登记。

（三）发行人应根据《关于规范金融机构资产管理业务的指导意见》（银发〔2018〕106号）披露“三类股东”相关过渡期安排，以及相关事项对发行人持续经营的影响。中介机构应当对前述事项核查并发表明确意见。

（四）发行人应当按照要求对“三类股东”进行信息披露。保荐机构及律师应对控股股东、实际控制人，董事、监事、高级管理人员及其近亲属，本次发行的中介机构及其签字人员是否直接或间接在“三类股东”中持有权益进行核查并发表明确意见。

（五）中介机构应核查确认“三类股东”已作出合理安排，可确保符合现行锁定期和减持规则要求。

10. 部分投资机构在投资时约定有估值调整机制（对赌协议），发行人及中介机构应当如何把握？

答：PE、VC 等机构在投资时约定估值调整机制（一般称为对赌协议）情形的，原则上要求发行人在申报前清理对赌协议，但同时满足以下要求的对赌协议可以不清理：一是发行人不作为对赌协议当事人；二是对赌协议不存在可能导致公司控制权变化的约定；三是对赌协议不与市值挂钩；四是对赌协议不存在严重影响发行人持续经营能力或者其他严重影响投资者权益的情形。保荐人及发行人律师应当就对赌协议是否符合上述要求发表专项核查意见。

发行人应当在招股说明书中披露对赌协议的具体内容、对发行人可能存在的影响等，并进行风险提示。

11. 企业合并过程中，对于合并各方是否在同一控制权下的认定应当重点关注哪些内容？红筹企业如存在协议控制或类似特殊安排，在与合并报表编制相关的信息披露和核查方面有哪些要求？

答：对于同一控制下企业合并，发行人应严格遵守相关会计准则规定，详细披露合并范围及相关依据，对特殊合并事项予以重点说明。

（一）总体要求

1. 发行人企业合并行为应按照《企业会计准则第 20 号——企业合并》相关规定进行处理。其中，同一控制下的企业合并，参与合并的企业在合并前后均受同一方或相同的多方最终控制且该控制并非暂时性的。

根据《〈企业会计准则第 20 号——企业合并〉应用指南》的解释，“同一方”是指对参与合并的企业在合并前后均实施最终控制的投资者。“相同的多方”通常是指根据投资者之间的协议约定，在对被投资单位的生产经营决策行使表决权时发表一致意见的两个或两个以上的投资者。“控制并非暂时性”是指参与合并的各方在合并前后较长的时间内受同一方或相同的多方最终控制。较长的时间通常指一年以上（含一年）。

2. 根据《企业会计准则实施问题专家工作组意见第 1 期》解释，通常情况下，同一控制下的企业合并是指发生在同一企业集团内部企业之间的合并。除此之外，一般不作为同一控制下的企业合并。

3. 在对参与合并企业在合并前控制权归属认定中，如存在委托持股、代持股份、协议控制（VIE 模式）等特殊情形，发行人应提供与控制权实际归属认定相关的充分事实证据和合理性依据，中介机构应对该等特殊控制权归属认定事项的真实性、证据充分性、依据合规性等予以审慎判断、妥善处理和重点关注。

（二）红筹企业协议控制下合并报表编制的信息披露与中介机构核查要求

《企业会计准则第33号——合并财务报表》第七条规定“合并财务报表的合并范围应当以控制为基础确定”。第八条规定“投资方应在综合考虑所有相关事实和情况的基础上对是否控制被投资方进行判断”。

部分按相关规定申请科创板发行上市的红筹企业，如存在协议控制架构或类似特殊安排，将不具有持股关系的主体（以下简称被合并主体）纳入合并财务报表合并范围，在此情况下，发行人应：

1. 充分披露协议控制架构的具体安排，包括协议控制架构涉及的各方法律主体的基本情况、主要合同的核心条款等；

2. 分析披露被合并主体设立目的、被合并主体的相关活动以及如何对相关活动作出决策、发行人享有的权利是否使其目前有能力主导被合并主体的相关活动、发行人是否通过参与被合并主体相关活动而享有可变回报、发行人是否有能力运用对被合并主体的权利影响其回报金额、投资方与其他各方的关系；

3. 结合上述情况和会计准则规定，分析披露发行人合并依据是否充分，详细披露合并报表编制方法。

保荐机构及申报会计师应对上述情况进行核查，就合并报表编制是否合规发表明确意见。

12. **发行人客户集中度较高，中介机构应当重点关注哪些方面？**

答：发行人存在客户集中度较高情形的，保荐机构应重点关注该情形的合理性、客户的稳定性和业务的持续性，督促发行人做好信息披露和风险揭示。

对于非因行业特殊性、行业普遍性导致客户集中度偏高的，保荐机构在执业过程中，应充分考虑该单一大客户是否为关联方或者存在重大不确定性客户；该集中是否可能导致其未来持续经营能力存在重大不确定性。

对于发行人由于下游客户的行业分布集中而导致的客户集中具备合理性的特殊行业（如电力、电网、电信、石油、银行、军工等行业），发行人应与同行业可比上市公司进行比较，充分说明客户集中是否符合行业特性，发行人与客户的合作关系是否具有一定的历史基础，是否有充分的证据表明发行人采用公开、公平的手段或方式独立获取业务，相关的业务是否具有稳定性以及可持续性，并予以充分的信息披露。

针对因上述特殊行业分布或行业产业链关系导致发行人客户集中情况，保荐机构应当综合分析考量以下因素的影响：一是发行人客户集中的原因，与行业经营特点是否一致，是否存在下游行业较为分散而发行人自身客户较为集中的情况及其合理性。二是发行人客户在其行业中的地位、透明度与经营状况，是否存在重大不确定性风险。三是发行人与客户合作的历史、业务稳定性及可持续性，相关交易的定价原则及公允性。四是发行人与重大客户是否存在关联关系，发行人的业务获取方式是否影响独立性，发行人是否具备独立面向市场获取业务的能力。

保荐机构如发表意见认为发行人客户集中不对持续经营能力构成重大不利影响的，应当提供充分的依据说明上述客户本身不存在重大不确定性，发行人已与其建立长期稳定的合作关系，客户集中具有行业普遍性，发行人在客户稳定性与业务持续性方面没有重大风险。发行人应在招股说明书中披露上述情况，充分揭示客户集中度较高可能带来的风险。

13. **影响发行人持续经营能力的重要情形有哪些？中介机构应当如何进行核查？**

答：发行人存在以下情形的，保荐机构和申报会计师应重点关注是否影响发行人持续经营能力，具体包括：

（一）发行人所处行业受国家政策限制或国际贸易条件影响存在重大不利变化风险；

（二）发行人所处行业出现周期性衰退、产能过剩、市场容量骤减、增长停滞等情况；

（三）发行人所处行业准入门槛低、竞争激烈，相比竞争者发行人在技术、资金、规模效应方面等不具有明显优势；

（四）发行人所处行业上下游供求关系发生重大变化，导致原材料采购价格或产品售价出现重大不利变化；

（五）发行人因业务转型的负面影响导致营业收入、毛利率、成本费用及盈利水平出现重大不利变化，且最近一期经营业绩尚未出现明显好转趋势；

（六）发行人重要客户本身发生重大不利变化，进而对发行人业务的稳定性和持续性产生重大不利影响；

（七）发行人由于工艺过时、产品落后、技术更迭、研发失败等原因导致市场占有率持续下降、重要资产或主要生产线出现重大减值风险、主要业务停滞或萎缩；

（八）发行人多项业务数据和财务指标呈现恶化趋势，短期内没有好转迹象；

（九）对发行人业务经营或收入实现有重大影响的商标、专利、专有技术以及特许经营权等重要资产或技术存在重大纠纷或诉讼，已经或者未来将对发行人财务状况或经营成果产生重大影响；

（十）其他明显影响或丧失持续经营能力的情形。

保荐机构和申报会计师应详细分析和评估上述情形的具体表现、影响程度和预期结果，综合判断是否对发行人持续经营能力构成重大不利影响，审慎发表明确核查意见，并督促发行人充分披露可能存在的持续经营风险。

14. 发行人报告期存在财务内控不规范情形，应当如何进行规范？中介机构核查应当重点关注哪些方面？

答：部分企业在提交申报材料的审计截止日前存在财务内控不规范情形，主要包括：为满足贷款银行受托支付要求，在无真实业务支持情况下，通过供应商等取得银行贷款或为客户提供银行贷款资金走账通道（简称“转贷”行为）；为获得银行融资，向关联方或供应商开具无真实交易背景的商业票据，进行票据贴现后获得银行融资；与关联方或第三方直接进行资金拆借；因外销业务结算需要，通过关联方或第三方代收货款（内销业务应自主独立结算）；利用个人账户对外收付款项；出借公司账户为他人收付款项；等等。

（一）发行人整改要求

发行人应当严格按照现行法规、规则、制度要求对涉及的财务内控不规范情形进行整改或纠正。在提交申报材料前，保荐机构在上市辅导期间，应会同申报会计师、发行人律师，帮助发行人强化内部控制制度建设并执行有效性检查。具体要求可从以下方面把握：

1. 首发企业申请上市成为上市公司，需要建立、完善并严格实施相关财务内部控制制度，保护中小投资者合法权益。发行人在报告期内作为非上市公司，在财务内控方面存在上述不规范情形的，应通过中介机构上市辅导完成整改或纠正（如收回资金、结束不当行为等措施）和相关内控制度建设，达到与上市公司要求一致的财务内控水平。

2. 对首次申报审计截止日前报告期内存在的财务内控不规范情形，中介机构应根据有关情形发生的原因及性质、时间及频率、金额及比例等因素，综合判断是否构成对内控制度有效性的重大不利影响，是否属于主观故意或恶意行为并构成重大违法违规。

3. 发行人已按照程序完成相关问题整改或纠正的，中介机构应结合此前不规范情形的轻重或影响程度的判断，全面核查、测试并确认发行人整改后的内控制度是否已合理、正常运行并持续有效，出具明确的核查意见。

4. 首次申报审计截止日后，发行人原则上不能再出现上述内控不规范和不能有效执行情形。

5. 发行人的销售结算应自主独立，内销业务通常不应通过关联方或第三方代收货款，外销业务如确有必要通过关联方或第三方代收货款且能够充分提供合理性证据的，最近一年（期）收款金额原则上不应超过当年营业收入的30%。

（二）中介机构核查要求

中介机构对发行人财务内控不规范情形及整改纠正、运行情况的核查，一般需注意以下方面：

1. 关注发行人前述行为信息披露充分性，如对相关交易形成原因、资金流向和使用用途、利息、违反有关法律法规具体情况及后果、后续可能影响的承担机制、整改措施、相关内控建立及运行情况等。

2. 关注前述行为的合法合规性，由中介机构对公司前述行为违反法律法规规章制度（如《票据法》《贷款通则》《外汇管理条例》《支付结算办法》等）的事实情况进行说明认定，是否属于主观故意或恶意行为并构成重大违法违规，是否存在被处罚情形或风险，是否满足相关发行条件的要求。

3. 关注发行人对前述行为财务核算是否真实、准确，与相关方资金往来的实际流向和使用情况，是否通过体外资金循环粉饰业绩。

4. 不规范行为的整改措施，发行人是否已通过收回资金、纠正不当行为方式、改进制度、加强内控等方式积极整改，是否已针对性建立内控制度并有效执行，且申报后未发生新的不合规资金往来等行为。

5. 前述行为不存在后续影响，已排除或不存在重大风险隐患。

中介机构应根据上述核查要求明确发表结论性意见，确保发行人的财务内控在提交申报材料审计截止后能够持续符合规范性要求，不存在影响发行条件的情形。

审计截止日为最近一期经审计的财务报告资产负债表日。

15. 关于第三方回款，发行人及中介机构应当重点关注哪些方面？

答：第三方回款通常是指发行人收到的销售回款的支付方（如银行汇款的汇款方、银行承兑汇票或商业承兑汇票的出票方式或背书转让方）与签订经济合同的往来客户不一致的情况。

（一）第三方回款应当符合的条件

企业在正常经营活动中存在的第三方回款，通常情况下应考虑是否符合以下条件：

1. 与自身经营模式相关，符合行业经营特点，具有必要性和合理性，例如境外客户指定付款等；

2. 第三方回款的付款方不是发行人的关联方；

3. 第三方回款与相关销售收入勾稽一致，具有可验证性，不影响销售循环内部控制有效性的认定，申报会计师已对第三方回款及销售确认相关内部控制有效性发表明确核查意见；

4. 能够合理区分不同类别的第三方回款，相关金额及比例处于合理可控范围，最近一期通常不高于当期收入的15%。

（二）可以不纳入第三方回款统计的情形

以下情况可不作为最近一期第三方回款限制比例的统计范围：

1. 客户为个体工商户或自然人，其通过家庭约定由直系亲属代为支付货款，经中介机构核查无异常的；

2. 客户为自然人控制的企业，该企业的法定代表人、实际控制人代为支付货款，经中介机构核查无异常的；

3. 客户所属集团通过集团财务公司或指定相关公司代客户统一对外付款，经中介机构核查无异常的；

4. 政府采购项目指定财政部门或专门部门统一付款，经中介机构核查无异常的；

5. 通过应收账款保理、供应链物流等合规方式或渠道完成付款，经中介机构核查无异常的。

（三）中介机构核查要求

如发行人报告期存在第三方回款，保荐机构及申报会计师通常应重点核查以下方面：

1. 第三方回款的真实性，是否存在虚构交易或调节账龄情形；

2. 第三方回款形成收入占营业收入的比例；

3. 第三方回款的原因、必要性及商业合理性；

4. 发行人及其实际控制人、董监高或其他关联方与第三方回款的支付方是否存在关联关系或其他利益安排；

5. 境外销售涉及境外第三方的，其代付行为的商业合理性或合法合规性；

6. 报告期内是否存在因第三方回款导致的货款归属纠纷；

7. 如签订合同时已明确约定由其他第三方代购买方付款，该交易安排是否具有合理原因；

8. 资金流、实物流与合同约定及商业实质是否一致。

同时，保荐机构及申报会计师还应详细说明对实际付款人和合同签订方不一致情形的核查情况，包括但不限于：抽样选取不一致业务的明细样本和银行对账单回款记录，追查至相关业务合同、业务执行记录及资金流水凭证，获取相关客户代付款确认依据，以核实和确认委托付款的真实性、代付金额的准确性及付款方和委托方之间的关系，说明合同签约方和付款方存在不一致情形的合理原因及第三方回款统计明细记录的完整性，并对第三方回款所对应营业收入的真实性发表明确核查意见。保荐机构应当督促发行人在招股说明书中充分披露第三方回款相关情况。

16. **发行人报告期内存在会计政策、会计估计变更或会计差错更正情形的，应当如何把握？**

答：（一）总体要求

发行人在申报前的上市辅导和规范阶段，如发现存在不规范或不谨慎的会计处理事项并进行审计调整的，应当符合《企业会计准则第 28 号——会计政策、会计估计变更和会计差错更正》和相关审计准则的规定，并保证发行人提交首发申请时的申报财务报表能够公允地反映发行人的财务状况、经营成果和现金流量。申报会计师应按要求对发行人编制的申报财务报表与原始财务报表的差异比较表出具审核报告并说明差异调整原因，保荐机构应核查差异调整的合理性与合规性。

同时，报告期内发行人会计政策和会计估计应保持一致性，不得随意变更，若有变更应符合企业会计准则的规定。变更时，保荐机构及申报会计师应关注是否有充分、合理的证据表明变更的合理性，并说明变更会计政策或会计估计后，能够提供更可靠、更相关的会计信息的理由；对会计政策、会计估计的变更，应履行必要的审批程序。如无充分、合理的证据表明会计政策或会计估计变更的合理性，或者未经批准擅自变更会计政策或会计估计的，或者连续、反复地自行变更会计政策或会计估计的，视为滥用会计政策或会计估计。

发行人应在招股说明书中披露重要会计政策、会计估计变更或会计差错更正情形及其原因。

（二）首发材料申报后变更、更正的具体要求

首发材料申报后，发行人如存在会计政策、会计估计变更事项，应当依据《企业会计准则第28号——会计政策、会计估计变更和会计差错更正》的规定，对首次提交的财务报告进行审计调整或补充披露，相关变更事项应符合专业审慎原则，与同行业上市公司不存在重大差异，不存在影响发行人会计基础工作规范性及内控有效性情形。保荐机构和申报会计师应当充分说明专业判断的依据，对相关调整变更事项的合规性发表明确的核查意见。在此基础上，发行人应提交更新后的财务报告。

首发材料申报后，发行人如出现会计差错更正事项，应充分考虑差错更正的原因、性质、重要性与累积影响程度。对此，保荐机构、申报会计师应重点核查以下方面并明确发表意见：会计差错更正的时间和范围，是否反映发行人存在故意遗漏或虚构交易、事项或者其他重要信息，滥用会计政策或者会计估计，操纵、伪造或篡改编制财务报表所依据的会计记录等情形；差错更正对发行人的影响程度，是否符合《企业会计准则第28号——会计政策、会计估计变更和会计差错更正》的规定，发行人是否存在会计基础工作薄弱和内控缺失，相关更正信息是否已恰当披露等问题。

首发材料申报后，如发行人同一会计年度内因会计基础薄弱、内控不完善、必要的原始资料无法取得、审计疏漏等原因，除特殊会计判断事项外，导致会计差错更正累积净利润影响数达到当年净利润的20%以上（如为中期报表差错更正则以上一年度净利润为比较基准）或净资产影响数达到当年（期）末净资产的20%以上，以及滥用会计政策或者会计估计以及因恶意隐瞒或舞弊行为导致重大会计差错更正的，应视为发行人在会计基础工作规范及相关内控方面不符合发行条件。

上交所就受理首批科创企业发行上市申请答记者问

（2019年3月22日）

一、请问目前科创板股票发行上市申请的受理情况如何？

答：3月18日，本所科创板股票发行上市审核系统（以下简称本所审核系统）正式开始接收发行人的申请。截至3月22日17时，本所审核系统共收到13家公司提交的科创板股票发行上市申请文件。本所科创板发行上市审核部门按照相关规则规定的程序和要求，完成了对其中9家企业申请文件的齐备性核对，提出了补正要求。

按照相关规定，晶晨半导体（上海）有限公司、烟台睿创微纳技术股份有限公司、江苏天奈科技股份有限公司、江苏北人机器人系统股份有限公司、广东利元亨智能装备股份有限公司、宁波容百新能源科技股份有限公司、和舰芯片制造（苏州）股份有限公司、安翰科技（武汉）股份有限公司、武汉科前生物股份有限公司等9家企业申请文件，经补正后符合齐备性要求，本所决定予以受理。受理通知已通过本所审核系统发送给发行人及其保荐人，发行人的相关申请文件已同步在本所官方网站进行预先披露。

此外，厦门特宝生物工程股份有限公司、福建福光股份有限公司、深圳光峰科技股份有限公司、深圳市贝斯达医疗股份有限公司等4家于3月21日晚间9点后及3月22日提交申请的企业，齐备性检查仍在进行中。本所将按规定的程序和要求，及时进行核对，作出是否受理的决定。

上述科创板企业发行上市申请的受理，标志着在上交所设立科创板并试点注册制改革在实践操作中，又向前迈进了一步。后续，上交所将在中国证监会的领导下，按照“高标准、稳起步、强监管、控风险”的总体原则，组织力量，继续扎实做好受理、审核等各项工作，确保改革平稳落地、有序推进。

二、请问首批受理企业总体情况怎样？

答：首批受理的9家企业基本情况如下：从所属产业、行业来看，新一代信息技术3家，高端装备和生物医药各2家，新材料、新能源各1家；从选择的上市标准来看，6 家选择“市值 + 净利润/收入”的第一套上市标准，3 家选择“市值 + 收入”的第四套上市标准，其中有 1 家为未盈利企业，9 家企业预计市值平均为72.76 亿元，扣除预计市值最大的1 家（180 亿元）后预计市值平均为 59.35 亿元；从财务指标来看，剔除 1 家亏损企业（最近一年总资产为241.94 亿元，营业收入为36.94 亿元，净利润为 -26.02 亿元），其他 8 家企业最近一年年末平均总资产为 15.32 亿元，最近一个会计年度平均营业收入为 10.34 亿元，最近一个会计年度平均扣非后净利润为 1.64 亿元，最近一个会计年度各家企业平均营收增速为 61.43%，研发投入占营业收入比例范围为 5% -20%。总的来看，上述企业所处行业、公司规模、经营状况、发展阶段不尽相同，总体上具备一定的科创属性，体现了科创板发行上市条件的包容性。

目前，科创板企业申请和受理刚刚开始。据了解，相关发行人和保荐人正认真按照证监会和上交所相关规定制作申请文件，陆续提交申请。上交所将始终坚持市场化、法制化的改革方向，准确把握科创板定位，稳步做好后续企业申请受理和发行上市审核等工作。同时，我们也希望，发行人、中介机构和市场各方齐心协力，为优质科创企业来科创板发行上市提供良好的环境，共同呵护科创板平稳起步、行稳致远。

三、请问上交所在受理阶段的齐备性检查主要关注哪些方面?

答：根据《上海证券交易所科创板股票发行上市审核规则》《上海证券交易所科创板股票发行上市申请文件受理指引》等相关规则的规定，本所收到申请文件后，将及时开展是否受理的审核工作。上述企业申请的受理审核中，着重对申请文件进行齐备性检查，主要关注以下事项：申请文件与中国证监会及本所规定的文件目录是否相符，文件名称与文件本身内容是否相符，文件签字或签章是否完整、清晰、一致，文档字体排版等格式是否符合相关规定，招股说明书引用的中介机构报告是否在有效期等。

在此，我们提醒发行人及保荐人认真对照本次出台的科创板制度规则，扎实做好招股说明书等申请文件的制作工作，确保申请文件质量，共同提高申请受理及后续审核的效率。

除了齐备性检查外，我们也关注到，部分申请文件的内容，尤其是招股说明书，与证券监管机构制定的格式准则的要求存在一定差距。例如，招股说明书简单照抄照搬其他板块的文件模板，在结合科创板定位对公司核心技术、行业地位、风险因素等作出针对性的充分披露不够；发行人关于符合科创板定位的专项说明、保荐人关于符合发行人科创板定位要求的专项意见论述不够充分等。后续审核中，我们将通过审核问询，督促发行人和保荐机构，完善相关信息披露内容，保证信息披露质量。各发行人和保荐人事先按照要求，准备好招股说明书，可以减少后续不必要的审核问询，共同提高审核效率。

四、请介绍一下本次受理中企业补正申请文件主要有哪些要求？

答：从本次受理的情况看，确有部分发行人的申请文件存在一些不符合齐备性要求的情形，主要包括：招股说明书中未按要求披露保荐机构相关子公司将按规定参与本次发行战略配售的相关情况；未提交信息披露豁免申请所需的必备文件；申请文件签字处缺少签名及文件命名不符合本所相关要求等。

在申请的受理审核中，本所发行上市审核部门按照规则规定，发出了补正通知，一次性提出了补正要求，相关发行人和保荐人及时进行了补正并重新提交了相关文件。

需要提醒各发行人和保荐人注意的是，发行人补正申请文件的，本所收到申请文件的时间以发行人完成全部补正要求的时间为准。也就是说，存在补正的情形下，本所受理期限（提交后5个工作日内）要从发行人提交符合要求的补正文件后重新计算。因此，希望发行人及保荐人严格按照中国证监会及上交所的相关规定制作申请文件，以免因申请文件不符合齐备性要求耽误时间。

五、请问保荐人推荐企业到科创板上市，应当注意哪些事项？

答：本次设立科创板并试点注册制，对保荐人提出了一些新的要求，例如加强内部控制、交存工作底稿、试行保荐人相关子公司跟投、延长持续督导期等，保荐人在推荐企业到科创板上市时要严格遵守。结合首批申请和受理情况，对保荐人提出以下建议：

一是准确把握科创板试点注册制下保荐人勤勉履责要求，切实提高执业质量。要进一步熟悉并吃透相关规则的精神及内容，特别是科创板的差异化制度安排，严格对照相关规则履行保荐职责，充分了解发行人经营情况和风险，对发行申请文件和信息披露资料进行全面核查验证，切实发挥资本市场“看门人”作用。本所将对保荐人在科创板从事股票发行上市相关业务的执业质量进行定期评价，评价结果供发行上市审核参考。

二是准确把握科创板定位要求，优先推荐科创属性明显的优质企业来科创板上市。要严格按照中国证监会《关于在上海证券交易所设立科创板并试点注册制的实施意见》《科创板首次公开发行股票注册管理办法（试行）》和《上海证券交易所科创板股票发行上市审核规则》《上海证券交易所科创板企业上市推荐指引》等规定，准确把握科创板定位，优先推荐科创板主要服务和重点支持的科技创新企业。本所将审核发行人是否符合发行条件、上市条件和信息披露要求。审核中会关注保荐人对发行人是否符合科创板定位的专业判断是否合理，并就此进行有针对性的问询；在对保荐人和保荐代表人进行执业质量评价时，也会考虑保荐人关于发行人是否符合科创板定位核查论证的工作质量。

三是准确把握发行上市申请文件的内容与格式要求，切实把好申请文件的质量关。要严格按照中国证监会《公开发行证券的公司信息披露内容与格式准则地 42 号——首次公开发行股票并在科创板上市申请文件》和《上海证券交易所科创板股票发行上市申请文件受理指引》等规则要求，认真制作申请文件，坚持时间服从质量，确保申请文件齐备、规范，避免为抢跑而粗制滥造甚至带病申报。对于申请文件形式不齐备的，本所将要求发行人及保荐机构在 30 个工作日内予以补正；对于申请文件内容存在明显或者重大瑕疵的，本所将在审核问询时予以重点关注。根据相关规则规定，申请文件的质量和问询回复的质量将与保荐人执业质量评价挂钩，新股发行信息披露质量将与保荐人资格挂钩。

本所将贯彻“以信息披露为中心”的监管理念，受理发行人申请后，就发行上市申请文件提出一轮或多轮问询，保荐人应当进行必要的尽职调查，及时、逐项回复审核问询，问询与回复将及时向市场公开。发行上市申请文件存在重大疑问且发行人及其保荐人、证券服务机构在回复中无法做出合理解释的，可以按照规定启动现场检查。发行人及其控股股股东、实际控制人、保荐人、证券服务机构及其相关人员涉嫌证券违法行为的，将依法报中国证监会查处。

关于科创板企业受理情况的答记者问

（2019 年 3 月 27 日）

问 1：今日上交所发布了第二批集中受理的科创企业名单。请问上交所对后续受理作何安排？

答：随着发行人的申报逐渐进入常态化，在本次第二批集中受理后，本所将采取“受理即披露”的方式，及时公布企业受理情况。企业的受理通知、公示，将均在受理当日收市后，于本所官方网站统一进行披露。

问 2：市场对于企业的受理与审核流程高度关注。请上交所详解一下受理和审核环节的区别。

答：上交所对科创板企业的发行上市审核包括受理和审核问询两个主要环节。

在受理环节，仅是对企业申请文件齐备性、中介机构资质等的核对，相当于申报企业获得了“准考证”，可以进入考场考试，并不表示一定能够考试通过或获得好成绩。

至于企业是否符合科创属性、是否符合科创板发行上市条件、在财务上是否有瑕疵等实质性问题，将通过第二环节的审核问询来实现，在审核问询过程中，科技创新咨询委员会也会给出专业咨询意见。对于目前市场各方较为关注的科创企业属性等情况，也将会在审核问询中予以重点关注。

以信息披露为核心的审核问询，是在科创板试行注册制改革的“灵魂”。这样的审核过程，是一个提出问题、回答问题，相应地不断丰富完善信息披露内容的互动过程；是震慑欺诈发行、便利投资者在信息充分的情况下做出投资决策的监管过程。整个问询的关键环节均向全市场公开。投资者通过整个问询过程，对申报企业有了更透彻的了解，给出他愿意“买”这家企业的价格，给企业定价。这就是公众监督的“合力”所在。

问 3：目前上交所共发布了两批科创板受理企业名单，市场对申报企业的科创含量展开了激烈讨论。请问上交所对此如何评价？

答：我们已经关注到，在首批受理函发布后，市场各方对受理企业的科创含量等进行了深入讨论和剖析。

我们认为这些讨论有助于形成市场各方依法履职尽责的市场环境，有助于我们做好后续审核工作。需要指出的是，上交所将在审核问询中，针对市场广泛关注的科创代表性、技术能力、企业质量等问题进行多轮问询，通过充分的信息披露，对企业的定价、发行和上市形成市场化制约。发行人应真实、准确、完整地披露信息，保荐机构应对发行人是否符合科创板定位进行充分论证。

设立科创板并试点注册制，是党中央国务院交给资本市场的重要任务，也是立足我国资本市场“新兴加转轨”特征，着力完善资本市场基础制度的“改革试验田”。上交所将坚持市场化、法治化的改革方向，严格按照规定条件和程序，扎实做好申请受理、审核问询和上市委审议等各环节工作，压实中介机构责任，特别是要求保荐人准确把握科创板定位，久久为功，不负众望。

上交所就首轮问询及回复情况答记者问

（2019 年 4 月 23 日）

问题 1. 自 3 月 22 日受理首批科创板上市申请以来，上交所抓紧推进发行上市审核工作，陆续发出首轮问询函，目前已有企业提交首轮问询回复。请介绍一下受理企业和审核等方面的整体情况。

答： 3 月 18 日，上交所发行上市审核系统正式开始接受科创板发行上市申请。3 月 22 日，上交所作出首批 9 家企业的受理决定。一个月来，上交所科创板上市审核中心按照设立科创板并试点注册制的基本要求，对发行人提交的申请文件进行认真审核。截至 4 月 23 日，共计受理企业申请 90 家，已发出首轮问询 72 家。

从受理情况看，科创板申报企业体现出以下特点：一是行业较为集中。总体上属于高新技术产业和战略性新兴产业，主要集中在新一代信息技术、生物医药和高端装备等产业，其中新一代信息技术 32 家，生物医药 21 家，高端装备 17 家，新材料 10 家。二是能够反映现阶段我国科技创新企业整体现状。总体而言，当前我国科技创新企业大多处于爬坡过坎阶段，有一定的科技创新能力和市场竞争优势，科技创新处于跟跑和并跑阶段的企业多，处于领跑阶段特别是突破关键核心技术的企业少。申报企业中不乏具有一定品牌效应和市场影响力的细分行业龙头，技术水平与我国现阶段的经济、科技发展水平相适应。三是申报企业总体上具备较强的科创属性。绝大多数企业主要依靠核心技术开展生产经营，研发投入远超过境内市场其他板块，以最近一个会计年度（2018 年）为例，受理的科创企业研发投入占营业收入的比重平均为 11%，最高的达 56%，研发人员占员工总数比例达到 33%。四是具有良好的成长性。受理的科创企业最近一年营业收入增长率平均为 42%，超过 50% 的有 22 家，其中超过 100% 的有 7 家；最近一年，平均净利润 1.23 亿元，最高的为 37.17 亿元。

为做好科创板发行上市审核工作，上交所进一步充实了科创板上市审核中心的力量，从所内相关业务部门抽调具备 IPO 审核、上市公司监管等方面经验的会计、法律专业人员，承担审核工作。试点初期，为保障审核质量，提高审核效率，证监会发行部与上交所还建立联合审核机制，选派了数名经验丰富的监管干部到上交所挂职，指导和参与审核工作。

据了解，相关发行人和中介机构收到首轮问询后，正在抓紧准备首轮问询回复。下一阶段，上交所将把着力提高申报企业信息披露质量放在更加突出位置，在继续做好常态化的发行上市申请受理和首轮问询基础上，集中力量审核已问询企业的首轮问询回复，根据回复的质量情况开展第二轮甚至多轮问询，问询回复情况将向市场公开。审核问询结束后，将严格按照规则和程序规定，及时召开审核会议形成初步审核意见，组织召开上市委会议审核，报送证监会注册，确保科创板平稳、顺利推出。

问题 2. 招股说明书是最重要的信息披露文件，是投资者了解发行人情况的直接依据，市场各方对如何进一步提高科创板招股说明书信息披露的质量有更高的期待。请介绍一下已受理企业招股说明书的基本情况，存在哪些值得重视的普遍性问题?

答：从目前受理企业看，大部分科创板申报企业基本能够按照《公开发行证券的公司信息披露内容与格式准则第 41 号——科创板公司招股说明书》及相关要求，编制招股说明书。所编制的招股说明书，总体上注重结合科创企业的特点，披露与科创属性相关的内容，注重改善管理层讨论的针对性。但同时应当看到，目前所披露的招股说明书质量参差不齐，还存在一些比较突出的共性问题，与试点注册制改革要求以及市场各方期待还有一定差距，主要表现为如下五个“不够”。

一是对科技创新相关事项披露不够充分。核心技术、研发人员、研发投入等事项是科创企业的重要特征，是投资者了解和判断发行人是否具有科技创新能力的重要依据。相较其他板块，科创板招股说明书更加注重对科技创新相关事项的披露，但目前不少企业存在披露不充分的问题。比如，未充分披露核心技术的来源、研发团队情况、技术先进性程度、在国内外市场的地位及竞争优劣势、技术的迭代性和可替代性、技术路线演进和发展趋势、知识产权保护及管理、核心技术产业化应用及收入占比等。

二是企业业务模式披露不够清晰。企业从事什么业务、提供什么产品或服务、如何组织生产和销售、如何获取收入和盈利、相关技术对企业生产经营的贡献度等，是发行人需要向投资者讲清楚的重要信息。科创企业中，还有一些采用较为新颖的业务模式和盈利模式，投资者更不熟悉。但部分科创板招股说明书存在对业务模式特别是发行人主营业务、主要产品或服务的基本情况披露不清楚，产供销模式与财务数据缺乏对应关系，行业上下游经营和竞争情况，披露比较分散、模糊。

三是企业生产经营和技术风险揭示不够到位。科创企业具有投入大、迭代快、风险高等特点，需要特别注重风险揭示的充分到位。目前不少招股说明书风险揭示不到位，泛泛而谈、避重就轻的比较多。比如，未结合科创企业的特点进行风险揭示，风险因素披露缺乏针对性；未能对风险产生的原因和对发行人的影响程度进行充分披露，缺乏结合公司实际情况的定量分析；有的风险因素披露违反规则要求，包含发行人竞争优势及类似表述，风险揭示变成自我表扬等。

四是信息披露语言表述不够友好。科创板招股说明书准则明确要求应便于投资者阅读，浅白易懂、简明扼要、逻辑清晰，具有可读性和可理解性。总体而言，目前招股说明书信息披露不友好的问题较为突出。比如，有的招股说明书未能使用事实描述性语言、突出事件实质，而使用市场推广的宣传用语，明显美化甚至夸大；有的大篇幅披露与发行人相关度不大的行业等信息，对自身直接相关的业务与技术披露较少，信息披露冗余的同时，有效性不足、针对性不强；有的招股说明书使用很多晦涩难懂的专业术语，有的未能尽量使用图表、图片或其他较为直观的披露方式，以及引用第三方数据或结论未注明资料来源等。

五是文件格式和内容安排不够规范。比如部分招股说明书未能结合自身业务特点，披露重要性水平的确定标准和依据；会计政策和会计估计的具体执行标准简单照抄会计准则；各主体承诺事项仍大量堆砌在重大事项提示部分，未能达到重大事项提示以简要语言提醒投资者特别关注事项的目的等。

招股说明书存在的上述问题，有的是多年来习惯做法所致，有的与准备科创板发行上市申请、编制招股说明书的时间仓促有关。这些问题的存在，说明发行人和中介机构对如何按照试点注册制改革理念，在发行上市环节落实以信息披露为中心的监管要求，理解深度不够、重视程度不够、执行力度不够。在此，再次提醒各发行人及中介机构，务必严格按照科创板注册制相关规则要求制作、修改招股说明书。应该结合审核问询提出的问题和要求，该精简的精简、该删除的删除、该补充的补充、该强化的强化。本所审核中将坚持以信息披露为核心，高度重视信息披露的质量，对存在突出问题的招股说明书，将刨根问底，持续加大问询力度。

问题 3. 发行上市审核问询是督促发行人和中介机构履行信息披露义务、提高信息披露质量的重要环节和监管方式。针对上述普遍性问题，发行上市审核如何坚持以信息披露为核心，着力提升招股说明书的信息披露质量？

答：上交所受理发行上市申请后，按照科创板试点注册制改革的要求，坚持以信息披露为核心，针对招股说明书存在的突出问题，通过一轮或多轮问询，督促发行人说清楚、讲明白，努力问出一个真公司。首轮问询，遵循“全面问询、突出重点、合理怀疑、压实责任”的原则。

一是全面问询。审核人员认真通读招股说明书及全部配套文件，首轮问询问题覆盖招股说明书的全部内容，包括财务、法律、行业等不同层面，同时关注信息披露充分、一致、可理解等不同要求。凡是与投资者投资决策相关、招股说明书又没有讲清楚的重要问题，包括业务、技术、财务、治理以及披露语言的简明性等，都要求发行人予以补充完善，切实提高信息披露的充分性。在全面审核基础上，提出首轮问询问题。与全面审核以及招股说明书的质量现状相对应，首轮问询的问题数量相对多一点，目前平均每家 40 余个问题，每个问题中，还包括多个问题点。

二是突出重点。首轮问询一方面注重全面性，另一方面突出重点。在问询范围全覆盖的基础上，重点聚焦于发行人是否符合发行条件、上市条件，是否充分披露对投资者进行投资决策相关的重要信息，是否对符合科创板定位作出合理评估和判断。由此，所问询的问题，比较多的集中于与发行上市条件、发行人核心技术、发行人业务及经营模式、发行人独立持续经营能力等相关的重大事项上。

三是合理怀疑。审核问询高度关注发行人信息披露的真实性、准确性、完整性，并着重从信息披露是否充分、是否一致等角度入手，保持合理怀疑。

其中，对财务数据是否勾稽合理、财务信息与非财务信息能否相互印证、发行人与同行业可比公司之间差异是否正常等问题高度重视，对存在不一致之处予以重点问询，要求发行人作出解释并说明理由和依据，努力防范和震慑欺诈发行、虚假陈述等恶意违法行为。

四是压实责任。中介机构勤勉尽责是注册制改革顺利落地的重要基础和保障。在要求发行人履行信息披露的第一责任的同时，我们要求保荐机构、证券服务机构对发行人生产经营的合规性、财务信息的真实性及内控制度的有效性等事项，进行充分核查和说明，督促相关中介机构勤勉履行尽职调查和审慎核查职责，切实发挥“看门人”作用。目前，针对审核中发现的保荐机构核查把关不严的问题，上交所已约谈相关保荐机构，指出其存在的问题，要求予以纠正。中介机构违反本所业务规则的，我们将依法依规采取相关监管措施。后续，还将与相关监管部门一起，有针对性地开展保荐人等中介机构的执业质量评价。

发行人及保荐机构等中介机构在信息披露质量提高中，处于关键地位。在收到本所首轮问询函后，应当根据要求进行自查、核查，及时作出回复，并对招股说明书作出相应修改、完善和更新披露，切实提高信息披露的质量，确保信息披露的真实、准确、完整。

问题4. 发行人的首轮问询回复情况怎么样？接下来如何开展第二轮问询？

答：截至4月23日下午，有3家企业提交了首轮问询回复，其他企业的问询回复工作正在进行中。总的来看，相关发行人和中介机构对问询的问题比较重视，都一一做了对照和回应，形成了独立的可公开的信息披露文件，对招股说明书同步做了相应补充、删改、调整；保荐人、律师事务所、会计师事务所也按照要求，出具了专项报告。我们将抓紧时间，对提交和披露的回复进行审核，着重关注回复的针对性、准确性、充分性。在此基础上，启动第二轮问询。

值得注意的是，根据《科创板股票发行上市审核规则》的规定，问询回复是发行上市申请文件的组成部分，发行人应当保证回复的真实、准确、完整。本所高度关注问询回复的质量，并及时向市场公开问询和回复的内容，接受社会监督。在此，对正在准备回复的相关各方，着重提出如下三点要求。

一是发行人和中介机构要按照要求予以针对性回复。问询回复应当围绕问询问题，有的放矢，提高针对性，避免答非所问或者避重就轻，防止“挤牙膏式”或“闯关式”的信息披露。发行人及保荐人要结合回复内容，全面梳理招股说明书等信息披露文件，查漏补缺、删减冗余、消除矛盾之处、删除宣传用语，增强信息披露的充分性、一致性和可理解性。

二是中介机构要切实核查到位。保荐人及证券服务机构应当切实承担对发行人信息披露的把关责任，通过执行适当的核查方法、范围及程序，深入分析问询问题，审慎、客观地得出核查结论，并按规定严格履行内核程序，提高核查工作的规范性和有效性。保荐人应当以补充核查为基础，在问询回复中提供新的证据或材料，避免简单重复招股说明书的已有内容。

三是行业信息披露需要进一步强化。保荐人应当充分发挥自身的行业研究能力，加深对科创行业的认识，提高对国家科技发展战略和政策、国内外科技发展水平和趋势的掌握。根据问询函的要求，在问询回复中对发行人的核心技术及核心竞争力、行业现状及未来趋势、上下游业务关系、同行业对比、风险因素及应对措施等事项，作出进一步的专业分析，为投资者决策提供更加有效的参考。

如果发行人的首轮问询回复未能有针对性地回答本所问询，或者本所发现新线索、新情况以及根据相关监管要求需要进一步审核问询的，本所可在收到发行人首轮问询回复后十个工作日内，继续提出第二轮审核问询。与首轮问询为全面问询不同，第二轮问询将更加聚焦，重点针对首轮问询中发行人及中介机构没有说清楚、讲明白的重要问题，通过刨根问底式问询，要求发行人进一步披露信息，便于审核机构对相关事项作出审核判断，便于投资者在信息充分的情况下做出投资决策。

上交所就科创板发行上市审核问询回复进展情况答记者问

（2019 年 5 月 14 日）

问题 1. 科创板企业申请正式受理之后，发行上市审核工作稳步快速推进中。近日，一批企业陆续披露了首轮发行上市审核问询回复，市场对所问询的问题数量和细致程度比较关注，请简要介绍一下相关情况。

答：目前，前期申请企业大多接受了首轮问询，现已发出首轮问询 86 家。

我们注意到，首轮问询函披露后，市场比较关注问询的问题多少和细致程度。据统计，首轮问询的问题平均40多个，问询内容比较全面、深入、具体，问询回复的篇幅也比较长。究其原因，除了与所披露的招股说明书质量不尽人意、发行上市首轮问询需要实施“全面体检”高度有关，也与试点注册制下强化交易所审核工作透明度、强化中介机构的把关责任等监管安排直接有关。

具体而言，交易所问询的问题数量和细致程度，与强化交易所审核问询工作透明度直接相关。一问中所问询的问题，不少属于要求发行人“说明”事项，涉及发行人的历史沿革、股份转让、股权变化等方面。原有审核实践中，这些专项说明仅提供审核机构供审核使用。试点注册制下，交易所的发行上市审核进一步公开透明，其中包括进一步公开审核过程和审核内容。发行人按照要求提交的“说明”事项，正是审核过程和审核内容的重要组成部分。将其通过审核问询的方式公开，事实上是将交易所审核工作更加透明地告知市场，接受市场的监督，投资者由此也能与交易所同步掌握发行人的相关情况。

发行人问询回复的内容篇幅比较长，除了其中包含上述说明事项的原因外，还与压实保荐人等中介机构的把关责任直接有关。审核问询中需要发行人说明的事项、需要补充到招股说明书中的事项，都要求保荐人等中介机构同步进行核查，并在问题回答中说明核查的过程、内容和结论。在问询回复函这份相对独立的文件中，公开中介机构核查要求和落实情况，是在审核环节压实中介机构责任的具体措施，中介机构的履责情况和把关责任由此呈现在市场和社会面前，有助于市场各方事中监督其勤勉尽责，有助于监管机构事后调查问责。

根据制度安排，问询回复中，除了明确要求进一步披露的事项，上述公开发行人的说明事项、中介机构的核查情况，大多不用纳入招股说明书。目的在于保障招股说明书信息披露应有的简明性和可读性。据初步统计，在首轮问询中，“说明”事项问题约占10%，“核查”事项问题约占50%，“披露”事项问题约占40%。应当注意的是，不纳入招股说明书，并不影响问询回复中所公开的发行人说明事项、中介机构核查情况的法律约束力。根据交易所审核规则，这些内容一旦公开，发行人和中介机构对其真实性、准确性和完整性就开始承担法律责任。

问题2. 发行人首轮问询回复的整体情况怎么样，还有哪些值得关注的问题。

答：近期，科创板发行上市审核进入首轮问询集中回复阶段。截至5月

14 日，已有 71 余家企业披露了首轮问询回复。总的来看，大部分发行人和中介机构对审核问询中提出的问题比较重视，能够认真准备，作出有针对性的回应。中介机构对需要核查的事项，能够详细说明核查过程、核查方式，发表核查结论，并提交专项意见。但另一方面，在问询回复过程中，也存在值得一些关注的问题，主要有如下五方面。

一是有的回复避重就轻、答非所问，没有针对性回应所提问题的关键点，有的甚至遗漏问题。二是有的回复刻意避短、夸大其词，回复内容的依据和理由不充分，客观性和准确性存在疑问。三是有的回复篇幅冗长、拖泥带水，一些关键内容淹没其中，不够突出醒目。四是修改后的招股说明书，大多只做加法不做减法，该删除的没删除，该精简的没精简，甚至将问询中仅需发行人说明和中介机构核查事项回复的内容，不加区分地放到招股说明书中。五是有的回复不合要求，没有将补充到招股说明书的内容凸显出来，少数保荐人擅自修改已经披露的招股说明书中的重要财务数据，个别保荐人甚至违反执业准则，修改本所问询的问题。

对上述问题，希望发行申请人和中介机构高度重视，切实避免，与交易所审核机构一起，推动以信息披露为中心的注册制审核落地生根。交易所也将在后续的审核环节持续关注这些问题的整改处理情况。对少数擅自修改问询问题等不当行为，本所已经通过当面约谈、二次问询等方式，要求说明和纠正，随后将在进一步核实情况基础上，严格采取相应的自律监管措施。

问题 3. 首轮问询回复后，第二轮问询及其回复已经展开，请介绍一下第二轮问询有什么特点。

答：第一轮问询的回复正在集中披露，将进入高峰期。交易所科创板上市审核中心将继续克服时间紧任务重等困难，始终把审核质量摆在第一位，按照相关规则及程序积极稳妥地推进二轮问询。中国证监会相关部门也在动态追踪和关注审核中第一轮问询及回复情况，指导交易所科创板审核中心做好审核工作。目前，共计发出第二轮问询 29 家，其中 1 家已回复，第二轮问询问题及回复已在本所官方网站公开披露。

公开化的问询式审核，是科创板发行上市审核的重要机制，目的是为了“问出一家真公司”，同时让市场主体在信息充分披露基础上，对公司的质量和价值进行投资判断。其中的一问、二问甚至多轮问询，在审核程序和机制中相互衔接、层层递进，是后续审核机构和上市委员会进行审核判断的重要基础。多轮问询的过程，是在全面问询的基础上，不断突出重点、聚焦问题的过程，不断督促发行人及中介机构真实、准确、完整地披露信息的过程，也是震慑欺诈发行、便利投资者在信息充分的基础上作出投资决策的监管过程。

根据上交所《科创板股票发行上市审核规则》，首轮审核问询后，如发现新的需要问询事项，或者发行人及其保荐人、证券服务机构的回复未能有针对性地回答本所发行上市审核机构提出的审核问询，或者发行人的信息披露仍未满足中国证监会和本所规定要求的，本所可在收到发行人首轮问询回复后十个工作日内，继续提出第二轮审核问询。从目前情况看，一问之后，申请企业和相关中介机构将普遍接受第二轮问询。

在首轮问询和回复的基础上，第二轮问询将更加突出重大性、更加聚焦关键问题、更加注重揭示风险。第二轮问询的提问方法与首轮问询也有所区别，更加精简扼要，更具整合性，已披露的第二轮问询，问题数量 14 个，较首轮问询显著减少。从内容上看，二轮问询的问题主要针对首轮问询回复就发行人科创属性和技术先进性、发行人是否符合发行条件和上市条件、信息披露中法律合规性及财务真实性、科创企业成长发展中特有的风险等重大事项，是否说明白了、讲清楚了，相关信息披露是否达到应有的充分、一致、可理解要求。如果仍然不到位，将刨根问底地追问下去，要求发行人进一步说明或者充分披露，要求中介机构进一步核实。

按照《科创板股票发行上市审核规则》，审核问询可多轮次进行。第二轮问询回复后，本所认为仍需继续问询的，将在规定时限内进行多轮问询；不需要继续问询的，将按照规则和程序进入召开审核会议形成初步审核意见、上市委审议、证监会注册等后续环节。此外，其他受理企业的首轮问询，也在按照规定的时间和程序，正常有序推进中。

2. 发行与承销类

《上海证券交易所科创板股票发行与承销实施办法》解读

《上海证券交易所科创板股票发行与承销实施办法》针对科创板的特殊性，进行了专门规定。本办法没有规定的，适用上海证券交易所制定的《上海市场首次公开发行股票网上发行实施细则》《上海市场首次公开发行股票网下发行实施细则》及其他业务规则的规定。中国证监会制定的《证券发行与承销管理办法》不再适用。

对于本办法，需要关注的有以下几点：

1. 定价机制。发行人和主承销商可以通过初步询价确定发行价格，或者在初步询价确定发行价格区间后，通过累计投标询价确定发行价格。

2. 中止发行。发行人预计发行后总市值不满足其在招股说明书中明确选择的市值与财务指标上市标准的，应当中止发行。中止发行后，在中国证监会同意注册决定的有效期内，且满足会后事项监管要求的前提下，经向本所备案，可重新启动发行。

3. 网上申购。根据投资者持有的市值确定其网上可申购额度，符合科创板投资者适当性条件且持有市值达到10000元以上的投资者方可参与网上申购。每5000元市值可申购一个申购单位，不足5000元的部分不计入申购额度。

4. 科创板试行保荐机构相关子公司跟投制度。发行人的保荐机构依法设立的相关子公司或者实际控制该保荐机构的证券公司依法设立的其他相关子公司，参与本次发行战略配售，并对获配股份设定限售期。这是为了使发行人与保荐机构的利益绑定在一起，避免保荐机构推荐质量较差的公司上市。

5. 战略配售。首次公开发行股票可以向战略投资者配售。发行人的高级管理人员与核心员工可以设立专项资产管理计划参与本次发行战略配售。战略配售既不参与网下配售，更不参与网上配售，而是直接通过战略配售协议买到股票，从而避免了配售过程中竞标。这是对于战略投资者的一项优惠。因此，战略配售的比例有一定的限制。

6. 引入了新的监管措施。这些新的监管措施包括要求限期参加培训或者考试，要求保荐机构聘请第三方机构进行核查并发表意见，等等。

7. 延长了冷淡对待的时间。即3个月至3年内不接受发行人提交的发行上市申请文件，3个月至3年内不接受保荐机构、承销商、证券服务机构提交的发行上市申请文件或者信息披露文件，3个月至3年内不接受保荐代表人及保荐机构其他相关人员、承销商相关人员、证券服务机构相关人员签字的发行上市申请文件或者信息披露文件。而在此前，冷淡对待的时间最长仅为一年。这是针对注册制的特点，加大了中介机构的责任，以推动落实保荐人、证券服务机构尽职调查、审慎核查的职责，更好地发挥保荐人、证券服务机构“看门人”作用。

上海证券交易所关于发布《上海证券交易所科创板股票发行与承销实施办法》的通知

（2019年3月1日　上证发〔2019〕21号）

各市场参与人：

为了规范上海证券交易所（以下简称本所）科创板股票发行与承销行为，维护市场秩序，保护投资者合法权益，根据《中华人民共和国证券法》《中华人民共和国公司法》《关于在上海证券交易所设立科创板并试点注册制的实施意见》《证券发行与承销管理办法》《科创板首次公开发行股票注册管理办法（试行）》等相关法律、行政法规、部门规章和规范性文件，本所制定了《上海证券交易所科创板股票发行与承销实施办法》（详见附件），经中国证监会批准，现予以发布，并自发布之日起施行。

特此通知。

附件：上海证券交易所科创板股票发行与承销实施办法

上海证券交易所科创板股票发行与承销实施办法

第一条 为了规范上海证券交易所（以下简称本所）科创板股票发行与承销行为，维护市场秩序，保护投资者合法权益，根据《中华人民共和国证券法》《中华人民共和国公司法》《关于在上海证券交易所设立科创板并试点注册制的实施意见》《证券发行与承销管理办法》《科创板首次公开发行股票注册管理办法（试行）》等相关法律、行政法规、部门规章和规范性文件，制定本办法。

第二条 股票在科创板的发行承销业务，适用本办法；本办法未作规定的，适用本所《上海市场首次公开发行股票网上发行实施细则》《上海市场首次公开发行股票网下发行实施细则》及其他业务规则的规定。

第三条 发行人、证券公司、证券服务机构、投资者及相关人员应当遵守本办法，接受本所自律监管。

第四条 首次公开发行股票应当向证券公司、基金管理公司、信托公司、财务公司、保险公司、合格境外机构投资者和私募基金管理人等专业机构投资者（以下统称网下投资者）以询价的方式确定股票发行价格。网下投资者应当向中国证券业协会注册，接受中国证券业协会自律管理。

发行人和主承销商可以根据本所和中国证券业协会相关自律规则的规定，在前款所指的网下投资者范围内设置其他条件，并在发行公告中预先披露。

第五条 发行人和主承销商可以通过初步询价确定发行价格，或者在初步询价确定发行价格区间后，通过累计投标询价确定发行价格。

第六条 主承销商应当向网下投资者提供投资价值研究报告，并遵守中国证券业协会关于投资价值研究报告的相关规定。

第七条 参与询价的网下投资者应当遵循独立、客观、诚信的原则合理报价，不得协商报价或者故意压低、抬高价格。

发行人、承销商和参与询价的网下投资者，不得在询价活动中进行合谋报价、利益输送或者谋取其他不当利益。

第八条 参与询价的网下投资者可以为其管理的不同配售对象账户分别填报一个报价，每个报价应当包含配售对象信息、每股价格和该价格对应的拟申购股数。同一网下投资者全部报价中的不同拟申购价格不超过3个。

首次公开发行股票价格（或发行价格区间）确定后，提供有效报价的投资者方可参与申购。

前款所指有效报价，是指网下投资者申报的不低于主承销商和发行人确定的发行价格或发行价格区间下限，且未作为最高报价部分被剔除，同时符合主承销商和发行人事先确定且公告的其他条件的报价。

第九条 发行人和主承销商应当在申购前，披露网下投资者剔除最高报价部分后有效报价的中位数和加权平均数，以及公开募集方式设立的证券投资基金和其他偏股型资产管理产品（以下简称公募产品）、全国社会保障基金（以下简称社保基金）和基本养老保险基金（以下简称养老金）的报价中位数和加权平均数等信息。

第十条 初步询价结束后，发行人和主承销商确定的发行价格（或者发行价格区间中值）超过第九条规定的中位数、加权平均数的孰低值的，发行人和主承销商应当在申购前至少一周发布包含以下内容的投资风险特别公告：

（一）说明确定的发行价格（或者发行价格区间中值）超过第九条规定的中位数、加权平均数的孰低值的理由及定价依据；

（二）提请投资者关注发行价格（或者发行价格区间）与网下投资者报价之间的差异；

（三）提请投资者关注投资风险，审慎研判发行定价的合理性，理性作出投资决策；

（四）本所认为应当披露的其他内容。

发行人和主承销商确定的发行价格（或发行价格区间上限）对应的市盈率高于同行业上市公司二级市场平均市盈率，但未触及本条第一款规定情形的，不适用发布投资风险特别公告的相关规定。

第十一条 除《证券发行与承销管理办法》规定的中止发行情形外，发行人预计发行后总市值不满足其在招股说明书中明确选择的市值与财务指标上市标准的，应当中止发行。

前款所指预计发行后总市值是指初步询价结束后，按照确定的发行价格（或者发行价格区间下限）乘以发行后总股本（不含采用超额配售选择权发行的股票数量）计算的总市值。

中止发行后，在中国证监会同意注册决定的有效期内，且满足会后事项监管要求的前提下，经向本所备案，可重新启动发行。

第十二条 在科创板首次公开发行股票，网下发行比例应当遵守以下规定：

（一）公开发行后总股本不超过4亿股的，网下初始发行比例不低于本次公开发行股票数量的70%。

（二）公开发行后总股本超过4亿股或者发行人尚未盈利的，网下初始发行比例不低于本次公开发行股票数量的80%。

（三）应当安排不低于本次网下发行股票数量的50%优先向公募产品（包括为满足不符合科创板投资者适当性要求的投资者投资需求而设立的公募产品）、社保基金、养老金、根据《企业年金基金管理办法》设立的企业年金基金（以下简称企业年金基金）和符合《保险资金运用管理办法》等相关规定的保险资金（以下简称保险资金）配售。

（四）公募产品、社保基金、养老金、企业年金基金和保险资金有效申购不足安排数量的，发行人和主承销商可以向其他符合条件的网下投资者配售剩余部分。

（五）对网下投资者进行分类配售的，同类投资者获得配售的比例应当相同。公募产品、社保基金、养老金、企业年金基金和保险资金的配售比例应当不低于其他投资者。

（六）安排向战略投资者配售股票的，应当扣除向战略投资者配售部分后确定网下网上发行比例。

第十三条 首次公开发行股票网下投资者申购数量低于网下初始发行量的，发行人和主承销商应当中止发行，不得将网下发行部分向网上回拨。网上投资者申购数量不足网上初始发行量的，可以回拨给网下投资者。

首次公开发行股票，网上投资者有效申购倍数超过50倍且不超过100倍的，应当从网下向网上回拨，回拨比例为本次公开发行股票数量的5%；网上投资者有效申购倍数超过100倍的，回拨比例为本次公开发行股票数量的10%；回拨后无限售期的网下发行数量原则上不超过本次公开发行股票数量的80%。

前款所指公开发行股票数量应当按照扣除设定限售期的股票数量计算。

第十四条 根据投资者持有的市值确定其网上可申购额度，符合科创板投资者适当性条件且持有市值达到10000元以上的投资者方可参与网上申购。每5000元市值可申购一个申购单位，不足5000元的部分不计入申购额度。

每一个新股申购单位为500股，申购数量应当为500股或其整数倍，但最高申购数量不得超过当次网上初始发行数量的千分之一，且不得超过9999.95万股，如超过则该笔申购无效。

投资者持有市值的计算，按照本所有关规定执行。

第十五条　网上申购总量大于网上发行总量时，本所按照每500股配一个号的规则对有效申购进行统一连续配号。

有效申购总量大于网上发行总量时，主承销商在公证机构监督下根据总配号量和中签率组织摇号抽签，每一个中签号可认购500股新股。

第十六条　首次公开发行股票可以向战略投资者配售。

首次公开发行股票数量在1亿股以上的，战略投资者获得配售的股票总量原则上不得超过本次公开发行股票数量的30%，超过的应当在发行方案中充分说明理由。

首次公开发行股票数量不足1亿股的，战略投资者获得配售的股票总量不得超过本次公开发行股票数量的20%。

第十七条　发行人应当与战略投资者事先签署配售协议。发行人和主承销商应当在发行公告中披露战略投资者的选择标准、向战略投资者配售的股票总量、占本次发行股票的比例以及持有期限等。

战略投资者参与股票配售，应当使用自有资金，不得接受他人委托或者委托他人参与，但依法设立并符合特定投资目的的证券投资基金等主体除外。发行人和主承销商应当对战略投资者配售资格进行核查。

战略投资者应当承诺获得本次配售的股票持有期限不少于12个月，持有期自本次公开发行的股票上市之日起计算。

第十八条　科创板试行保荐机构相关子公司跟投制度。发行人的保荐机构依法设立的相关子公司或者实际控制该保荐机构的证券公司依法设立的其他相关子公司，参与本次发行战略配售，并对获配股份设定限售期，具体事宜由本所另行规定。

第十九条　发行人的高级管理人员与核心员工可以设立专项资产管理计划参与本次发行战略配售。前述专项资产管理计划获配的股票数量不得超过首次公开发行股票数量的10%，且应当承诺获得本次配售的股票持有期限不少于12个月。

发行人的高级管理人员与核心员工按照前款规定参与战略配售的，应当经发行人董事会审议通过，并在招股说明书中披露参与的人员姓名、担任职务、参与比例等事宜。

第二十条　承销商应当向通过战略配售、网下配售获配股票的投资者收取不低于获配应缴款一定比例的新股配售经纪佣金，承销商因承担发行人保荐业务获配股票或者履行包销义务取得股票的除外。

承销商应当在发行与承销方案中明确新股配售经纪佣金的收取标准、收取方式、验资安排等事宜，并向本所报备。

第二十一条 发行人和主承销商可以在发行方案中采用超额配售选择权。

采用超额配售选择权发行股票数量不得超过首次公开发行股票数量的15%。

主承销商采用超额配售选择权，应当与参与本次配售并同意作出延期交付股份安排的投资者达成协议。

第二十二条 发行人股票上市之日起30个自然日内，主承销商有权使用超额配售股票募集的资金，从二级市场购买发行人股票，但每次申报的买入价不得高于本次发行的发行价，具体事宜由本所另行规定。

主承销商可以根据超额配售选择权行使情况，要求发行人按照超额配售选择权方案发行相应数量股票。

第二十三条 主承销商应当在超额配售选择权行使期届满或者累计行使数额达到采用超额配售选择权发行股票数量限额的5个工作日内，根据超额配售选择权行使情况，向发行人支付超额配售股票募集的资金，向同意延期交付股票的投资者交付股票。

第二十四条 发行人股东持有的首发前股份，可以在发行人上市前托管在为发行人提供首次公开发行上市保荐服务的保荐机构，并由保荐机构按照本所业务规则的规定，对股东减持首发前股份的交易委托进行监督管理。

第二十五条 获中国证监会同意注册后，发行人与主承销商应当及时向本所报备发行与承销方案。本所5个工作日内无异议的，发行人与主承销商可依法刊登招股意向书，启动发行工作。

第二十六条 本所对股票在科创板发行与承销的过程实施自律监管，对违反本办法的行为单独或者合并采取监管措施和纪律处分。

发行承销涉嫌违法违规或者存在异常情形的，本所可以要求发行人和承销商暂停或中止发行，对相关事项进行调查，并上报中国证监会查处。

第二十七条 本所对发行人、证券公司、证券服务机构、投资者及其直接负责的主管人员和其他直接责任人员等实施日常监管，可以采取下列措施：

（一）对发行人及其保荐机构、承销商、证券服务机构发出通知和函件；

（二）约见问询发行人董事、监事、高级管理人员以及保荐机构、承销商、证券服务机构及其相关人员；

（三）调阅和检查保荐机构、承销商、证券服务机构工作底稿；

（四）要求发行人、保荐机构、承销商、证券服务机构对有关事项作出解释和说明；

（五）对发行人、保荐机构、承销商、证券服务机构进行调查或者检查；

（六）向中国证监会报告涉嫌违法违规及存在异常的情况；

（七）其他必要的工作措施。

第二十八条 发行人、证券公司、证券服务机构、投资者及其直接负责的主管人员和其他直接责任人员存在下列情形的，本所可以视情节轻重，对其单独或者合并采取监管措施和纪律处分：

（一）在询价、配售活动中进行合谋报价、利益输送或者谋取其他不当利益；

（二）违反本办法的规定，向不符合要求的主体进行询价、配售；

（三）未按照本办法的规定提供投资价值研究报告或者发布投资风险特别公告；

（四）发行人的高级管理人员与核心员工设立专项资产管理计划参与战略配售，未按规定履行决策程序和信息披露义务；

（五）未及时向本所报备发行与承销方案，或者本所提出异议后仍然按原方案启动发行工作；

（六）预计发行后总市值不满足选定市值与财务指标上市标准，应当中止发行而不中止发行；

（七）未按发行与承销方案中披露的标准，向战略配售、网下配售获配股票的投资者收取新股配售经纪佣金；

（八）违反本办法关于采用超额配售选择权的规定，影响股票上市交易正常秩序；

（九）未按照规定编制信息披露文件，履行信息披露义务；

（十）发行过程中的信息披露未达到真实、准确、完整、及时要求，存在虚假记载、误导性陈述或重大遗漏；

（十一）违反本办法规定的其他情形。

第二十九条 发行人、证券公司、证券服务机构、投资者及其直接负责的主管人员和其他直接责任人员等违反本办法规定的，本所可以采取下列监管措施：

（一）要求限期改正；

（二）监管谈话；

（三）口头警示；

（四）书面警示；

（五）要求公开更正、澄清或者说明；

（六）要求限期参加培训或者考试；

（七）要求保荐机构聘请第三方机构进行核查并发表意见；

（八）要求公开致歉；

（九）本所规定的其他监管措施。

第三十条 发行人、证券公司、证券服务机构、投资者及其直接负责的主管人员和其他直接责任人员等违反本办法规定，情节严重的，本所可以采取下列纪律处分：

（一）通报批评；

（二）公开谴责；

（三）3个月至3年内不接受发行人提交的发行上市申请文件；

（四）3个月至3年内不接受保荐机构、承销商、证券服务机构提交的发行上市申请文件或者信息披露文件；

（五）3个月至3年内不接受保荐代表人及保荐机构其他相关人员、承销商相关人员、证券服务机构相关人员签字的发行上市申请文件或者信息披露文件；

（六）公开认定发行人董事、监事、高级管理人员3年以上不适合担任上市公司董事、监事、高级管理人员；

（七）本所规定的其他纪律处分。

第三十一条 本所发现承销商存在中国证券业协会发布的相关规则所述违规行为的，将公开通报情况，并建议中国证券业协会采取行业内通报批评、公开谴责等自律管理措施。

本所发现网下投资者存在中国证券业协会发布的相关规则所述违规行为的，将公开通报情况，并建议中国证券业协会对该网下投资者采取列入首发股票网下投资者黑名单等自律管理措施。

第三十二条 科创板存托凭证的发行和承销事宜，比照适用本办法，本所另有规定的除外。

第三十三条 本办法经本所理事会审议通过并报中国证监会批准后生效，修改时亦同。

第三十四条 本办法由本所负责解释。

第三十五条 本办法自公布之日起施行。

《上海证券交易所科创板股票发行与承销业务指引》解读

经党中央、国务院同意并由中国证监会发布的《关于在上海证券交易所设立科创板并试点注册制的实施意见》提出，要“构建科创板股票市场化发行承销机制”。为落实这一要求，上交所于3月1日发布《上海证券交易所科创板股票发行与承销实施办法》。基于该实施办法的框架基础，上交所按照市场主导、强化约束的原则，经征求相关单位意见，制定了《上海证券交易所科创板股票发行与承销业务指引》（以下简称《业务指引》）。

《业务指引》共计7章67条，对战略投资者、保荐机构相关子公司跟投、新股配售经纪佣金、超额配售选择权、发行定价配售程序等作出了明确规定和安排，主要内容如下：

一是规范引入战略投资者实践。科创板支持科创板发行人有序开展战略配售。为此，《业务指引》根据首次公开发行股票数量差异，限定了战略投资者家数，并从概括性要素与主体类别两方面设置了条件资格，明确禁止各类利益输送行为。

在这里，需要关注的是参与发行人战略配售的投资者的范围。在不完全市场化的情况下，从“打新”的角度看，战略配售是一项“优惠”，因此战略投资者应是真正的战略投资者，应长期投资于发行人。对此，《业务指引》规定的战略投资者主要包括：(1) 与发行人经营业务具有战略合作关系或长期合作愿景的大型企业或其下属企业；(2) 具有长期投资意愿的大型保险公司或其下属企业、国家级大型投资基金或其下属企业；(3) 以公开募集方式设立，主要投资策略包括投资战略配售股票，且以封闭方式运作的证券投资基金；(4) 参与跟投的保荐机构相关子公司；(5) 发行人的高级管理人员与核心员工参与本次战略配售设立的专项资产管理计划；(6) 符合法律法规、业务规则规定的其他战略投资者。

其实，如果是在市场化条件下，战略配售反而是个风险。在境外市场，战略配套的价格往往是在发行价的基础上有一定折扣。但在我国，由于《公司法》第一百二十六条有“同次发行的同种类股票，每股的发行条件和价格应当相同；任何单位或者个人所认购的股份，每股应当支付相同价额”之规定，因此战略配售不能有折扣，也不能有变相折扣（即其他利益输送）。对此，《业务指引》明确，发行人和主承销商向战略投资者配售股票的，不得存在利益输送，尤其是，发行人和主承销商不得向战略投资者承诺上市后股价将上涨，或者股价如未上涨将由发行人购回股票或者给予任何形式的经济补偿。如果不是由发行人或主承销商做出上述利益输送承诺，而是由发行人的控股股东、实际控制人或其他影子公司进行承诺，这是否违反本《业务指引》呢？笔者认为答案是肯定的。这属于《业务指引》第九条第一款第（六）项“其他直接或间接进行利益输送的行为”，也违反了《公司法》第一百二十六条关于“同股同权”的规定。

二是明确保荐机构相关子公司跟投制度。为落实“科创板试行保荐机构相关子公司跟投制度”的规定，贯彻资本约束要求，促进保荐机构尽职履责，《业务指引》明确参与跟投的主体为发行人的保荐机构依法设立的另类投资子公司或者实际控制该保荐机构的证券公司依法设立的另类投资子公司，使用自有资金承诺认购的规模为发行人首次公开发行股票数量2%～5%的股票，具体比例根据发行人首次公开发行股票的规模分档确定。明确跟投股份的锁定期为24个月，期限长于除控股股东、实际控制人之外的其他发行前股东所持股份。由于保荐机构相关子公司跟投是一项强制性要求，因此如果保荐机构相关子公司未按照本指引及其作出的承诺实施跟投的，发行人应当中止本次发行。中止发行后，符合规定的，可重新启动发行。

三是规定新股配售经纪佣金安排。为引导承销商在定价中平衡兼顾发行人与投资者利益，促进一级市场投资者向更为专业化的方向发展，《业务指引》规定了承销商向获配股票的战略配售者、网下投资者收取的佣金费率应当根据业务开展情况合理确定。

四是引导超额配售选择权行为。设置超额配售选择权（“绿鞋”）的主要作用是稳定新股价格，能否达到预期效果与主承销商的职业操守和业务能力密切相关。《业务指引》强化了主承销商在“绿鞋”操作中的主体责任，对行使安排、全流程披露、记录保留、实施情况报备等方面作出要求，并规定主承销商不得在“绿鞋”操作中卖出为稳定股价而买入的股票（“刷新绿鞋”）。需要注意的是，获授权的主承销商使用超额配售募集的资金从二级市场购入股票的，在超额配售选择权行使期届满或者累计购回股票数量达到采用超额配售选择权发行股票数量限额的5个工作日内，将除购回股票使用的资金及划转给发行人增发股票部分的资金（如有）外的剩余资金，向中国证券投资者保护基金有限责任公司交付，纳入证券投资者保护基金。

五是细化发行定价配售程序。为促进网下投资者理性报价，发行人和主承销商审慎定价，《业务指引》强化了网下投资者询价报价约束，允许发行人和主承销商合理设置询价条件与细化分类配售，同时为充分揭示个别新股定价偏高的投资风险，设置了梯度风险警示机制。此外，详细载明了信息披露、发行方案与文件报备、老股托管等安排。

上海证券交易所关于发布《上海证券交易所科创板股票发行与承销业务指引》的通知

（2019年4月16日　上证发〔2019〕46号）

各市场参与人：

为了规范科创板股票发行承销活动，促进各参与主体归位尽责，根据《关于在上海证券交易所设立科创板并试点注册制的实施意见》《证券发行与承销管理办法》《科创板首次公开发行股票注册管理办法（试行）》《上海证券交易所科创板股票发行与承销实施办法》等有关规定，上海证券交易所制定了《上海证券交易所科创板股票发行与承销业务指引》（详见附件），经中国证监会批准，现予以发布，并自发布之日起施行。

特此通知。

附件：上海证券交易所科创板股票发行与承销业务指引

上海证券交易所科创板股票发行与承销业务指引

第一章　总　　则

第一条　为了规范上海证券交易所（以下简称本所）科创板股票发行承销活动，促进各参与主体归位尽责，根据《关于在上海证券交易所设立科创板并试点注册制的实施意见》《证券发行与承销管理办法》《科创板首次公开发行股票注册管理办法

发行股票注册管理办法（试行）》《上海证券交易所科创板股票发行与承销实施办法》（以下简称《实施办法》）等相关法律、行政法规、部门规章、规范性文件（以下统称法律法规）及本所其他业务规则，制定本指引。

第二条 本所科创板股票发行承销的战略投资者、保荐机构相关子公司跟投、新股配售经纪佣金、超额配售选择权以及发行程序与信息披露等事宜，适用本指引。本指引未作规定的，适用本所《上海市场首次公开发行股票网上发行实施细则》《上海市场首次公开发行股票网下发行实施细则》（以下简称《网下发行实施细则》）等规则的规定。

第三条 证券公司承销证券，应当依据本指引以及中国证监会有关风险控制和内部控制等相关规定，制定严格的风险管理制度和内部控制制度，加强定价和配售过程管理，落实承销责任，防范利益冲突。

保荐机构、承销商、投资者及其他相关主体应当诚实守信，严格遵守本所业务规则和相关行业规范的规定，不得进行利益输送或者谋取不当利益。

第四条 发行人和主承销商应当按照规定编制并及时、公平披露发行承销信息披露文件，保证所披露信息的真实、准确、完整，不存在虚假记载、误导性陈述或者重大遗漏。

证券服务机构和人员应当按照本行业公认的业务标准和道德规范，严格履行法定职责，对其所出具文件的真实性、准确性和完整性承担责任。

第五条 本所根据相关法律法规、业务规则以及本指引的规定，对科创板股票发行承销活动及发行人、证券公司、证券服务机构、投资者等参与主体实施自律监管。

第二章 战略投资者

第六条 首次公开发行股票数量 4 亿股以上的，战略投资者应不超过 30 名；1 亿股以上且不足 4 亿股的，战略投资者应不超过 20 名；不足 1 亿股的，战略投资者应不超过 10 名。

《实施办法》第十七条第二款规定的证券投资基金参与战略配售的，应当以基金管理人的名义作为 1 名战略投资者参与发行。同一基金管理人仅能以其管理的 1 只证券投资基金参与本次战略配售。

发行人和主承销商应当根据首次公开发行股票数量、股份限售安排以及实际需要，合理确定参与战略配售的投资者家数和比例，保障股票上市后必要的流动性。

第七条　参与发行人战略配售的投资者，应当具备良好的市场声誉和影响力，具有较强资金实力，认可发行人长期投资价值，并按照最终确定的发行价格认购其承诺认购数量的发行人股票。

保荐机构相关子公司和发行人的高级管理人员、核心员工参与本次战略配售设立的专项资产管理计划，按照《实施办法》、本指引及本所其他有关规定参与发行人战略配售。

第八条　参与发行人战略配售的投资者主要包括：

（一）与发行人经营业务具有战略合作关系或长期合作愿景的大型企业或其下属企业；

（二）具有长期投资意愿的大型保险公司或其下属企业、国家级大型投资基金或其下属企业；

（三）以公开募集方式设立，主要投资策略包括投资战略配售股票，且以封闭方式运作的证券投资基金；

（四）参与跟投的保荐机构相关子公司；

（五）发行人的高级管理人员与核心员工参与本次战略配售设立的专项资产管理计划；

（六）符合法律法规、业务规则规定的其他战略投资者。

第九条　发行人和主承销商向战略投资者配售股票的，不得存在以下情形：

（一）发行人和主承销商向战略投资者承诺上市后股价将上涨，或者股价如未上涨将由发行人购回股票或者给予任何形式的经济补偿；

（二）主承销商以承诺对承销费用分成、介绍参与其他发行人战略配售、返还新股配售经纪佣金等作为条件引入战略投资者；

（三）发行人上市后认购发行人战略投资者管理的证券投资基金；

（四）发行人承诺在战略投资者获配股份的限售期内，委任与该战略投资者存在关联关系的人员担任发行人的董事、监事及高级管理人员，但发行人的高级管理人员与核心员工设立专项资产管理计划参与战略配售的除外；

（五）除本指引第八条第三项规定的情形外，战略投资者使用非自有资金认购发行人股票，或者存在接受其他投资者委托或委托其他投资者参与本次战略配售的情形；

（六）其他直接或间接进行利益输送的行为。

第十条 主承销商应当对战略投资者的选取标准、配售资格及是否存在本指引第九条规定的禁止性情形进行核查，要求发行人就核查事项出具承诺函，并聘请律师事务所出具法律意见书。主承销商应当公开披露核查文件及法律意见书。

第十一条 发行人和主承销商应当在招股意向书和初步询价公告中披露是否采用战略配售方式、战略配售股票数量上限、战略投资者选取标准等，并向本所报备战略配售方案，包括战略投资者名称、承诺认购金额或者股票数量以及限售期安排等情况。

发行人和主承销商应当在发行公告中披露战略投资者名称、承诺认购的股票数量以及限售期安排等。

发行人和主承销商应当在网下发行初步配售结果及网上中签结果公告中披露最终获配的战略投资者名称、股票数量以及限售期安排等。

第十二条 发行人的高级管理人员与核心员工设立专项资产管理计划参与本次发行战略配售的，应当在招股意向书和初步询价公告中披露专项资产管理计划的具体名称、设立时间、募集资金规模、管理人、实际支配主体以及参与人姓名、职务与比例等。

前款规定的专项资产管理计划的实际支配主体为发行人高级管理人员的，该专项资产管理计划所获配的股份不计入社会公众股东持有的股份。

第十三条 参与本次战略配售的投资者不得参与本次公开发行股票网上发行与网下发行，但证券投资基金管理人管理的未参与战略配售的证券投资基金除外。

第十四条 T-3日（T日为网上网下申购日）前，战略投资者应当足额缴纳认购资金及相应新股配售经纪佣金。

第三章　保荐机构相关子公司跟投

第十五条 科创板试行保荐机构相关子公司跟投制度。发行人的保荐机构通过依法设立的另类投资子公司或者实际控制该保荐机构的证券公司依法设立的另类投资子公司参与发行人首次公开发行战略配售，并对获配股份设定限售期。

保荐机构通过中国证监会和本所认可的其他方式履行前款规定的，应当遵守本指引关于保荐机构相关子公司跟投的规定和监管要求。

第十六条 采用联合保荐方式的，参与联合保荐的保荐机构应当按照本指引规定分别实施保荐机构相关子公司跟投，并披露具体安排。

第十七条 保荐机构相关子公司跟投使用的资金应当为自有资金，中国证监会另有规定的除外。

第十八条 参与配售的保荐机构相关子公司应当事先与发行人签署配售协议，承诺按照股票发行价格认购发行人首次公开发行股票数量2%至5%的股票，具体比例根据发行人首次公开发行股票的规模分档确定：

（一）发行规模不足10亿元的，跟投比例为5%，但不超过人民币4000万元；

（二）发行规模10亿元以上、不足20亿元的，跟投比例为4%，但不超过人民币6000万元；

（三）发行规模20亿元以上、不足50亿元的，跟投比例为3%，但不超过人民币1亿元；

（四）发行规模50亿元以上的，跟投比例为2%，但不超过人民币10亿元。

第十九条 参与配售的保荐机构相关子公司应当承诺获得本次配售的股票持有期限为自发行人首次公开发行并上市之日起24个月。

限售期届满后，参与配售的保荐机构相关子公司对获配股份的减持适用中国证监会和本所关于股份减持的有关规定。

第二十条 保荐机构相关子公司未按照本指引及其作出的承诺实施跟投的，发行人应当中止本次发行，并及时进行披露。中止发行后，符合《实施办法》第十一条第三款规定的，可重新启动发行。

第二十一条 发行人和主承销商应当在招股意向书和初步询价公告中披露向参与配售的保荐机构相关子公司配售的股票总量、认购数量、占本次发行股票数量的比例以及持有期限等信息。

第二十二条 参与配售的保荐机构相关子公司应当开立专用证券账户存放获配股票，并与其自营、资管等其他业务的证券有效隔离、分别管理、分别记账，不得与其他业务进行混合操作。

前款规定的专用证券账户只能用于在限售期届满后卖出或者按照中国证监会及本所有关规定向证券金融公司借出和收回获配股票，不得买入股票或者其他证券。因上市公司实施配股、转增股本的除外。

第二十三条 保荐机构不得向发行人、发行人控股股东及其关联方收取除按照行业规范履行保荐承销职责相关费用以外的其他费用。

第二十四条 参与配售的保荐机构相关子公司应当承诺，不得利用获配股份取得的股东地位影响发行人正常生产经营，不得在获配股份限售期内谋求发行人控制权。

第四章 新股配售经纪佣金

第二十五条 承销商向通过战略配售、网下配售获配股票的投资者收取的新股配售经纪佣金费率应当根据业务开展情况合理确定，并在初步询价公告和发行公告中披露。

承销商确定的新股配售经纪佣金费率明显不合理的，本所可以向中国证监会、中国证券业协会通报情况，并要求其予以调整。

第二十六条 主承销商上传的各配售对象网下应缴款情况应当包括发行价格、获配股数、配售款、佣金费率、经纪佣金金额、应缴款总额、证券账户、配售对象证件代码等数据。

第二十七条 网下投资者在缴纳新股认购资金时，应当全额缴纳新股配售经纪佣金，一并划入中国证券登记结算有限公司（以下简称中国结算）上海分公司在结算银行开立的网下发行专户。

第二十八条 对未在 T+2 日 16：00 前足额缴纳新股认购资金及相应新股配售经纪佣金的网下配售对象，主承销商应当按照下列公式计算的结果向下取整确定新股认购数量。

$$新股认购数量=\frac{实缴金额}{发行价\times（1+佣金费率）}$$

向下取整计算的新股认购数量少于中签获配数量的，不足部分视为放弃认购。

第二十九条 主承销商上传的最终确定配售结果数据应当包括发行价格、获配股数、配售款、实缴经纪佣金金额、应缴款总额、退款金额、证券账户、获配股份限售期限、配售对象证件代码等。

第三十条 战略投资者支付新股配售经纪佣金后，主承销商应当向本所提交佣金收取情况的书面凭证。

第三十一条 发行后发行人和主承销商应当在发行结果公告中披露承销商收取新股配售经纪佣金的情况，包括承销商名称、实收佣金金额等。

第三十二条 承销商不得以任何形式向通过战略配售、网下配售获配股票的投资者返还收取的新股配售经纪佣金。

第五章 超额配售选择权

第三十三条 采用超额配售选择权的，发行人应授予主承销商超额配售股票并使用超额配售股票募集的资金从二级市场竞价交易购买发行人股票的权利。通过联合主承销商发行股票的，发行人应授予其中1家主承销商前述权利。

主承销商与发行人签订的承销协议中，应当明确发行人对主承销商采用超额配售选择权的授权，以及获授权的主承销商的相应责任。

获授权的主承销商，应当勤勉尽责，建立独立的投资决策流程及相关防火墙制度，严格执行内部控制制度，有效防范利益输送和利益冲突。

第三十四条 获授权的主承销商应当向中国结算上海分公司申请开立使用超额配售股票募集的资金买入股票的专门账户（以下简称超额配售选择权专门账户），并向本所和中国结算上海分公司提交授权委托书及授权代表的有效签字样本。所涉及的开户、清算、交收等事项，应当按照本所和中国结算相关规则办理。

获授权的主承销商应当将超额配售股票募集的资金存入其在商业银行开设的独立账户。获授权的主承销商在发行人股票上市之日起30个自然日内，不得使用该账户资金外的其他资金或者通过他人账户交易发行人股票。

第三十五条 发行人和主承销商应当审慎评估采用超额配售选择权的可行性、预期目标等，并在首次预先披露的招股说明书中明确是否采用超额配售选择权以及采用超额配售选择权发行股票的数量上限。采用超额配售选择权发行股票数量不得超过首次公开发行股票数量的15%。

第三十六条 采用超额配售选择权的，应当在招股意向书和招股说明书中披露超额配售选择权实施方案，包括实施目标、操作策略、可能发生的情形以及预期达到的效果等；在发行公告中披露全额行使超额配售选择权拟发行股票的具体数量。

第三十七条 采用超额配售选择权的主承销商，可以在征集投资者认购意向时，与投资者达成预售拟行使超额配售选择权所对应股份的协议，明确投资者预先付款并同意向其延期交付股票。主承销商应当将延期交付股票的协议报本所和中国结算上海分公司备案。

第三十八条 发行人股票上市之日起30个自然日内，发行人股票的市场交易价格低于发行价格的，获授权的主承销商有权使用超额配售股票募集的资金，在连续竞价时间以《上海证券交易所科创板股票交易特别规定》规定的本方最优价格申报方式购买发行人股票，且申报买入价格不得超过本次发行的发行价；获授权的主承销商未购买发行人股票或者购买发行人股票数量未达到全额行使超额配售选择权拟发行股票数量的，可以要求发行人按照发行价格增发股票。

主承销商按照前款规定，以竞价交易方式购买的发行人股票与要求发行人增发的股票之和，不得超过发行公告中披露的全额行使超额配售选择权拟发行股票数量。

主承销商按照第一款规定以竞价交易方式买入的股票不得卖出。

第三十九条 获授权的主承销商以竞价交易方式购买的发行人股票和要求发行人增发的股票一并存入超额配售选择权专门账户。

在超额配售选择权行使期届满或者累计购回股票数量达到采用超额配售选择权发行股票数量限额的 5 个工作日内，获授权的主承销商应当根据前述情况，向本所和中国结算上海分公司提出申请并提供相应材料，并将超额配售选择权专门账户上所有股份向同意延期交付股票的投资者交付。

第四十条 主承销商应当在超额配售选择权行使期届满或者累计购回股票数量达到采用超额配售选择权发行股票数量限额的 5 个工作日内，将应付给发行人的资金（如有）支付给发行人，应付资金按以下公式计算：

发行人因行使超额配售选择权的募集资金 = 发行价 ×（超额配售选择权累计行使数量 - 主承销商从二级市场买入发行人股票的数量）- 因行使超额配售选择权而发行新股的承销费用。

第四十一条 获授权的主承销商使用超额配售募集的资金从二级市场购入股票的，在超额配售选择权行使期届满或者累计购回股票数量达到采用超额配售选择权发行股票数量限额的 5 个工作日内，将除购回股票使用的资金及划转给发行人增发股票部分的资金（如有）外的剩余资金，向中国证券投资者保护基金有限责任公司交付，纳入证券投资者保护基金。

第四十二条 在超额配售选择权行使期届满或者累计购回股票数量达到采用超额配售选择权发行股票数量限额的 2 个工作日内，发行人与获授权的主承销商应当披露以下情况：

（一）超额配售选择权行使期届满或者累计购回股票数量达到采用超额配售选择权发行股票数量限额的日期；

（二）超额配售选择权实施情况是否合法、合规，是否符合所披露的有关超额配售选择权的实施方案要求，是否实现预期达到的效果；

（三）因行使超额配售选择权而发行的新股数量；如未行使或部分行使，应当说明买入发行人股票的数量及所支付的总金额、平均价格、最高与最低价格；

（四）发行人本次筹资总金额；

（五）本所要求披露的其他信息。

第四十三条 获授权的主承销商应当保留使用超额配售股票募集资金买入股票的完整记录，保存时间不得少于10年。所保存的记录应当及时更新以下使用超额配售股票募集资金的有关信息：

（一）每次申报买入股票的时间、价格与数量；

（二）每次申报买入股票的价格确定情况；

（三）买入股票的每笔成交信息，包括成交时间、成交价格、成交数量等。

第四十四条 在全部发行工作完成后10个工作日内，获授权的主承销商应当将超额配售选择权的实施情况以及使用超额配售股票募集资金买入股票的完整记录报本所备案。

第四十五条 本所对获授权的主承销商使用超额配售股票募集的资金申报买入股票的过程进行监控，并对违反本所业务规则的股票交易、信息披露实施自律监管。涉嫌违法违规的或者存在异常情形的，本所可以对相关事项进行调查，并上报中国证监会查处。

第六章 发行程序

第四十六条 发行人和主承销商向本所报备发行与承销方案，应当包括发行方案、初步询价公告、投资价值研究报告、战略配售方案（如有）、超额配售选择权实施方案（如有）等内容。

第四十七条 本所在收到发行与承销方案后5个工作日内表示无异议的，发行人和主承销商可依法刊登招股意向书，启动发行工作。

发行人和主承销商报送的发行与承销方案不符合本指引规定，或者所披露事项不符合相关信息披露要求的，应当按照本所要求予以补正，补正时间不计入前款规定的5个工作日内。

第四十八条 发行人和主承销商可以根据本所和中国证券业协会相关自律规则的规定，在《实施办法》第四条规定的网下投资者范围内设置其他条件，并在发行公告中预先披露。

发行人和主承销商应当充分重视公募产品（尤其是为满足不符合科创板投资者适当性要求的投资者投资需求而设立的公募产品）、社保基金、养老金、企业年金基金、保险资金和合格境外机构投资者资金等配售对象的长期投资理念，合理设置其参与网下询价的具体条件，引导其按照科学、独立、客观、审慎的原则参与网下询价。

第四十九条 初步询价时，同一网下投资者填报的拟申购价格中，最高价格与最低价格的差额不得超过最低价格的20%。

第五十条 初步询价结束后，发行人和主承销商应当剔除拟申购总量中报价最高的部分，剔除部分不得低于所有网下投资者拟申购总量的10%；当拟剔除的最高申报价格部分中的最低价格与确定的发行价格（或者发行价格区间上限）相同时，对该价格的申报可不再剔除，剔除比例可低于10%。剔除部分不得参与网下申购。

本所可以根据市场情况，调整前述报价最高部分剔除下限。

第五十一条 网下申购前，发行人和主承销商应当披露下列信息：

（一）剔除最高报价部分后所有网下投资者及各类网下投资者剩余报价的中位数和加权平均数；

（二）剔除最高报价部分后公募产品、社保基金、养老金剩余报价的中位数和加权平均数；

（三）剔除最高报价部分后公募产品、社保基金、养老金、企业年金基金、保险资金和合格境外机构投资者资金剩余报价的中位数和加权平均数；

（四）网下投资者详细报价情况，具体包括投资者名称、配售对象信息、申购价格及对应的拟申购数量、发行价格或发行价格区间确定的主要依据，以及发行价格或发行价格区间的中值所对应的网下投资者超额认购倍数。

第五十二条 初步询价结束后，发行人和主承销商应当根据本指引第五十一条规定的各项中位数和加权平均数，并重点参照剔除最高报价部分后公募产品、社保基金、养老金、企业年金基金、保险资金和合格境外机构投资者资金等配售对象剩余报价中位数和加权平均数的孰低值，审慎合理确定发行价格（或者发行价格区间中值）。

发行人和主承销商确定发行价格区间的，区间上限与下限的差额不得超过区间下限的20%。

本所可以根据市场情况，调整前述报价区间差额比例。

第五十三条 初步询价结束后，发行人和主承销商确定的发行价格（或者发行价格区间中值）不在主承销商出具的投资价值研究报告所明确的估值区间范围内的，发行人和主承销商应当向本所说明理由及各类网下投资者报价与上述估值区间的差异情况。本所将上述情况通报中国证券业协会。

第五十四条 初步询价结束后，发行人和主承销商确定的发行价格（或者发行价格区间中值）超过《实施办法》第九条规定的中位数、加权平均数的孰低值，超出比例不高于10%的，应当在申购前至少5个工作日发布投资风险特别公告；超出比例超过10%且不高于20%的，应当在申购前至少10个工作日发布2次以上投资风险特别公告；超出比例超过20%的，应当在申购前至少15个工作日发布3次以上投资风险特别公告。

第五十五条 股票发行价格或发行价格区间确定后，发行人和主承销商应当在T-2日15:30前向本所提交发行公告或者中止发行公告，并在公告中说明发行人预计发行后总市值是否满足在招股说明书中明确选择的市值与财务指标上市标准。

第五十六条 网下投资者在初步询价时为其配售对象账户填报的拟申购价格，属于《实施办法》第八条规定的有效报价的，网下投资者应当根据《网下发行实施细则》的规定按照发行价格申购，或者在发行价格区间内进行累计投标询价报价和申购。

第五十七条 发行人和主承销商通过累计投标询价确定发行价格的，应当根据网下投资者为其配售对象账户填写的申购价格和申购数量，审慎合理确定超额配售认购倍数及发行价格。

第五十八条 发行人和主承销商通过累计投标询价确定发行价格的，应当在T日21:00前向本所提交发行价格及网上中签率公告。未按上述规定提交的，应当中止发行。中止发行后，符合《实施办法》第十一条第三款规定的，可重新启动发行。

第五十九条 对网下投资者进行分类配售的，除符合《实施办法》第十二条的规定外，可以根据配售对象的机构类别、产品属性、承诺持有期限等合理设置具体类别，在发行公告中预先披露，并优先向为满足不符合科创板投资者适当性要求的投资者投资需求而设立的公募产品配售。

发行人向公募产品、社保基金、养老金、企业年金基金和保险资金外的其他投资者进行分类配售的，应当保证合格境外机构投资者资金的配售比例不低于其他投资者。

第六十条 发行人上市前，发行人股东可以将用于存放首发前股票的证券账户指定交易至为发行人提供首次公开发行上市保荐服务的保荐机构。

前款规定的保荐机构应当按照本所业务规则的规定，对发行人股东减持首发前股份的交易委托进行监督管理。

第六十一条 股票上市之日起10个工作日内，主承销商应当将验资报告、专项法律意见书、承销总结报告等文件一并向本所报备。

第七章 附 则

第六十二条 本指引第五条规定的主体出现以下情形的，本所可以对其采取《实施办法》规定的监管措施和纪律处分：

（一）在采用战略配售、保荐机构相关子公司跟投、收取新股配售经纪佣金、超额配售选择权安排等过程中，违反本指引规定，进行利益输送或者谋取不正当利益；

（二）发行人、主承销商、证券服务机构等主体未按规定及时编制并披露发行承销信息披露文件，或者所披露信息不真实、不准确、不完整，存在虚假记载、误导性陈述或者重大遗漏；

（三）主承销商未按规定计算、收取新股申购经纪佣金，或者向本所提交的新股申购经纪佣金信息不真实、不准确、不完整；

（四）参与战略配售的投资者、保荐机构相关子公司违反其作出的限售期、股份减持以及其他相关承诺；

（五）保荐机构和主承销商违反规定向发行人、投资者不当收取费用；

（六）主承销商在行使超额配售选择权过程中，违反本指引和本所有关规则的规定进行申报；

（七）发行人股东将用于存放首发前股票的证券账户指定交易至为发行人提供首次公开发行上市保荐服务的保荐机构的，保荐机构或者其他证券公司未按规定对发行人股东减持首发前股份行为进行有效管理和控制；

（八）违反本指引的其他情形。

第六十三条 科创板股票公开发行自律委员会可以对科创板股票发行和承销事宜提供咨询。

第六十四条 科创板存托凭证的发行和承销事宜，比照适用本指引。

第六十五条 本指引经本所理事会审议通过并报中国证监会批准后生效，修改时亦同。

第六十六条 本指引由本所负责解释。

第六十七条 本指引自发布之日起施行。

《科创板首次公开发行股票承销业务规范》解读

《科创板承销业务规范》主要从规范询价、定价、配售等方面压实中介机构责任。

一是加强对承销商的内部控制规范。要求承销商构建分工合理、权责明确、相互制衡、有效监督的投行类业务内部控制体系，控制业务风险，做实质控部门的职责，提升内控的有效性。

二是加强对推介和销售等环节的业务规范。增加战略投资者路演推介环节，明确战略投资者一对一路演推介时间、路演推介内容及纪律要求，加强对公开路演、现场路演的自律管理，引入律师事前培训环节。

三是加强对承销商发行定价、簿记建档的行为规范。要求承销商在发行承销工作中切实防范道德风险，严肃做好簿记建档工作，加强现场工作人员的行为规范。

四是加强投资价值研究报告的专业规范。提高对报告的内容、风险因素分析、估值方法和估值结论的要求，建立健全投资价值研究报告的综合评价体系，进一步提高投资价值研究报告的客观性和公信力，引导市场理性定价。

五是加强对科创板承销商的自律规范。明确承销工作的事前、事中、事后报送要求，加强自律规则执行情况检查和落实，加大自律惩戒处罚力度，完善与证监会行政处罚的衔接。

《科创板承销业务规范》明确了承销业务中多个环节的禁止行为，包括不得操纵发行定价、不得收取网下投资者回扣或其他相关利益等。

1. 承销商不得自行或与发行人及与本次发行有关的当事人共同以任何方式向投资者发放或变相发放礼品、礼金、礼券等，不得通过承销费用分成、返还或免除新股配售经纪佣金、签订抽屉协议或口头承诺等其他利益安排诱导投资者或向投资者输送不正当利益。

2. 承销商在开展证券承销业务时，应当在综合评估项目执行成本基础上合理确定报价，不得存在违反公平竞争、破坏市场秩序等行为。承销商应当和发行人及拟公开发售股份的发行人股东合理确定本次发行承销费用分摊原则，不得损害投资者的利益。

3. 承销商及其他知悉报价信息的工作人员应当注意：投资者报价信息公开披露前不得泄露投资者报价信息；不得操纵发行定价；不得劝诱网下投资者抬高报价，或干扰网下投资者正常报价和申购；不得以提供透支、回扣或者证监会和交易所认定的其他不正当手段诱使他人申购股票；不得以代持、信托持股等方式谋取不正当利益或向其他相关利益主体输送利益等。

中国证券业协会关于发布《科创板首次公开发行股票承销业务规范》的通知

（2019 年 5 月 31 日　中证协发〔2019〕148 号）

各证券公司：

为规范证券公司承销上海证券交易所科创板首次公开发行股票行为，加强行业自律，保护投资者的合法权益，根据《关于在上海证券交易所设立科创板并试点注册制的实施意见》《证券发行与承销管理办法》《科创板首次公开发行股票注册管理办法（试行）》等相关法律法规、监管规定，中国证券业协会（以下简称“协会”）制定了《科创板首次公开发行股票承销业务规范》，经协会第六届常务理事会第十次会议表决通过，并向中国证监会备案，现予发布，自发布之日起施行。

附件：科创板首次公开发行股票承销业务规范

科创板首次公开发行股票承销业务规范

第一章　总　　则

第一条　为规范证券公司承销上海证券交易所（以下简称“交易所”）科创板首次公开发行股票行为，保护投资者的合法权益，根据《关于在上海证券交易所设立科创板并试点注册制的实施意见》《证券发行与承销管理办法》《科创板首次公开发行股票注册管理办法（试行）》等相关法律法规、监管规定制定本规范。

第二条　科创板首次公开发行股票的发行承销业务适用本规范，但交易所另有规定的除外。

第三条　中国证券业协会（以下简称“协会”）对科创板首次公开发行股票的承销商实施自律管理。

第四条　承销商应当按照《证券公司投资银行类业务内部控制指引》等相关规定的要求，建立健全承销业务制度和决策机制，制定严格的风险管理制度和内部控制制度。承销商应当充分发挥三道内部控制防线的作用，防范道德风险，加强定价和配售过程管理，落实承销责任，有效控制发行风险，确保合法合规开展承销业务。

未经内核程序，承销商不得就承销首次公开发行股票对外披露相关文件或对外提交备案材料。

承销商应当对承销业务决策人、执行人等信息知情人行为进行严格管理，不得泄露相关信息。

第五条　根据《证券期货经营机构及其工作人员廉洁从业规定》（以下简称《廉洁从业规定》），协会对承销商及其工作人员的廉洁从业情况进行自律管理。承销商及其工作人员在开展证券承销业务活动中，应当严格遵守《廉洁从业规定》及其他相关规定，不得谋取不正当利益或者向其他利益关系人输送不正当利益。承销商应当对其股东、客户等相关方做好辅导和宣传工作，告知相关方应当遵守廉洁从业要求。

第六条　承销商不得自行或与发行人及与本次发行有关的当事人共同以任何方式向投资者发放或变相发放礼品、礼金、礼券等，不得通过承销费用分成、返还或免除新股配售经纪佣金、签订抽屉协议或口头承诺等其他利益安排诱导投资者或向投资者输送不正当利益。

第七条　承销商在开展证券承销业务时，应当在综合评估项目执行成本基础上合理确定报价，不得存在违反公平竞争、破坏市场秩序等行为。承销商应当和发行人及拟公开发售股份的发行人股东合理确定本次发行承销费用分摊原则，不得损害投资者的利益。

第八条　主承销商应当聘请律师事务所对发行及承销全程进行见证，并出具专项法律意见书，对战略投资者和网下投资者资质及其与发行人和承销商的关联关系、路演推介、询价、定价、配售、资金划拨、信息披露等有关情况的合规有效性发表明确意见。

第九条　主承销商应当对律师事务所的独立性和专业性进行审慎调查，避免发生利益冲突，主承销商依法应当承担的责任不因委托律师事务所而免除。

第十条 证券发行由两家以上证券公司联合主承销的，所有担任主承销商的证券公司应当共同承担主承销责任，履行相关义务。

第二章 路演推介

第十一条 发行人和主承销商可以采用现场、电话、互联网等合法合规的方式进行路演推介。采用公开方式进行路演推介的，应当事先披露举行时间和参加方式。

路演推介期间，发行人和主承销商与投资者任何形式的见面、交谈、沟通，均视为路演推介。

第十二条 首次公开发行股票注册申请文件受理后至发行人发行申请经交易所审核通过、并获中国证券监督管理委员会（以下简称“证监会”）同意注册、依法刊登招股意向书前，主承销商不得自行或与发行人共同采取任何公开或变相公开方式进行与股票发行相关的推介活动，也不得通过其他利益关联方或委托他人等方式进行相关活动。

第十三条 在首次公开发行股票注册申请文件受理后，发行人和主承销商可以与拟参与战略配售的投资者进行一对一路演推介，介绍公司、行业基本情况，但路演推介内容不得超出证监会及交易所认可的公开信息披露范围。

路演开始前，发行人和主承销商应当履行事先告知程序，向战略投资者说明路演推介的纪律要求及事后签署路演推介确认书的义务，战略投资者对此无异议的，方可进行路演推介。路演结束后，发行人和主承销商应当与战略投资者签署路演推介确认书，确认路演推介内容符合相关法律法规、监管规定及自律规则的要求。路演推介确认书应由各方分别存档备查。

第十四条 首次公开发行股票招股意向书刊登后，发行人和主承销商可以向网下投资者进行路演推介和询价。

对网下投资者的路演推介，发行人和主承销商可以介绍公司、行业及发行方案等与本次发行相关的内容，但路演推介内容不得超出招股意向书及其他已公开信息范围，不得对股票二级市场交易价格作出预测。

主承销商的证券分析师路演推介应当与发行人路演推介分别进行。证券分析师路演推介内容不得超出投资价值研究报告及其他已公开信息范围，不得对股票二级市场交易价格作出预测。主承销商应当采取有效措施保障证券分析师路演推介活动的独立性。

第十五条 发行人和主承销商应当至少采用互联网方式向公众投资者进行公开路演推介。发行人和主承销商向公众投资者进行推介时，提供的发行人信息的内容及完整性应与向网下投资者提供的信息保持一致。在通过互联网等方式进行公开路演推介时，不得屏蔽公众投资者提出的与本次发行相关的问题。

采用现场方式路演时，除发行人、主承销商、投资者及见证律师之外，其他与路演推介工作无关的机构与个人不得进入路演现场，不得参与发行人和主承销商与投资者的沟通交流活动。

第十六条 主承销商应当以确切的事实为依据，不得夸大宣传或以虚假广告等不正当手段诱导、误导投资者；不得以任何方式发布报价或定价信息；不得阻止符合条件的投资者报价或劝诱投资者报高价；不得口头、书面向投资者或路演参与方透露未公开披露的信息，包括但不限于财务数据、经营状况、重要合同等重大经营信息及可能影响投资者决策的其他重要信息。

主承销商工作人员出现上述情形的，视为相应机构行为。

第十七条 主承销商应当对面向两家及两家以上投资者的路演推介过程进行全程录音。

第十八条 主承销商应当聘请参与网下发行与承销全程见证的律师事务所在路演推介活动前对发行人管理层、参与路演的工作人员和证券分析师等进行培训，强调发行人对外宣传资料的口径，包括宣传材料与发行人实际情况的一致性、不允许透露公开资料以外的信息、不允许存在夸张性描述等。主承销商应当要求律师事务所出具培训总结，并督促律师事务所勤勉尽责。

发行人和主承销商的相关路演推介材料应当由律师事务所进行事前审核，确保宣传材料的合法合规性，不能超出相关规定限定的公开信息的内容及范围。主承销商应当要求律师事务所对路演推介材料出具明确审核确认意见。

第十九条 主承销商应当在刊登招股意向书之前，将战略投资者一对一路演推介活动情况及其他路演推介活动的初步方案、律师事务所出具的培训总结等材料向协会报送。

第三章 发行与配售

第一节 发行定价

第二十条 首次公开发行股票应当向网下投资者以询价的方式确定股票

发行价格。

第二十一条 主承销商在与发行人协商制定网下投资者具体条件时，应当遵守协会相关自律规则，并在发行公告中预先披露。网下投资者报价时应当持有一定市值的非限售股份或非限售存托凭证（合并计算），网下投资者持有的市值应当以其管理的各个配售对象为单位单独计算。

主承销商应当对网下投资者是否符合公告的条件进行核查，对不符合条件的投资者，应当拒绝或剔除其报价。主承销商无正当理由不得拒绝符合条件的网下投资者参与询价。

第二十二条 承销商及其他知悉报价信息的工作人员不得出现以下行为：

（一）投资者报价信息公开披露前泄露投资者报价信息；

（二）操纵发行定价；

（三）劝诱网下投资者抬高报价，或干扰网下投资者正常报价和申购；

（四）以提供透支、回扣或者证监会和交易所认定的其他不正当手段诱使他人申购股票；

（五）以代持、信托持股等方式谋取不正当利益或向其他相关利益主体输送利益；

（六）直接或通过其利益相关方向参与认购的投资者提供财务资助或者补偿；

（七）以自有资金或者变相通过自有资金参与网下投资者配售；

（八）与网下投资者互相串通，协商报价和配售；

（九）接受投资者的委托为投资者报价；

（十）收取网下投资者回扣或其他相关利益；

（十一）未按事先披露的原则剔除报价和确定有效报价。

第二十三条 主承销商应当对网下投资者的报价进行簿记建档，记录网下投资者的申购价格和申购数量，并根据簿记建档结果确定发行价格或发行价格区间。主承销商不得擅自修改网下投资者的报价信息。

第二十四条 主承销商应当选定专门的场所用于簿记建档。簿记场所应当与其他业务区域保持相对独立，且具备完善可靠的通讯系统和记录系统，符合安全保密要求。

第二十五条 主承销商应当对簿记现场人员进行严格管理，维持簿记现场秩序：

（一）簿记建档开始前，主承销商应当明确可以进入簿记现场的工作人员范围，工作人员进入簿记现场应当签字确认。

（二）簿记建档期间，除主承销商负责本次发行簿记建档的工作人员、合规人员及对本次网下发行进行见证的律师外，其他人员不得进入簿记场所。簿记建档工作人员不得使用任何对外通讯工具，不得对外泄露报价信息，并应当向合规人员报备手机通讯号码。

簿记建档期间，投资者咨询工作应当集中管理，咨询电话应当全程录音。负责咨询工作的工作人员不得泄露报价信息。

（三）询价期间，簿记场所应当全程录音录像。簿记建档工作人员应当使用簿记专用电脑，其他人员不得携带电脑进入簿记现场，簿记专用电脑上不得安装任何通讯软件。

第二节 配 售

第二十六条 主承销商应当建立健全组织架构和配售制度，加强配售过程管理，在相关制度中明确对配售工作的要求。配售制度包括决策机制、配售规则和业务流程，以及与配售相关的内部控制制度等。

第二十七条 主承销商可以设置负责配售决策的相关委员会（以下简称“委员会”）。委员会具体职责应当包括制定战略配售、网上与网下投资者配售工作规则，确定配售原则和方式，履行配售结果审议决策职责，执行配售制度和程序，确保配售过程和结果合法合规。

主承销商未设置委员会的，应当建立科学合理的集体决策机制。集体决策机制参照委员会的相关要求执行。

第二十八条 委员会应当以表决方式对配售相关事宜做出决议。表决结果应当制作书面或电子文件，由参与决策的委员确认，并存档备查。委员会委员应当依照规定履行职责，独立发表意见、行使表决权。

第二十九条 委员会组成人员应当包括合规负责人。主承销商的合规部门应当指派专人对配售制度、配售原则和方式、配售流程以及配售结果，特别是战略投资者和网下投资者的选取标准、配售资格以及是否存在相关法律法规、监管规定及自律规则规定的禁止性情形等进行合规性核查，其他内控部门应当与合规部门共同做好配售过程的内控管理。主承销商合规部门应当对合规性核查事项出具明确意见并提交委员会审议。

第三十条 网下投资者应当以其管理的配售对象为单位参与申购、缴款和配售。

第三十一条 在网下配售时，除满足相关规则确定的基本条件外，发行人和主承销商可以结合项目特点，合理设置配售对象的具体条件。配售对象条件应当在发行公告中事先披露。

第三十二条 在网下配售时，主承销商对配售对象进行分类的，应当明确配售对象分类机制，并按照相关规定事先披露。

第三十三条 在网下配售时，发行人和主承销商应当根据以下因素确定清晰、明确、合理、可预期的配售原则，证监会及交易所另有规定的除外：

（一）投资者条件，包括投资者类型、独立研究及评估能力、限售期安排和长期持股意愿等；

（二）报价情况，包括投资者报价、报价时间等；

（三）申购情况，包括投资者申购价格、申购数量等；

（四）行为表现，包括历史申购情况、网下投资者与发行人和主承销商的战略合作关系等；

（五）协会对网下投资者的评价结果。

第三十四条 主承销商应当按照事先披露的配售原则和配售方式，在有效申购的网下投资者中审慎选择股票配售对象。

第三十五条 向网下投资者配售股票时，发行人和主承销商应当保证发行人股权结构符合交易所规定的上市条件，并督促和提醒投资者确保其持股情况满足相关法律法规及主管部门的规定。

第三十六条 发行人和主承销商应当对获得配售的网下投资者进行核查，确保在网下发行中不向下列对象配售股票：

（一）发行人及其股东、实际控制人、董事、监事、高级管理人员和其他员工；发行人及其股东、实际控制人、董事、监事、高级管理人员能够直接或间接实施控制、共同控制或施加重大影响的公司，以及该公司控股股东、控股子公司和控股股东控制的其他子公司；

（二）主承销商及其持股比例5%以上的股东，主承销商的董事、监事、高级管理人员和其他员工；主承销商及其持股比例5%以上的股东、董事、监事、高级管理人员能够直接或间接实施控制、共同控制或施加重大影响的公司，以及该公司控股股东、控股子公司和控股股东控制的其他子公司；

（三）承销商及其控股股东、董事、监事、高级管理人员和其他员工；

（四）本条第（一）、（二）、（三）项所述人士的关系密切的家庭成员，包括配偶、子女及其配偶、父母及配偶的父母、兄弟姐妹及其配偶、配偶的兄弟姐妹、子女配偶的父母；

（五）过去6个月内与主承销商存在保荐、承销业务关系的公司及其持股5%以上的股东、实际控制人、董事、监事、高级管理人员，或已与主承销商签署保荐、承销业务合同或达成相关意向的公司及其持股5%以上的股东、实际控制人、董事、监事、高级管理人员；

（六）通过配售可能导致不当行为或不正当利益的其他自然人、法人和组织。

本条第（二）、（三）项规定的禁止配售的对象管理的通过公开募集方式设立且未参与本次战略配售的证券投资基金除外，但应当符合证监会的有关规定。

第三十七条 主承销商应当对参与本次配售的战略投资者的资质以及证监会、交易所规定的有关战略投资者配售禁止性情形进行核查，并要求其就以下事项出具承诺函：

（一）其为本次配售股票的实际持有人，不存在受其他投资者委托或委托其他投资者参与本次战略配售的情形（符合战略配售条件的证券投资基金等主体除外）；

（二）其资金来源为自有资金（符合战略配售条件的证券投资基金等主体除外），且符合该资金的投资方向；

（三）不通过任何形式在限售期内转让所持有本次配售的股票；

（四）与发行人或其他利益关系人之间不存在输送不正当利益的行为。

第三十八条 保荐机构相关子公司参与战略配售的，主承销商应当在本次发行的公告中披露保荐机构相关子公司参与战略配售的具体安排，并要求其就以下事项出具承诺函：

（一）依法设立的保荐机构另类投资子公司或者实际控制该保荐机构的证券公司依法设立的另类投资子公司，或证监会和交易所认可的其他主体，为本次配售股票的实际持有人，不存在受其他投资者委托或委托其他投资者参与本次战略配售的情形；

（二）其资金来源为自有资金（证监会另有规定的除外）；

（三）不通过任何形式在限售期内转让所持有本次配售的股票；

（四）与发行人或其他利益关系人之间不存在输送不正当利益的行为。

第三十九条 发行人和主承销商可以在发行方案中采用超额配售选择权。主承销商采用超额配售选择权，应当勤勉尽责，建立独立的投资决策流程及相关防火墙制度，严格执行内部控制制度，有效防范利益输送和利益冲突。主承销商及其工作人员不得利用内幕信息谋取任何不正当利益。

第三节　信息披露

第四十条　发行人和主承销商在首次公开发行股票过程中，应当按照证监会和交易所的相关规定编制信息披露文件，履行信息披露义务，确保披露的信息真实、准确、完整、及时，无虚假记载、误导性陈述或者重大遗漏。首次公开发行股票过程中发布的公告应当由主承销商和发行人共同落款。

第四十一条　公开披露的信息应当按照证监会的规定，刊登在指定的互联网网站及（或）一种指定的报刊，并置备于指定场所，供公众查阅。公开披露的信息也可以刊登于其他报刊和网站，但不得早于在上述指定报刊和网站的披露时间。

主承销商对信息披露的内容应当进行严格的质量控制，确保在不同载体上披露的信息保持一致性，并对可能出现的疏漏承担责任。

第四章　投资价值研究报告

第四十二条　主承销商应当向网下投资者提供投资价值研究报告，但不得以任何形式公开披露或变相公开投资价值研究报告或其内容，证监会及交易所另有规定的除外。

主承销商不得提供承销团以外的机构撰写的投资价值研究报告。

主承销商不得在刊登招股意向书之前提供投资价值研究报告或泄露报告内容。

第四十三条　主承销商的证券分析师应当独立撰写投资价值研究报告并署名。承销团其他成员的证券分析师可以根据需要撰写投资价值研究报告，但应保持独立性并署名。

因经营范围限制，主承销商无法撰写投资价值研究报告的，应委托具有证券投资咨询资格的母公司或子公司撰写投资价值研究报告，双方均应当对投资价值研究报告的内容和质量负责，并采取有效措施做好信息保密工作，同时应当在报告首页承诺本次报告的独立性。

主承销商无相关母公司或子公司的，可委托一家具有证券投资咨询资格和较强研究能力、研究经验的承销团成员独立撰写投资价值研究报告。

第四十四条　投资价值研究报告撰写应当遵守以下原则：

（一）独立、审慎、客观；

（二）资料来源具有权威性；

（三）无虚假记载、误导性陈述或重大遗漏。

第四十五条 投资价值研究报告所依据的与发行人有关的信息不得超出招股意向书及其他已公开信息的范围。

第四十六条 承销商应当从组织设置、人员职责及工作流程等方面保证证券分析师撰写投资价值研究报告的独立性。撰写投资价值研究报告相关人员的薪酬不得与相关项目的业务收入挂钩。

第四十七条 证券分析师撰写投资价值研究报告应当秉承专业的态度，采用专业、严谨的研究方法和分析逻辑，基于合理的数据基础和事实依据，审慎提出研究结论，分析与结论应当保持逻辑一致性。

第四十八条 投资价值研究报告使用的参数和估值方法应当客观、专业，并分析说明选择参数和估值方法的依据，不得随意调整参数和估值方法。

第四十九条 投资价值研究报告应当对影响发行人投资价值的因素进行全面分析，至少包括下列内容：

（一）发行人的行业分类、行业政策，发行人与主要竞争者的比较及其在行业中的地位；

（二）发行人商业模式、经营状况和发展前景分析；

（三）发行人盈利能力和财务状况分析；

（四）发行人募集资金投资项目分析；

（五）发行人与同行业可比上市公司（如有）的投资价值比较；

（六）其他对发行人投资价值有重要影响的因素。

第五十条 投资价值研究报告应当按照证监会有关上市公司行业分类指引中制定的行业分类标准确定发行人行业归属，并说明依据，不得随意选择行业归属。

第五十一条 投资价值研究报告应当对影响发行人投资价值的行业状况与发展前景进行分析与预测，可以包括：发行人所属行业分类、行业的生命周期分析及其对发行人发展前景的影响、行业供给需求分析、行业竞争分析、行业主要政策分析、行业的发展前景预测以及证券分析师认为行业层面其他的重要因素。

第五十二条 投资价值研究报告应当对影响发行人投资价值的公司状况进行分析，可以包括：公司治理的分析与评价、公司战略的分析与评价、经营管理的分析与评价、研发技术的分析与评价、财务状况的分析与评价、募集资金投资项目分析以及证券分析师认为发行人层面其他的重要因素。公司分析必须建立在行业分析的基础上进行。

第五十三条 撰写投资价值研究报告应当制作发行人的盈利预测模型，包括但不限于资产负债表、利润表以及现金流量表三张报表的完整预测以及其他为完成预测而需要制作的辅助报表，从而预测公司未来的资产负债、利润和现金流量的相对完整的财务状况。在进行盈利预测前，证券分析师应当明确盈利预测的假设条件。盈利预测应谨慎、合理。

第五十四条 投资价值研究报告选择可比公司应当客观、全面，并说明选择可比公司的依据，不得随意选择可比公司。

第五十五条 证券分析师应当在投资价值研究报告中显著位置进行充分的风险提示，并特别说明如果盈利预测的假设条件不成立对公司盈利预测的影响以及对估值结论的影响。

证券分析师应当按照重要性原则，按顺序披露可能直接或者间接对发行人生产经营状况、财务状况和持续经营能力产生重大不利影响的主要因素，列出发行人经营过程中所有可能存在的潜在风险。

证券分析师应当对所披露的风险因素做定量分析，无法进行定量分析的，应当有针对性地作出定性描述。

证券分析师应当在投资价值研究报告醒目位置提示投资者自主作出投资决策并自行承担投资风险。

第五十六条 投资价值研究报告应当分别提供至少两种估值方法作为参考，合理给出发行人本次公开发行股票后整体市值区间以及在假设不采用超额配售选择权的情况下的每股估值区间。

投资价值研究报告应当列出所选用的每种估值方法的假设条件、主要参数、主要测算过程。

投资价值研究报告不得对股票二级市场交易价格作出预测。

第五十七条 证券分析师参与撰写投资价值研究报告相关工作，需事先履行跨墙审批手续。

（一）承销商实施跨墙管理时，应当保证跨墙人员的相对稳定，维护跨墙工作流程的严肃性，保证信息隔离制度的有效落实。参与跨墙的证券分析师一经确认，不得随意调整。

跨墙期间，证券分析师应当严格遵守信息保密的要求，将跨墙参与的工作与其他工作有效隔离。

（二）证券分析师撰写的投资价值研究报告，需事先经研究部门质量审核并经合规审查后方可提供给网下投资者。

证券分析师可以就投资价值研究报告涉及发行人的相关事实性信息向发行人及投资银行业务部门人员进行真实性、准确性的核实。证券分析师在进行事实性信息的核实时，不得向发行人及投资银行业务部门人员提供包括估值、盈利预测等投资分析内容的章节，相关需要核实的事实性内容应提交给公司专门负责股票发行与承销的业务部门或团队（以下简称“股票发行与承销部门”）人员，抄送合规审查人员，由股票发行与承销部门人员转给投资银行业务部门人员进行核实。

证券分析师应当保持独立性，除对事实性信息的真实性、准确性核实外，证券公司内部相关利益人员和部门、发行人等不得对投资价值研究报告的内容进行评判。

（三）承销商应当对投资价值研究报告事实性信息核实、质量审核、合规审查进行留痕存档管理。

第五十八条 证券分析师参与撰写投资价值研究报告相关工作，应当参照《发布证券研究报告暂行规定》《发布证券研究报告执业规范》等规则执行，并符合《证券分析师执业行为准则》《证券公司信息隔离墙制度指引》等相关规定，本规范另有规定的，从其规定。

第五十九条 证券公司应当根据本规范等相关规定制定专项内部制度，明确投资价值研究报告撰写、质量审核、合规审查以及出具流程等业务要求。

第五章 自律管理

第六十条 协会建立对承销商投资价值研究报告以及执业胜任能力的评价机制，并根据评价结果采取奖惩措施。具体评价规则由协会另行制定。

第六十一条 协会可以对发行人和承销商的路演过程、发行簿记过程、询价过程进行抽查，发现发行人和承销商在工作中存在违反相关规定的，协会将对其采取自律措施或移交有权机关处理。

第六十二条 主承销商应当在股票上市后及时将项目基本信息和网下投资者违规行为信息提交协会。主承销商应当保证其提交的信息真实、准确、完整。

第六十三条 主承销商应当认真履行报告义务，不得存在瞒报、欺报或应报未报等行为。

第六十四条　承销商应当保留承销过程中的相关资料并存档备查，相关资料至少保存三年，证监会及交易所另有规定的除外。

承销过程中的相关资料包括但不限于以下资料：

（一）路演推介活动及询价过程中的推介或宣传材料、投资价值研究报告、路演推介确认书、路演记录、路演录音、律师事务所出具的培训总结及路演推介材料审核确认意见书等；

（二）定价与配售过程中的投资者报价信息、申购信息、获配信息，获配信息包括但不限于投资者名称、获配数量、证券账户号码及身份证明文件等；

（三）战略投资者承诺函、跟投机构承诺函等；

（四）确定网下投资者条件、发行价格或发行价格区间、配售结果等的决策文件；

（五）信息披露文件与申报备案文件；

（六）其他和发行与承销过程相关的文件或承销商认为有必要保留的文件。

第六十五条　协会采取现场检查、非现场检查等方式加强对承销商询价、定价、配售行为的自律管理。检查内容包括：

（一）路演推介的时间、形式、参与人员及内容；

（二）询价、簿记、定价、配售的制度建立与实施；

（三）投资价值研究报告的撰写、提供及其信息隔离制度的建立与实施；

（四）信息披露内容的真实性、准确性、完整性和及时性；

（五）存档备查资料的完备性；

（六）协会认为有必要的其他内容。

承销商应当配合协会进行检查，不得以任何理由拒绝、拖延提供有关资料，或者提供不真实、不准确、不完整的资料。

第六十六条　承销商及其工作人员违反本规范规定的，协会视情节轻重采取自律措施，并记入证监会、协会诚信信息管理系统。

承销商及其工作人员违反法律、法规或有关主管部门规定的，协会依法移交证监会、交易所或其他有权机关处理。

发行人、战略投资者、律师事务所违反相关规定或未勤勉尽责的，协会依法移交证监会、交易所或其他有权机关处理。

第六章 附 则

第六十七条 公民、法人或者其他组织发现承销商及其工作人员违反本规范的，可向协会举报或投诉。

第六十八条 承销商承销在科创板首次公开发行的存托凭证比照适用本规范中首次公开发行股票的相关规定。证监会及交易所另有规定的，从其规定。

第六十九条 本规范由协会负责解释。

第七十条 本规范自发布之日起施行。

《科创板首次公开发行股票网下投资者管理细则》解读

《科创板网下投资者管理细则》主要从以下四个方面加强科创板网下投资者自律管理。

一是明确私募基金管理人注册为科创板网下投资者的具体条件。要求参与科创板新股网下询价的投资者具有一定的专业能力和经验。

二是加强网下投资者行为规范。对网下投资者询价前准备、报价原则、拟申购数量上限等操作环节做出具体要求，并明确了网下投资者负面行为清单。

三是强化证券公司推荐责任。要求证券公司应对其推荐的科创板网下投资者及配售对象审慎核查，充分发挥“看门人”作用。

四是加强对网下投资者违规行为的处罚力度。加大违规成本，形成不敢违、不能违、不愿违的长效防范机制。

《科创板网下投资者管理细则》明确了网下投资者负面行为清单。对网下投资者账户使用情况、拟申购数量和拟申购数量上限等操作环节做出具体要求：

1. 网下投资者在参与科创板首发股票网下询价和申购期间，不得随意变更名称、银行卡号、证券账户号等注册信息，并应做好停电、网络故障等突发事件的应急预案，避免询价后无法申购或缴款。因未做好询价准备工作或未做好应急预案导致发生违规情形的，协会将按有关规定采取自律措施。

2. 同一配售对象只能使用一个证券账户参与科创板首发股票网下询价，其他关联账户不得参与。已参与网下询价的配售对象及其关联账户不得参与网上申购。根据上海证券交易所市值计算有关规则，市值合并计算的证券账户视为关联账户。

3. 在科创板首发股票初步询价环节，参与询价的网下投资者可以为其管理的不同配售对象账户分别填报一个报价，每个报价应当包含配售对象信息、每股价格和该价格对应的拟申购股数。同一网下投资者全部报价中的不同拟申购价格不超过 3 个，且最高价格与最低价格的差额不得超过最低价格的 20%。

4. 网下投资者应在发行价格区间内为提供有效报价的配售对象填报一个申购价格及申购数量，同一网下投资者全部报价中的不同申购价格不超过 3 个。配售对象填报的申购数量，不得低于初步询价时有效报价对应的拟申购数量。

5. 网下投资者及相关工作人员在参与科创板首发股票网下询价时，不得使用他人账户报价；同一配售对象不得使用多个账户报价；投资者之间不得协商报价；不得与发行人或承销商串通报价；不得委托他人报价；不得利用内幕信息、未公开信息报价；不得无真实申购意图进行人情报价；不得故意压低或抬高价格等。第十六条规定，网下投资者参与科创板首发股票网下报价后，不得提供有效报价但未参与申购或未足额申购；不得网上网下同时申购等。

中国证券业协会关于发布《科创板首次公开发行股票网下投资者管理细则》的通知

（2019 年 5 月 31 日　中证协发〔2019〕149 号）

各证券公司、基金管理公司、信托公司、财务公司、保险公司、合格境外机构投资者、私募基金管理人：

为规范网下投资者参与科创板首次公开发行股票网下询价和申购业务，加强网下投资者自律管理，根据《关于在上海证券交易所设立科创板并试点注册制的实施意见》《证券发行与承销管理办法》《科创板首次公开发行股票注册管理办法（试行）》等相关法律法规、监管规定，中国证券业协会（以下简称协会）制定了《科创板首次公开发行股票网下投资者管理细则》，经协会第六届常务理事会第十次会议表决通过，并向中国证监会备案，现予发布，自发布之日起施行。

附件：科创板首次公开发行股票网下投资者管理细则

科创板首次公开发行股票网下投资者管理细则

第一条 为规范网下投资者参与科创板首次公开发行股票网下询价和申购业务，根据《关于在上海证券交易所设立科创板并试点注册制的实施意见》《证券发行与承销管理办法》《科创板首次公开发行股票注册管理办法（试行）》等相关法律法规、监管规定，制定本细则。

第二条 网下投资者参与科创板首次公开发行股票（以下简称首发股票）网下询价和申购业务、以及证券公司开展科创板网下投资者推荐工作、担任科创板首发股票主承销商的证券公司开展网下投资者管理工作等，适用本细则。本细则未作规定的，适用《首次公开发行股票网下投资者管理细则》及其他业务规则规定。

上述主体开展科创板首次公开发行存托凭证相关业务时，参照适用本细则。

第三条 证券公司、基金管理公司、信托公司、财务公司、保险公司、合格境外机构投资者、以及符合一定条件的私募基金管理人等专业机构投资者，在中国证券业协会（以下简称协会）注册后，可以参与科创板首发股票网下询价。

第四条 私募基金管理人注册为科创板首发股票网下投资者，应符合以下条件：

（一）已在中国证券投资基金业协会完成登记；

（二）具备一定的证券投资经验。依法设立并持续经营时间达到两年（含）以上，从事证券交易时间达到两年（含）以上；

（三）具有良好的信用记录。最近 12 个月未受到相关监管部门的行政处罚、行政监管措施或相关自律组织的纪律处分；

（四）具备必要的定价能力。具有相应的研究力量、有效的估值定价模型、科学的定价决策制度和完善的合规风控制度；

（五）具备一定的资产管理实力。私募基金管理人管理的在中国证券投资基金业协会备案的产品总规模最近两个季度均为10亿元（含）以上，且近三年管理的产品中至少有一只存续期两年（含）以上的产品；申请注册的私募基金产品规模应为6000万元（含）以上、已在中国证券投资基金业协会完成备案，且委托第三方托管人独立托管基金资产。其中，私募基金产品规模是指基金产品资产净值。

（六）符合监管部门、协会要求的其他条件。

私募基金管理人参与科创板首发股票网下询价和申购业务，还应当符合相关监管部门及自律组织的规定。私募基金管理人已注销登记或其产品已清盘的，推荐该投资者注册的证券公司应及时向协会申请注销其科创板网下投资者资格或科创板配售对象资格。

第五条 网下投资者在申请科创板配售对象注册时，应当根据自身管理能力、人员配备数量、产品投资策略、产品风险承受能力等情况，合理确定参与科创板首发股票网下询价的产品范围及数量。

第六条 证券公司推荐私募基金管理人等专业机构投资者注册为科创板首发股票网下投资者的，应当制定明确的推荐标准，并对所推荐机构的投资经验、信用记录、定价能力、资产管理规模等情况进行审慎核查，对所推荐机构申请注册的产品数量与其管理能力是否匹配进行审慎核查，确保所推荐的机构及其产品符合协会规定的基本条件及本公司规定的推荐条件。证券公司应定期对其推荐的科创板首发股票网下投资者开展适当性自查，发现推荐的科创板网下投资者或配售对象不符合本细则第四条条件的，应当及时向协会报告并申请注销或暂停。

证券公司应告知其推荐的投资者认真阅读并熟悉本细则及其他相关业务规则的内容，并告知投资者不熟悉相关业务规则可能造成违规并被协会采取自律措施。

证券公司存在推荐不符合条件的机构或产品注册为科创板网下投资者或配售对象、未及时跟踪所推荐的投资者情况并主动报告等未认真履行推荐责任情形的，协会按照相关自律规则对证券公司采取自律措施。

第七条 网下投资者参与科创板首发股票网下询价和申购业务的，应建立完善的内部控制制度和业务操作流程：

（一）制定完善的内控制度，对业务各环节可能出现的风险进行识别，采取必要的内部控制措施，确保业务开展合法合规。

（二）制定专项业务操作流程，明确操作程序、岗位职责与权限分工。主要操作环节应设置 A、B 角，重要操作环节设置复核机制。

（三）加强相关工作人员管理。规范其工作人员参与科创板首发股票网下询价相关行为，避免在业务过程中发生谋取或输送不正当利益的行为；建立健全员工业务培训机制，开展有针对性的业务培训，持续提升执业水平。

（四）应坚持科学、独立、客观、审慎的原则开展科创板首发股票的研究工作，认真研读发行人招股说明书等信息，发挥专业的市场化定价能力，在充分、深入研究的基础上合理确定价格。

（五）应建立健全必要的投资决策机制，通过严格履行决策程序确定最终报价。

（六）应制定申购资金划付审批程序，根据申购计划安排足额的备付资金，确保资金在规定时间内划入结算银行账户。

（七）应针对科创板首发股票网下询价和申购业务的开展情况进行合规审查，对公司是否与项目发行人或主承销商存在相关规则规定的关联关系、报价与申购行为是否违反本细则规定以及公司内部制度要求等进行审查。

（八）应将相关业务制度汇编、工作底稿等存档备查。

第八条 网下投资者在参与科创板首发股票网下询价和申购业务前，应认真阅读本细则及相关业务规则、操作指引，熟悉操作流程，并对询价前准备工作进行自查，确保在协会注册的信息真实、准确、完整，在网下询价和申购过程中相关配售对象处于注册有效期、缴款渠道畅通，且上海证券交易所网下申购平台 CA 证书、备案银行卡等申购和缴款必备工具可正常使用。

网下投资者在参与科创板首发股票网下询价和申购期间，不得随意变更名称、银行卡号、证券账户号等注册信息，并应做好停电、网络故障等突发事件的应急预案，避免询价后无法申购或缴款。因未做好询价准备工作或未做好应急预案导致发生违规情形的，协会将按有关规定采取自律措施。

第九条 网下投资者在参与科创板首发股票网下询价时，应审慎选择参与项目，认真研读招股资料，深入分析发行人信息，发挥专业定价能力，在充分研究并严格履行定价决策程序的基础上理性报价，不得存在不独立、不客观、不诚信、不廉洁的行为。网下投资者应对每次报价的定价依据、定价决策过程相关材料存档备查。

第十条 同一配售对象只能使用一个证券账户参与科创板首发股票网下

询价，其他关联账户不得参与。已参与网下询价的配售对象及其关联账户不得参与网上申购。根据上海证券交易所市值计算有关规则，市值合并计算的证券账户视为关联账户。

第十一条 在科创板首发股票初步询价环节，参与询价的网下投资者可以为其管理的不同配售对象账户分别填报一个报价，每个报价应当包含配售对象信息、每股价格和该价格对应的拟申购股数。同一网下投资者全部报价中的不同拟申购价格不超过 3 个，且最高价格与最低价格的差额不得超过最低价格的 20%。

第十二条 网下投资者在科创板首发股票初步询价环节为配售对象填报拟申购数量时，应当根据实际申购意愿、资金实力、风险承受能力等情况合理确定申购数量，拟申购数量不得超过网下初始发行总量，也不得超过主承销商确定的单个配售对象申购数量上限，拟申购金额不得超过该配售对象的总资产或资金规模，并确保其申购数量和未来持股情况符合相关法律法规及监管部门的规定。

第十三条 提供有效报价的网下投资者，应按照公告要求在申购时间内进行申购。初步询价确定发行价格区间的，网下投资者应在发行价格区间内为提供有效报价的配售对象填报一个申购价格及申购数量，同一网下投资者全部报价中的不同申购价格不超过 3 个。配售对象填报的申购数量，不得低于初步询价时有效报价对应的拟申购数量。

第十四条 网下投资者应当根据申购金额，预留充足的申购资金，确保获配后按时足额缴付认购资金及经纪佣金。配售对象应当按照公告要求的时间、使用在协会注册有效的银行账户办理认购资金及经纪佣金划转。在缴纳新股认购资金时，应当全额缴纳新股配售经纪佣金。

配售对象用于网下申购的资金来源必须符合法律法规的要求，且获配后持股数量应符合有关法律法规及监管部门的规定。

第十五条 网下投资者及相关工作人员在参与科创板首发股票网下询价时，不得存在下列行为：

（一）使用他人账户报价；

（二）同一配售对象使用多个账户报价；

（三）投资者之间协商报价；

（四）与发行人或承销商串通报价；

（五）委托他人报价；

（六）利用内幕信息、未公开信息报价；

（七）无真实申购意图进行人情报价；

（八）故意压低或抬高价格；

（九）没有严格履行报价评估和决策程序、未能审慎报价；

（十）无定价依据、未在充分研究的基础上理性报价；

（十一）未合理确定拟申购数量，拟申购金额超过配售对象总资产或资金规模；

（十二）接受发行人、主承销商以及其他利益相关方提供的财务资助、补偿、回扣等；

（十三）其他不独立、不客观、不诚信、不廉洁的情形。

第十六条 网下投资者参与科创板首发股票网下报价后，不得存在下列行为：

（一）提供有效报价但未参与申购或未足额申购；

（二）获配后未按时足额缴付认购资金及经纪佣金；

（三）网上网下同时申购；

（四）获配后未恪守限售期等相关承诺；

（五）其他影响发行秩序的情形。

第十七条 主承销商发现网下投资者出现违反本细则情形的，应及时向协会报告。主承销商存在瞒报、欺报或应报未报等情形的，协会将根据有关规定对其采取自律措施。

第十八条 网下投资者或配售对象参与科创板首发股票网下询价和申购业务时违反本细则第十五条、第十六条规定的，协会按照以下规则采取自律措施并在协会网站公布。网下投资者相关工作人员出现本细则第十五条、第十六条情形的，视为所在机构行为。

（一）网下投资者或其管理的配售对象一个自然年度内出现本细则第十五条、第十六条规定情形一次的，协会将出现上述违规情形的配售对象列入首发股票配售对象限制名单（以下简称限制名单）六个月；出现本细则第十五条、第十六条规定情形两次（含）以上的，协会将出现上述违规情形的配售对象列入限制名单十二个月。科创板与主板、中小板、创业板的违规次数合并计算。被列入限制名单期间，配售对象不得参与科创板及主板、中小板、创业板首发股票网下询价。

（二）网下投资者或其管理的配售对象出现本细则第十五条、第十六条规定情形、情节严重的，协会将该网下投资者列入首发股票网下投资者黑名单十二个月。被列入黑名单期间，该网下投资者所管理的配售对象均不得参与科创板及主板、中小板、创业板首发股票网下询价。

因不可抗力或基金托管人、银行等第三方过失导致发生第十六条第（一）项、第（二）项情形、相关网下投资者及配售对象自身没有责任，且能提供有效证明材料的，该网下投资者可向协会申请免予处罚。

第十九条　网下投资者违反本细则第十五条、第十六条之外其他条款规定的，协会可视情节轻重，给予警示、责令整改、暂停新增配售对象注册、暂停网下投资者资格等自律措施。

第二十条　网下投资者在参与科创板首发股票网下询价和申购业务时涉嫌违反法律法规、监管规定的，协会将移交监管部门等有权机关处理。

第二十一条　本细则由协会负责解释。

第二十二条　本细则自发布之日起施行。

关于发行规模达到一定数量实行联合保荐的相关标准

（2019 年 4 月 23 日）

问：《证券发行上市保荐业务管理办法》第六条规定，证券发行规模达到一定数量的，可以采用联合保荐。请问对发行规模的具体标准如何把握？

答：为充分发挥联合保荐的积极作用，提高保荐工作质量，结合发行审核实践，融资金额超过 100 亿元的 IPO 项目、融资金额超过 200 亿元的再融资项目可以按照《证券发行上市保荐业务管理办法》相关规定实行联合保荐。

3. 上市类

《上海证券交易所科创板股票上市规则》解读

《上海证券交易所科创板股票上市规则》（以下简称《上市规则》）立足科创板的市场定位，对科创板市场股票上市和退市，作出针对性规定。基本思路是，制定更具包容性的上市条件，同时严格实施退市制度，畅通市场的“进口”和“出口”。

第一，上市条件重点体现“包容性”。

科创企业有其自身的成长路径和发展规律。财务表现上，很多企业在前期技术攻关和产品研发期，投入和收益在时间上呈现出不匹配的特点，有的企业存在暂时性亏损，有的企业在研发阶段还没有产生收入。公司治理上，存在表决权差异安排、协议控制架构等特殊方式，更加依赖人力资本。因此，需要构建更加科学合理的上市指标体系，满足不同模式类型、不同发展阶段、不同财务特征，但已经拥有相关核心技术、市场认可度高的科创企业上市需求。

基于上述考虑，《上市规则》制度设计大幅提升了上市条件的包容度和适应性。在市场和财务条件方面，引入“市值”指标，与收入、现金流、净利润和研发投入等财务指标进行组合，设置了5套差异化的上市指标，可以满足在关键领域通过持续研发投入已突破核心技术或取得阶段性成果、拥有良好发展前景，但财务表现不一的各类科创企业上市需求。允许存在未弥补亏损、未盈利企业上市，不再对无形资产占比进行限制。在非财务条件方面，允许存在表决权差异安排等特殊治理结构的企业上市，并予以必要的规范约束。在相关发行上市标准的把握上，也将考虑科创企业的特点和合理诉求。

比如，为适应科创企业吸引人才、保持管理层和核心技术团队稳定需求，允许企业存在上市前制定、上市后实施的期权激励和员工持股计划；针对科创企业股权结构变动和业务整合较为频繁的特点，放宽对实际控制人变更、主营业务变化、董事和高管重大变化期限的限制。

由于科创板实施发行审核与上市审核合二为一，因此《上市规则》第2.1.2条、第2.1.3条、第2.1.4条所规定的发行人申请在科创板上市的市值及财务指标条件与《上海证券交易所科创板股票发行上市审核规则》第二十二条、第二十三条、第二十四条所规定的科创板上市的市值及财务指标条件完全相同。

第二，退市制度更加严厉，退市标准重点落实“从严性”。

科创板退市制度更严格，退市时间更短，退市速度更快，退市情形更多，执行标准更严。科创公司触及终止上市标准的，股票直接终止上市，不再适用暂停上市、恢复上市、重新上市程序。

在科创板退市制度的设计中，上交所充分借鉴已有的退市实践，重点从标准、程序和执行三方面进行了严格规范：

一是标准更严。在重大违法类强制退市方面，吸收了最新退市制度改革成果，明确了信息披露重大违法和公共安全重大违法等重大违法类退市情形；在市场指标类退市方面，构建成交量、股票价格、股东人数和市值四类退市标准，指标体系更加丰富完整；在财务指标方面，在定性基础上作出定量规定，多维度刻画丧失持续经营能力的主业“空心化”企业的基本特征，不再采用单一的连续亏损退市指标。在其他合规指标方面，在保留现有未按期披露财务报告、被出具无法表示意见或否定意见审计报告等退市指标的基础上，增加信息披露或者规范运作存在重大缺陷等合规性退市指标。

二是程序更严。简化退市环节，取消暂停上市和恢复上市程序，对应当退市的企业直接终止上市，避免重大违法类、主业“空心化”的企业长期滞留市场，扰乱市场预期和定价机制。压缩退市时间，触及财务类退市指标的公司，第一年实施退市风险警示，第二年仍然触及将直接退市。不再设置专门的重新上市环节，已退市企业如果符合科创板上市条件的，可以按照股票发行上市注册程序和要求提出申请、接受审核，但因重大违法强制退市的，不得提出新的发行上市申请，永久退出市场。

三是执行更严。现行退市制度执行中的突出问题是，个别主业“空心化”企业，通过实施不具备商业实质的交易，粉饰财务数据，规避退市指标。为解决这一“老大难”问题，科创板退市制度特别规定，如果上市公司营业收入主要来源于与主营业务无关的贸易业务或者不具备商业实质的关联交易收入，有证据表明公司已经明显丧失持续经营能力，将按照规定的条件和程序启动退市。

第三，符合科创企业特点的持续上市监管制度。

《上市规则》是规范科创上市企业持续监管的主要规则。相对于现有的股票上市规则，着重设计了如下五方面制度：

一是更有针对性的信息披露制度。在共性的信息披露要求基础上，着重针对科创企业特点，强化行业信息、核心技术、经营风险、公司治理、业绩波动等事项的信息披露，并在信息披露量化指标、披露时点、披露方式、暂缓豁免披露商业敏感信息、非交易时间对外发布重大信息等方面，作出更具弹性的制度安排，保持科创企业的商业竞争力。此外，还对信息披露的设置了弹性要求，即上市公司和相关信息披露义务人适用上交所相关信息披露要求，可能导致其难以反映经营活动的实际情况、难以符合行业监管要求或者公司注册地有关规定的，可以向上交所申请调整适用，但是应当说明原因和替代方案，并聘请律师事务所出具法律意见。上市公司拟实施送股或者以资本公积转增股本的，所依据的半年度报告或者季度报告的财务会计报告应当审计；仅实施现金分红的，可免于审计。

二是更加合理的股份减持制度。科创企业高度依赖创始人以及核心技术团队，未来发展具有不确定性，需要保持股权结构的相对稳定，保障公司的持续发展。为此，配套规则对科创企业股份减持作出了更有针对性的安排：其一是保持控制权和技术团队稳定。控股股东在解除限售后减持股份，应当保持控制权稳定和明确；适当延长核心技术人员的锁定期，上市后 36 个月不得减持股份。其二是对尚未盈利公司股东减持作出限制。对于上市时尚未盈利的公司，控股股东、董监高人员及核心技术人员（以下统称特定股东）在公司实现盈利前不得减持首发前股份，但公司上市届满 5 年的，不再受此限制。其三是优化股份减持方式。允许特定股东每人每年在二级市场减持 1% 以内首发前股份，在此基础上，拟引导其通过非公开转让方式向机构投资者进行减持，不再限制比例和节奏，并对受让后的股份设置 12 个月锁定期。其四是为创投基金等其他股东提供更为灵活的减持方式。在首发前股份限售期满后，除按照现行减持规定实施减持外，还可以采取非公开转让方式实施减持，以便利创投资金退出，促进创新资本形成。其五是强化减持信息披露。在保留现行股份减持预披露制度的基础上，要求特定股东减持首发前股份前披露公司经营情况，向市场充分揭示风险。其六是严格控制亏损公司的减持。公司上市时未盈利的，在公司实现盈利前，控股股东、实际控制人自公司股票上市之日起3个完整会计年度内，不得减持首发前股份；自公司股票上市之日起第4个会计年度和第5个会计年度内，每年减持的首发前股份不得超过公司股份总数的2%，并应当符合《上海证券交易所上市公司股东及董事、监事、高级管理人员减持股份实施细则》关于减持股份的相关规定。公司上市时未盈利的，在公司实现盈利前，董事、监事、高级管理人员及核心技术人员自公司股票上市之日起3个完整会计年度内，不得减持首发前股份；在前述期间内离职的，应当继续遵守本规定。上市公司存在本规则第十二章第二节规定的重大违法情形，触及退市标准的，自相关行政处罚决定或者司法裁判作出之日起至公司股票终止上市前，控股股东、实际控制人、董事、监事、高级管理人员不得减持公司股份。

三是更加规范的差异化表决权制度。尊重科创企业公司治理的实践选择，允许设置差异化表决权的企业上市。为平衡利害关系，《上市规则》对如何合理设置差异化表决权，进行了必要的规范。

对差异化表决权股份的限制以及对普通股股东的保护规则主要有：

（1）绝对多数决规则。发行人首次公开发行并上市前设置表决权差异安排的，应当经出席股东大会的股东所持三分之二以上的表决权通过。

（2）设置时点的限制。发行人在首次公开发行并上市前不具有表决权差异安排的，不得在首次公开发行并上市后以任何方式设置此类安排。

（3）普通股股东表决权不被稀释规则。上市公司股票上市后，除同比例配股、转增股本情形外，不得在境内外发行特别表决权股份，不得提高特别表决权比例。上市公司因股份回购等原因，可能导致特别表决权比例提高的，应当同时采取将相应数量特别表决权股份转换为普通股份等措施，保证特别表决权比例不高于原有水平。

（4）对持有特别表决权股份的股东范围的限制，他们应当为对上市公司发展或者业务增长等作出重大贡献，并且在公司上市前及上市后持续担任公司董事的人员或者该等人员实际控制的持股主体。持有特别表决权股份的股东在上市公司中拥有权益的股份合计应当达到公司全部已发行有表决权股份10%以上。

（5）特别表决权股份的表决权数量限制。上市公司章程应当规定每份特别表决权股份的表决权数量。每份特别表决权股份的表决权数量应当相同，且不得超过每份普通股份的表决权数量的10倍。境外有20倍的，但科创板要求最多为10倍。

(6) 除公司章程规定的表决权差异外，普通股份与特别表决权股份具有的其他股东权利应当完全相同。比如分红权，按持股比例分享，特别表决权股份并不享有任何特权。至于特别表决权股份会不会通过在职消费或其他手段侵蚀利润，让普通股股东少分红，这种现象是可能存在的，颇值关注。

(7) 普通股东表决权的保护规则。上市公司应当保证普通表决权比例不低于10%；单独或者合计持有公司10%以上已发行有表决权股份的股东有权提议召开临时股东大会；单独或者合计持有公司3%以上已发行有表决权股份的股东有权提出股东大会议案。

(8) “日落条款”，即出现特定情形之一的（如表决权股东离任、死亡等），特别表决权股份应当按照1∶1的比例转换为普通股份。

(9) 平权安排，即在表决特定的事项（如对公司章程作出修改，改变特别表决权股份享有的表决权数量，聘请或者解聘独立董事，聘请或者解聘会计师事务所，公司合并、分立、解散或者变更公司形式，等等）时，每一特别表决权股份享有的表决权数量与每一普通股份的表决权数量相同。

(10) 滥用特别表决权的及时矫正措施，即滥用特别表决权，损害投资者的合法权益的，上交所可以要求公司或者持有特别表决权股份的股东予以改正。

四是更加严格的保荐机构持续督导职责。压严压实保荐机构责任，是实施注册制的重要支撑。持续监管制度安排贯彻和落实了这一原则。其一是延长持续督导期。首发上市的持续督导期，为上市当年剩余时间和其后3个完整会计年度。上市公司通过发行股份实施再融资或重大资产重组的，提供服务的保荐机构或财务顾问应当履行剩余期限的持续督导职责。其二是细化对于上市公司重大异常情况的督导和信息披露责任。要求保荐机构关注上市公司日常经营和股票交易情况，督促公司披露重大风险，就公司重大风险发表督导意见并进行必要的现场核查。其三是定期出具投资研究报告。要求保荐机构定期就上市公司基本面情况、行业情况、公司情况、财务状况等方面开展投资研究，定期形成并披露正式的投资研究报告，为投资者决策提供参考。

五是更加灵活的股权激励制度。股权激励，是科创企业吸引人才、留住人才、激励人才的一项重要制度。其一是扩展了股权激励的比例上限与对象范围。将上市公司全部在有效期内的股权激励计划所涉及的股票总数限额由10%提升至20%。允许单独或合计持有上市公司5%以上股份的股东、实际控制人及其配偶、父母、子女，成为股权激励对象，但需要在上市公司担任主要管理人员、核心技术人员或核心业务人员。其二是提高限制性股票授予价格的灵活性。取消限制性股票的授予价格限制，同时要求独立财务顾问对定价依据和定价方法的合理性，以及是否损害上市公司利益发表专业意见。其三是提升股权激励实施方式的便利性。按照现行规定，限制性股票计划经股东大会审议通过后，上市公司应当在60日内授予权益并完成登记。从实践看，部分上市公司授予限制性股票后，由于未达到行权条件，需要回购注销。《上市规则》取消了该限制，允许满足激励条件后，上市公司再行将限制性股票登记至激励对象名下，实际授予的权益进行登记后，可不再设置限售期，便利了实施操作。

此外，还规定了更加市场化的并购重组制度。科创板并购重组涉及发行股票的，实行注册制，由上交所审核通过后报中国证监会注册，实施程序更为高效便捷。同时，要求科创板公司的并购重组应当围绕主业展开，标的资产应当与上市公司主营业务具有协同效应，严格限制通过并购重组“炒壳”“卖壳”。

第四，仍实行上市申请与同意决定程序制度。

发行人首次公开发行股票经中国证监会同意注册并完成股份公开发行后，向上交所提出股票上市申请的，应当提交上市申请书、中国证监会同意注册的决定、股票登记的证明文件等。上交所在收到发行人上市申请文件后5个交易日内，作出是否同意上市的决定。

第五，在监管措施中引入惩罚性违约金。

发行人、上市公司、相关信息披露义务人及相关人员未能履行信息披露义务，或者信息披露不符合真实、准确、完整、及时、公平要求，或者存在违反本规则、向本所作出的承诺的其他情形的，或者上市公司董事、监事、高级管理人员未能履行忠实、勤勉义务，或者存在违反本规则、向本所作出的承诺的其他情形的，本所可以视情节轻重收取惩罚性违约金。

上海证券交易所关于发布《上海证券交易所科创板股票上市规则》的通知

（2019 年 3 月 1 日　上证发〔2019〕22 号）

各市场参与人：

为了规范上海证券交易所（以下简称本所）科创板上市和持续监管事宜，支持引导科技创新企业发展，维护科创板市场秩序，保护投资者合法权益，根据《关于在上海证券交易所设立科创板并试点注册制的实施意见》《科创板上市公司持续监管办法（试行）》等相关法律、行政法规、部门规章、规范性文件，本所制定了《上海证券交易所科创板股票上市规则》（详见附件），经中国证监会批准，现予以发布，并自发布之日起施行。

特此通知。

附件：上海证券交易所科创板股票上市规则（详见《上海证券交易所关于修改〈上海证券交易所科创板股票上市规则〉的通知》）。

上海证券交易所关于修改《上海证券交易所科创板股票上市规则》的通知

（2019 年 4 月 30 日　上证发〔2019〕53 号）

各市场参与人：

为了进一步规范上市公司治理，完善中小投资者保护，上海证券交易所（以下简称本所）对《上海证券交易所科创板股票上市规则》进行了修改，相关条文修改如下：

一、在第 4.2.5 条中新增一款作为第一款：“董事每届任期不得超过 3 年，任期届满可连选连任。董事由股东大会选举和更换，并可在任期届满前由股东大会解除其职务。”

二、第 4.3.5 条修改为：“上市公司应当在公司章程中规定股东大会的召集、召开和表决等程序，制定股东大会议事规则，并列入公司章程或者作为章程附件。

股东大会应当设置会场，以现场会议形式召开。现场会议时间、地点的选择应当便于股东参加。发出股东大会通知后，无正当理由，股东大会现场会议召开地点不得变更。确需变更的，召集人应当在现场会议召开日前至少2个交易日公告并说明原因。上市公司应当提供网络投票方式为股东参加股东大会提供便利。股东通过上述方式参加股东大会的，视为出席。

上市公司应当根据相关规则采用累积投票、征集投票等方式，保障股东表决权。”

三、在第4.3.16条后增加一条作为第4.3.17条：“上市公司控股子公司不得取得该上市公司发行的股份。确因特殊原因持有股份的，应当在一年内依法消除该情形。前述情形消除前，相关子公司不得行使所持股份对应的表决权。”

修改后的《上海证券交易所科创板股票上市规则（2019年4月修订）》（详见附件），已经本所理事会审议通过并报经中国证监会批准，现予以发布，自发布之日起施行。

特此通知。

附件：上海证券交易所科创板股票上市规则（2019年4月修订）

上海证券交易所科创板股票上市规则

（2019年3月1日实施　2019年4月第一次修订）

目　　录

第四章　内部治理
　第一节　控股股东及实际控制人
　第二节　董事、监事和高级管理人员
　第三节　规范运行
　第四节　社会责任
　第五节　表决权差异安排
第五章　信息披露一般规定
　第一节　信息披露基本原则
　第二节　信息披露一般要求
　第三节　信息披露监管方式
　第四节　信息披露管理制度
第六章　定期报告
　第一节　定期报告编制和披露要求
　第二节　业绩预告和业绩快报
第七章　应当披露的交易
　第一节　重大交易
　第二节　关联交易
第八章　应当披露的行业信息和经营风险
　第一节　行业信息
　第二节　经营风险
第九章　应当披露的其他重大事项
　第一节　异常波动和传闻澄清
　第二节　股份质押
　第三节　其　　他
第十章　股权激励
第十一章　重大资产重组
第十二章　退　　市
　第一节　一般规定
　第二节　重大违法强制退市
　第三节　交易类强制退市
　第四节　财务类强制退市
　第五节　规范类强制退市

第一章　总　　则

1.1　为了规范上海证券交易所（以下简称本所）科创板上市和持续监管事宜，支持引导科技创新企业更好地发展，维护证券市场公开、公平、公正，保护投资者的合法权益，根据《中华人民共和国公司法》（以下简称《公司法》）、《中华人民共和国证券法》（以下简称《证券法》）、《关于在上海证券交易所设立科创板并试点注册制的实施意见》、《科创板上市公司持续监管办法（试行）》、《证券交易所管理办法》等相关法律、行政法规、部门规章、规范性文件（以下统称法律法规）以及《上海证券交易所章程》，制定本规则。

1.2　股票、存托凭证及其衍生品种在本所科创板的上市和持续监管等事宜，适用本规则；本规则未作规定的，适用本所其他有关规定。

1.3　发行人股票在本所科创板首次上市，应当经本所审核并由中国证监会作出同意注册决定。发行人应当与本所签订上市协议，明确双方的权利、义务和其他有关事项。

1.4　发行人、上市公司及其董事、监事、高级管理人员、核心技术人员、股东或存托凭证持有人、实际控制人、收购人及其相关人员、重大资产重组交易对方及其相关人员、破产管理人及其成员，应当遵守法律法规、本规则以及本所其他规定，履行信息披露义务，促进公司规范运作。

1.5　为发行人、上市公司以及相关信息披露义务人提供服务的保荐机构、保荐代表人、证券服务机构及其相关人员，应当遵守法律法规、本规则以及本所其他规定，诚实守信，勤勉尽责。

保荐机构、保荐代表人和证券服务机构制作、出具文件应当对所依据资料内容的真实性、准确性、完整性进行核查和验证，所制作、出具的文件不得有虚假记载、误导性陈述或者重大遗漏。

1.6 本所依据法律法规、本规则以及本所其他规定、上市协议、相关主体的声明与承诺，对前述第 1.4 条、第 1.5 条规定的机构及相关人员进行自律监管。

第二章 股票上市与交易

第一节 首次公开发行股票的上市

2.1.1 发行人申请在本所科创板上市，应当符合下列条件：

（一）符合中国证监会规定的发行条件；

（二）发行后股本总额不低于人民币 3000 万元；

（三）公开发行的股份达到公司股份总数的 25% 以上；公司股本总额超过人民币 4 亿元的，公开发行股份的比例为 10% 以上；

（四）市值及财务指标符合本规则规定的标准；

（五）本所规定的其他上市条件。

本所可以根据市场情况，经中国证监会批准，对上市条件和具体标准进行调整。

2.1.2 发行人申请在本所科创板上市，市值及财务指标应当至少符合下列标准中的一项：

（一）预计市值不低于人民币 10 亿元，最近两年净利润均为正且累计净利润不低于人民币 5000 万元，或者预计市值不低于人民币 10 亿元，最近一年净利润为正且营业收入不低于人民币 1 亿元；

（二）预计市值不低于人民币 15 亿元，最近一年营业收入不低于人民币 2 亿元，且最近三年累计研发投入占最近三年累计营业收入的比例不低于 15%；

（三）预计市值不低于人民币 20 亿元，最近一年营业收入不低于人民币 3 亿元，且最近三年经营活动产生的现金流量净额累计不低于人民币 1 亿元；

（四）预计市值不低于人民币 30 亿元，且最近一年营业收入不低于人民币 3 亿元；

（五）预计市值不低于人民币 40 亿元，主要业务或产品需经国家有关部门批准，市场空间大，目前已取得阶段性成果。医药行业企业需至少有一项核心产品获准开展二期临床试验，其他符合科创板定位的企业需具备明显的技术优势并满足相应条件。

本条所称净利润以扣除非经常性损益前后的孰低者为准，所称净利润、营业收入、经营活动产生的现金流量净额均指经审计的数值。

2.1.3　符合《国务院办公厅转发证监会关于开展创新企业境内发行股票或存托凭证试点若干意见的通知》（国办发〔2018〕21号）相关规定的红筹企业，可以申请发行股票或存托凭证并在科创板上市。

营业收入快速增长，拥有自主研发、国际领先技术，同行业竞争中处于相对优势地位的尚未在境外上市红筹企业，申请在科创板上市的，市值及财务指标应当至少符合下列标准之一：

（一）预计市值不低于人民币100亿元；

（二）预计市值不低于人民币50亿元，且最近一年营业收入不低于人民币5亿元。

2.1.4　发行人具有表决权差异安排的，市值及财务指标应当至少符合下列标准中的一项：

（一）预计市值不低于人民币100亿元；

（二）预计市值不低于人民币50亿元，且最近一年营业收入不低于人民币5亿元。

发行人特别表决权股份的持有人资格、公司章程关于表决权差异安排的具体规定，应当符合本规则第四章第五节的规定。

本规则所称表决权差异安排，是指发行人依照《公司法》第一百三十一条的规定，在一般规定的普通股份之外，发行拥有特别表决权的股份（以下简称特别表决权股份）。每一特别表决权股份拥有的表决权数量大于每一普通股份拥有的表决权数量，其他股东权利与普通股份相同。

2.1.5　发行人首次公开发行股票经中国证监会同意注册并完成股份公开发行后，向本所提出股票上市申请的，应当提交下列文件：

（一）上市申请书；

（二）中国证监会同意注册的决定；

（三）首次公开发行结束后发行人全部股票已经中国证券登记结算有限责任公司（以下简称中国结算）上海分公司登记的证明文件；

（四）首次公开发行结束后，具有执行证券、期货相关业务资格的会计师事务所出具的验资报告；

（五）发行人、控股股东、实际控制人、董事、监事和高级管理人员根据本规则要求出具的证明、声明及承诺；

（六）首次公开发行后至上市前，按规定新增的财务资料和有关重大事项的说明（如适用）；

（七）本所要求的其他文件。

2.1.6 发行人及其董事、监事、高级管理人员应当保证上市申请文件真实、准确、完整，不存在虚假记载、误导性陈述或者重大遗漏。

2.1.7 本所收到发行人上市申请文件后5个交易日内，作出是否同意上市的决定。

发行人发生重大事项，对是否符合上市条件和信息披露要求产生重大影响的，本所可提请科创板股票上市委员会进行审议，审议时间不计入前款规定时限。

2.1.8 发行人应当于股票上市前5个交易日内，在指定媒体及本所网站上披露下列文件：

（一）上市公告书；

（二）公司章程；

（三）本所要求的其他文件。

第二节 上市公司股票发行上市

2.2.1 上市公司依法公开发行股票的，可以在规定时间内披露招股说明书、配股说明书等相关文件，并向本所申请办理股票公开发行、配股事宜。

2.2.2 上市公司股票公开发行或配股结束并完成登记后，应当在股票上市前披露上市公告等相关文件，并向本所申请办理新增股份上市事宜。

2.2.3 上市公司非公开发行股票结束并完成登记后，应当在股票上市前披露发行结果公告等相关文件，并向本所申请办理新增股份上市事宜。

第三节 股份解除限售

2.3.1 下列股份符合解除限售条件的，股东可以通过上市公司申请解除限售：

（一）发行人首次公开发行前已发行的股份（以下简称首发前股份）；

（二）上市公司非公开发行的股份；

（三）发行人、上市公司向证券投资基金、战略投资者及其他法人或者自然人配售的股份；

（四）董事、监事、高级管理人员以及核心技术人员等所持限售股份；

（五）其他限售股份。

2.3.2　上市公司申请股份解除限售，应当在限售解除前5个交易日披露提示性公告。

上市公司应当披露股东履行限售承诺的情况，保荐机构、证券服务机构应当发表意见并披露。

第四节　股份减持

2.4.1　上市公司股份的限售与减持，适用本规则；本规则未规定的，适用《上海证券交易所上市公司股东及董事、监事、高级管理人员减持股份实施细则》（以下简称《减持细则》）、《上海证券交易所上市公司创业投资基金股东减持股份实施细则》及本所其他有关规定。

上市公司股东可以通过非公开转让、配售方式转让首发前股份，转让的方式、程序、价格、比例以及后续转让等事项，以及上市公司非公开发行股份涉及的减持由本所另行规定，报中国证监会批准后实施。

2.4.2　公司股东持有的首发前股份，可以在公司上市前托管在为公司提供首次公开发行上市保荐服务的保荐机构，并由保荐机构按照本所业务规则的规定，对股东减持首发前股份的交易委托进行监督管理。

2.4.3　公司上市时未盈利的，在公司实现盈利前，控股股东、实际控制人自公司股票上市之日起3个完整会计年度内，不得减持首发前股份；自公司股票上市之日起第4个会计年度和第5个会计年度内，每年减持的首发前股份不得超过公司股份总数的2%，并应当符合《减持细则》关于减持股份的相关规定。

公司上市时未盈利的，在公司实现盈利前，董事、监事、高级管理人员及核心技术人员自公司股票上市之日起3个完整会计年度内，不得减持首发前股份；在前述期间内离职的，应当继续遵守本款规定。

公司实现盈利后，前两款规定的股东可以自当年年度报告披露后次日起减持首发前股份，但应当遵守本节其他规定。

2.4.4　上市公司控股股东、实际控制人减持本公司首发前股份的，应当遵守下列规定：

（一）自公司股票上市之日起36个月内，不得转让或者委托他人管理其直接和间接持有的首发前股份，也不得提议由上市公司回购该部分股份；

（二）法律法规、本规则以及本所业务规则对控股股东、实际控制人股份转让的其他规定。

发行人向本所申请其股票首次公开发行并上市时，控股股东、实际控制人应当承诺遵守前款规定。

转让双方存在控制关系或者受同一实际控制人控制的，自发行人股票上市之日起12个月后，可豁免遵守本条第一款规定。

2.4.5 上市公司核心技术人员减持本公司首发前股份的，应当遵守下列规定：

（一）自公司股票上市之日起12个月内和离职后6个月内不得转让本公司首发前股份；

（二）自所持首发前股份限售期满之日起4年内，每年转让的首发前股份不得超过上市时所持公司首发前股份总数的25%，减持比例可以累积使用；

（三）法律法规、本规则以及本所业务规则对核心技术人员股份转让的其他规定。

2.4.6 上市公司控股股东、实际控制人在限售期满后减持首发前股份的，应当明确并披露公司的控制权安排，保证上市公司持续稳定经营。

2.4.7 上市公司存在本规则第十二章第二节规定的重大违法情形，触及退市标准的，自相关行政处罚决定或者司法裁判作出之日起至公司股票终止上市前，控股股东、实际控制人、董事、监事、高级管理人员不得减持公司股份。

2.4.8 上市公司控股股东、实际控制人减持股份，依照《减持细则》披露减持计划的，还应当在减持计划中披露上市公司是否存在重大负面事项、重大风险、控股股东或者实际控制人认为应当说明的事项，以及本所要求披露的其他内容。

2.4.9 上市公司股东所持股份应当与其一致行动人所持股份合并计算。一致行动人的认定适用《上市公司收购管理办法》的规定。

上市公司第一大股东应当参照适用本节关于控股股东的规定。

发行人的高级管理人员与核心员工设立的专项资产管理计划，通过集中竞价、大宗交易等方式在二级市场减持参与战略配售获配股份的，应当按照本规则关于上市公司股东减持首发前股份的规定履行相应信息披露义务。

第三章 持续督导

第一节 一般规定

3.1.1 为发行人首次公开发行股票提供保荐服务的保荐机构，应当对发行人进行持续督导。

上市公司发行股份和重大资产重组的持续督导事宜，按照中国证监会和本所有关规定执行。

3.1.2 首次公开发行股票并在科创板上市的，持续督导期间为股票上市当年剩余时间以及其后3个完整会计年度。持续督导期届满，如有尚未完结的保荐工作，保荐机构应当继续完成。

保荐机构应当与发行人、上市公司或相关方就持续督导期间的权利义务签订持续督导协议。

3.1.3 上市公司原则上不得变更履行持续督导职责的保荐机构。

上市公司因再次发行股票另行聘请保荐机构的，另行聘请的保荐机构应当履行剩余期限的持续督导职责。

保荐机构被撤销保荐资格的，上市公司应当在1个月内另行聘请保荐机构，履行剩余期限的持续督导职责。另行聘请的保荐机构持续督导的时间不得少于1个完整的会计年度。

原保荐机构在履行持续督导职责期间未勤勉尽责的，其责任不因保荐机构的更换而免除或者终止。

3.1.4 保荐机构应当建立健全并有效执行持续督导业务管理制度。

保荐机构、保荐代表人应当制作并保存持续督导工作底稿。工作底稿应当真实、准确、完整地反映保荐机构、保荐代表人履行持续督导职责所开展的主要工作，并作为出具相关意见或者报告的基础。

3.1.5 保荐机构应当指定为发行人首次公开发行提供保荐服务的保荐代表人负责持续督导工作，并在上市公告书中予以披露。前述保荐代表人不能履职的，保荐机构应当另行指定履职能力相当的保荐代表人并披露。

保荐机构应当建立健全保荐代表人工作制度，明确保荐代表人的工作要求和职责，建立有效的考核、激励和约束机制。

保荐代表人未按照本规则履行职责的，保荐机构应当督促保荐代表人履行职责。

3.1.6 保荐机构在持续督导期间，应当履行下列持续督导职责：

（一）督促上市公司建立和执行信息披露、规范运作、承诺履行、分红回报等制度；

（二）识别并督促上市公司披露对公司持续经营能力、核心竞争力或者控制权稳定有重大不利影响的风险或者负面事项，并发表意见；

（三）关注上市公司股票交易异常波动情况，督促上市公司按照本规则规定履行核查、信息披露等义务；

（四）对上市公司存在的可能严重影响公司或者投资者合法权益的事项开展专项核查，并出具现场核查报告；

（五）定期出具并披露持续督导跟踪报告；

（六）中国证监会、本所规定或者保荐协议约定的其他职责。

保荐机构、保荐代表人应当针对上市公司的具体情况，制定履行各项持续督导职责的实施方案。

3.1.7 上市公司应当按照下列要求，积极配合保荐机构履行持续督导职责：

（一）根据保荐机构和保荐代表人的要求，及时提供履行持续督导职责必需的相关信息；

（二）发生应当披露的重大事项或者出现重大风险的，及时告知保荐机构和保荐代表人；

（三）根据保荐机构和保荐代表人的督导意见，及时履行信息披露义务或者采取相应整改措施；

（四）协助保荐机构和保荐代表人披露持续督导意见；

（五）为保荐机构和保荐代表人履行持续督导职责提供其他必要的条件和便利。

上市公司不配合保荐机构、保荐代表人持续督导工作的，保荐机构、保荐代表人应当督促公司改正，并及时报告本所。

第二节 持续督导职责的履行

3.2.1 保荐机构、保荐代表人应当协助和督促上市公司建立相应的内部制度、决策程序及内控机制，以符合法律法规和本规则的要求，并确保上市公司及其控股股东、实际控制人、董事、监事和高级管理人员、核心技术人员知晓其在本规则下的各项义务。

3.2.2 保荐机构、保荐代表人应当持续督促上市公司充分披露投资者作出价值判断和投资决策所必需的信息，并确保信息披露真实、准确、完整、及时、公平。

保荐机构、保荐代表人应当对上市公司制作信息披露公告文件提供必要的指导和协助，确保其信息披露内容简明易懂，语言浅白平实，具有可理解性。

保荐机构、保荐代表人应当督促上市公司控股股东、实际控制人履行信息披露义务，告知并督促其不得要求或者协助上市公司隐瞒重要信息。

3.2.3 上市公司或其控股股东、实际控制人作出承诺的，保荐机构、保荐代表人应当督促其对承诺事项的具体内容、履约方式及时间、履约能力分析、履约风险及对策、不能履约时的救济措施等方面进行充分信息披露。

保荐机构、保荐代表人应当针对前款规定的承诺披露事项，持续跟进相关主体履行承诺的进展情况，督促相关主体及时、充分履行承诺。

上市公司或其控股股东、实际控制人披露、履行或者变更承诺事项，不符合法律法规、本规则以及本所其他规定的，保荐机构和保荐代表人应当及时提出督导意见，并督促相关主体进行补正。

3.2.4 保荐机构、保荐代表人应当督促上市公司积极回报投资者，建立健全并有效执行符合公司发展阶段的现金分红和股份回购制度。

3.2.5 保荐机构、保荐代表人应当持续关注上市公司运作，对上市公司及其业务有充分了解；通过日常沟通、定期回访、调阅资料、列席股东大会等方式，关注上市公司日常经营和股票交易情况，有效识别并督促上市公司披露重大风险或者重大负面事项。

保荐机构、保荐代表人应当核实上市公司重大风险披露是否真实、准确、完整。披露内容存在虚假记载、误导性陈述或者重大遗漏的，保荐机构、保荐代表人应当发表意见予以说明。

3.2.6 上市公司及相关信息披露义务人出现本章第3.2.7条、第3.2.8条和第3.2.9条规定事项的，保荐机构、保荐代表人应当督促公司严格履行信息披露义务，并于公司披露公告时，就信息披露是否真实、准确、完整及本章规定的其他内容发表意见并披露。

保荐机构、保荐代表人无法按时履行前款所述职责的，应当披露尚待核实的事项及预计发表意见的时间，并充分提示风险。

3.2.7 上市公司日常经营出现下列情形的，保荐机构、保荐代表人应当就相关事项对公司经营的影响以及是否存在其他未披露重大风险发表意见并披露：

（一）主要业务停滞或出现可能导致主要业务停滞的重大风险事件；

（二）资产被查封、扣押或冻结；

（三）未能清偿到期债务；

（四）实际控制人、董事长、总经理、财务负责人或核心技术人员涉嫌犯罪被司法机关采取强制措施；

（五）涉及关联交易、为他人提供担保等重大事项；

（六）本所或者保荐机构认为应当发表意见的其他情形。

3.2.8 上市公司业务和技术出现下列情形的，保荐机构、保荐代表人应当就相关事项对公司核心竞争力和日常经营的影响，以及是否存在其他未披露重大风险发表意见并披露：

（一）主要原材料供应或者产品销售出现重大不利变化；

（二）核心技术人员离职；

（三）核心知识产权、特许经营权或者核心技术许可丧失、不能续期或者出现重大纠纷；

（四）主要产品研发失败；

（五）核心竞争力丧失竞争优势或者市场出现具有明显优势的竞争者；

（六）本所或者保荐机构认为应当发表意见的其他情形。

3.2.9 控股股东、实际控制人及其一致行动人出现下列情形的，保荐机构、保荐代表人应当就相关事项对上市公司控制权稳定和日常经营的影响、是否存在侵害上市公司利益的情形以及其他未披露重大风险发表意见并披露：

（一）所持上市公司股份被司法冻结；

（二）质押上市公司股份比例超过所持股份80%或者被强制平仓的；

（三）本所或者保荐机构认为应当发表意见的其他情形。

3.2.10 上市公司股票交易出现严重异常波动的，保荐机构、保荐代表人应当督促上市公司及时按照本规则履行信息披露义务。

3.2.11 保荐机构、保荐代表人应当督促控股股东、实际控制人、董事、监事、高级管理人员及核心技术人员履行其作出的股份减持承诺，关注前述主体减持公司股份是否合规、对上市公司的影响等情况。

3.2.12 保荐机构、保荐代表人应当关注上市公司使用募集资金的情况，督促其合理使用募集资金并持续披露使用情况。

3.2.13 上市公司出现下列情形之一的，保荐机构、保荐代表人应当自知道或者应当知道之日起15日内进行专项现场核查：

（一）存在重大财务造假嫌疑；

（二）控股股东、实际控制人、董事、监事或者高级管理人员涉嫌侵占上市公司利益；

（三）可能存在重大违规担保；

（四）资金往来或者现金流存在重大异常；

（五）本所或者保荐机构认为应当进行现场核查的其他事项。

3.2.14 保荐机构进行现场核查的，应当就核查情况、提请上市公司及投资者关注的问题、本次现场核查结论等事项出具现场核查报告，并在现场核查结束后15个交易日内披露。

3.2.15 保荐机构应当在上市公司年度报告、半年度报告披露之日起15个交易日内，披露包括下列内容的持续督导跟踪报告：

（一）保荐机构和保荐代表人发现的问题及整改情况；

（二）重大风险事项；

（三）重大违规事项；

（四）主要财务指标的变动原因及合理性；

（五）核心竞争力的变化情况；

（六）研发支出变化及研发进展；

（七）新增业务进展是否与前期信息披露一致（如有）；

（八）募集资金的使用情况及是否合规；

（九）控股股东、实际控制人、董事、监事和高级管理人员的持股、质押、冻结及减持情况；

（十）本所或者保荐机构认为应当发表意见的其他事项。

上市公司未实现盈利、业绩由盈转亏、营业收入与上年同期相比下降50%以上或者其他主要财务指标异常的，保荐机构应当在持续督导跟踪报告显著位置就上市公司是否存在重大风险发表结论性意见。

3.2.16 持续督导工作结束后，保荐机构应当在上市公司年度报告披露之日起的10个交易日内依据中国证监会和本所相关规定，向中国证监会和本所报送保荐总结报告书并披露。

第四章 内部治理

第一节 控股股东及实际控制人

4.1.1 上市公司控股股东、实际控制人应当诚实守信，规范行使权利，严格履行承诺，维护上市公司和全体股东的共同利益。

控股股东、实际控制人应当履行信息披露义务，并保证披露信息的真实、准确、完整、及时、公平，不得有虚假记载、误导性陈述或者重大遗漏。

4.1.2 上市公司控股股东、实际控制人应当在公司股票首次上市前或者控制权变更完成后1个月内，正式签署并向本所提交《控股股东、实际控制人声明及承诺书》。声明事项发生重大变化的，应当在5个交易日内更新并提交。

签署《控股股东、实际控制人声明及承诺书》时，应当由律师见证。

4.1.3 上市公司控股股东、实际控制人应当维护上市公司独立性，按照上市公司的决策程序行使权利。

控股股东、实际控制人及其关联方不得违反法律法规和公司章程，直接或间接干预公司决策和经营活动，损害公司及其他股东合法权益。

4.1.4 上市公司控股股东、实际控制人不得通过关联交易、资金占用、担保、利润分配、资产重组、对外投资等方式损害上市公司利益，侵害上市公司财产权利，谋取上市公司商业机会。

4.1.5 上市公司控股股东、实际控制人应当积极配合上市公司履行信息披露义务，不得要求或者协助上市公司隐瞒重要信息。

上市公司控股股东、实际控制人收到公司问询的，应当及时了解情况并回复，保证回复内容真实、准确和完整。

4.1.6 上市公司应当根据股权结构、董事和高级管理人员的提名任免以及其他内部治理情况，客观、审慎地认定控制权归属。具有下列情形之一的，构成控制：

（一）持有上市公司50%以上的股份，但是有相反证据的除外；

（二）实际支配上市公司股份表决权超过30%；

（三）通过实际支配上市公司股份表决权能够决定董事会半数以上成员的任免；

（四）依其可实际支配的上市公司股份表决权足以对公司股东大会的决议

产生重大影响；

（五）可以实际支配或者决定上市公司的重大经营决策、重要人事任命等事项；

（六）中国证监会和本所认定的其他情形。

签署一致行动协议共同控制上市公司的，应当在协议中明确共同控制安排及解除机制。

4.1.7 上市公司控股股东、实际控制人转让控制权的，应当保证公平合理，不得损害上市公司和其他股东的合法权益。

控股股东、实际控制人转让控制权前存在下列情形的，应当予以解决：

（一）违规占用上市公司资金；

（二）未清偿对上市公司债务或者未解除上市公司为其提供的担保；

（三）对上市公司或者其他股东的承诺未履行完毕；

（四）对上市公司或者中小股东利益存在重大不利影响的其他事项。

4.1.8 持有上市公司5%以上股份的契约型基金、信托计划或资产管理计划，应当在权益变动文件中披露支配股份表决权的主体，以及该主体与上市公司控股股东、实际控制人是否存在关联关系。

契约型基金、信托计划或资产管理计划成为上市公司控股股东、第一大股东或者实际控制人的，除应当履行前款规定义务外，还应当在权益变动文件中穿透披露至最终投资者。

4.1.9 上市公司控股股东、实际控制人应当严格履行承诺，并披露承诺履行情况。承诺事项无法按期履行或者履行承诺将不利于维护公司权益的，承诺方应当立即告知上市公司，提出有效的解决措施，并予以披露。

控股股东、实际控制人拟变更承诺的，应当按照中国证监会和本所有关规定履行相应决策程序。

第二节 董事、监事和高级管理人员

4.2.1 上市公司董事、监事和高级管理人员应当履行忠实、勤勉义务，严格遵守承诺，维护上市公司和全体股东利益。

4.2.2 上市公司董事、监事和高级管理人员应当在公司股票首次上市前，新任董事、监事和高级管理人员应当在任职后1个月内，签署并向本所提交《董事（监事、高级管理人员）声明及承诺书》。声明事项发生重大变化的（持有本公司股票的情况除外），董事、监事和高级管理人员应当在5个

交易日内更新并提交。

签署《董事（监事、高级管理人员）声明及承诺书》时，应当由律师见证。

4.2.3 上市公司董事应当履行以下忠实义务，维护上市公司利益：

（一）维护上市公司及全体股东利益，不得为实际控制人、股东、员工、本人或者其他第三方的利益损害上市公司利益；

（二）未经股东大会同意，不得为本人及其近亲属谋取属于上市公司的商业机会，不得自营、委托他人经营上市公司同类业务；

（三）保守商业秘密，不得泄露尚未披露的重大信息，不得利用内幕信息获取不法利益，离职后履行与公司约定的竞业禁止义务；

（四）法律法规、本规则以及本所其他规定、公司章程规定的其他忠实义务。

4.2.4 上市公司董事应当履行以下勤勉义务，不得怠于履行职责：

（一）保证有足够的时间和精力参与上市公司事务，审慎判断审议事项可能产生的风险和收益；原则上应当亲自出席董事会会议，因故授权其他董事代为出席的，应当审慎选择受托人，授权事项和决策意向应当具体明确，不得全权委托；

（二）关注公司经营状况等事项，及时向董事会报告相关问题和风险，不得以对公司业务不熟悉或者对相关事项不了解为由主张免除责任；

（三）积极推动公司规范运行，督促公司履行信息披露义务，及时纠正和报告公司的违规行为，支持公司履行社会责任；

（四）法律法规、本规则以及本所其他规定、公司章程规定的其他勤勉义务。

4.2.5 董事每届任期不得超过3年，任期届满可连选连任。董事由股东大会选举和更换，并可在任期届满前由股东大会解除其职务。

上市公司监事和高级管理人员应当参照第4.2.3条和第4.2.4条的规定，履行忠实和勤勉义务。

4.2.6 独立董事应当重点关注上市公司关联交易、对外担保、募集资金使用、并购重组、重大投融资活动、高管薪酬和利润分配等与中小股东利益密切相关的事项。

独立董事可以提议召开董事会、股东大会，以及聘请会计师事务所、律师事务所等证券服务机构对相关事项进行审计、核查或者发表意见。

4.2.7　上市公司董事、监事、高级管理人员和核心技术人员所持公司股份发生变动的，应当在2个交易日内向公司报告并由公司在本所网站公告。

4.2.8　上市公司应当设立董事会秘书，负责公司的信息披露事务。

上市公司董事会秘书为高级管理人员，应当具备相应任职条件和资格，忠实、勤勉履行职责。

董事会秘书空缺期间，上市公司应当及时指定一名董事或者高级管理人员代行董事会秘书职责。空缺超过3个月的，公司法定代表人应当代行董事会秘书职责。

4.2.9　上市公司应当为董事会秘书履行职责提供便利条件，董事、监事、其他高级管理人员和相关工作人员应当配合董事会秘书的工作。

董事会秘书有权了解公司的经营和财务情况，参加有关会议，查阅相关文件，要求有关部门和人员提供资料和信息。

上市公司解聘董事会秘书应当有充分的理由，不得无故解聘。

4.2.10　上市公司应当设立证券事务代表，协助董事会秘书履行职责。董事会秘书不能履行职责或董事会秘书授权时，证券事务代表应当代为履行职责。在此期间，并不当然免除董事会秘书对公司信息披露所负有的责任。

4.2.11　上市公司董事会聘任董事会秘书和证券事务代表后，应当及时公告并向本所提交下述资料：

（一）董事会秘书、证券事务代表聘任书或者相关董事会决议；

（二）董事会秘书、证券事务代表的通讯方式，包括办公电话、住宅电话、移动电话、传真、通信地址及专用电子邮箱地址等。

本所接受董事会秘书、代行董事会秘书职责的人员或者证券事务代表以上市公司名义办理的信息披露与股权管理事务。

第三节　规范运行

4.3.1　上市公司应当积极回报股东，根据自身条件和发展阶段，制定并执行现金分红、股份回购等股东回报政策。

上市公司明显具备条件但未进行现金分红的，本所可以要求董事会、控股股东及实际控制人通过投资者说明会、公告等形式向投资者说明原因。

4.3.2　上市公司应当建立内部控制制度，保证内部控制完整有效，保证财务报告的可靠性，保障公司规范运行，保护公司资产，提升经营效率。

4.3.3　上市公司应当建立合理有效的绩效评价体系以及激励约束机制。

上市公司激励约束机制应当服务于公司战略目标和持续发展，与公司绩效、个人业绩相联系，保持高级管理人员和核心员工的稳定，不得损害公司及股东利益。

4.3.4 上市公司应当建立健全股东大会、董事会、监事会和经理层制度，形成权责分明、有效制衡的决策机制。

4.3.5 上市公司应当在公司章程中规定股东大会的召集、召开和表决等程序，制定股东大会议事规则，并列入公司章程或者作为章程附件。

股东大会应当设置会场，以现场会议形式召开。现场会议时间、地点的选择应当便于股东参加。发出股东大会通知后，无正当理由，股东大会现场会议召开地点不得变更。确需变更的，召集人应当在现场会议召开日前至少2个交易日公告并说明原因。上市公司应当提供网络投票方式为股东参加股东大会提供便利。股东通过上述方式参加股东大会的，视为出席。

上市公司应当根据相关规则采用累积投票、征集投票等方式，保障股东表决权。

4.3.6 上市公司应当依据法律法规和公司章程召开股东大会，保证股东依法行使权利。规定期限内不能召开股东大会的，应当在期限届满前披露原因及后续方案。

股东书面提议召开股东大会的，公司董事会应当在规定期限内书面反馈是否同意召开股东大会，不得无故拖延。股东依法自行召集股东大会的，公司董事会和董事会秘书应当予以配合，并及时履行信息披露义务。

上市公司应当依据法律法规、公司章程，发出股东大会通知，及时披露股东决策所需的其他资料。

4.3.7 上市公司召开股东大会，应当聘请律师事务所对股东大会的召集、召开程序、出席会议人员的资格、召集人资格、表决程序及表决结果等事项出具法律意见书，并与股东大会决议一并披露。

4.3.8 上市公司应当在股东大会结束后，按照本所规定的格式和内容要求，及时披露股东大会决议公告。

4.3.9 董事会应当确保上市公司依法合规运作，公平对待所有股东，并维护其他利益相关者的合法权益。

董事会的人数及人员构成应当符合法律法规的要求，董事会成员应当具备履行职责所必需的知识、技能和素质。

4.3.10 上市公司应当制定董事会议事规则，并列入公司章程或者作为章程附件，报股东大会批准，确保董事会有效履行职责。

董事会决议涉及应当披露事项的，上市公司应当在相关事项公告中说明董事会审议情况；董事反对或弃权的，应当披露反对或弃权理由。

4.3.11 上市公司董事会应当设立审计委员会，内部审计部门对审计委员会负责，向审计委员会报告工作。

审计委员会中独立董事应当占半数以上并担任召集人，且召集人应当为会计专业人士。

4.3.12 监事会应当检查上市公司财务状况，监督上市公司规范运作和董事、高级管理人员履行职责情况。

监事会的人员和结构应当确保能够独立有效地履行职责。监事应当具备履职能力。上市公司董事、高级管理人员不得兼任监事。

4.3.13 上市公司监事会发现董事、高级管理人员违反法律法规、本规则和本所有关规定、公司章程的，应当向董事会通报或者向股东大会报告，并及时披露。

4.3.14 上市公司应当制定监事会议事规则，并列入公司章程或者作为章程附件，报股东大会批准，确保监事会有效履行职责。

上市公司应当披露监事会决议公告；监事反对或弃权的，应当披露反对或弃权理由。

4.3.15 上市公司应当聘请具有执行证券、期货相关业务资格的会计师事务所，为其提供会计报表审计、验资及其他相关服务。

公司聘请或者解聘会计师事务所应当由股东大会决定，董事会不得在股东大会决定前委任会计师事务所。

公司股东大会就解聘会计师事务所进行表决时，会计师事务所可以陈述意见。

4.3.16 股东大会、董事会或者监事会不能正常召开，或者决议效力存在争议的，上市公司应当及时披露相关事项、争议各方的主张、公司现状等有助于投资者了解公司实际情况的信息。

出现前款规定情形的，上市公司董事会应当维护公司正常生产经营秩序，保护公司及全体股东利益，公平对待所有股东。

4.3.17 上市公司控股子公司不得取得该上市公司发行的股份。确因特殊原因持有股份的，应当在一年内依法消除该情形。前述情形消除前，相关子公司不得行使所持股份对应的表决权。

第四节 社会责任

4.4.1 上市公司应当积极承担社会责任，维护社会公共利益，并披露保护环境、保障产品安全、维护员工与其他利益相关者合法权益等履行社会责任的情况。

上市公司应当在年度报告中披露履行社会责任的情况，并视情况编制和披露社会责任报告、可持续发展报告、环境责任报告等文件。出现违背社会责任重大事项时应当充分评估潜在影响并及时披露，说明原因和解决方案。

4.4.2 上市公司应当将生态环保要求融入发展战略和公司治理过程，并根据自身生产经营特点和实际情况，履行下列环境保护责任：

（一）遵守环境保护法律法规与行业标准；

（二）制订执行公司环境保护计划；

（三）高效使用能源、水资源、原材料等自然资源；

（四）合规处置污染物；

（五）建设运行有效的污染防治设施；

（六）足额缴纳环境保护相关税费；

（七）保障供应链环境安全；

（八）其他应当履行的环境保护责任事项。

4.4.3 上市公司应当根据自身生产经营模式，履行下列生产及产品安全保障责任：

（一）遵守产品安全法律法规与行业标准；

（二）建立安全可靠的生产环境和生产流程；

（三）建立产品质量安全保障机制与产品安全事故应急方案；

（四）其他应当履行的生产与产品安全责任。

4.4.4 上市公司应当根据员工构成情况，履行下列员工权益保障责任：

（一）建立员工聘用解雇、薪酬福利、社会保险、工作时间等管理制度及违规处理措施；

（二）建立防范职业性危害的工作环境与配套安全措施；

（三）开展必要的员工知识和职业技能培训；

（四）其他应当履行的员工权益保护责任。

4.4.5 上市公司应当严格遵守科学伦理规范，尊重科学精神，恪守应有的价值观念、社会责任和行为规范，发挥科学技术的正面效应。

上市公司应当避免研究、开发和使用危害自然环境、生命健康、公共安全、伦理道德的科学技术，不得从事侵犯个人基本权利或者损害社会公共利益的研发和经营活动。

上市公司在生命科学、人工智能、信息技术、生态环境、新材料等科技创新领域开发或者使用创新技术的，应当遵循审慎和稳健原则，充分评估其潜在影响及可靠性。

第五节 表决权差异安排

4.5.1 上市公司具有表决权差异安排的，应当充分、详细披露相关情况特别是风险、公司治理等信息，以及依法落实保护投资者合法权益规定的各项措施。

4.5.2 发行人首次公开发行并上市前设置表决权差异安排的，应当经出席股东大会的股东所持三分之二以上的表决权通过。

发行人在首次公开发行并上市前不具有表决权差异安排的，不得在首次公开发行并上市后以任何方式设置此类安排。

4.5.3 持有特别表决权股份的股东应当为对上市公司发展或者业务增长等作出重大贡献，并且在公司上市前及上市后持续担任公司董事的人员或者该等人员实际控制的持股主体。

持有特别表决权股份的股东在上市公司中拥有权益的股份合计应当达到公司全部已发行有表决权股份10%以上。

4.5.4 上市公司章程应当规定每份特别表决权股份的表决权数量。

每份特别表决权股份的表决权数量应当相同，且不得超过每份普通股份的表决权数量的10倍。

4.5.5 除公司章程规定的表决权差异外，普通股份与特别表决权股份具有的其他股东权利应当完全相同。

4.5.6 上市公司股票在本所上市后，除同比例配股、转增股本情形外，不得在境内外发行特别表决权股份，不得提高特别表决权比例。

上市公司因股份回购等原因，可能导致特别表决权比例提高的，应当同时采取将相应数量特别表决权股份转换为普通股份等措施，保证特别表决权比例不高于原有水平。

本规则所称特别表决权比例，是指全部特别表决权股份的表决权数量占上市公司全部已发行股份表决权数量的比例。

4.5.7 上市公司应当保证普通表决权比例不低于10%；单独或者合计持有公司10%以上已发行有表决权股份的股东有权提议召开临时股东大会；单独或者合计持有公司3%以上已发行有表决权股份的股东有权提出股东大会议案。

本规则所称普通表决权比例，是指全部普通股份的表决权数量占上市公司全部已发行股份表决权数量的比例。

4.5.8 特别表决权股份不得在二级市场进行交易，但可以按照本所有关规定进行转让。

4.5.9 出现下列情形之一的，特别表决权股份应当按照1∶1的比例转换为普通股份：

（一）持有特别表决权股份的股东不再符合本规则第4.5.3条规定的资格和最低持股要求，或者丧失相应履职能力、离任、死亡；

（二）实际持有特别表决权股份的股东失去对相关持股主体的实际控制；

（三）持有特别表决权股份的股东向他人转让所持有的特别表决权股份，或者将特别表决权股份的表决权委托他人行使；

（四）公司的控制权发生变更。

发生前款第四项情形的，上市公司已发行的全部特别表决权股份均应当转换为普通股份。

发生本条第一款情形的，特别表决权股份自相关情形发生时即转换为普通股份，相关股东应当立即通知上市公司，上市公司应当及时披露具体情形、发生时间、转换为普通股份的特别表决权股份数量、剩余特别表决权股份数量等情况。

4.5.10 上市公司股东对下列事项行使表决权时，每一特别表决权股份享有的表决权数量应当与每一普通股份的表决权数量相同：

（一）对公司章程作出修改；

（二）改变特别表决权股份享有的表决权数量；

（三）聘请或者解聘独立董事；

（四）聘请或者解聘为上市公司定期报告出具审计意见的会计师事务所；

（五）公司合并、分立、解散或者变更公司形式。

上市公司章程应当规定，股东大会对前款第二项作出决议，应当经过不低于出席会议的股东所持表决权的三分之二以上通过，但根据第4.5.6条、第4.5.9条的规定，将相应数量特别表决权股份转换为普通股份的除外。

4.5.11　上市公司具有表决权差异安排的，应当在定期报告中披露该等安排在报告期内的实施和变化情况，以及该等安排下保护投资者合法权益有关措施的实施情况。

前款规定事项出现重大变化或者调整的，公司和相关信息披露义务人应当及时予以披露。

上市公司应当在股东大会通知中列明持有特别表决权股份的股东、所持特别表决权股份数量及对应的表决权数量、股东大会议案是否涉及第4.5.10条规定事项等情况。

4.5.12　上市公司具有表决权差异安排的，监事会应当在年度报告中，就下列事项出具专项意见：

（一）持有特别表决权股份的股东是否持续符合本规则第4.5.3条的要求；

（二）特别表决权股份是否出现本规则第4.5.9条规定的情形并及时转换为普通股份；

（三）上市公司特别表决权比例是否持续符合本规则的规定；

（四）持有特别表决权股份的股东是否存在滥用特别表决权或者其他损害投资者合法权益的情形；

（五）公司及持有特别表决权股份的股东遵守本章其他规定的情况。

4.5.13　持有特别表决权股份的股东应当按照所适用的法律法规以及公司章程行使权利，不得滥用特别表决权，不得利用特别表决权损害投资者的合法权益。

出现前款情形，损害投资者合法权益的，本所可以要求公司或者持有特别表决权股份的股东予以改正。

4.5.14　上市公司或者持有特别表决权股份的股东应当按照本所及中国结算的有关规定，办理特别表决权股份登记和转换成普通股份登记事宜。

第五章　信息披露一般规定

第一节　信息披露基本原则

5.1.1　上市公司和相关信息披露义务人应当披露所有可能对上市公司股票交易价格产生较大影响或者对投资决策有较大影响的事项（以下简称重大事件或者重大事项）。

5.1.2 上市公司和相关信息披露义务人应当及时、公平地披露信息，保证所披露信息的真实、准确、完整。

上市公司的董事、监事、高级管理人员应当保证公司及时、公平地披露信息，以及信息披露内容的真实、准确、完整，不存在虚假记载、误导性陈述或者重大遗漏。董事、监事、高级管理人员对公告内容存在异议的，应当在公告中作出相应声明并说明理由。

5.1.3 上市公司和相关信息披露义务人披露信息，应当以客观事实或者具有事实基础的判断和意见为依据，如实反映实际情况，不得有虚假记载。

5.1.4 上市公司和相关信息披露义务人披露信息，应当客观，不得夸大其辞，不得有误导性陈述。

披露未来经营和财务状况等预测性信息的，应当合理、谨慎、客观。

5.1.5 上市公司和相关信息披露义务人披露信息，应当内容完整，充分披露对上市公司有重大影响的信息，揭示可能产生的重大风险，不得有选择地披露部分信息，不得有重大遗漏。

信息披露文件应当材料齐备，格式符合规定要求。

5.1.6 上市公司和相关信息披露义务人应当同时向所有投资者公开披露重大信息，确保所有投资者可以平等获取信息，不得向单个或部分投资者透露或泄露。

上市公司和相关信息披露义务人通过业绩说明会、分析师会议、路演、接受投资者调研等形式，与任何机构和个人进行沟通时，不得提供公司尚未披露的重大信息。

上市公司向股东、实际控制人及其他第三方报送文件，涉及尚未公开的重大信息的，应当依照本规则披露。

5.1.7 出现下列情形之一的，上市公司和相关信息披露义务人应当及时披露重大事项：

（一）董事会或者监事会已就该重大事项形成决议；

（二）有关各方已就该重大事项签署意向书或者协议；

（三）董事、监事或者高级管理人员已知悉该重大事项；

（四）其他发生重大事项的情形。

上市公司筹划的重大事项存在较大不确定性，立即披露可能会损害公司利益或者误导投资者，且有关内幕信息知情人已书面承诺保密的，公司可以暂不披露，但最迟应当在该重大事项形成最终决议、签署最终协议、交易确定能够达成时对外披露。

相关信息确实难以保密、已经泄露或者出现市场传闻，导致公司股票交易价格发生大幅波动的，公司应当立即披露相关筹划和进展情况。

第二节 信息披露一般要求

5.2.1 上市公司应当披露能够充分反映公司业务、技术、财务、公司治理、竞争优势、行业趋势、产业政策等方面的重大信息，充分揭示上市公司的风险因素和投资价值，便于投资者合理决策。

5.2.2 上市公司应当对业绩波动、行业风险、公司治理等相关事项进行针对性信息披露，并持续披露科研水平、科研人员、科研资金投入、募集资金重点投向领域等重大信息。

5.2.3 上市公司筹划重大事项，持续时间较长的，应当按照重大性原则，分阶段披露进展情况，及时提示相关风险，不得仅以相关事项结果尚不确定为由不予披露。

5.2.4 上市公司和相关信息披露义务人认为相关信息可能影响公司股票交易价格或者有助于投资者决策，但不属于本规则要求披露的信息，可以自愿披露。

上市公司和相关信息披露义务人自愿披露信息，应当审慎、客观，不得利用该等信息不当影响公司股票交易价格、从事内幕交易或者其他违法违规行为。

上市公司和相关信息披露义务人按照本条披露信息的，在发生类似事件时，应当按照同一标准予以披露，避免选择性信息披露。

5.2.5 上市公司的公告文稿应当重点突出、逻辑清晰、语言浅白、简明易懂，避免使用大量专业术语、过于晦涩的表达方式和外文及其缩写，避免模糊、模板化和冗余重复的信息，不得含有祝贺、宣传、广告、恭维、诋毁等性质的词语。

公告文稿应当采用中文文本，同时采用外文文本的，应当保证两种文本内容的一致。两种文本不一致的，以中文文本为准。

5.2.6 上市公司合并报表范围内的子公司及其他主体发生本规则规定的重大事项，视同上市公司发生的重大事项，适用本规则。

上市公司参股公司发生本规则规定的重大事项，可能对上市公司股票交易价格产生较大影响的，上市公司应当参照适用本规则履行信息披露义务。

5.2.7 上市公司和相关信息披露义务人拟披露的信息属于商业秘密、商业敏感信息，按照本规则披露或者履行相关义务可能引致不当竞争、损害公司及投资者利益或者误导投资者的，可以按照本所相关规定暂缓或者豁免披露该信息。

拟披露的信息被依法认定为国家秘密，按本规则披露或者履行相关义务可能导致其违反境内法律法规或危害国家安全的，可以按照本所相关规定豁免披露。

上市公司和相关信息披露义务人应当审慎确定信息披露暂缓、豁免事项，不得随意扩大暂缓、豁免事项的范围。暂缓披露的信息已经泄露的，应当及时披露。

5.2.8 上市公司和相关信息披露义务人适用本所相关信息披露要求，可能导致其难以反映经营活动的实际情况、难以符合行业监管要求或者公司注册地有关规定的，可以向本所申请调整适用，但是应当说明原因和替代方案，并聘请律师事务所出具法律意见。

本所认为不应当调整适用的，上市公司和相关信息披露义务人应当执行本所相关规定。

5.2.9 上市公司股票的停牌和复牌，应当遵守本规则及本所相关规定。上市公司未按规定申请停牌和复牌的，本所可以决定对公司股票实施停牌和复牌。

上市公司筹划重大事项或者具有其他本所认为合理的理由，可以按照相关规定申请对其股票停牌与复牌。

证券市场交易出现极端异常情况的，本所可以根据中国证监会的决定或者市场实际情况，暂停办理上市公司停牌申请，维护市场交易的连续性和流动性，维护投资者正当的交易权利。

5.2.10 上市公司出现下列情形的，本所可以视情况决定公司股票的停牌和复牌：

（一）严重违反法律法规、本规则及本所其他规定，且在规定期限内拒不按要求改正；

（二）定期报告或者临时公告披露存在重大遗漏或者误导性陈述，但拒不按照要求就有关内容进行解释或者补充；

（三）在公司运作和信息披露方面涉嫌违反法律法规、本规则或者本所其他规定，情节严重而被有关部门调查；

（四）无法保证与本所的有效联系，或者拒不履行信息披露义务；

（五）其他本所认为应当停牌或者复牌的情形。

5.2.11 上市公司被要约收购的，要约收购期限届满至要约收购结果公告前，公司股票应当停牌。公司股票应当于要约结果公告日复牌。

第三节 信息披露监管方式

5.3.1 本所通过审阅信息披露文件、提出问询等方式，进行信息披露事中事后监管，督促信息披露义务人履行信息披露义务，督促保荐机构、证券服务机构履行职责。

信息披露涉及重大复杂、无先例事项的，本所可以实施事前审核。

5.3.2 本所对信息披露文件实施形式审核，对其内容的真实性不承担责任。

5.3.3 本所经审核认为信息披露文件存在重大问题，可以提出问询。上市公司和相关信息披露义务人应当在规定期限内如实答复，并披露补充或者更正公告。

5.3.4 上市公司或者相关信息披露义务人未按照本规则或者本所要求进行公告的，或者本所认为必要的，本所可以以交易所公告形式向市场说明有关情况。

5.3.5 上市公司应当通过本所上市公司信息披露电子化系统登记公告。相关信息披露义务人应当通过上市公司或者本所指定的信息披露平台办理公告登记。

上市公司和相关信息披露义务人应当保证披露的信息与登记的公告内容一致。未能按照登记内容披露的，应当立即向本所报告并及时更正。

上市公司和相关信息披露义务人应当在本所网站和中国证监会指定媒体上披露信息披露文件。

5.3.6 上市公司或者相关信息披露义务人公告屡次出现虚假记载、误导性陈述或者重大遗漏等情形的，本所可以决定对其暂停适用信息披露直通车业务。

第四节 信息披露管理制度

5.4.1 上市公司应当建立信息披露事务管理制度，经董事会审议通过并披露。

上市公司应当建立与本所的有效沟通渠道，保证联系畅通。

5.4.2 上市公司应当制定董事、监事、高级管理人员以及其他相关人员对外发布信息的内部规范制度，明确发布程序、方式和未经董事会许可不得对外发布的情形等事项。

上市公司控股股东、实际控制人应当比照前款要求，规范与上市公司有关的信息发布行为。

5.4.3 上市公司和相关信息披露义务人不得以新闻发布或者答记者问等其他形式代替信息披露或泄露未公开重大信息。

上市公司和相关信息披露义务人确有需要的，可以在非交易时段通过新闻发布会、媒体专访、公司网站、网络自媒体等方式对外发布应披露的信息，但公司应当于下一交易时段开始前披露相关公告。

5.4.4 上市公司应当建立内幕信息管理制度。上市公司及其董事、监事、高级管理人员和其他内幕信息知情人在信息披露前，应当将内幕信息知情人控制在最小范围。

内幕信息知情人在内幕信息公开前，不得买卖公司股票、泄露内幕信息或者建议他人买卖公司股票。

5.4.5 相关信息披露义务人应当积极配合上市公司做好信息披露工作，及时告知公司已发生或者可能发生的重大事件，严格履行承诺。

相关信息披露义务人通过上市公司披露信息的，上市公司应当予以协助。

5.4.6 上市公司应当建立与投资者的有效沟通渠道，保障投资者合法权益。

上市公司应当积极召开投资者说明会，向投资者说明公司重大事项，澄清媒体传闻。

第六章 定期报告

第一节 定期报告编制和披露要求

6.1.1 上市公司应当在规定的期间内，依照中国证监会和本所的要求编制并披露定期报告。

定期报告包括年度报告、半年度报告和季度报告。

6.1.2 上市公司应当在每个会计年度结束之日起 4 个月内披露年度报告，在每个会计年度的上半年结束之日起 2 个月内披露半年度报告，在每个会计年度前3个月、9个月结束之日起1个月内披露季度报告。第一季度季度报告的披露时间不得早于上一年度年度报告的披露时间。

上市公司预计不能在规定期限内披露定期报告的，应当及时公告不能按期披露的原因、解决方案以及预计披露的时间。

6.1.3 上市公司应当向本所预约定期报告的披露时间。

因故需要变更披露时间的，应当提前5个交易日向本所申请变更，本所视情况决定是否予以调整。

6.1.4 上市公司董事会应当编制和审议定期报告，确保按时披露。

上市公司不得披露未经董事会审议通过的定期报告。定期报告未经董事会审议或者审议未通过的，公司应当披露原因和存在的风险、董事会的专项说明以及独立董事意见。

6.1.5 上市公司监事会应当审核定期报告，并以监事会决议的形式说明定期报告编制和审核程序是否符合相关规定，内容是否真实、准确、完整。

6.1.6 上市公司董事、高级管理人员应当对定期报告签署书面意见，保证定期报告真实、准确、完整；对定期报告内容存在异议的，应当说明原因并披露。

董事、高级管理人员不得以任何理由拒绝对定期报告签署书面意见。

6.1.7 为上市公司定期报告出具审计意见的会计师事务所，应当严格按照注册会计师执业准则以及相关规定发表审计意见，不得无故拖延，影响定期报告按时披露。

6.1.8 上市公司年度报告的财务会计报告应当经具有执行证券、期货相关业务资格的会计师事务所审计。

上市公司拟实施送股或者以资本公积转增股本的，所依据的半年度报告或者季度报告的财务会计报告应当审计；仅实施现金分红的，可免于审计。

6.1.9 上市公司财务会计报告被会计师事务所出具非标准审计意见的，按照《公开发行证券的公司信息披露编报规则第14号——非标准审计意见及其涉及事项的处理》的规定，公司在披露定期报告的同时，应当披露下列文件：

（一）董事会对审计意见涉及事项的专项说明和决议；

（二）独立董事对审计意见涉及事项发表的意见；

（三）监事会对董事会专项说明的意见和决议；

（四）会计师事务所和注册会计师出具的专项说明；

（五）中国证监会和本所要求的其他文件。

6.1.10　上市公司财务会计报告被会计师事务所出具非标准审计意见，涉及事项属于明显违反会计准则及相关信息披露规定的，上市公司应当对有关事项进行纠正，并及时披露纠正后的财务会计资料和会计师事务所出具的审计报告或专项鉴证报告等有关材料。

6.1.11　上市公司定期报告存在差错或者虚假记载，被有关机关责令改正或者董事会决定更正的，应当在被责令改正或者董事会作出相应决定后，按照中国证监会《公开发行证券的公司信息披露编报规则第 19 号——财务信息的更正及相关披露》等有关规定，及时披露。

6.1.12　上市公司未在规定的期限内披露季度报告，公司股票应当于报告披露期限届满当日停牌一天，届满日为非交易日的，于次一交易日停牌一天。

公司未在规定期限内披露年度报告或者半年度报告的，公司股票应当于报告披露期限届满日起停牌，直至公司披露相关定期报告的当日复牌。公告披露日为非交易日的，则在公告披露后的第一个交易日复牌。公司因未披露年度报告或者半年度报告的停牌期限不超过 2 个月。停牌期间，公司应当至少发布 3 次风险提示公告。

公司未披露季度报告的同时存在未披露年度报告或者半年度报告情形的，公司股票应当按照前款有关规定停牌与复牌。

6.1.13　上市公司财务会计报告因存在重大会计差错或者虚假记载，被中国证监会责令改正但未在规定期限内改正的，公司股票应当停牌，直至公司披露改正后的财务会计报告当日复牌。公告披露日为非交易日的，则在公告披露后的第一个交易日复牌。

公司因未按要求改正财务会计报告的停牌期限不超过 2 个月。停牌期间，公司应当至少发布 3 次风险提示公告。

第二节　业绩预告和业绩快报

6.2.1　上市公司预计年度经营业绩将出现下列情形之一的，应当在会计年度结束之日起 1 个月内进行业绩预告：

（一）净利润为负值；

（二）净利润与上年同期相比上升或者下降 50% 以上；

（三）实现扭亏为盈。

上市公司预计半年度和季度业绩出现前述情形之一的，可以进行业绩预告。

上市公司董事、监事、高级管理人员应当及时、全面了解和关注公司经营情况和财务信息，并和会计师事务所进行必要的沟通，审慎判断是否达到本条规定情形。

6.2.2 上市公司预计不能在会计年度结束之日起2个月内披露年度报告的，应当在该会计年度结束之日起2个月内按照本规则第6.2.5条的要求披露业绩快报。

6.2.3 上市公司因本规则第12.4.2条规定的情形，其股票被实施退市风险警示的，应当于会计年度结束之日起1个月内预告全年营业收入、净利润、扣除非经常性损益后的净利润和净资产。

6.2.4 上市公司披露业绩预告后，预计本期业绩与业绩预告差异幅度达到20%以上或者盈亏方向发生变化的，应当及时披露更正公告。

6.2.5 上市公司可以在定期报告披露前发布业绩快报，披露本期及上年同期营业收入、营业利润、利润总额、净利润、总资产、净资产、每股收益、每股净资产和净资产收益率等主要财务数据和指标。

上市公司在定期报告披露前向国家有关机关报送未公开的定期财务数据，预计无法保密的，应当及时发布业绩快报。

定期报告披露前出现业绩提前泄露，或者因业绩传闻导致公司股票交易异常波动的，上市公司应当及时披露业绩快报。

6.2.6 上市公司应当保证业绩快报与定期报告披露的财务数据和指标不存在重大差异。

定期报告披露前，上市公司发现业绩快报与定期报告财务数据和指标差异幅度达到10%以上的，应当及时披露更正公告。

第七章 应当披露的交易

第一节 重大交易

7.1.1 本章所称“交易”包括下列事项：

（一）购买或者出售资产；

（二）对外投资（购买银行理财产品的除外）；

（三）转让或受让研发项目；

（四）签订许可使用协议；

（五）提供担保；

（六）租入或者租出资产；

（七）委托或者受托管理资产和业务；

（八）赠与或者受赠资产；

（九）债权、债务重组；

（十）提供财务资助；

（十一）本所认定的其他交易。

上述购买或者出售资产，不包括购买原材料、燃料和动力，以及出售产品或商品等与日常经营相关的交易行为。

7.1.2 上市公司发生的交易（提供担保除外）达到下列标准之一的，应当及时披露：

（一）交易涉及的资产总额（同时存在账面值和评估值的，以高者为准）占上市公司最近一期经审计总资产的10%以上；

（二）交易的成交金额占上市公司市值的10%以上；

（三）交易标的（如股权）的最近一个会计年度资产净额占上市公司市值的10%以上；

（四）交易标的（如股权）最近一个会计年度相关的营业收入占上市公司最近一个会计年度经审计营业收入的10%以上，且超过1000万元；

（五）交易产生的利润占上市公司最近一个会计年度经审计净利润的10%以上，且超过100万元；

（六）交易标的（如股权）最近一个会计年度相关的净利润占上市公司最近一个会计年度经审计净利润的10%以上，且超过100万元。

7.1.3 上市公司发生的交易（提供担保除外）达到下列标准之一的，应当提交股东大会审议：

（一）交易涉及的资产总额（同时存在账面值和评估值的，以高者为准）占上市公司最近一期经审计总资产的50%以上；

（二）交易的成交金额占上市公司市值的50%以上；

（三）交易标的（如股权）的最近一个会计年度资产净额占上市公司市值的50%以上；

（四）交易标的（如股权）最近一个会计年度相关的营业收入占上市公司最近一个会计年度经审计营业收入的50%以上，且超过5000万元；

（五）交易产生的利润占上市公司最近一个会计年度经审计净利润的50%以上，且超过500万元；

（六）交易标的（如股权）最近一个会计年度相关的净利润占上市公司最近一个会计年度经审计净利润的50%以上，且超过500万元。

7.1.4　本规则第7.1.2条和第7.1.3条规定的成交金额，是指支付的交易金额和承担的债务及费用等。

交易安排涉及未来可能支付或者收取对价的、未涉及具体金额或者根据设定条件确定金额的，预计最高金额为成交金额。

7.1.5　本章规定的市值，是指交易前10个交易日收盘市值的算术平均值。

7.1.6　上市公司分期实施交易的，应当以交易总额为基础适用第7.1.2条或者第7.1.3条。

上市公司应当及时披露分期交易的实际发生情况。

7.1.7　上市公司与同一交易方同时发生第7.1.1条规定的同一类别且方向相反的交易时，应当按照其中单向金额，适用第7.1.2条或者第7.1.3条。

7.1.8　除提供担保、委托理财等本规则及本所业务规则另有规定事项外，上市公司进行第7.1.1条规定的同一类别且与标的相关的交易时，应当按照连续12个月累计计算的原则，适用第7.1.2条或者第7.1.3条。

已经按照第7.1.2条或者7.1.3条履行义务的，不再纳入相关的累计计算范围。

7.1.9　交易标的为股权且达到第7.1.3条规定标准的，上市公司应当提供交易标的最近一年又一期财务报告的审计报告；交易标的为股权以外的非现金资产的，应当提供评估报告。经审计的财务报告截止日距离审计报告使用日不得超过6个月，评估报告的评估基准日距离评估报告使用日不得超过1年。

前款规定的审计报告和评估报告应当由具有执行证券、期货相关业务资格的证券服务机构出具。

交易虽未达到第7.1.3条规定的标准，但本所认为有必要的，公司应当提供审计或者评估报告。

7.1.10　上市公司发生股权交易，导致上市公司合并报表范围发生变更的，应当以该股权所对应公司的相关财务指标作为计算基础，适用第7.1.2条或者第7.1.3条。

前述股权交易未导致合并报表范围发生变更的，应当按照公司所持权益变动比例计算相关财务指标，适用第7.1.2条或者第7.1.3条。

7.1.11 上市公司直接或者间接放弃控股子公司股权的优先受让权或增资权，导致子公司不再纳入合并报表的，应当视为出售股权资产，以该股权所对应公司相关财务指标作为计算基础，适用第7.1.2条或者第7.1.3条。

上市公司部分放弃控股子公司或者参股子公司股权的优先受让权或增资权，未导致合并报表范围发生变更，但公司持股比例下降，应当按照公司所持权益变动比例计算相关财务指标，适用第7.1.2条或者第7.1.3条。

上市公司对其下属非公司制主体放弃或部分放弃收益权的，参照适用前两款规定。

7.1.12 上市公司提供财务资助，应当以交易发生额作为成交额，适用第7.1.2条第二项或者第7.1.3条第二项。

7.1.13 上市公司连续12个月滚动发生委托理财的，以该期间最高余额为成交额，适用第7.1.2条第二项或者第7.1.3条第二项。

7.1.14 上市公司发生租入资产或者受托管理资产交易的，应当以租金或者收入为计算基础，适用第7.1.2条第四项或者第7.1.3条第四项。

上市公司发生租出资产或者委托他人管理资产交易的，应当以总资产额、租金收入或者管理费为计算基础，适用第7.1.2条第一项、第四项或者第7.1.3条第一项、第四项。

受托经营、租入资产或者委托他人管理、租出资产，导致公司合并报表范围发生变更的，应当视为购买或者出售资产。

7.1.15 上市公司发生日常经营范围内的交易，达到下列标准之一的，应当及时进行披露：

（一）交易金额占上市公司最近一期经审计总资产的50%以上，且绝对金额超过1亿元；

（二）交易金额占上市公司最近一个会计年度经审计营业收入或营业成本的50%以上，且超过1亿元；

（三）交易预计产生的利润总额占上市公司最近一个会计年度经审计净利润的50%以上，且超过500万元；

（四）其他可能对上市公司的资产、负债、权益和经营成果产生重大影响的交易。

7.1.16 上市公司提供担保的，应当提交董事会或者股东大会进行审议，并及时披露。

上市公司下列担保事项应当在董事会审议通过后提交股东大会审议：

（一）单笔担保额超过公司最近一期经审计净资产10%的担保；

（二）公司及其控股子公司的对外担保总额，超过公司最近一期经审计净资产50%以后提供的任何担保；

（三）资产负债率超过70%的担保对象提供的担保；

（四）按照担保金额连续12个月累计计算原则，超过公司最近一期经审计总资产30%的担保；

（五）本所或者公司章程规定的其他担保。

对于董事会权限范围内的担保事项，除应当经全体董事的过半数通过外，还应当经出席董事会会议的三分之二以上董事同意；前款第四项担保，应当经出席股东大会的股东所持表决权的三分之二以上通过。

7.1.17 上市公司为全资子公司提供担保，或者为控股子公司提供担保且控股子公司其他股东按所享有的权益提供同等比例担保，不损害上市公司利益的，可以豁免适用第7.1.16条第一项至第三项的规定，但是公司章程另有规定除外。上市公司应当在年度报告和半年度报告中汇总披露前述担保。

7.1.18 上市公司提供担保，被担保人于债务到期后15个交易日内未履行偿债义务，或者被担保人出现破产、清算或其他严重影响其偿债能力情形的，上市公司应当及时披露。

7.1.19 上市公司购买、出售资产交易，涉及资产总额或者成交金额连续12个月内累计计算超过公司最近一期经审计总资产30%的，除应当披露并参照7.1.9条规定进行审计或者评估外，还应当提交股东大会审议，并经出席会议的股东所持表决权的三分之二以上通过。

7.1.20 上市公司单方面获得利益的交易，包括受赠现金资产、获得债务减免、接受担保和资助等，可免于按照第7.1.3条的规定履行股东大会审议程序。

7.1.21 未盈利的上市公司可以豁免适用第7.1.2条、第7.1.3条或者第7.1.15条的净利润指标。

第二节 关联交易

7.2.1 上市公司发生关联交易，应当保证关联交易的合法性、必要性、合理性和公允性，保持上市公司的独立性，不得利用关联交易调节财务指标，损害上市公司利益。

7.2.2 本章所称“关联交易”，是指上市公司或者其合并报表范围内的子公司等其他主体与上市公司关联人之间发生的交易，包括第7.1.1条规定的交易和日常经营范围内发生的可能引致资源或者义务转移的事项。

7.2.3 上市公司与关联人发生的交易（提供担保除外）达到下列标准之一的，应当及时披露：

（一）与关联自然人发生的成交金额在30万元以上的交易；

（二）与关联法人发生的成交金额占上市公司最近一期经审计总资产或市值0.1%以上的交易，且超过300万元。

7.2.4 上市公司与关联人发生的交易金额（提供担保除外）占上市公司最近一期经审计总资产或市值1%以上的交易，且超过3000万元，应当比照第7.1.9条的规定，提供评估报告或审计报告，并提交股东大会审议。

与日常经营相关的关联交易可免于审计或者评估。

7.2.5 上市公司为关联人提供担保的，应当具备合理的商业逻辑，在董事会审议通过后及时披露，并提交股东大会审议。

上市公司为控股股东、实际控制人及其关联方提供担保的，控股股东、实际控制人及其关联方应当提供反担保。

7.2.6 上市公司应当审慎向关联方提供财务资助或委托理财；确有必要的，应当以发生额作为披露的计算标准，在连续12个月内累计计算，适用第7.2.3条或者第7.2.4条。

已经按照第7.2.3条或者第7.2.4条履行相关义务的，不再纳入相关的累计计算范围。

7.2.7 上市公司应当对下列交易，按照连续12个月内累计计算的原则，分别适用第7.2.3条和第7.2.4条：

（一）与同一关联人进行的交易；

（二）与不同关联人进行交易标的类别相关的交易。

上述同一关联人，包括与该关联人受同一实际控制人控制，或者存在股权控制关系，或者由同一自然人担任董事或高级管理人员的法人或其他组织。

已经按照本章规定履行相关义务的，不再纳入累计计算范围。

7.2.8 上市公司与关联人进行日常关联交易时，按照下列规定披露和履行审议程序：

（一）上市公司可以按类别合理预计日常关联交易年度金额，履行审议程序并披露；实际执行超出预计金额的，应当按照超出金额重新履行审议程序并披露；

（二）上市公司年度报告和半年度报告应当分类汇总披露日常关联交易；

（三）上市公司与关联人签订的日常关联交易协议期限超过 3 年的，应当每 3 年重新履行相关审议程序和披露义务。

7.2.9　上市公司拟进行须提交股东大会审议的关联交易，应当在提交董事会审议前，取得独立董事事前认可意见。

独立董事事前认可意见应当取得全体独立董事的半数以上同意，并在关联交易公告中披露。

7.2.10　上市公司董事会审议关联交易事项的，关联董事应当回避表决，并不得代理其他董事行使表决权。

董事会会议应当由过半数的非关联董事出席，所作决议须经非关联董事过半数通过。出席董事会会议的非关联董事人数不足 3 人的，公司应当将交易事项提交股东大会审议。

上市公司股东大会审议关联交易事项时，关联股东应当回避表决，并不得代理其他股东行使表决权。

7.2.11　上市公司与关联人发生的下列交易，可以免予按照关联交易的方式审议和披露：

（一）一方以现金方式认购另一方公开发行的股票、公司债券或企业债券、可转换公司债券或者其他衍生品种；

（二）一方作为承销团成员承销另一方公开发行的股票、公司债券或企业债券、可转换公司债券或者其他衍生品种；

（三）一方依据另一方股东大会决议领取股息、红利或者薪酬；

（四）一方参与另一方公开招标或者拍卖，但是招标或者拍卖难以形成公允价格的除外；

（五）上市公司单方面获得利益的交易，包括受赠现金资产、获得债务减免、接受担保和资助等；

（六）关联交易定价为国家规定；

（七）关联人向上市公司提供资金，利率水平不高于中国人民银行规定的同期贷款基准利率，且上市公司对该项财务资助无相应担保；

（八）上市公司按与非关联人同等交易条件，向董事、监事、高级管理人员提供产品和服务；

（九）本所认定的其他交易。

7.2.12　本所可以根据实质重于形式的原则，将上市公司与相关方的交易认定为关联交易。上市公司应当按照第7.2.3条或者第7.2.4条的规定履行披露义务和审议程序。

7.2.13　上市公司计算披露或审议关联交易的相关金额，本节没有规定的，适用本章第一节的规定。

第八章　应当披露的行业信息和经营风险

第一节　行业信息

8.1.1　上市公司应当主动披露对股票交易价格或者投资者决策有重大影响的行业信息。

上市公司根据行业分类归属，参照适用本所制定的行业信息披露指引。

8.1.2　上市公司应当在年度报告中，结合其所属行业的政策环境和发展状况，披露下列行业信息：

（一）所处行业的基本特点、主要技术门槛，报告期内新技术、新产业、新业态、新模式的发展情况和未来发展趋势；

（二）核心竞争优势，核心经营团队和技术团队的竞争力分析，以及报告期内获得相关权利证书或者批准文件的核心技术储备；

（三）当期研发支出金额及占销售收入的比例、研发支出的构成项目、费用化及资本化的金额及比重；

（四）在研产品或项目的进展或阶段性成果；研发项目预计总投资规模、应用前景以及可能存在的重大风险；

（五）其他有助于投资者决策的行业信息。

上市公司可以在《企业会计准则》规定范围外，披露息税前利润、自由现金流等反映公司价值和行业核心竞争力的参考指标。

本条第一款规定事项发生重大变化的，上市公司应当及时披露。

8.1.3　上市公司开展与主营业务行业不同的新业务，或者进行可能导致公司业务发生重大变化的收购或资产处置等交易，应当及时披露下列信息：

（一）原因及合理性，包括现有业务基本情况及重大风险，新业务与上市公司主营业务是否具备协同性等；

（二）公司准备情况，包括在业务、资金、技术、人才等方面的储备，以及开展新业务对公司财务状况、现有业务的影响；

（三）新业务的行业情况，包括所依赖的技术水平、研发进展、商业化情况、市场成熟度、政策环境及市场竞争等；

（四）新业务的管理情况，包括开展新业务后，公司实际控制人对公司的控制情况是否发生变化，公司能否控制新业务；

（五）新业务审批情况，包括已经取得或者尚待有关部门审批的说明（如适用）；

（六）新业务的风险提示，包括上市公司经营风险、财务风险、新业务风险等；

（七）独立董事、监事会对公司开展新业务的意见；

（八）本所或公司认为应当披露的其他重要内容。

8.1.4 上市公司采用具体指标披露行业信息的，应当对其含义作出详细解释，说明计算依据和假定条件，保证指标的一致性。相关指标的计算依据、假定条件等发生变化的，应当予以说明。

引用相关数据、资料，应当保证充分可靠、客观权威，并注明来源。

第二节 经营风险

8.2.1 上市公司尚未盈利的，应当在年度报告显著位置披露公司核心竞争力和经营活动面临的重大风险。

上市公司应当结合行业特点，充分披露尚未盈利的原因，以及对公司现金流、业务拓展、人才吸引、团队稳定性、研发投入、战略性投入、生产经营可持续性等方面的影响。

8.2.2 上市公司年度净利润或营业收入与上年同期相比下降50%以上，或者净利润为负值的，应当在年度报告中披露下列信息：

（一）业绩大幅下滑或者亏损的具体原因；

（二）主营业务、核心竞争力、主要财务指标是否发生重大不利变化，是否与行业趋势一致；

（三）所处行业景气情况，是否存在产能过剩、持续衰退或者技术替代等情形；

（四）持续经营能力是否存在重大风险；

（五）对公司具有重大影响的其他信息。

8.2.3 上市公司应当在年度报告中，遵循关联性和重要性原则，识别并披露下列可能对公司核心竞争力、经营活动和未来发展产生重大不利影响的风险因素：

（一）核心竞争力风险，包括技术更迭、产品更新换代或竞争加剧导致市场占有率和用户规模下降，研发投入超出预期或进程未达预期，关键设备被淘汰等；

（二）经营风险，包括单一客户依赖、原材料价格上涨、产品或服务价格下降等；

（三）行业风险，包括行业出现周期性衰退、产能过剩、市场容量下滑或增长停滞、行业上下游供求关系发生重大不利变化等；

（四）宏观环境风险，包括相关法律、税收、外汇、贸易等政策发生重大不利变化；

（五）其他重大风险。

8.2.4 上市公司发生下列重大风险事项的，应当及时披露其对公司核心竞争力和持续经营能力的具体影响：

（一）国家政策、市场环境、贸易条件等外部宏观环境发生重大不利变化；

（二）原材料采购价格、产品售价或市场容量出现重大不利变化，或者供销渠道、重要供应商或客户发生重大不利变化；

（三）核心技术人员离职；

（四）核心商标、专利、专有技术、特许经营权或者核心技术许可丧失、到期或者出现重大纠纷；

（五）主要产品、业务或者所依赖的基础技术研发失败或者被禁止使用；

（六）主要产品或核心技术丧失竞争优势；

（七）其他重大风险事项。

8.2.5 出现下列重大事故或负面事件的，应当及时披露具体情况及其影响：

（一）发生重大环境、生产及产品安全事故；

（二）收到政府部门限期治理、停产、搬迁、关闭的决定通知；

（三）不当使用科学技术或违反科学伦理；

（四）其他不当履行社会责任的重大事故或负面事件。

8.2.6 上市公司出现下列重大风险事项之一，应当及时披露具体情况及其影响：

（一）可能发生重大亏损或者遭受重大损失；

（二）发生重大债务或者重大债权到期未获清偿；

（三）可能依法承担重大违约责任或者大额赔偿责任；

（四）计提大额资产减值准备；

（五）公司决定解散或者被有权机关依法吊销营业执照、责令关闭或者被撤销；

（六）预计出现股东权益为负值；

（七）主要债务人出现资不抵债，公司对相应债权未提取足额坏账准备；

（八）主要资产被查封、扣押、冻结或者被抵押、质押；

（九）主要银行账户被查封、冻结；

（十）主要业务陷入停顿；

（十一）董事会会议无法正常召开并形成决议；

（十二）被控股股东及其关联方非经营性占用资金或违规对外担保；

（十三）控股股东、实际控制人或者上市公司因涉嫌违法违规被有权机关调查，或者受到重大行政、刑事处罚；

（十四）实际控制人、公司法定代表人或者经理无法履行职责，董事、监事、高级管理人员、核心技术人员因涉嫌违法违纪被有权机关调查或者采取强制措施，或者受到重大行政、刑事处罚；

（十五）本所或者公司认定的其他重大风险情况。

上述事项涉及具体金额的，比照适用第 7. 1. 2 条的规定。

8. 2. 7　上市公司申请或者被债权人申请破产重整、和解或破产清算的，应当及时披露下列进展事项：

（一）法院裁定受理重整、和解或破产清算申请；

（二）重整、和解或破产清算程序的重大进展或法院审理裁定；

（三）法院裁定批准公司破产重整计划、和解协议或者清算；

（四）破产重整计划、和解协议的执行情况。

进入破产程序的上市公司，除应当及时披露上述信息外，还应当及时披露定期报告和临时公告。

8. 2. 8　上市公司破产采取破产管理人管理或者监督运作模式的，破产管理人及其成员、董事、监事和高级管理人员应当按照《证券法》、最高人民法院、中国证监会和本所有关规定，及时、公平地向所有债权人和股东披露信息，并保证信息披露内容的真实、准确、完整。

第九章 应当披露的其他重大事项

第一节 异常波动和传闻澄清

9.1.1 上市公司股票交易出现本所业务规则规定或者本所认定的异常波动的，本所可以根据异常波动程度和监管需要，采取下列措施：

（一）要求上市公司披露股票交易异常波动公告；

（二）要求上市公司停牌核查并披露核查公告；

（三）向市场提示异常波动股票投资风险；

（四）本所认为必要的其他措施。

9.1.2 上市公司股票交易出现本所业务规则规定的异常波动的，公司应当于次一交易日披露股票交易异常波动公告。本所可以根据需要安排公司在非交易日公告。

股票交易异常波动的计算从披露之日起重新起算。

9.1.3 上市公司股票交易出现本所业务规则规定的严重异常波动的，应当按照第9.1.4条的规定于次一交易日披露核查公告；无法披露的，应当申请其股票自次一交易日起停牌核查，直至披露核查公告后复牌。

9.1.4 上市公司股票出现前条规定情形的，公司或相关信息披露义务人应当核查下列事项：

（一）是否存在导致股价严重异常波动的未披露事项；

（二）股价是否严重偏离同行业上市公司合理估值；

（三）是否存在重大风险事项；

（四）其他可能导致股价严重异常波动的事项。

上市公司应当及时披露核查结果公告，充分提示公司股价严重异常波动的交易风险；存在未披露重大事项的，应当召开投资者说明会。

上市公司股票应当自披露核查结果公告、投资者说明会公告（如有）之日起复牌。披露日为非交易日的，自次一交易日起复牌。

保荐机构和保荐代表人应当督促上市公司按照本节规定及时进行核查，履行相应信息披露义务。

9.1.5 上市公司股票交易出现严重异常波动，经公司核查后无应披露未披露重大事项，也无法对异常波动原因作出合理解释的，本所可以向市场公告，提示股票交易风险，并视情况实施特别停牌。

9.1.6 上市公司和相关信息披露义务人应当密切关注公共媒体关于公司的重大报道、市场传闻（以下统称传闻）。相关传闻可能对投资决策或者公司股票交易产生较大影响的，公司应当及时核实，并视情况披露或者澄清。

本所认为相关传闻可能对公司股票交易价格产生较大影响的，可以要求公司予以核实、澄清。公司应当在本所要求的期限内核实，及时披露传闻澄清公告。

第二节 股份质押

9.2.1 上市公司控股股东应当审慎质押所持公司股份，合理使用融入资金，维持上市公司控制权和生产经营稳定。

9.2.2 上市公司控股股东及其一致行动人质押股份占其所持股份的比例达到50%以上，以及之后质押股份的，应当及时通知公司，并披露下列信息：

（一）本次质押股份数量、累计质押股份数量以及占其所持公司股份的比例；

（二）本次质押期限、质押融资款项的最终用途及资金偿还安排；

（三）控股股东及实际控制人的经营状况、财务状况、偿债能力、近一年对外投资情况，以及是否存在债务逾期或其他资信恶化的情形；

（四）控股股东及其关联方与上市公司之间的关联交易、资金往来、担保、共同投资，以及控股股东、实际控制人是否占用上市公司资源；

（五）股份质押对上市公司控制权的影响；

（六）本所要求披露的其他信息。

9.2.3 上市公司控股股东及其一致行动人质押股份占其所持股份的比例达到50%以上，且出现债务逾期或其他资信恶化情形的，应当及时通知公司并披露下列信息：

（一）债务逾期金额、原因及应对措施；

（二）是否存在平仓风险以及可能被平仓的股份数量和比例；

（三）第9.2.2条第三项至第五项规定的内容；

（四）本所要求披露的其他信息。

9.2.4 控股股东及其一致行动人出现质押平仓风险的，应当及时通知上市公司，披露是否可能导致公司控制权发生变更、拟采取的措施，并充分提示风险。

控股股东及其一致行动人质押股份被强制平仓或平仓风险解除的，应当持续披露进展。

9.2.5 上市公司持股5%以上股东质押股份，应当在2个交易日内通知上市公司，并披露本次质押股份数量、累计质押股份数量以及占公司总股本比例。

第三节 其 他

9.3.1 上市公司应当及时披露下列重大诉讼、仲裁：

（一）涉案金额超过1000万元，且占公司最近一期经审计总资产或者市值（按照第7.1.5条规定计算）1%以上；

（二）股东大会、董事会决议被申请撤销或者宣告无效；

（三）董事会认为可能对公司控制权稳定、生产经营或股票交易价格产生较大影响的其他诉讼、仲裁。

9.3.2 上市公司应当履行承诺。未履行承诺的，应当及时披露原因及解决措施。

上市公司应当督促相关方履行承诺。相关方未履行承诺的，上市公司应当及时披露董事会拟采取的措施。

9.3.3 上市公司应当建立完善募集资金的存储、使用、变更、决策、监督和责任追究等制度，披露募集资金重点投向科技创新领域的具体安排，并持续披露募集资金使用情况。

9.3.4 上市公司出现下列情形之一的，应当及时披露：

（一）变更公司名称、股票简称、公司章程、注册资本、注册地址、主要办公地址和联系电话等；

（二）经营方针和经营范围发生重大变化；

（三）变更会计政策或者会计估计；

（四）公司法定代表人、经理、董事（含独立董事）或者三分之一以上的监事提出辞职或者发生变动；

（五）聘任或者解聘为公司定期报告出具审计意见的会计师事务所；

（六）法院裁定禁止公司控股股东转让其所持本公司股份；

（七）持股5%以上股东的股份被冻结、司法拍卖、托管、设定信托或者被依法限制表决权；

（八）发生可能对公司资产、负债、权益或者经营成果产生重大影响的其他事项；

（九）本所或者公司认定的其他情形。

上述事项涉及具体金额的，比照适用第7.1.2条的规定或本所其他规定。

第十章 股权激励

10.1 上市公司以本公司股票为标的，采用限制性股票、股票期权或者本所认可的其他方式，对董事、高级管理人员及其他员工进行长期性激励的，应当遵守本章规定，履行相应审议程序和信息披露义务。

10.2 上市公司实行股权激励计划，应当设置合理的公司业绩和个人绩效等考核指标，有利于公司持续发展，不得损害公司利益。

董事、监事和高级管理人员在实行股权激励计划中，应当诚实守信、勤勉尽责，维护公司和全体股东的利益。

10.3 上市公司实行股权激励计划的，应当按照有关规定履行信息披露义务。

上市公司应当在年度报告中披露报告期内股权激励计划的实施情况。

10.4 激励对象可以包括上市公司的董事、高级管理人员、核心技术人员或者核心业务人员，以及公司认为应当激励的对公司经营业绩和未来发展有直接影响的其他员工，独立董事和监事除外。

单独或合计持有上市公司5%以上股份的股东、上市公司实际控制人及其配偶、父母、子女以及上市公司外籍员工，在上市公司担任董事、高级管理人员、核心技术人员或者核心业务人员的，可以成为激励对象。科创公司应当充分说明前述人员成为激励对象的必要性、合理性。

激励对象不得具有《上市公司股权激励管理办法》第八条第二款第一项至第六项规定的情形。

10.5 上市公司授予激励对象限制性股票，包括下列类型：

（一）激励对象按照股权激励计划规定的条件，获得的转让等部分权利受到限制的本公司股票；

（二）符合股权激励计划授予条件的激励对象，在满足相应获益条件后分次获得并登记的本公司股票。

10.6 上市公司授予激励对象限制性股票的价格，低于股权激励计划草案公布前1个交易日、20个交易日、60个交易日或者120个交易日公司股票交易均价的50%的，应当说明定价依据及定价方式。

出现前款规定情形的，上市公司应当聘请独立财务顾问，对股权激励计划的可行性、相关定价依据和定价方法的合理性、是否有利于公司持续发展、是否损害股东利益等发表意见。

10.7 上市公司授予激励对象第10.5条第二项所述限制性股票，应当就激励对象分次获益设立条件，并在满足各次获益条件时分批进行股份登记。当次获益条件不满足的，不得进行股份登记。

公司应当在股权激励计划中明确披露分次授予权益的数量、获益条件、股份授予或者登记时间及相关限售安排。

获益条件包含12个月以上的任职期限的，实际授予的权益进行登记后，可不再设置限售期。

10.8 上市公司可以同时实施多项股权激励计划。上市公司全部在有效期内的股权激励计划所涉及的标的股票总数，累计不得超过公司股本总额的20%。

第十一章 重大资产重组

11.1 上市公司应当依照《上市公司重大资产重组管理办法》（以下简称《重组办法》）及中国证监会其他相关规定、本规则及本所其他规定，实施重大资产重组。

11.2 上市公司重大资产重组、发行股份购买资产（以下统称重大资产重组）的，标的资产应当与上市公司主营业务具有协同效应，有利于促进主营业务整合升级和提高上市公司持续经营能力。

11.3 上市公司实施发行股份购买资产、合并、分立等涉及发行股票的并购重组，由本所审核，并经中国证监会注册后方可实施。

构成《重组办法》第十三条规定交易情形，但不涉及发行股票的，参照适用前款规定。

11.4 上市公司应当确保能够对购买的标的资产实施有效控制，保证标的资产合规运行，督促重大资产重组交易对方履行承诺。

11.5 上市公司实施重大资产重组的，应当按照《企业会计准则》的有关规定确认商誉，并结合宏观环境、行业环境、实际经营状况及未来经营规划等因素，谨慎实施后续计量、列报和披露，及时进行减值测试，足额计提减值损失，并披露能够公允反映商誉价值的相关信息。

11.6 上市公司应当聘请独立财务顾问就重大资产重组出具意见。

独立财务顾问应当就重大资产重组的协同性和上市公司控制标的资产的

能力发表明确意见，并在持续督导期间督促上市公司有效控制并整合标的资产。

第十二章 退 市

第一节 一般规定

12.1.1 上市公司触及本规则规定的退市情形，导致其股票存在被终止上市风险的，本所对该公司股票启动退市程序。

12.1.2 上市公司股票被实施退市风险警示的，在公司股票简称前冠以“＊ST”字样，以区别于其他股票。

上市公司股票被实施退市风险警示期间，不进入风险警示板交易，不适用风险警示板交易的相关规定。

12.1.3 上市公司出现两项以上退市风险警示、终止上市情形的，按照先触及先适用的原则实施退市风险警示、终止上市。

上市公司存在两项以上退市风险警示情形的，须满足全部退市风险警示的撤销条件，方可申请撤销风险警示。但已满足撤销条件退市风险警示情形，不再适用其对应的终止上市程序。

12.1.4 上市公司申请撤销退市风险警示的，应当聘请保荐机构就公司是否符合撤销退市风险警示的条件进行核查并发表明确意见。

12.1.5 上市公司股票被终止上市的，不得申请重新上市。

第二节 重大违法强制退市

12.2.1 本规则所称重大违法强制退市，包括下列情形：

（一）上市公司存在欺诈发行、重大信息披露违法或者其他严重损害证券市场秩序的重大违法行为，且严重影响上市地位，其股票应当被终止上市的情形；

（二）上市公司存在涉及国家安全、公共安全、生态安全、生产安全和公众健康安全等领域的违法行为，情节恶劣，严重损害国家利益、社会公共利益，或者严重影响上市地位，其股票应当被终止上市的情形。

12.2.2 上市公司涉及第12.2.1条第一项规定的重大违法行为，存在下列情形之一的，其股票应当被终止上市：

（一）上市公司首次公开发行股票申请或者披露文件存在虚假记载、误导性陈述或重大遗漏，被中国证监会依据《证券法》第一百八十九条作出行政处罚决定，或者被人民法院依据《刑法》第一百六十条作出有罪生效判决；

（二）上市公司发行股份购买资产并构成重组上市，申请或者披露文件存在虚假记载、误导性陈述或者重大遗漏，被中国证监会依据《证券法》第一百八十九条作出行政处罚决定，或者被人民法院依据《刑法》第一百六十条作出有罪生效判决；

（三）上市公司披露的年度报告存在虚假记载、误导性陈述或者重大遗漏，根据中国证监会行政处罚决定认定的事实，导致其相关财务指标已实际触及本规则规定的退市标准；

（四）本所根据上市公司违法行为的事实、性质、情节及社会影响等因素认定的其他严重损害证券市场秩序的情形。

12.2.3　上市公司涉及第12.2.1条第二项规定的重大违法行为，存在下列情形之一的，其股票应当被终止上市：

（一）上市公司或其主要子公司被依法吊销营业执照、责令关闭或者被撤销；

（二）上市公司或其主要子公司被依法吊销主营业务生产经营许可证，或者存在丧失继续生产经营法律资格的其他情形；

（三）本所根据上市公司重大违法行为损害国家利益、社会公共利益的严重程度，结合公司承担法律责任类型、对公司生产经营和上市地位的影响程度等情形，认为公司股票应当终止上市的。

12.2.4　本所上市委员会依据相关行政机关行政处罚决定、人民法院生效裁判认定的事实，按照本规则规定的标准，就是否对上市公司股票实施重大违法强制退市进行审议，作出独立的专业判断并形成审核意见。

重大违法强制退市的认定程序、信息披露要求、停复牌和听证等事宜，按照《上海证券交易所上市公司重大违法强制退市实施办法》的规定执行。

12.2.5　本所根据上市委员会对公司股票是否实施重大违法强制退市的审核意见，在5个交易日内作出是否终止公司股票上市的决定。

12.2.6　本所在作出终止上市决定之日起2个交易日内，通知公司并发布相关公告，同时报中国证监会备案。

公司应当在收到本所关于终止其股票上市决定之日起的次一交易日，披露股票终止上市公告。

公司可以在收到终止上市决定之日起5个交易日内，按照本章第六节的规定申请复核。

12.2.7 上市公司因重大违法强制退市情形，其股票被终止上市后，作为上市公司重大违法强制退市认定依据的行政处罚决定、司法裁判被依法撤销、确认无效或被依法变更的，公司可以在知道相关行政机关决定或者人民法院生效司法裁判后的10个交易日内，向本所申请撤销对公司股票作出的终止上市决定。

12.2.8 本所自收到上市公司按照前条规定提出的撤销申请之日起的15个交易日内，召开上市委员会会议，根据相关行政机关决定或者人民法院生效司法裁判，审议是否撤销对公司股票作出的终止上市决定，并形成审核意见。

本所根据上市委员会的审核意见，作出是否撤销对公司股票作出的终止上市决定的决定。

12.2.9 本所撤销终止上市决定的，公司股票相应还原上市地位。公司股票同时具有其他退市风险警示或者终止上市情形的，本所对其股票实施相应退市风险警示或者终止上市。

本所在作出撤销决定之日起2个交易日内，通知公司并发布相关公告，同时报中国证监会备案。

12.2.10 公司可以在收到本所撤销决定之日起20个交易日内，向本所申请还原上市地位。公司股份已经转入全国中小企业股份转让系统或者本所认可的其他转让场所挂牌转让的，本所在公司办理完毕其股份的重新确认、登记、托管等相关手续后安排其股票上市交易。

公司应当在其股票还原上市地位前与本所重新签订上市协议，明确双方的权利、义务及其他有关事项。公司控股股东、实际控制人、董事、监事和高级管理人员等应当签署并提交相应声明与承诺。

公司股票还原上市地位首日不设涨跌幅，不进入风险警示板交易。

第三节 交易类强制退市

12.3.1 上市公司出现下列情形之一的，本所决定终止其股票上市：

（一）通过本所交易系统连续120个交易日实现的累计股票成交量低于200万股；

（二）连续20个交易日股票收盘价均低于股票面值；

（三）连续20个交易日股票市值均低于3亿元；

（四）连续20个交易日股东数量均低于400人；

（五）本所认定的其他情形。

前款规定的交易日，不包含公司股票停牌日和公司首次公开发行股票上市之日起的20个交易日。

证券市场出现重大异常波动等情形的，本所可以根据实际情况调整本条第一款规定的交易指标。

12.3.2 上市公司出现连续90个交易日（不包含公司股票停牌日）通过本所交易系统实现的累计股票成交量低于150万股的，应当在次一交易日发布公司股票可能被终止上市的风险提示公告，其后每个交易日披露一次，直至自上述起算时点起连续120个交易日（不包含公司股票停牌日）内通过本所交易系统实现的累计成交量达到200万股以上或者本所作出公司股票终止上市的决定之日止（以先达到的日期为准）。

12.3.3 上市公司连续10个交易日（不包含公司股票停牌日）出现下列情形之一的，应当在次一交易日发布公司股票可能被终止上市的风险提示公告，其后每个交易日披露一次，直至相应的情形消除或者本所作出公司股票终止上市的决定之日（以先达到的日期为准）：

（一）每日股票收盘价均低于股票面值；

（二）每日股票市值均低于3亿元；

（三）每日股东数量均低于400人。

12.3.4 上市公司出现第12.3.1条情形之一的，其股票自情形出现的次一交易日起停牌。

本所自公司股票停牌之日起5个交易日内，向公司发出拟终止其股票上市的事先告知书，上市公司应当及时披露。

12.3.5 上市公司收到终止上市事先告知书后，可以根据本章第六节的规定提出听证、陈述和申辩。

本所上市委员会在前款规定的有关期限届满或者听证程序结束后15个交易日内，就是否终止其股票上市事宜进行审议，作出独立的专业判断并形成审核意见。

本所根据上市委员会的审核意见，作出是否终止股票上市的决定。

12.3.6 本所在作出终止股票上市的决定之日起2个交易日内，通知公司并发布相关公告，同时报中国证监会备案。

公司应当在收到本所关于终止其股票上市决定后，及时披露股票终止上市公告。

公司可以在收到终止上市决定之日起5个交易日内，按照本章第六节的规定申请复核。

第四节 财务类强制退市

12.4.1 上市公司出现下列情形之一，明显丧失持续经营能力，达到本规则规定标准的，本所将对其股票启动退市程序：

（一）主营业务大部分停滞或者规模极低；

（二）经营资产大幅减少导致无法维持日常经营；

（三）营业收入或者利润主要来源于不具备商业实质的关联交易；

（四）营业收入或者利润主要来源于与主营业务无关的贸易业务；

（五）其他明显丧失持续经营能力的情形。

12.4.2 上市公司出现下列情形之一的，本所对其股票实施退市风险警示：

（一）最近一个会计年度经审计的扣除非经常性损益之前或者之后的净利润（含被追溯重述）为负值，且最近一个会计年度经审计的营业收入（含被追溯重述）低于1亿元；

（二）最近一个会计年度经审计的净资产（含被追溯重述）为负值；

（三）本所认定的其他情形。

上市公司营业收入主要来源于与主营业务无关的贸易业务或者不具备商业实质的关联交易，公司明显丧失持续经营能力的，本所可以提交上市委员会认定在计算前款规定的营业收入指标时是否扣除前述收入，并通知上市公司。

根据本规则第2.1.2条第五项市值及财务指标上市的公司（以下简称研发型上市公司）自上市之日起第4个完整会计年度起适用本条规定。

本所可以根据实际情况调整本条第一款规定的退市指标。

12.4.3 研发型上市公司主要业务、产品或者所依赖的基础技术研发失败或者被禁止使用，且公司无其他业务或者产品符合本规则第2.1.2条第五项规定要求的，本所将对其股票实施退市风险警示。

12.4.4 上市公司预计将出现第12.4.2条规定情形的，应当在相应的会计年度结束后一个月内，发布股票可能被实施退市风险警示的风险提示公告，并在披露年度报告前至少再发布两次风险提示公告。

12.4.5　上市公司出现第12.4.2条规定情形的，应当在董事会审议通过年度报告或者财务会计报告更正事项后及时向本所报告，披露年度报告或者财务会计报告更正公告，并向本所提交董事会的书面意见。公司股票自年度报告或者财务会计报告更正公告披露日起停牌。披露日为非交易日的，于次一交易日起停牌。

公司未及时披露的，本所可以在获悉相关情况后对公司股票实施停牌，并向市场公告。

本所在公司股票停牌之日起5个交易日内，根据实际情况，对公司股票实施退市风险警示。公司应当按照本所要求在其股票被实施退市风险警示前及时发布公告。

公司股票自公告披露后的次一交易日起复牌。公告披露日为非交易日的，于披露后的第二个交易日起复牌。自复牌之日起，本所对公司股票实施退市风险警示。

12.4.6　研发型上市公司主要产品、业务或者所依赖的基础技术宣告研发失败或者被禁止使用的，公司应当自相关事实发生之日起申请股票停牌，并发布股票可能被实施退市风险警示的风险提示公告。

公司应当在股票停牌之日起的10个交易日内，核查公司其他产品或者业务是否符合第2.1.2条第五项规定要求、公司是否出现第12.4.3条规定情形，并提交报告及披露。公司应当聘请保荐机构出具专项意见。除第12.4.7条规定情形外，公司股票于前述报告披露日起复牌。

12.4.7　研发型上市公司未在规定期限内提交报告，或者核查后认为未出现第12.4.3条规定情形的，本所可以提请上市委员会对公司是否出现第12.4.3条规定情形作出认定，并通知上市公司。

公司及保荐机构核查后认为或者本所认定公司出现第12.4.3条规定情形的，本所自收到公司提交的相关报告或者作出认定后5个交易日内，对公司股票实施退市风险警示。公司应当按照本所要求在其股票被实施退市风险警示前及时发布公告。

公司股票自公告披露后的次一交易日起复牌。公告披露日为非交易日的，于披露后的第二个交易日起复牌。自复牌之日起，本所对公司股票实施退市风险警示。

12.4.8　上市公司因12.4.2条规定的标准，其股票被实施退市风险警示的，应当在其股票被实施退市风险警示当年的会计年度结束后一个月内，发布股票可能被终止上市的风险提示公告，并在披露该年年度报告前至少再发布两次风险提示公告。

上市公司因12.4.3条规定的标准，其股票被实施退市风险警示的，在其股票被实施退市风险警示期间，上市公司应当每个月披露一次风险提示公告，提示其股票可能被终止上市的风险。

12.4.9　上市公司最近一个会计年度审计结果表明第12.4.2条规定情形已经消除的，公司可以在年度报告披露后5个交易日内，向本所申请撤销对其股票实施的退市风险警示。

研发型上市公司自股票被实施退市风险警示之日起6个月内，公司市值及相关产品、业务等指标符合本规则第2.1.2条第五项规定要求的，应当在符合条件时及时披露，并说明是否向本所申请撤销退市风险警示。公司可以在披露之日起的5个交易日内，向本所申请撤销对其股票实施的退市风险警示。

12.4.10　上市公司向本所提交撤销对其股票实施退市风险警示的申请后，应当在次一交易日作出公告。

本所于收到上市公司申请之日后的15个交易日内，根据实际情况，作出是否撤销退市风险警示的决定。

12.4.11　本所决定撤销退市风险警示的，上市公司应当按照本所要求在撤销退市风险警示之前一个交易日作出公告。

公司股票在公告披露日停牌一天，公告披露日为非交易日的，于披露日次一交易日停牌一天。本所自复牌之日起撤销对公司股票实施的退市风险警示。

12.4.12　本所决定不予撤销退市风险警示的，上市公司应当在收到本所有关书面通知的次一交易日作出公告。公司未按规定公告的，本所可以交易所公告的形式予以公告。公司股票自公告之日起停牌。

上市公司虽满足第12.4.9条规定的退市风险警示的撤销条件，但具有其他退市风险警示情形的，按其他退市风险警示的程序执行，不予撤销退市风险警示。

12.4.13　上市公司未满足第12.4.9条第一款规定的撤销退市风险警示条件，应当自董事会审议通过年度报告或者财务会计报告更正事项后，及时披露年度报告或者更正公告，同时发布公司股票可能被终止上市的风险提示公告。本所自年度报告或者财务会计报告更正公告披露之日起，对公司股票实施停牌。披露日为非交易日的，自披露后的第一个交易日起停牌。

研发型上市公司在被实施退市风险警示后6个月内未满足第12.4.9条第二款规定的退市风险警示撤销条件的，应当在该期限届满日次一交易日发布公司股票可能被终止上市的风险提示公告。本所自公告披露之日起，对公司股票实施停牌。

上市公司虽满足第12.4.9条规定的退市风险警示撤销条件，但未在该条规定的相应期限内向本所申请撤销退市风险警示的，本所自相应期限届满的次一交易日起对公司股票实施停牌。

12.4.14　本所根据第12.4.12条和第12.4.13条对公司股票实施停牌的，自停牌之日起5个交易日内，向公司发出拟终止其股票上市的事先告知书，上市公司应当及时披露。

12.4.15　上市公司收到终止上市事先告知书后，可以根据本章第六节的规定提出听证、陈述和申辩。

本所上市委员会在前款规定的有关期限届满或者听证程序结束后15个交易日内，就是否终止公司股票上市事宜进行审议，作出独立的专业判断并形成审核意见。

本所根据上市委员会的审核意见，作出是否终止股票上市的决定。

12.4.16　本所在作出终止股票上市的决定之日起2个交易日内，通知公司并发布相关公告，同时报中国证监会备案。

公司应当在收到本所关于终止其股票上市决定后，及时披露股票终止上市公告。

公司可以在收到终止上市决定之日起5个交易日内，按照本章第六节的规定申请复核。

第五节　规范类强制退市

12.5.1　上市公司出现下列情形之一的，本所对其股票实施退市风险警示：

（一）因财务会计报告存在重大会计差错或者虚假记载，被中国证监会责令改正但公司未在规定期限内改正，此后公司在股票停牌2个月内仍未改正；

（二）未在法定期限内披露年度报告或者半年度报告，此后公司在股票停牌2个月内仍未披露；

（三）因信息披露或者规范运作等方面存在重大缺陷，被本所责令改正但公司未在规定期限内改正，此后公司在股票停牌2个月内仍未改正；

（四）因公司股本总额或股权分布发生变化，导致连续20个交易日不再具备上市条件，此后公司在股票停牌1个月内仍未解决；

（五）最近一个会计年度的财务会计报告被会计师事务所出具无法表示意见或者否定意见的审计报告；

（六）公司可能被依法强制解散；

（七）法院依法受理公司重整、和解和破产清算申请；

（八）本所认定的其他情形。

前款规定的第三项情形，由本所提请上市委员会审议，并根据上市委员会的审核意见作出认定。

12.5.2 上市公司出现第12.5.1条第一项至第三项规定的未在规定期限改正或者法定期限内披露相关定期报告情形的，公司股票自责令改正期限或者法定期限届满之日起停牌。

上市公司在股票停牌后2个月内完成改正或者披露相关定期报告的，应当及时公告，公司股票自公告披露当日起复牌。披露日为非交易日的，于次一交易日起复牌。

上市公司在股票停牌后2个月内仍未完成改正或者披露的，公司股票自停牌2个月届满的次一交易日起复牌。自复牌之日起，本所对公司股票实施退市风险警示。上市公司应当按照本所要求，在其股票被实施退市风险警示前及时发布公告。

12.5.3 上市公司出现第12.5.1条第四项规定的股本总额或者股权分布连续20个交易日不具备上市条件的，股票自前述情形出现的次一交易日起停牌。公司应当于停牌之日起1个月内披露解决方案并提示相关风险。

公司在股票停牌后1个月内披露解决股本总额或者股权分布问题的方案，或者公司未在股票停牌后1个月内披露解决方案的，公司股票自方案披露或者期限届满的次一交易日起复牌。自复牌之日起，本所对公司股票实施退市风险警示。上市公司应当按照本所要求，在其股票被实施退市风险警示前及时公告。

停牌期间股本总额或者股权分布重新具备上市条件的，公司应当及时披露并申请股票复牌。

12.5.4 上市公司出现第12.5.1条第五项至第八项规定情形之一的，公司股票自该情形出现的次一交易日起停牌。本所在停牌之日起5个交易日内，决定对公司股票实施退市风险警示。

上市公司应当按照本所要求在其股票被实施退市风险警示前及时发布公告。公司股票自公告披露日后的次一交易日起复牌。公告披露日为非交易日的，于披露后的第二个交易日起复牌。自复牌之日起，本所对公司股票实施退市风险警示。

12.5.5 除因第12.5.1条第五项情形被实施退市风险警示外，股票被实施退市风险警示期间，上市公司应当每5个交易日披露一次风险提示公告，提示其股票可能终止上市的风险。

上市公司因12.5.1条第五项规定的标准，其股票被实施退市风险警示的，应当在其股票被实施退市风险警示当年的会计年度结束后一个月内，发布股票可能被终止上市的风险提示公告，并在披露该年年度报告前至少再发布两次风险提示公告。

12.5.6 上市公司股票因第12.5.1条第七项情形被实施退市风险警示的，公司应当分阶段及时披露法院裁定批准公司重整计划、和解协议或者终止重整、和解程序等重整事项的进展，并充分提示相关风险。

上市公司破产重整的停复牌应当遵守本所相关规定。

12.5.7 上市公司股票因第12.5.1条第一项至第六项情形被实施退市风险警示后，符合下列对应条件的，可以向本所申请撤销对其股票实施的退市风险警示：

（一）因第12.5.1条第一项情形被实施退市风险警示之日起的2个月内，披露经改正的财务会计报告；

（二）因第12.5.1条第二项情形被实施退市风险警示之日起的2个月内，披露相关年度报告或者半年度报告；

（三）因第12.5.1条第三项情形被实施退市风险警示之日起2个月内，公司已按要求完成整改，具备健全的公司治理结构，运作规范，公司信息披露和内控制度无重大缺陷；

（四）因第12.5.1条第四项情形被实施退市风险警示之日起的6个月内，解决股本总额或股权分布问题，且其股本总额或股权分布重新具备上市条件；

（五）因第12.5.1条第五项情形被实施退市风险警示后，会计师事务所对其下一个会计年度的财务会计报告出具标准无保留审计意见；

（六）因第12.5.1条第六项情形被实施退市风险警示后，公司可能被依法强制解散的情形已消除。

前款规定的第三项情形，由本所提请上市委员会审议，并根据上市委员会审核意见作出是否撤销退市风险警示的决定。

12.5.8　上市公司股票因第12.5.1条第七项情形被实施退市风险警示后，符合下列条件之一的，公司可以向本所申请撤销对其股票实施的退市风险警示：

（一）重整计划执行完毕；

（二）和解协议执行完毕；

（三）法院受理破产申请后至破产宣告前，依据《中华人民共和国企业破产法》（以下简称《企业破产法》）作出驳回破产申请的裁定，且申请人在法定期限内未提起上诉；

（四）因公司已清偿全部到期债务、第三人为公司提供足额担保或者清偿全部到期债务，法院受理破产申请后至破产宣告前，依据《企业破产法》作出终结破产程序的裁定。

公司因前款第一项、第二项情形向本所申请撤销对其股票实施的退市风险警示，应当提交法院指定管理人出具的监督报告、律师事务所出具的对公司重整计划或和解协议执行情况的法律意见书，以及本所要求的其他说明文件。

12.5.9　上市公司符合第12.5.7条、第12.5.8条规定条件的，应当于相关情形出现后及时披露，并说明是否将向本所申请撤销退市风险警示。公司可以在披露之日起的5个交易日内，向本所提交撤销退市风险警示申请并披露。

本所于收到上市公司申请之日起的15个交易日内，根据实际情况，作出是否撤销退市风险警示的决定。

12.5.10　本所决定撤销退市风险警示的，上市公司应当按照本所要求在撤销退市风险警示之前一个交易日作出公告。公司股票在公告披露日停牌一天，公告披露日为非交易日的，于披露日次一交易日停牌一天。本所自复牌之日起撤销对公司股票的退市风险警示。

12.5.11　本所决定不予撤销退市风险警示的，上市公司应当在收到本所有关书面通知之日作出公告；公司未按规定公告的，本所可以交易所公告的形式予以公告。公司股票自公告之日起停牌。

上市公司虽满足第12.5.7条、第12.5.8条规定的退市风险警示撤销条件，但具有其他退市风险警示情形的，按其他退市风险警示的程序执行，不予撤销退市风险警示。

12.5.12　上市公司未满足第12.5.7条、第12.5.8条规定的撤销退市风险警示条件，或者未在第12.5.9条规定的期限内向本所申请撤销退市风险警示的，本所自相应期限届满的次一交易日起，对公司股票实施停牌。

上市公司股票因第12.5.1条第五项情形被实施退市风险警示，会计师事务所对其下一个会计年度的财务会计报告出具无法表示意见或者否定意见的审计意见的，本所自该审计意见披露之日起对公司股票实施停牌。披露日为非交易日的，自披露日次一交易日起停牌。

上市公司股票因第12.5.1条第六项、第七项情形被实施退市风险警示后，应当最迟于知道公司依法被吊销营业执照、被责令关闭或者被撤销等强制解散条件成就，或者收到法院宣告公司破产的裁定书的次一交易日披露，公司股票自披露之日起停牌。

12.5.13　本所根据第12.5.11条、第12.5.12条对公司股票实施停牌的，自停牌之日起5个交易日内，向公司发出拟终止其股票上市的事先告知书，公司应当及时披露。

12.5.14　上市公司收到终止上市事先告知书后，可以根据本章第六节的规定提出听证、陈述和申辩。

本所上市委员会在前款规定的有关期限届满或者听证程序结束后15个交易日内，就是否终止其股票上市事宜进行审议，作出独立的专业判断并形成审核意见。

本所根据上市委员会的审核意见，作出是否终止股票上市的决定。

12.5.15　本所在作出终止股票上市的决定之日后2个交易日内，通知公司并发布相关公告，同时报中国证监会备案。

公司应当在收到本所关于终止其股票上市的决定后，及时披露股票终止上市公告。

公司可以在收到终止上市决定之日起5个交易日内，按照本章第六节的规定申请复核。

第六节　听证与复核

12.6.1　上市公司收到本所发出的终止上市事先告知书后，可以在5个交易日内，以书面形式向本所提出听证要求，并载明具体事项及理由。

上市公司对终止上市有异议的，可以在前款规定期限内，向本所提交相关书面陈述和申辩，并提供相关文件。

上市公司未在本条规定期限内提出听证要求、书面陈述或者申辩的，视为放弃相应权利。

上市公司在本条规定期限内提出听证要求的，由本所上市委员会按照有关规定组织召开听证会。

12.6.2　上市委员会组织召开听证和审议期间，可以要求上市公司、保荐机构和证券服务机构提供补充材料，提供补充材料期间不计入听证及审议期限。

公司和相关机构提供补充材料的期限累计不得超过30个交易日。公司和相关机构未按本所要求在规定期限内提交补充材料的，本所上市委员会继续进行听证或者审议。

本所可以自行或委托相关机构就公司有关情况进行调查核实，并将核查结果提交上市委员会审议。调查核实期间不计入审议期限。

12.6.3　上市公司可以在收到终止上市决定之日起5个交易日内，以书面形式向本所申请复核。

公司应当在向本所提出复核申请之日的次一交易日披露有关内容。

12.6.4　上市公司根据前条规定向本所申请复核，应当提交下列文件：

（一）复核申请书；

（二）保荐机构就申请复核事项出具的意见书；

（三）律师事务所就申请复核事项出具的法律意见书；

（四）本所要求的其他文件。

12.6.5　本所在收到申请人提交的复核申请文件之日后的5个交易日内，作出是否受理的决定并通知申请人。

未能按照前条规定提交复核申请文件的，本所不受理其复核申请。

申请人应当在收到本所是否受理其复核申请的决定后，及时披露决定的有关内容并提示相关风险。

12.6.6　本所复核委员会根据《上海证券交易所复核实施办法》的规定进行复核。

复核委员会审议期间，可以要求上市公司、保荐机构和证券服务机构提供补充材料，提供补充材料期间不计入听证及审议期限。

公司和相关机构提供补充材料的期限累计不得超过30个交易日。公司和相关机构未按本所要求在规定期限内提交补充材料的，本所复核委员会继续进行听证或者审议。

本所可以自行或委托相关机构就公司有关情况进行调查核实，并将核查结果提交复核委员会审议。调查核实期间不计入审议期限。

12.6.7　本所依据复核委员会的审核意见，作出是否维持终止上市的决定。

申请人应当在收到本所的复核决定后，及时披露决定的有关内容。

第七节　退市整理期

12.7.1　上市公司股票被本所根据本章第二节至第五节的规定作出终止上市决定后，自公告终止上市决定之日起5个交易日后的次一交易日复牌，进入退市整理期交易。

12.7.2　退市整理股票的简称前冠以“退市”标识，不进入本所风险警示板交易，不适用本所风险警示板股票交易的相关规定。

12.7.3　退市整理期的交易期限为30个交易日。公司股票在退市整理期内全天停牌的，停牌期间不计入退市整理期，但停牌天数累计不得超过5个交易日。

累计停牌达到5个交易日后，本所不再接受公司的停牌申请；公司未在累计停牌期满前申请复牌的，本所于停牌期满后的次一交易日恢复公司股票交易。

12.7.4　上市公司股票进入退市整理期的，公司及相关信息披露义务人仍应当遵守法律法规、本规则及本所有关规定，履行信息披露及相关义务。

12.7.5　上市公司应当于退市整理期的第一天，发布公司股票已被本所作出终止上市决定的风险提示公告，说明公司股票进入退市整理期的起始日和终止日等事项。

上市公司应当在退市整理期前25个交易日内，每5个交易日发布一次股票将被终止上市的风险提示公告，在最后5个交易日内每日发布一次股票将被终止上市的风险提示公告。

12.7.6　退市整理期届满后5个交易日内，本所对公司股票予以摘牌，公司股票终止上市，并转入股份转让场所挂牌转让。

12.7.7　上市公司应当在本所作出终止其股票上市决定后，立即安排股票转入全国中小企业股份转让系统或者本所认可的其他转让场所挂牌转让的相关事宜，保证公司股票在摘牌之日起45个交易日内可以挂牌转让。

公司将其股票转入股份转让场所挂牌转让，应当聘请具有主办券商业务资格的证券公司（以下简称代办机构）并与其签订相关协议。公司未聘请或无代办机构接受其聘请的，本所在作出终止其股票上市的决定后，可以为其临时指定代办机构，通知公司和代办机构，并于 2 个交易日内就上述事项发布相关公告（公司不再具备法人资格的情形除外）。

12.7.8　上市公司股票退市整理期的其他事宜，参照适用《上海证券交易所退市整理期业务实施细则》的有关规定。

第八节　主动终止上市

12.8.1　上市公司出现下列情形之一的，可以向本所申请主动终止上市：

（一）上市公司股东大会决议主动撤回其股票在本所的交易，并决定不再在本所交易；

（二）上市公司股东大会决议主动撤回其股票在本所的交易，并转而申请在其他交易场所交易或转让；

（三）上市公司向所有股东发出回购全部股份或部分股份的要约，导致公司股本总额、股权分布等发生变化不再具备上市条件；

（四）上市公司股东向所有其他股东发出收购全部股份或部分股份的要约，导致公司股本总额、股权分布等发生变化不再具备上市条件；

（五）除上市公司股东外的其他收购人向所有股东发出收购全部股份或部分股份的要约，导致公司股本总额、股权分布等发生变化不再具备上市条件；

（六）上市公司因新设合并或者吸收合并，不再具有独立法人资格并被注销；

（七）上市公司股东大会决议公司解散；

（八）中国证监会和本所认可的其他主动终止上市情形。

12.8.2　前条第一项、第二项规定的股东大会决议事项，除须经出席会议的全体股东所持有效表决权的三分之二以上通过外，还须经出席会议的除下列股东以外的其他股东所持有效表决权的三分之二以上通过：

（一）上市公司的董事、监事、高级管理人员；

（二）单独或者合计持有上市公司 5% 以上股份的股东。

12.8.3　上市公司应当在第 12.8.1 条第一项、第二项规定的股东大会召开通知发布之前，充分披露主动终止上市方案、退市原因及退市后的发展战略，包括并购重组安排、经营发展计划、异议股东保护的专项说明等。

独立董事应当就上述事项是否有利于公司长远发展和全体股东利益充分征询中小股东意见，在此基础上发表独立意见，独立董事意见应当与股东大会召开通知一并公告。

上市公司应当聘请财务顾问和律师事务所为主动终止上市提供专业服务，发表专业意见并与股东大会召开通知一并公告。

股东大会对主动终止上市事项进行审议后，上市公司应当及时披露股东大会决议公告，说明议案的审议及通过情况。

12.8.4 上市公司因第12.8.1条第三项至第七项规定的回购、收购、公司合并以及自愿解散等情形引发主动终止上市的，应当遵守《公司法》《证券法》《上市公司收购管理办法》《重组办法》等有关规定及本所相关业务规则，严格履行决策、实施程序和信息披露义务，并及时向本所申请公司股票停牌或复牌。

上市公司以自愿解散形式申请主动终止上市的，除遵守法律法规等有关规定外，还应遵守第12.8.2条和第12.8.3条的规定。

12.8.5 上市公司因收购人履行要约收购义务，或收购人以终止公司上市地位为目的而发出全面要约的，要约收购期满至要约收购结果公告前，公司股票应当停牌。

根据收购结果，被收购上市公司股权分布不具备上市条件，上市公司应当按照下列情形分别处理：

（一）收购人以终止上市公司上市地位为目的的，按照第12.8.1条第四项或者第五项情形相应的退市程序执行，公司股票应当于要约结果公告日继续停牌，直至本所终止其股票上市；

（二）收购人不以终止上市公司上市地位为目的的，按照第12.5.1条第四项情形相应的程序执行。

12.8.6 上市公司根据第12.8.1条第一项、第二项规定的情形，申请主动终止上市的，应当向本所申请其股票自股东大会股权登记日的次一交易日起停牌，并于股东大会作出终止上市决议后的15个交易日内，向本所提交主动终止上市申请。

上市公司因第12.8.1条第三项至第七项规定的回购、收购、公司合并以及自愿解散等情形引发主动终止上市的，公司应当按照相关规定，及时向本所提交主动终止上市申请。

公司应当在提出申请后，及时发布相关公告。

12.8.7 上市公司向本所提出主动终止上市申请的，应当提交下列文件：

（一）主动终止上市申请书；

（二）董事会决议及独立董事意见（如适用）；

（三）股东大会决议（如适用）；

（四）主动终止上市的方案；

（五）主动终止上市后去向安排的说明；

（六）异议股东保护的专项说明；

（七）财务顾问出具的关于公司主动终止上市的专项意见；

（八）律师出具的关于公司主动终止上市的专项法律意见；

（九）本所要求的其他材料。

12.8.8 上市公司主动终止上市事项未获股东大会审议通过的，公司应当及时向本所申请其股票自股东大会决议公告之日起复牌。

12.8.9 本所在收到上市公司提交的主动终止上市申请文件之日后5个交易日内，作出是否受理的决定并通知公司。公司应当在收到决定后及时披露，并提示其股票是否存在可能终止上市的风险。

12.8.10 本所在受理上市公司主动终止上市申请之日后的15个交易日内，作出是否同意其股票终止上市的决定。在此期间，本所要求公司提供补充材料的，公司提供补充材料期间不计入上述作出有关决定的期限，但累计不得超过30个交易日。

因全面要约收购上市公司股份、实施以上市公司为对象的公司合并、上市公司全面回购股份，导致公司股票退出市场交易的，除另有规定外，本所在公司公告回购或者收购结果、完成合并交易之日起15个交易日内，作出是否终止其股票上市的决定。

12.8.11 本所上市委员会对上市公司股票主动终止上市事宜进行审议，重点从保护投资者特别是中小投资者权益的角度，在审查上市公司决策程序合规性的基础上，作出独立的专业判断并形成审核意见。

本所根据上市委员会的审核意见，作出是否终止股票上市的决定。

12.8.12 本所在作出终止股票上市的决定之日起2个交易日内通知公司并发布相关公告。

公司应当在收到本所关于终止其股票上市决定之日的次一交易日，披露股票终止上市公告。公司股票不进入退市整理期交易。

12.8.13 上市公司主动终止上市的，本所在公司公告股票终止上市决定之日起5个交易日内对其予以摘牌，公司股票终止上市。

12.8.14 上市公司主动终止上市的，公司及相关各方应当对公司股票退市后的转让或者交易、异议股东保护措施等作出妥善安排，保护投资者特别是中小投资者的合法权益。

12.8.15 主动终止上市公司可以选择在股份转让场所转让其股票，或者依法作出其他安排。

12.8.16 本所在作出同意或者不同意上市公司主动终止上市决定之日起15个交易日内，以及上市公司退出市场交易之日起15个交易日内，将上市公司主动终止上市的情况报告中国证监会。

第十三章 红筹企业和境内外事项的协调

第一节 红筹企业特别规定

13.1.1 红筹企业申请发行股票或者存托凭证并在科创板上市的，适用中国证监会、本所关于发行上市审核注册程序的规定。

13.1.2 红筹企业申请其在境内首次公开发行的股票上市的，应当根据《上海证券交易所科创板股票发行上市审核规则》的规定，取得本所出具的同意发行上市审核意见并由中国证监会作出同意注册决定。

红筹企业在境内发行存托凭证并上市的，还应当提交本次发行的存托凭证已经中国结算存管的证明文件、经签署的存托协议、托管协议文本以及托管人出具的存托凭证所对应基础证券的托管凭证等文件。

根据公司注册地公司法等法律法规和公司章程或者章程性文件（以下简称公司章程）规定，红筹企业无需就本次境内发行上市事宜提交股东大会审议的，其申请上市时可以不提交股东大会决议，但应当提交相关董事会决议。

13.1.3 红筹企业在境内发行股票或者存托凭证并在本所科创板上市，股权结构、公司治理、运行规范等事项适用境外注册地公司法等法律法规的，其投资者权益保护水平，包括资产收益、参与重大决策、剩余财产分配等权益，总体上应不低于境内法律法规规定的要求，并保障境内存托凭证持有人实际享有的权益与境外基础证券持有人的权益相当。

13.1.4 红筹企业提交的上市申请文件和持续信息披露文件，应当使用中文。

红筹企业和相关信息披露义务人应当按照中国证监会和本所规定，在中国证监会指定信息披露媒体和本所网站披露上市和持续信息披露文件。

13.1.5 红筹企业应当在境内设立证券事务机构，并聘任信息披露境内代表，负责办理公司股票或者存托凭证上市期间的信息披露和监管联络事宜。信息披露境内代表应当具备境内上市公司董事会秘书的相应任职能力，熟悉境内信息披露规定和要求，并能够熟练使用中文。

红筹企业应当建立与境内投资者、监管机构及本所的有效沟通渠道，按照规定保障境内投资者的合法权益，保持与境内监管机构及本所的畅通联系。

13.1.6 红筹企业具有协议控制架构或者类似特殊安排的，应当充分、详细披露相关情况，特别是风险、公司治理等信息，以及依法落实保护投资者合法权益规定的各项措施。

红筹企业应当在年度报告中披露协议控制架构或者类似特殊安排在报告期内的实施和变化情况，以及该等安排下保护境内投资者合法权益有关措施的实施情况。

前款规定事项出现重大变化或者调整，可能对公司股票、存托凭证交易价格产生较大影响的，公司和相关信息披露义务人应当及时予以披露。

13.1.7 红筹企业进行本规则规定需提交股东大会审议的重大交易、关联交易等事项，可以按照其已披露的境外注册地公司法等法律法规和公司章程规定的权限和程序执行，法律法规另有规定的除外。

公司按照前款规定将相关事项提交股东大会审议的，应当及时予以披露。

13.1.8 红筹企业注册地公司法等法律法规或者实践中普遍认同的标准对公司董事会、独立董事职责有不同规定或者安排，导致董事会、独立董事无法按照本所规定履行职责或者发表意见的，红筹企业应当详细说明情况和原因，并聘请律师事务所就上述事项出具法律意见。

13.1.9 红筹企业在本所上市存托凭证的，应当在年度报告和中期报告中披露存托、托管相关安排在报告期内的实施和变化情况以及报告期末前10名境内存托凭证持有人的名单和持有量。发生下列情形之一的，公司应当及时披露：

（一）存托人、托管人发生变化；

（二）存托的基础财产发生被质押、挪用、司法冻结或者其他权属变化；

（三）对存托协议、托管协议作出重大修改；

（四）存托凭证与基础证券的转换比例发生变动；

（五）中国证监会和本所要求披露的其他情形。

红筹企业变更存托凭证与基础证券的转换比例的，应当经本所同意。

发生第一款第一项、第二项规定的情形，或者托管协议发生重大修改的，存托人应当及时告知红筹企业，公司应当及时进行披露。

13.1.10 红筹企业、存托人应当合理安排存托凭证持有人权利行使的时间和方式，保障其有足够时间和便利条件行使相应权利，并根据存托协议的约定及时披露存托凭证持有人权利行使的时间、方式、具体要求和权利行使结果。

公司、存托人通过本所或者本所子公司提供的网络系统征集存托凭证持有人投票意愿的，具体业务流程按照本所相关规定或者业务协议的约定办理，并由公司或者存托人按照存托协议的约定向市场公告。

13.1.11 红筹企业和相关信息披露义务人适用本规则相关信息披露要求和持续监管规定，可能导致其难以符合公司注册地、境外上市地有关规定及市场实践中普遍认同的标准的，可以向本所申请调整适用，但应当说明原因和替代方案，并聘请律师事务所出具法律意见。本所认为依法不应调整适用的，红筹企业和相关信息披露义务人应当执行本规则相关规定。

第二节 境内外事项的协调

13.2.1 在本所上市的公司同时有证券在境外证券交易所上市的，应当保证将境外证券交易所要求披露的信息，及时向本所报告，并同时在指定媒体上按照本规则规定披露。

13.2.2 上市公司就同一事件向境外证券交易所提供的报告和公告应当与向本所提供的内容一致。出现重大差异时，公司应当向本所作出专项说明，并按照本所要求披露更正或补充公告。

13.2.3 上市公司股票及其衍生品种被境外证券交易所停牌的，应当及时向本所报告停牌的事项和原因，并提交是否需要向本所申请停牌的书面说明。

13.2.4 本章未尽事宜，适用有关法律法规和本所与其他证券交易所签署的监管合作备忘录以及其他相关规定。

第十四章 日常监管和违反本规则的处理

第一节 日常监管

14.1.1 本所可对本规则第 1.4 条、第 1.5 条规定的机构及其相关人员

（以下统称监管对象），单独或者合并采取下列日常工作措施：

（一）要求对有关问题作出解释和说明；

（二）要求提供相关备查文件或材料；

（三）要求聘请保荐机构、相关证券服务机构发表意见；

（四）约见有关人员；

（五）调阅、查看工作底稿、证券业务活动记录及相关资料；

（六）发出规范运作建议书；

（七）向中国证监会报告有关情况；

（八）向有关单位通报相关情况；

（九）其他措施。

14.1.2 本所可以对上市公司、保荐机构、证券服务机构等主体（以下统称检查对象）进行现场检查，相关主体应当积极配合。

前款所述现场检查，是指本所在检查对象的生产、经营、管理场所以及其他相关场所，采取查阅、复制文件和资料、查看实物、谈话及询问等方式，对检查对象的信息披露、公司治理等规范运作情况或者履职情况进行监督检查的行为。

14.1.3 本所认为必要的，可以公开对监管对象采取的日常工作措施，上市公司应当按照本所要求及时披露有关事项。

第二节 违反本规则的处理

14.2.1 监管对象违反本规则的，本所可以视情节轻重，对其单独或者合并采取监管措施或者实施纪律处分。

14.2.2 本所可以根据本规则及本所其他有关规定，视情节轻重对监管对象采取下列监管措施：

（一）口头警示；

（二）书面警示；

（三）监管谈话；

（四）要求限期改正；

（五）要求公开更正、澄清或说明；

（六）要求公开致歉；

（七）要求聘请保荐机构、证券服务机构进行核查并发表意见；

（八）要求限期参加培训或考试；

（九）要求限期召开投资者说明会；

（十）要求上市公司董事会追偿损失；

（十一）对未按要求改正的上市公司股票实施停牌；

（十二）对未按要求改正的上市公司暂停适用信息披露直通车业务；

（十三）建议上市公司更换相关任职人员；

（十四）向相关主管部门出具监管建议函；

（十五）本所规定的其他监管措施。

14.2.3 发行人、上市公司、相关信息披露义务人及相关人员未能履行信息披露义务，或者信息披露不符合真实、准确、完整、及时、公平要求，或者存在违反本规则、向本所作出的承诺的其他情形的，本所可以视情节轻重实施下列纪律处分：

（一）通报批评；

（二）公开谴责；

（三）收取惩罚性违约金。

14.2.4 上市公司控股股东、实际控制人存在下列情形之一的，本所可以视情节轻重实施第14.2.5条规定的纪律处分：

（一）拒不履行或者拒不配合上市公司履行信息披露义务；

（二）违反法律法规、本规则及本所其他规定、公司章程，直接或间接干预公司决策和经营活动；

（三）利用控股、控制地位，侵害上市公司财产权利，谋取上市公司商业机会，损害上市公司和中小股东合法利益；

（四）违反向上市公司或者其他股东作出的承诺；

（五）违反本规则规定或者向本所作出的承诺的其他情形。

14.2.5 上市公司董事、监事、高级管理人员未能履行忠实、勤勉义务，或者存在违反本规则、向本所作出的承诺的其他情形的，本所可以视情节轻重实施下列纪律处分：

（一）通报批评；

（二）公开谴责；

（三）公开认定其3年以上不适合担任上市公司董事、监事、高级管理人员、董事会秘书；

（四）收取惩罚性违约金。

14.2.6 破产管理人和破产管理人成员违反本规则规定的，本所可以视情节轻重实施下列纪律处分：

（一）通报批评；

（二）公开谴责；

（三）建议法院更换破产管理人或破产管理人成员。

14.2.7　上市公司股东减持股份违反本规则，或者通过交易、转让或者其他安排规避本规则的，本所可以采取书面警示、通报批评、公开谴责、限制交易等监管措施或者纪律处分。

违规减持行为导致股价异常波动、严重影响市场交易秩序或者损害投资者利益的，本所从重予以处分。

14.2.8　保荐机构、保荐代表人、证券服务机构及其相关人员未按本规则履行职责，或者履行职责过程中未能诚实守信、勤勉尽责的，本所可以根据情节轻重，对其采取口头警示、书面警示、监管谈话、要求限期改正等相应监管措施或者实施通报批评、公开谴责等纪律处分。

前款规定的主体制作或者出具的文件存在虚假记载、误导性陈述或者重大遗漏的，本所可以采取3个月至3年内不接受保荐机构、证券服务机构提交的申请文件或信息披露文件，1年至3年内不接受保荐代表人及其他相关人员、证券服务机构相关人员签字的申请文件或者信息披露文件的纪律处分。

14.2.9　上市公司出现下列情形之一，保荐机构、保荐代表人未能诚实守信、勤勉尽责的，本所可以根据情节轻重，对相关机构及其人员采取前条规定的监管措施或者纪律处分：

（一）信息披露文件存在虚假记载、误导性陈述或者重大遗漏；

（二）控股股东、实际控制人或其他关联方违规占用上市公司资金；

（三）董事、监事、高级管理人员因侵害上市公司利益受到行政处罚或者被追究刑事责任；

（四）违规提供担保；

（五）违反规范运作和信息披露相关规定的其他情形。

14.2.10　纪律处分由本所根据纪律处分委员会的意见作出决定并实施，监管措施由本所或者本所公司监管部门根据相关规则的规定作出决定并实施。

14.2.11　纪律处分对象对本所纪律处分意向书有异议的，可以按照本所关于听证程序的相关规定，向本所提出听证要求。

14.2.12　纪律处分对象不服本所纪律处分决定的，可以按照本所关于复核程序的相关规定，向本所复核委员会申请复核。复核期间不停止该处分决定的执行。

14. 2. 13　本所建立监管对象诚信公示制度，公开对监管对象实施监管措施或纪律处分的情况，记入诚信档案，并向中国证监会报告。

本所可以要求监管对象在中国证监会指定媒体或本所网站就被实施监管措施或纪律处分的相关情况作出公告。

14. 2. 14　监管对象被本所实施监管措施或者纪律处分，本所要求其自查整改的，监管对象应当及时报送并按要求披露相关自查整改报告。

第十五章　释　　义

15. 1　本规则下列用语含义如下：

（一）上市公司，指其股票、存托凭证及其衍生品种在本所科创板上市的股份有限公司。

（二）上市时未盈利，指公司上市前一个会计年度经审计扣除非经常性损益前后净利润孰低者为负。

（三）实现盈利，指上市时未盈利的科创企业上市后首次在一个完整会计年度实现盈利。

（四）协议控制架构，指红筹企业通过协议方式实际控制境内实体运营企业的一种投资结构。

（五）红筹企业，指注册地在境外，主要经营活动在境内的企业。

（六）相关信息披露义务人，指发行人、上市公司的董事、监事、高级管理人员、核心技术人员、股东或存托凭证持有人、实际控制人、收购人及其相关人员、重大资产重组交易对方及其相关人员、破产管理人及其成员等。

（七）及时，指自起算日起或触及本规则披露时点的 2 个交易日内。

（八）披露，指上市公司或相关信息披露义务人按法律法规、本规则及本所其他规定在本所网站和其他指定媒体上公告信息。

（九）直通车业务，指上市公司按照本规则的规定，通过本所信息披露系统自行登记和上传信息披露文件，并直接提交至本所网站及其他指定媒体进行披露的信息披露方式。

（十）高级管理人员，指公司经理、副经理、董事会秘书、财务负责人及公司章程规定的其他人员。

（十一）控股股东，指其持有的股份占公司股本总额 50% 以上的股东，或者持有股份的比例虽然不足 50%，但依其持有的股份所享有的表决权已足以对股东大会的决议产生重大影响的股东。

（十二）实际控制人，指虽不是公司的股东，但通过投资关系、协议或者其他安排，能够实际支配公司行为的人。

（十三）上市公司控股子公司，指上市公司持有其50%以上的股份，或者能够决定其董事会半数以上成员的当选，或者通过协议或其他安排能够实际控制的公司。

（十四）上市公司的关联人，指具有下列情形之一的自然人、法人或其他组织：

1. 直接或者间接控制上市公司的自然人、法人或其他组织；

2. 直接或间接持有上市公司5%以上股份的自然人；

3. 上市公司董事、监事或高级管理人员；

4. 与本项第1目、第2目和第3目所述关联自然人关系密切的家庭成员，包括配偶、年满18周岁的子女及其配偶、父母及配偶的父母、兄弟姐妹及其配偶、配偶的兄弟姐妹、子女配偶的父母；

5. 直接持有上市公司5%以上股份的法人或其他组织；

6. 直接或间接控制上市公司的法人或其他组织的董事、监事、高级管理人员或其他主要负责人；

7. 由本项第1目至第6目所列关联法人或关联自然人直接或者间接控制的，或者由前述关联自然人（独立董事除外）担任董事、高级管理人员的法人或其他组织，但上市公司及其控股子公司除外；

8. 间接持有上市公司5%以上股份的法人或其他组织；

9. 中国证监会、本所或者上市公司根据实质重于形式原则认定的其他与上市公司有特殊关系，可能导致上市公司利益对其倾斜的自然人、法人或其他组织。

在交易发生之日前12个月内，或相关交易协议生效或安排实施后12个月内，具有前款所列情形之一的法人、其他组织或自然人，视同上市公司的关联方。

上市公司与本项第1目所列法人或其他组织直接或间接控制的法人或其他组织受同一国有资产监督管理机构控制的，不因此而形成关联关系，但该法人或其他组织的法定代表人、总经理、负责人或者半数以上董事兼任上市公司董事、监事或者高级管理人员的除外。

（十五）上市公司的关联董事包括下列董事或者具有下列情形之一的

董事：

1. 为交易对方；

2. 为交易对方的直接或者间接控制人；

3. 在交易对方任职，或者在能够直接或者间接控制该交易对方的法人或其他组织、该交易对方直接或者间接控制的法人或者其他组织任职；

4. 为与本项第 1 目和第 2 目所列自然人关系密切的家庭成员（具体范围参见前项第 4 目的规定）；

5. 为与本项第 1 目和第 2 目所列法人或者组织的董事、监事或高级管理人员关系密切的家庭成员（具体范围参见前项第 4 目的规定）；

6. 中国证监会、本所或者上市公司基于实质重于形式原则认定的其独立商业判断可能受到影响的董事。

（十六）上市公司的关联股东包括下列股东或者具有下列情形之一的股东：

1. 为交易对方；

2. 为交易对方的直接或者间接控制人；

3. 被交易对方直接或者间接控制；

4. 与交易对方受同一自然人、法人或者其他组织直接或者间接控制；

5. 因与交易对方或者其关联人存在尚未履行完毕的股权转让协议或者其他协议而使其表决权受到限制或影响的股东；

6. 中国证监会或者本所认定的可能造成上市公司利益对其倾斜的股东。

（十七）股权分布不具备上市条件，指社会公众股东持有的股份连续 20 个交易日低于公司总股本的 25%；公司股本总额超过人民币 4 亿元的，低于公司总股本的 10%。

上述社会公众股东指不包括下列股东的上市公司其他股东：

1. 持有上市公司 10% 以上股份的股东及其一致行动人；

2. 上市公司的董事、监事、高级管理人员及其关联人。

（十八）证券服务机构，指为证券发行、上市、交易等证券业务活动制作、出具审计报告、资产评估报告、法律意见书、财务顾问报告、资信评级报告等文件的会计师事务所、资产评估机构、律师事务所、财务顾问机构、资信评级机构。

（十九）净资产，指归属于母公司所有者的期末净资产，不包括少数股东权益金额。

（二十）净利润，指归属于母公司所有者的净利润，不包括少数股东损益金额。

（二十一）每股收益，指根据中国证监会有关规定计算的基本每股收益。

（二十二）净资产收益率，指根据中国证监会有关规定计算的全面摊薄净资产收益率。

（二十三）回购股份，指上市公司收购本公司发行的股份。

（二十四）破产程序，指《企业破产法》所规范的重整、和解或破产清算程序。

（二十五）破产管理人管理或监督运作模式，指根据《企业破产法》，经法院裁定由破产管理人负责管理上市公司财产和营业事务的运作模式或者由公司在破产管理人的监督下自行管理公司财产和营业事务的运作模式。

（二十六）追溯重述，指因财务会计报告存在重大会计差错或者虚假记载，公司主动改正或者被中国证监会责令改正后，对此前披露的年度财务会计报告进行的调整。

（二十七）公司股票停牌日，指本所对公司股票全天予以停牌的交易日。

（二十八）本规则所称以上、以内含本数，超过、少于、低于、以下不含本数。

本规则未定义的用语的含义，依照有关法律法规和本所有关业务规则确定。

第十六章　附　　则

16.1　可转换公司债券的上市和持续监管等事宜参照适用本规则关于股票的有关规定。

16.2　本规则经本所理事会审议通过并报中国证监会批准后生效，修订时亦同。

16.3　本规则由本所负责解释。

16.4　本规则自发布之日起施行。

4. 信息披露类

《科创板创新试点红筹企业财务报告信息披露指引》解读

科创板的信息披露要求主要规定在《上市规则》第五章至第九章。《科创板创新试点红筹企业财务报告信息披露指引》（以下简称《指引》）属于特别规定，就红筹企业补充财务信息涉及的财务指标及其调节信息、调节过程的披露事项进行了规定。

在境内公开发行股票或存托凭证并上市的红筹企业，采用等效会计准则或境外会计准则编制首次发行股票或存托凭证的申报财务报告，披露年度财务报告及按照相关规定需要参照年度财务报告披露有关财务信息时，适用《指引》。

根据《指引》，采用等效会计准则编制财务报告的红筹企业，应当根据《公开发行证券的公司信息披露编报规则第 24 号——科创板创新试点红筹企业财务报告信息特别规定》（以下简称《特别规定》）的要求，披露按照中国企业会计准则调节的关键财务指标。采用境外会计准则编制财务报告的红筹企业，应当根据《特别规定》的要求，披露按照中国企业会计准则调节的重述财务报表（合并资产负债表、合并利润表、合并现金流量表和合并所有者权益变动表）。

《指引》强调，上述两种情况的红筹企业应当以表格形式披露归属于母公司所有者权益和归属于母公司净利润按照中国企业会计准则调节的情况。

上海证券交易所关于发布《科创板创新试点红筹企业财务报告信息披露指引》的通知

（2019 年 3 月 15 日　上证发〔2019〕32 号）

各市场参与人：

为了规范在科创板公开发行证券并上市的创新试点红筹企业（以下简称红筹企业）的财务信息披露行为，保护红筹企业和投资者的合法权益，根据《公开发行证券的公司信息披露编报规则第 24 号——科创板创新试点红筹企业财务报告信息特别规定》及相关法律法规，上海证券交易所就红筹企业补充财务信息涉及的财务指标及其调节信息、调节过程的披露事项制定了《科创板创新试点红筹企业财务报告信息披露指引》（详见附件），经中国证监会同意，现予以发布，并自发布之日起施行。

特此通知。

附件：科创板创新试点红筹企业财务报告信息披露指引

科创板创新试点红筹企业财务报告信息披露指引

第一条　为了规范在科创板公开发行证券并上市的创新试点红筹企业（以下简称红筹企业）的财务信息披露行为，保护红筹企业和投资者的合法权益，根据《公开发行证券的公司信息披露编报规则第 24 号——科创板创新试点红筹企业财务报告信息特别规定》（以下简称《特别规定》）及相关法律法规，上海证券交易所（以下简称本所）制定本指引。

第二条　在境内公开发行股票或存托凭证并上市的红筹企业，采用等效会计准则或境外会计准则编制首次发行股票或存托凭证的申报财务报告，披露年度财务报告及按照相关规定需要参照年度财务报告披露有关财务信息时，适用本指引。

本指引所称等效会计准则，是指经财政部认可与中国企业会计准则等效的会计准则。

本指引所称境外会计准则，是指国际财务报告准则或美国会计准则。

第三条 采用等效会计准则编制财务报告的红筹企业，应当根据《特别规定》的要求，披露按照中国企业会计准则调节的关键财务指标。

采用境外会计准则编制财务报告的红筹企业，应当根据《特别规定》的要求，披露按照中国企业会计准则调节的重述财务报表（合并资产负债表、合并利润表、合并现金流量表和合并所有者权益变动表）。

采用等效会计准则或者境外会计准则编制财务报告的红筹企业，应当以表格形式披露归属于母公司所有者权益和归属于母公司净利润按照中国企业会计准则调节的情况，包括：

（一）调节前金额、调节项目的性质及其金额；

（二）调节后中国企业会计准则下的相应金额；

（三）对主要调节项目的解释说明，包括红筹企业实际采用

的原会计准则下的会计政策与中国企业会计准则的准则差异、影响金额等；

（四）本所或者会计师认为应当说明的其他事项。

第四条 红筹企业应当分类披露主要流动资产的期初、期末余额和资产减值准备于报告期内变动情况、计提减值准备的方法。

对于存货，应当披露主要的存货类别金额，如产成品、半成品、原材料等，并披露发出存货的计价方法。

对于与收入相关的应收款项，应当披露其账龄情况并汇总披露按欠款方归集的期末余额前5大应收款项情况。报告期末存在与收入无关的应收款项且金额较大的，应当说明形成的原因及对回收风险的判断情况。

第五条 红筹企业应当分类披露生产用长期资产成本、累计折旧、累计摊销和减值准备的期初、期末余额和报告期内变动情况，并披露计提资产减值准备的方法。

存在租入生产用长期资产的，应当披露租入资产的类别（按用途分类）及会计处理方法。

第六条 红筹企业应当披露生物资产的类别及分类标准，并分类披露生物资产的期初、期末余额。采用公允价值计量的，应当披露公允价值的确定方法。

第七条 红筹企业应当披露报告期内研发活动费用化与资本化情况。对于资本化的开发支出，应当披露资本化的起始时点、依据及截至报告期末的研发进度情况。

第八条 红筹企业应当按被投资单位披露对外权益投资（纳入合并范围的子公司和由金融工具准则规范的除外）的持股比例、会计核算方法、期初、期末余额和报告期内变动情况。对于重要的对外权益投资，应当披露被投资单位基本信息，包括企业名称、主要经营地及注册地、业务性质；还应当披露被投资单位的主要财务信息，包括净资产、净利润和营业收入等。

第九条 红筹企业应当披露所持各类金融资产的期初、期末余额。按公允价值计量的金融资产，应当披露其公允价值的确定方法；按摊余成本计量的金融资产和以公允价值计量且其变动计入其他综合收益的债务工具，应当披露减值准备的计提方法。

对发行的金融工具，如单项金额重大的，应当披露其基本条款特征，并披露作为金融负债和权益工具确认的依据以及所确认金融负债、权益工具的期初、期末余额。

第十条 红筹企业应当披露因抵押、质押或冻结等导致权利受到限制，以及存放在境外且资金汇回境内受限的资产情况，主要包括资产类别、金额及相关受限情况，并充分提示风险。

第十一条 红筹企业应当披露报告期内股份支付计划的基本情况、报告期内确认的股份支付费用金额及相关会计处理所涉及公允价值的确定方法。

第十二条 红筹企业应当分类列示预计负债期初、期末余额及形成原因，并披露资产负债表日存在的未确认预计负债的重大或有事项。

第十三条 红筹企业应当根据产生收入的具体业务类型分别披露相关收入确认的会计政策，披露各类业务在报告期内确认收入的金额。报告期内存在来源于关联方销售收入的，应当披露来源于关联方的销售收入金额及其占比。

第十四条 红筹企业应当分类披露经营活动、投资活动、筹资活动的现金流量情况。

第十五条 红筹企业应当披露重要子公司的基本信息，包括但不限于公司名称、主要经营地及注册地、业务性质、红筹企业的持股比例、取得方式；子公司的持股比例不同于表决权比例的，应当说明表决权比例及存在差异的原因；子公司的少数股东权益对红筹企业影响重大的，应当披露相关子公司的主要财务信息，包括净利润、净资产、资产总额和营业收入等。

第十六条 报告期内发生的重大企业合并交易，红筹企业应当披露其会计处理方法及对财务报表的影响。

红筹企业应当按被投资单位披露商誉的期初、期末余额和报告期内增减变动情况。商誉金额重大的，应当披露减值测试方法、所采用的重要假设、参数。如存在减值的，还应当披露减值准备的期初、期末余额和报告期内增减变动情况。

第十七条 红筹企业应当披露资产负债表日后发生的重大非调整事项，分析其对财务状况、经营成果的影响。

第十八条 前述第四条至第十七条规定的相关信息，红筹企业若已在其按照等效会计准则或境外会计准则编制的财务报告附注中披露的，无需另行披露。

第十九条 红筹企业应当按照中国企业会计准则和中国证监会的有关规定界定关联方，披露关联方情况，并分类披露销售、采购、租赁等关联方交易情况以及报告期末存在的与关联方应收应付款项余额。

第二十条 红筹企业应当根据中国证监会的有关规定，识别非经常性损益项目并披露按中国企业会计准则调节的非经常性损益项目及金额。

第二十一条 红筹企业应当根据中国证监会的有关规定计算和披露按中国企业会计准则调节的净资产收益率和每股收益。

第二十二条 红筹企业按照本指引编制补充财务信息或差异调节信息，存在实际困难导致不切实可行的，可向本所申请调整适用，但应当说明原因和替代方案。本所认为不应当调整适用的，红筹企业应当执行本指引相关规定。

第二十三条 除本指引规定事项外，如存在其他对投资者决策有影响的重要事项的，红筹企业应当披露具体交易事项、判断依据及相关会计处理。

第二十四条 本指引由本所负责解释。

第二十五条 本指引自发布之日起施行。

附件：合并财务报表中归属于母公司所有者权益、归属于母公司净利润的差异调节信息

附件：

合并财务报表中归属于母公司所有者权益、归属于母公司净利润的差异调节信息

	归属于母公司所有者权益		归属于母公司净利润	
	××年××月××日	××年××月××日	××年	××年
按等效会计准则或境外会计准则				
调增净资产/净利润的调节项目：				
1.				
2.				
……				
调减净资产/净利润的调节项目：				
1.				
2.				
……				
小计 少数股东权益/损益影响额				
按中国企业会计准则				

调节项目的说明如下：

1.

2.

……

5. 交易类

《上海证券交易所科创板股票交易特别规定》解读

科创板的交易制度在框架体例和基本制度上与《上海证券交易所交易规则》保持一致，但上交所也发布了《科创板股票交易特别规定》（以下简称《交易特别规定》）。《交易特别规定》集中体现科创板交易机制的差异化安排，在适用上优先于《上海证券交易所交易规则》。

科创板的交易机制所遵循的原则是防止过度投机炒作、促进市场平稳运行，保障市场流动性、提升定价效率，稳步推进，分批实施。《交易特别规定》针对科创企业的特点，对科创板交易制度作了差异化安排，主要包括如下六个方面：

一是引入投资者适当性制度。科创企业商业模式较新、业绩波动可能较大、经营风险较高，需要投资者具备相应的投资经验、资金实力、风险承受能力和价值判断能力。因此，要求个人投资者参与科创板股票交易，证券账户及资金账户的资产不低于人民币50万元并参与证券交易满24个月。未满足适当性要求的投资者，可通过购买公募基金等方式参与科创板。

二是适当放宽涨跌幅限制。科创企业具有投入大、迭代快等固有特点，股票价格容易发生较大波动。为此，在总结现有股票交易涨跌幅制度实施中的利弊得失基础上，将科创板股票的涨跌幅限制放宽至20%。此外，为尽快形成合理价格，新股上市后的前5个交易日不设涨跌幅限制。

三是引入盘后固定价格交易。盘后固定价格交易指在竞价交易结束后，投资者通过收盘定价委托，按照收盘价买卖股票的交易方式。盘后固定价格交易是盘中连续交易的有效补充，可以满足投资者在竞价撮合时段之外以确定性价格成交的交易需求，也有利于减少被动跟踪收盘价的大额交易对盘中交易价格的冲击。

四是优化融券交易机制。为了提高市场定价效率，着力改善“单边市”等问题，科创板将优化融券交易机制，科创板股票自上市后首个交易日起可作为融券标的，且融券标的证券选择标准将与主板A股有所差异。

五是调整和优化微观机制安排。包括调整单笔申报数量要求，不再要求单笔申报数量为100股及其整倍数，对于市价订单和限价订单，规定单笔申报数量应不小于200股，可按1股为单位进行递增；市价订单单笔申报最大数量为5万股，限价订单单笔申报最大数量为10万股。此外，可以根据市场情况，按照股价所处高低档位，实施不同的申报价格最小变动单位，以降低低价股的买卖价差，提升市场流动性；可以根据市场情况，对有效申报价格范围和盘中临时停牌情形作出另行规定，以防止过度投机炒作，维护正常交易秩序。

六是加强交易行为监督。为避免大单对股票二级市场交易秩序造成较大冲击，确立了审慎交易和分散化交易原则；强化了会员对客户异常交易行为的管理责任。

从《交易特别规定》可以看出，科创板交易方式跟主板现行方式不完全一致：

第一，交易方式种类有别。

科创板的交易方式将包括竞价交易、大宗交易、盘后固定价格交易。其中盘后固定价格交易是新增的，而且在竞价交易中，也新增了两种价格申报方式——本方最优价格申报与对手方最优价格申报。

相较于主板交易规则，科创板的交易方式都有所变化。具体而言，在竞价交易中，科创板的市价申报类型包括最优五档即时成交剩余撤销申报、最优五档即时成交剩余转限价申报、本方最优价格申报、对手方最优价格申报。其中后两种是主板所不具有的。本方最优价格申报的意思是该申报以其进入交易主机时，集中申报簿中本方最优报价为其申报价格；该申报进入交易主机时，集中申报簿中本方无申报的，申报自动撤销。对手方最优价格申报则反之，该申报以其进入交易主机时，集中申报簿中对手方最优报价为其申报价格；该申报进入交易主机时，集中申报簿中对手方无申报的，申报自动撤销。

第二，单笔申报数量范围不同。

科创板限价申报的单笔申报数量范围是200股≤单笔申报数量≤10万股，市价申报的单笔申报数量范围是200股≤单笔申报数量≤5万股，卖出时，余额不足200股的部分，应当一次性申报卖出。简单来说，就是每笔申报最少200股，而主板每笔最少100股。

第三，涨跌幅不同。

科创板规定首次公开发行上市的股票，上市后的前5个交易日不设价格涨跌幅限制；之后的涨跌幅限制为±20%。这一点和主板的±10%有差异。

第四，科创板的大宗交易与主板也有区别

主板中大宗交易的申报类型包括意向申报、成交申报、固定价格申报。意向申报时间为每个交易日9:30～11:30、13:00～15:30，成交申报时间为每个交易日15:00～15:30。而科创板大宗交易只有意向申报和成交申报，申报时间为每个交易日9:30～11:30、13:00～15:30。

上海证券交易所关于发布《上海证券交易所科创板股票交易特别规定》的通知

（2019年3月1日　上证发〔2019〕23号）

各市场参与人：

为了规范上海证券交易所（以下简称本所）科创板股票交易行为，维护证券市场秩序，保护投资者合法权益，根据《中华人民共和国证券法》《关于在上海证券交易所设立科创板并试点注册制的实施意见》《证券交易所管理办法》等法律法规及《上海证券交易所交易规则》等业务规则，本所制定了《上海证券交易所科创板股票交易特别规定》（以下简称《交易特别规定》，详见附件），现予以发布，自发布之日起施行，并将有关事项通知如下：

一、本所每个交易日接受科创板股票大宗交易成交申报的时间为9:30至11:30、13:00至15:30。

二、科创板股票大宗交易不适用《上海证券交易所交易规则》中关于固定价格申报相关规定。

三、《交易特别规定》第二十二条第一款第一项所称“基准指数”，在科创板指数发布前为上证综指。

特此通知。

附件：上海证券交易所科创板股票交易特别规定

上海证券交易所科创板股票交易特别规定

第一章 总 则

第一条 为了规范上海证券交易所（以下简称本所）科创板股票交易行为，维护证券市场秩序，保护投资者合法权益，根据《中华人民共和国证券法》《关于在上海证券交易所设立科创板并试点注册制的实施意见》《证券交易所管理办法》等法律法规及《上海证券交易所交易规则》（以下简称《交易规则》）等业务规则，制定本规定。

第二条 在本所科创板上市的股票和存托凭证的交易，适用本规定。本规定未作规定的，适用《交易规则》及本所其他有关规定。

第二章 投资者适当性管理

第三条 科创板股票交易实行投资者适当性管理制度。

会员应当制定科创板股票投资者适当性管理的相关工作制度，对投资者进行适当性管理。

参与科创板股票交易的投资者应当符合本所规定的适当性管理要求，个人投资者还应当通过会员组织的科创板股票投资者适当性综合评估。

第四条 个人投资者参与科创板股票交易，应当符合下列条件：

（一）申请权限开通前20个交易日证券账户及资金账户内的资产日均不低于人民币50万元（不包括该投资者通过融资融券融入的资金和证券）；

（二）参与证券交易24个月以上；

（三）本所规定的其他条件。

机构投资者参与科创板股票交易，应当符合法律法规及本所业务规则的规定。

本所可根据市场情况对上述条件作出调整。

第五条 会员应当对投资者是否符合科创板股票投资者适当性条件进行核查，并对个人投资者的资产状况、投资经验、风险承受能力和诚信状况等进行综合评估。

会员应当重点评估个人投资者是否了解科创板股票交易的业务规则与流程，以及是否充分知晓科创板股票投资风险。

会员应当动态跟踪和持续了解个人投资者交易情况，至少每两年进行一次风险承受能力的后续评估。

第六条　会员应当全面了解参与科创板股票交易的投资者情况，提出明确的适当性匹配意见，不得接受不符合适当性管理要求的投资者参与科创板股票交易。

第七条　会员应当通过适当方式，向投资者充分揭示科创板股票交易风险事项，提醒投资者关注投资风险，引导其理性、规范地参与科创板股票交易。

会员应当要求首次委托买入科创板股票的客户，以纸面或电子形式签署科创板股票交易风险揭示书，风险揭示书应当充分揭示科创板的主要风险特征。客户未签署风险揭示书的，会员不得接受其申购或者买入委托。

第八条　投资者应当充分知悉和了解科创板股票交易风险事项、法律法规和本所业务规则，结合自身风险认知和承受能力，审慎判断是否参与科创板股票交易。

第三章　交易特别规定

第一节　交易一般事项

第九条　投资者参与科创板股票交易，应当使用沪市A股证券账户。

第十条　投资者通过以下方式参与科创板股票交易：

（一）竞价交易；

（二）盘后固定价格交易；

（三）大宗交易。

盘后固定价格交易，指在收盘集合竞价结束后，本所交易系统按照时间优先顺序对收盘定价申报进行撮合，并以当日收盘价成交的交易方式。盘后固定价格交易的具体事宜由本所另行规定。

第十一条　科创板股票申报价格最小变动单位适用《交易规则》相关规定。本所可以依据股价高低，实施不同的申报价格最小变动单位，具体事宜由本所另行规定。

第十二条　科创板股票交易实行竞价交易，条件成熟时引入做市商机制，做市商可以为科创板股票提供双边报价服务。

做市商应当根据本所业务规则和做市协议，承担为科创板股票提供双边持续报价、双边回应报价等义务。

科创板股票做市商的条件、权利、义务以及监督管理等事宜，由本所另行规定，并经中国证监会批准后生效。

第十三条 科创板股票自上市首日起可作为融资融券标的。

证券公司可以按规定借入科创板股票，具体事宜另行规定。

第十四条 科创板存托凭证在本所上市交易，以份为单位，以人民币为计价货币，计价单位为每份存托凭证价格。

科创板存托凭证交易的其他相关事宜，按照本规定、《交易规则》以及本所关于股票交易的其他相关规定执行。

第十五条 本所可以通过适当方式，对上市时尚未盈利以及具有表决权差异安排的发行人的股票或者存托凭证作出相应标识。

第二节 竞价交易

第十六条 根据市场需要，本所可以接受下列方式的市价申报：

（一）最优五档即时成交剩余撤销申报；

（二）最优五档即时成交剩余转限价申报；

（三）本方最优价格申报，即该申报以其进入交易主机时，集中申报簿中本方最优报价为其申报价格；

（四）对手方最优价格申报，即该申报以其进入交易主机时，集中申报簿中对手方最优报价为其申报价格；

（五）本所规定的其他方式。

本方最优价格申报进入交易主机时，集中申报簿中本方无申报的，申报自动撤销。

对手方最优价格申报进入交易主机时，集中申报簿中对手方无申报的，申报自动撤销。

第十七条 市价申报适用于有价格涨跌幅限制股票与无价格涨跌幅限制股票连续竞价期间的交易。

第十八条 本所对科创板股票竞价交易实行价格涨跌幅限制，涨跌幅比例为20%。

科创板股票涨跌幅价格的计算公式为：涨跌幅价格 = 前收盘价 × （1 ± 涨跌幅比例）。

首次公开发行上市的股票，上市后的前5个交易日不设价格涨跌幅限制。

第十九条 本所可以对科创板股票的有效申报价格范围和盘中临时停牌

情形等另行作出规定，并根据市场情况进行调整。

第二十条 通过限价申报买卖科创板股票的，单笔申报数量应当不小于200股，且不超过10万股；通过市价申报买卖的，单笔申报数量应当不小于200股，且不超过5万股。卖出时，余额不足200股的部分，应当一次性申报卖出。

第三节 其他交易事项

第二十一条 有价格涨跌幅限制的股票竞价交易出现下列情形之一的，本所公布当日买入、卖出金额最大的5家会员营业部的名称及其买入、卖出金额：

（一）日收盘价格涨跌幅达到±15%的各前5只股票；

（二）日价格振幅达到30%的前5只股票，价格振幅的计算公式为：价格振幅=（当日最高价格－当日最低价格）/当日最低价格×100%；

（三）日换手率达到30%的前5只股票，换手率的计算公式为：换手率=成交股数/无限售流通股数×100%。

收盘价格涨跌幅、价格振幅或换手率相同的，依次按成交金额和成交量选取。

第二十二条 股票竞价交易出现下列情形之一的，属于异常波动，本所公告该股票交易异常波动期间累计买入、卖出金额最大5家会员营业部的名称及其买入、卖出金额：

（一）连续3个交易日内日收盘价格涨跌幅偏离值累计达到±30%；

收盘价格涨跌幅偏离值为单只股票涨跌幅与对应基准指数涨跌幅之差。基准指数由本所向市场公告。

（二）中国证监会或者本所认定属于异常波动的其他情形。

异常波动指标自公告之日起重新计算。

无价格涨跌幅限制的股票不纳入异常波动指标的计算。

本所可以根据市场情况，调整异常波动的认定标准。

第二十三条 投资者应当按照本所相关规定，审慎开展股票交易，不得滥用资金、持股等优势进行集中交易，影响股票交易价格正常形成机制。

可能对市场秩序造成重大影响的大额交易，投资者应当选择适当的交易方式，根据市场情况分散进行。

第二十四条 会员应当建立有效的客户交易监控系统，设定相应的监控指标和预警参数，对客户的交易行为进行监督和管理，确保申报的价格、数量等符合本所规定，且不对市场价格产生不适当的影响。

对可能严重影响交易秩序的异常交易行为，会员应当根据与客户的协议拒绝接受其委托，并及时向本所报告。

投资者存在严重异常交易行为的，或者会员未按规定对客户交易行为进行管理的，本所可以根据《交易规则》《上海证券交易所会员管理规则》等规则实施相关纪律处分或者监管措施。涉嫌违法的，依法将相关线索上报中国证监会。

第四章 附 则

第二十五条 本规定经本所理事会审议通过，报中国证监会批准后生效，修改时亦同。

第二十六条 本规定由本所负责解释。

第二十七条 本规定自发布之日起施行。

《上海证券交易所科创板股票盘后固定价格交易指引》解读

盘后固定价格交易，指在收盘集合竞价结束后，交易所交易系统按照时间优先顺序对收盘定价申报进行撮合，并以当日收盘价成交的交易方式。这里的“固定价格”即收盘价。

1. 每个交易日的15:05至15:30为盘后固定价格交易时间，即科创板在收盘（15:00）后增加25分钟的固定价格交易时间。即盘后固定价格交易时间为15:05至15:30的25分钟。

2. 接受交易参与人收盘定价申报的时间比主板延后半小时，即为每个交易日9:30至11:30、13:00至15:30。而主板的交易申报时间为：9:15至9:25为集合竞价阶段，可申报但不成交；9:30至11:30、13:00至15:00为开盘阶段，可申报，可成交；一天交易四个小时。

3. 接受申报的时间内，未成交的申报可以撤销。撤销指令经交易所交易主机确认方为有效。

4. 收盘定价申报为限价申报。若收盘价高于收盘定价买入申报指令的限价，则该笔买入申报无效；若收盘价低于收盘定价卖出申报指令的限价，则该笔卖出申报无效。而且单笔申报数量不得小于200股，且不超过100万股。卖出时，余额不足200股的部分，应当一次性申报卖出。

5. 每个交易日9:30至15:05，收盘定价申报不纳入即时行情；15:05至15:30，盘后固定价格交易阶段的申报及成交纳入即时行情。

盘后固定价格交易是对盘中连续交易的有效补充，不仅可以满足投资者在竞价撮合时段之外以确定性价格成交的交易需求，也有利于减少被动跟踪收盘价的大额交易对盘中交易价格的冲击。

上海证券交易所关于发布《上海证券交易所科创板股票盘后固定价格交易指引》的通知

（2019年3月1日　上证发〔2019〕26号）

各市场参与人：

为了规范上海证券交易所（以下简称本所）科创板股票盘后固定价格交易行为，维护证券市场秩序，保护投资者合法权益，根据《上海证券交易所交易规则》《上海证券交易所科创板股票交易特别规定》等业务规则，本所制定了《上海证券交易所科创板股票盘后固定价格交易指引》（详见附件），现予以发布，并自发布之日起施行。

特此通知。

附件：上海证券交易所科创板股票盘后固定价格交易指引

上海证券交易所科创板股票盘后固定价格交易指引

第一条　为了规范上海证券交易所（以下简称本所）科创板股票盘后固定价格交易行为，维护证券市场秩序，保护投资者合法权益，根据《上海证券交易所交易规则》（以下简称《交易规则》）《上海证券交易所科创板股票交易特别规定》（以下简称《交易特别规定》）等业务规则，制定本指引。

第二条　在本所科创板上市的股票和存托凭证（以下统称股票）的盘后

固定价格交易，适用本指引。本指引未作规定的，适用《交易规则》《交易特别规定》及本所其他有关规定。

第三条　盘后固定价格交易，指在收盘集合竞价结束后，本所交易系统按照时间优先顺序对收盘定价申报进行撮合，并以当日收盘价成交的交易方式。

每个交易日的15:05至15:30为盘后固定价格交易时间，当日15:00仍处于停牌状态的股票不进行盘后固定价格交易。

第四条　本所接受交易参与人收盘定价申报的时间为每个交易日9:30至11:30、13:00至15:30。

开市期间停牌的，停牌期间可以继续申报。停牌当日复牌的，已接受的申报参加当日该股票复牌后的盘后固定价格交易。当日15:00仍处于停牌状态的，本所交易主机后续不再接受收盘定价申报，当日已接受的收盘定价申报无效。

接受申报的时间内，未成交的申报可以撤销。撤销指令经本所交易主机确认方为有效。

第五条　客户通过盘后固定价格交易买卖科创板股票的，应当向会员提交收盘定价委托指令。

收盘定价委托指令应当包括：证券账户号码、证券代码、买卖方向、限价、委托数量等内容。

第六条　本所盘后固定价格交易接受交易参与人的收盘定价申报。

收盘定价申报指令应当包括证券账号、证券代码、营业部代码、买卖方向、限价、数量等内容。

若收盘价高于收盘定价买入申报指令的限价，则该笔买入申报无效；若收盘价低于收盘定价卖出申报指令的限价，则该笔卖出申报无效。

第七条　通过收盘定价申报买卖科创板股票的，单笔申报数量应当不小于200股，且不超过100万股。

卖出时，余额不足200股的部分，应当一次性申报卖出。

第八条　收盘定价申报当日有效。

第九条　盘后固定价格交易阶段，本所以收盘价为成交价、按照时间优先原则对收盘定价申报进行逐笔连续撮合。

第十条　每个交易日9:30至15:05，收盘定价申报不纳入即时行情；15:05至15:30，盘后固定价格交易阶段的申报及成交纳入即时行情。

即时行情内容包括：证券代码、证券简称、收盘价、盘后固定价格交易当日累计成交数量、盘后固定价格交易当日累计成交金额以及买入或卖出的实时申报数量。

第十一条 盘后固定价格交易量、成交金额在盘后固定价格交易结束后计入该股票当日总成交量、总成交金额。

第十二条 通过盘后固定价格交易减持股份的，视同竞价交易执行股份减持的相关规定。

第十三条 本指引由本所负责解释。

第十四条 本指引自发布之日起施行。

《上海证券交易所科创板股票交易风险揭示书必备条款》解读

《上海证券交易所科创板股票交易风险揭示书必备条款》（以下简称《必备条款》）总结了科创板的18项特殊风险（第19条不属于科创板的特殊风险）。这18项特殊风险也即科创板的18项特殊性制度。择其要者有：

1. 科创板企业风险高、不确定性大。

2. 科创板企业可能存在上市后仍无法盈利、持续亏损、无法进行利润分配等情形。

3. 科创板新股发行价格、规模、节奏等坚持市场化导向，询价、定价、配售等环节由机构投资者主导，个人投资者无法直接参与发行定价，发行定价难度较大，股价波动大。

4. 预计发行后总市值可能不满足发行人在招股说明书中明确选择的市值与财务指标上市标准，存在中止发行的风险。

5. 科创板股票网上发行比例、网下向网上回拨比例、申购单位、投资风险特别公告发布等与目前上交所主板股票发行规则存在差异。

6. 首次公开发行股票时，可以采用超额配售选择权，即发行人增发股票的可能性。但采用超额配售选择权发行股票数量不得超过首次公开发行股票数量的15%（详见《上海证券交易所科创板股票发行与承销实施办法》第二十一条）。

7. 科创板退市制度更严格，退市时间更短，退市速度更快，退市情形更多，执行标准更严。

8. 科创板制度允许上市公司设置表决权差异安排，控制权相对集中的风险更大，代理问题更为严重。

9. 科创板上市公司的股权激励制度更为灵活，实施股权激励可能导致公司实际上市交易的股票数量超过首次公开发行时的数量。

10. 科创板股票竞价交易设置较宽的涨跌幅限制。

11. 科创板股票交易的单笔申报数量、最小价格变动单位、有效申报价格范围等与上交所主板市场股票交易存在差异。

12. 科创板股票交易方式包括竞价交易、盘后固定价格交易及大宗交易，不同交易方式的交易时间、申报要求、成交原则等存在差异。

13. 科创板股票上市首日即可作为融资融券标的。

14. 科创板股票交易盘中临时停牌情形和严重异常波动股票核查制度与上交所主板市场规定不同。

15. 符合相关规定的红筹企业可以在科创板上市。红筹企业在境外注册，可能采用协议控制架构。红筹企业可以发行股票或存托凭证在科创板上市。

上海证券交易所关于发布《上海证券交易所科创板股票交易风险揭示书必备条款》的通知

（2019年3月1日　上证发〔2019〕27号）

各市场参与人：

为了规范证券公司开展上海证券交易所（以下简称本所）科创板业务，使投资者充分了解科创板股票和存托凭证（以下统称科创板股票）交易的相关风险，本所制定了《上海证券交易所科创板股票交易风险揭示书必备条款》（以下简称《必备条款》，详见附件）。现予以发布，并自发布之日起施行，请遵照执行。

证券公司应当根据《必备条款》，制定《科创板股票交易风险揭示书》，并严格按照《上海证券交易所科创板股票交易特别规定》等相关规定，制定科创板股票投资者适当性管理相关工作制度，向投资者充分揭示科创板股票交易风险事项，提醒投资者关注投资风险，切实做好适当性管理工作，并切实采取措施了解投资者对风险的认知程度。

特此通知。

附件：上海证券交易所科创板股票交易风险揭示书必备条款

上海证券交易所科创板股票交易风险揭示书必备条款

为了使投资者充分了解上海证券交易所（以下简称上交所）科创板股票或存托凭证（以下统称科创板股票）交易（含发行申购）的相关风险，开展科创板股票经纪业务的证券公司应当制定《科创板股票交易风险揭示书》（以下简称《风险揭示书》），向参与科创板股票交易的投资者充分揭示风险。《风险揭示书》应当至少包括下列内容：

一、科创板企业所处行业和业务往往具有研发投入规模大、盈利周期长、技术迭代快、风险高以及严重依赖核心项目、核心技术人员、少数供应商等特点，企业上市后的持续创新能力、主营业务发展的可持续性、公司收入及盈利水平等仍具有较大不确定性。

二、科创板企业可能存在首次公开发行前最近3个会计年度未能连续盈利、公开发行并上市时尚未盈利、有累计未弥补亏损等情形，可能存在上市后仍无法盈利、持续亏损、无法进行利润分配等情形。

三、科创板新股发行价格、规模、节奏等坚持市场化导向，询价、定价、配售等环节由机构投资者主导。科创板新股发行全部采用询价定价方式，询价对象限定在证券公司等七类专业机构投资者，而个人投资者无法直接参与发行定价。同时，因科创板企业普遍具有技术新、前景不确定、业绩波动大、风险高等特征，市场可比公司较少，传统估值方法可能不适用，发行定价难度较大，科创板股票上市后可能存在股价波动的风险。

四、初步询价结束后，科创板发行人预计发行后总市值不满足其在招股说明书中明确选择的市值与财务指标上市标准的，将按规定中止发行。

五、科创板股票网上发行比例、网下向网上回拨比例、申购单位、投资风险特别公告发布等与目前上交所主板股票发行规则存在差异，投资者应当在申购环节充分知悉并关注相关规则。

六、首次公开发行股票时，发行人和主承销商可以采用超额配售选择权，不受首次公开发行股票数量条件的限制，即存在超额配售选择权实施结束后，发行人增发股票的可能性。

七、科创板退市制度较主板更为严格，退市时间更短，退市速度更快；退市情形更多，新增市值低于规定标准、上市公司信息披露或者规范运作存在重大缺陷导致退市的情形；执行标准更严，明显丧失持续经营能力，仅依赖与主业无关的贸易或者不具备商业实质的关联交易维持收入的上市公司可能会被退市。

八、科创板制度允许上市公司设置表决权差异安排。上市公司可能根据此项安排，存在控制权相对集中，以及因每一特别表决权股份拥有的表决权数量大于每一普通股份拥有的表决权数量等情形，而使普通投资者的表决权利及对公司日常经营等事务的影响力受到限制。

九、出现《上海证券交易所科创板股票上市规则》以及上市公司章程规定的情形时，特别表决权股份将按 1∶1 的比例转换为普通股份。股份转换自相关情形发生时即生效，并可能与相关股份转换登记时点存在差异。投资者需及时关注上市公司相关公告，以了解特别表决权股份变动事宜。

十、相对于主板上市公司，科创板上市公司的股权激励制度更为灵活，包括股权激励计划所涉及的股票比例上限和对象有所扩大、价格条款更为灵活、实施方式更为便利。实施该等股权激励制度安排可能导致公司实际上市交易的股票数量超过首次公开发行时的数量。

十一、科创板股票竞价交易设置较宽的涨跌幅限制，首次公开发行上市的股票，上市后的前 5 个交易日不设涨跌幅限制，其后涨跌幅限制为 20%，投资者应当关注可能产生的股价波动的风险。

十二、科创板在条件成熟时将引入做市商机制，请投资者及时关注相关事项。

十三、投资者需关注科创板股票交易的单笔申报数量、最小价格变动单位、有效申报价格范围等与上交所主板市场股票交易存在差异，避免产生无效申报。

十四、投资者需关注科创板股票交易方式包括竞价交易、盘后固定价格交易及大宗交易，不同交易方式的交易时间、申报要求、成交原则等存在差异。科创板股票大宗交易，不适用上交所主板市场股票大宗交易中固定价格申报的相关规定。

十五、科创板股票上市首日即可作为融资融券标的，与上交所主板市场存在差异，投资者应注意相关风险。

十六、科创板股票交易盘中临时停牌情形和严重异常波动股票核查制度与上交所主板市场规定不同，投资者应当关注与此相关的风险。

十七、符合相关规定的红筹企业可以在科创板上市。红筹企业在境外注册，可能采用协议控制架构，在信息披露、分红派息等方面可能与境内上市公司存在差异。红筹公司注册地、境外上市地等地法律法规对当地投资者提供的保护，可能与境内法律为境内投资者提供的保护存在差异。

十八、红筹企业可以发行股票或存托凭证在科创板上市。存托凭证由存托人签发、以境外证券为基础在中国境内发行，代表境外基础证券权益。红筹公司存托凭证持有人实际享有的权益与境外基础证券持有人的权益虽然基本相当，但并不能等同于直接持有境外基础证券。投资者应当充分知悉存托协议和相关规则的具体内容，了解并接受在交易和持有红筹公司股票或存托凭证过程中可能存在的风险。

十九、科创板股票相关法律、行政法规、部门规章、规范性文件（以下简称法律法规）和交易所业务规则，可能根据市场情况进行修改，或者制定新的法律法规和业务规则，投资者应当及时予以关注和了解。

《风险揭示书》应当以醒目的文字载明：

本《风险揭示书》的揭示事项仅为列举性质，未能详尽列明科创板股票交易的所有风险，投资者在参与交易前，应当认真阅读有关法律法规和交易所业务规则等相关规定，对其他可能存在的风险因素也应当有所了解和掌握，并确信自己已做好足够的风险评估与财务安排，避免因参与科创板股票交易遭受难以承受的损失。

投资者在本《风险揭示书》上签字，即表明投资者已经理解并愿意自行承担参与科创板股票交易的风险和损失。

《上海证券交易所关于科创板投资者教育与适当性管理相关事项的通知》解读

科创板企业商业模式新，技术迭代快，业绩波动和经营风险相对较大，有必要实施投资者适当性制度。

证券公司为个人投资者开通科创板股票交易权限的，个人投资者应当符合下列条件：(1) 申请权限开通前20个交易日证券账户及资金账户内的资产日均不低于人民币50万元（不包括该投资者通过融资融券融入的资金和证券)；可计入个人投资者资产的资产包括：公募基金份额、私募基金份额、资产支持证券、资产管理计划份额、股票期权合约、银行理财产品、贵金属资产等。(2) 参与证券交易24个月以上；个人投资者参与A股、B股和全国中小企业股份转让系统挂牌股票交易的，均可计入其参与证券交易的时间。(3) 上交所规定的其他条件。

从数据测算看，50万资产门槛和2年证券交易经验的适当性要求是比较合适的。现有A股市场符合条件的个人投资者约300万人，加上机构投资者，交易占比超过70%，总体上看，兼顾了投资者风险承受能力和科创板市场的流动性。

需要特别强调的是，实施投资者适当性制度，并不是将不符合要求的投资者拦在科创板大门之外，不符合投资者适当性要求的中小投资者可以通过公募基金等产品参与科创板。

证券公司为个人投资者开通科创板股票交易权限前，应当对个人投资者是否符合投资者适当性条件进行核查。证券公司应当对个人投资者的资产状况、投资经验、风险承受能力和诚信状况等进行综合评估，并将评估结果及适当性匹配意见告知个人投资者。

根据《证券期货投资者适当性管理办法》，证券期货经营机构履行适当性义务存在过错并造成投资者损失的，应当依法承担相应法律责任。证券期货经营机构与普通投资者发生纠纷的，证券期货经营机构应当提供相关资料，证明其已向投资者履行相应义务。

上海证券交易所关于科创板投资者教育与适当性管理相关事项的通知

（2019年3月19日　上证发〔2019〕33号）

各会员单位：

为了规范上海证券交易所（以下简称本所）科创板投资者教育与适当性

管理工作，保护投资者合法权益，根据《上海证券交易所科创板股票交易特别规定》（以下简称《交易特别规定》）《上海证券交易所投资者适当性管理办法》等业务规则，现就科创板投资者教育与适当性管理相关事项通知如下：

一、会员应当严格按照《交易特别规定》的相关规定，制定科创板股票投资者适当性管理的相关工作制度，对投资者进行适当性管理。参与科创板股票交易（含发行申购）的投资者应当符合本所规定的适当性管理要求，会员不得接受不符合投资者适当性条件的投资者参与科创板股票交易。

二、会员为个人投资者开通科创板股票交易权限的，个人投资者应当符合下列条件：

（一）申请权限开通前20个交易日证券账户及资金账户内的资产日均不低于人民币50万元（不包括该投资者通过融资融券融入的资金和证券）；

（二）参与证券交易24个月以上；

（三）本所规定的其他条件。

机构投资者参与科创板股票交易，应当符合法律法规及本所业务规则的规定。

本所可根据市场情况对上述条件作出调整。

三、会员为个人投资者开通科创板股票交易权限前，应当对个人投资者是否符合投资者适当性条件进行核查，具体认定标准如下：

（一）证券账户及资金账户内资产的认定：

1. 可用于计算个人投资者资产的证券账户，应为中国证券登记结算有限责任公司（以下简称中国结算）开立的证券账户，以及个人投资者在会员开立的账户。中国结算开立的账户包括A股账户、B股账户、封闭式基金账户、开放式基金账户、衍生品合约账户及中国结算根据业务需要设立的其他证券账户。

可用于计算个人投资者资产的资金账户，包括客户交易结算资金账户、股票期权保证金账户等。

2. 中国结算开立的证券账户内，可计入个人投资者资产的资产包括：股票（包括A股、B股、优先股、通过港股通买入的港股和全国中小企业股份转让系统挂牌股票）、公募基金份额、债券、资产支持证券、资产管理计划份额、股票期权合约（其中权利仓合约按照结算价计增资产，义务仓合约按照结算价计减资产）、本所认定的其他证券资产。

3. 在会员开立的账户内，可计入个人投资者资产的资产包括：公募基金份额、私募基金份额、银行理财产品、贵金属资产等。

4. 资金账户内，可计入个人投资者资产的资产包括：客户交易结算资金账户内的交易结算资金、股票期权保证金账户内的交易结算资金（包括义务仓对应的保证金）、本所认定的其他资金资产。

5. 计算个人投资者各类融资类业务相关资产时，应按照净资产计算，不包括融入的证券和资金。

投资者应当遵守证券账户实名制要求，不得出借自己的证券账户，不得借用他人的证券账户。

（二）参与证券交易经验的认定：

个人投资者参与A股、B股和全国中小企业股份转让系统挂牌股票交易的，均可计入其参与证券交易的时间。相关交易经历自个人投资者本人一码通账户下任一证券账户在本所、深圳证券交易所及全国中小企业股份转让系统发生首次交易起算。首次交易日期可通过会员向中国结算查询。

本所可根据市场情况对上述认定标准作出调整。

四、会员应当对个人投资者的资产状况、投资经验、风险承受能力和诚信状况等进行综合评估，并将评估结果及适当性匹配意见告知个人投资者。

会员应当对上述评估结果和告知情况进行记录、留存。

五、会员应当根据《上海证券交易所科创板股票交易风险揭示书必备条款》，制定《科创板股票交易风险揭示书》，提醒投资者关注投资风险。

会员为投资者开通科创板股票交易权限前，应当要求投资者签署《科创板股票交易风险揭示书》。

六、会员应当制定本公司科创板投资者教育工作制度，统筹组织分公司、证券营业部等分支机构开展投资者教育工作，并根据投资者的不同特点和需求，对科创板投资者教育工作的形式和内容作出具体安排。

会员应当按照本所要求，及时向投资者转发或推送本所提供的有关科创板投资者教育的相关资料。

七、会员应当通过公司官方网站、手机APP、微信公众号等互联网平台，实体及互联网投资者教育基地，营业场所的投资者园地、公告栏，交易系统客户端及客服中心电话或短信等交易服务渠道，向投资者全面客观介绍参与科创板股票交易的法律法规、业务规则和主要交易风险，提示其关注科创板上市公司披露的信息、科创板股票在退市制度安排和涨跌幅限制等交易制度上与本所主板市场存在的差异事项，审慎参与科创板股票交易。

八、会员应当在总部配备科创板业务培训讲师。培训讲师在参加本所组织的培训后，承担培训公司内部工作人员的职责，面向公司总部及分支机构工作人员开展业务培训。

九、会员应当通过公司官方网站、手机 APP、营业场所的投资者园地、公告栏等多种渠道向投资者公示投诉渠道和处理流程，妥善处理纠纷，引导投资者依法维护自身权益。

会员应当完整记录投资者投诉受理、调查和处理的过程，并形成纸面或者电子档案。会员应当建立重大投诉或交易纠纷的报告和后续处理的持续跟踪机制。

十、本所可以采用现场和非现场的方式对会员落实科创板投资者教育与适当性管理工作相关规定的情况进行监督检查，会员应积极做好相关配合工作。

十一、对违反科创板投资者教育与适当性管理相关规定的会员，本所可根据《上海证券交易所会员管理规则》《上海证券交易所投资者适当性管理办法》等规则，对其采取相应的监管措施或纪律处分。

特此通知。

关于证券公司开通客户科创板股票交易权限的答记者问

（2019 年 3 月 7 日）

问：有意向参与科创板股票交易的投资者什么时候可以开始申请开通科创板股票交易权限？

答：今年 3 月 1 日，本所正式公布《上海证券交易所科创板股票交易特别规定》（以下简称《交易特别规定》），已明确个人投资者参与科创板股票交易的具体条件。科创板股票交易权限的开通方式与港股通基本一致，符合科创板股票适当性条件的投资者现在就可以申请开通相关权限。投资者仅需向其委托的证券公司申请，在已有沪市 A 股证券账户上开通科创板股票交易权限即可，无需在中国结算开立新的证券账户。会员也无需向本所申请办理其他手续。

问：《交易特别规定》中规定的科创板投资者适当性条件如何认定？

答：个人投资者参与科创板股票交易，应当符合《交易特别规定》中规定的适当性条件等要求，其具体认定标准如下：

（一）关于证券账户及资金账户内资产的认定

1. 可用于计算个人投资者资产的证券账户，应为中国结算开立的证券账户，以及投资者在证券公司开立的账户。中国结算开立的账户包括 A 股账户、B 股账户、封闭式基金账户、开放式基金账户、衍生品合约账户及中国结算根据业务需要设立的其他证券账户。

可用于计算投资者资产的资金账户，包括客户交易结算资金账户、股票期权保证金账户等。

2. 中国结算开立的证券账户内的下列资产可计入投资者资产：股票，包括 A 股、B 股、优先股、通过港股通买入的港股和股转系统挂牌股票；公募基金份额；债券；资产支持证券；资产管理计划份额；股票期权合约，其中权利仓合约按照结算价计增资产，义务仓合约按照结算价计减资产；本所认定的其他证券资产。

3. 投资者在证券公司开立的账户的下列资产可计入投资者资产：公募基金份额、私募基金份额、银行理财产品、贵金属资产等。

4. 资金账户内的下列资产可计入投资者资产：客户交易结算资金账户内的交易结算资金；股票期权保证金账户内的交易结算资金，包括义务仓对应的保证金；本所认定的其他资金资产。

5. 计算各类融资类业务相关资产时，应按照净资产计算，不包括融入的证券和资金。

（二）关于参与证券交易经验的认定

个人投资者参与 A 股、B 股和股转系统挂牌股票交易的，均可计入其参与证券交易的时间。相关交易经历自投资者本人一码通下任一证券账户在上海、深圳证券交易所及股转系统发生首次交易起算。首次交易日期可通过证券公司向中国结算查询。

符合法律法规及本所业务规则规定的机构投资者，可以直接申请开通科创板股票交易权限，无需满足上述资产和交易经验的条件。

会员在为投资者开通科创板股票交易权限时，应当要求首次委托买入科创板股票的客户，以纸面或电子形式签署科创板股票交易风险揭示书，风险揭示书应当具备《上海证券交易所科创板股票交易风险揭示书必备条款》规定的内容，充分揭示科创板的主要风险特征。

下一步，本所还会就包括投资者适当性管理在内的科创板经纪业务相关事项发布业务指南。

问：请问科创板股票交易安排进展如何？

答：本所正全力以赴推动设立科创板并试点注册制的尽快落地，技术系统正在加紧建设测试中，之后还需组织全市场的测试。投资者应该有充裕的时间办理科创板交易权限的开通手续，具体可向自己所在的开户证券公司了解情况。投资者在开通权限和参与交易前，请认真阅读有关法律法规和交易所业务规则等相关规定，充分知悉和了解风险事项，理性参与。

《上海证券交易所　中国证券金融股份有限公司 中国证券登记结算有限责任公司 科创板转融通证券出借和转融券 业务实施细则》解读

为完善科创板多空平衡机制，经中国证监会批准，上海证券交易所、中国证券金融股份有限公司、中国证券登记结算有限责任公司联合发布了《上海证券交易所、中国证券金融股份有限公司、中国证券登记结算有限责任公司科创板转融通证券出借和转融券业务实施细则》（以下简称《实施细则》）。

科创板转融通证券出借（以下简称科创板证券出借），是指证券出借人（以下简称出借人）以一定的费率通过上海证券交易所（以下简称上交所）综合业务平台向中国证券金融股份有限公司（以下简称中国证券金融公司）出借科创板证券，中国证券金融公司到期归还所借证券及相应权益补偿并支付费用的业务。

科创板转融券业务，是指中国证券金融公司将自有或者依法筹集的科创板证券出借给科创板转融券借入人（以下简称借入人），供其办理融券的业务。

《实施细则》集中对科创板转融通证券出借和科创板转融券业务出借环节的差异化安排作出规定。相关机制安排主要包括：

一是明确科创板证券出借及转融券业务的标的证券范围。科创板证券出借的标的证券范围，与上交所公布的可融券卖出标的证券范围一致。科创板转融券业务标的证券名单由中证金融确定并公布。

二是扩大券源。一方面推动落实公募基金、社保基金等机构作为出借人参与科创板证券出借业务；另一方面落实《注册管理办法》的相关规定，战略投资者配售获得的在承诺的持有期限内的股票可参与科创板证券出借。

三是提高科创板证券出借、科创板转融券业务效率。市场主体可通过约定申报、非约定申报方式参与科创板证券出借、科创板转融券业务。其中，通过约定申报方式达成成交的，上交所对出借人、中证金融、借入人的账户可交易余额进行实时调整，从而使借入人可实时借入证券，办理相关业务。

四是提高市场化水平、降低业务成本。为提升出借人和借入人参与科创板转融券业务的意愿，满足参与者双方多样化需求，在科创板推出市场化的转融券约定申报方式，引入市场化的费率、期限确定机制，并降低保证金比例及科创板转融券约定申报的费率差。

五是明确经中国证监会批准，中证金融可将自有或依法筹集的证券出借给证券公司，供其用于做市与风险对冲，相关事项另行规定。

科创板证券出借和科创板转融券业务的归还，以及非约定申报方式下的科创板证券出借和科创板转融券业务的申报、撮合成交、清算交收等环节的处理同主板现有安排。

此外，上述机制安排仅涉及科创板证券出借和科创板转融券业务的效率提升，不改变现有融券偿还业务安排，即客户融券卖出后自次一交易日起方可偿还相关融入证券。

《实施细则》的出台，有利于平抑股价波动，更好的实现市场的价格发现功能。它为做空个股提供了工具和手段，在一定程度上改变了目前A股上多空双方处于不平等地位的情形，短时间内股价涨幅过大或者偏离合理定价时，交易者可通过做空个股来获取收益，加快股价的回复速度。它有利于抑制A股市场上，一些投资者利用资金优势短时间内暴力拉升股价，扰乱市场秩序的行为。同时，由于证券出借人是公募基金、社保基金、保险资金等机构投资者和战略投资者，他们通过股价的上涨来获得收益，如果股价跌幅过大时，他们融券的动力就会减弱，空头将难以得到足够的做空工具，也不会造成股价的断崖式下跌。

《实施细则》的出台完善了科创板多空平衡机制，将驱动市场定价合理均衡，提升资本市场运行韧性。同时放大证券需求，活跃交易、增强市场流动性。证券公司作为融资融券和转融通业务重要参与者和中介机构，将在平衡多空双方中发挥重要作用，同时也有望通过借入证券开展做市与风险对冲。

上海证券交易所　中国证券金融股份有限公司中国证券登记结算有限责任公司关于发布《上海证券交易所　中国证券金融股份有限公司中国证券登记结算有限责任公司科创板转融通证券出借和转融券业务实施细则》的通知

（2019年4月30日　上证发〔2019〕54号）

各市场参与人：

为促进科创板转融通证券出借及科创板转融券业务的顺利开展，防范业务风险，根据《转融通业务监督管理试行办法》和《科创板首次公开发行股票注册管理办法（试行）》等部门规章，以及《上海证券交易所转融通证券出借交易实施办法（试行）》《中国证券金融股份有限公司转融通业务规则（试行）》《中国证券登记结算有限责任公司证券出借及转融通登记结算业务规则（试行）》等业务规则，上海证券交易所、中国证券金融股份有限公司、中国证券登记结算有限责任公司共同制定了《上海证券交易所、中国证券金融股份有限公司、中国证券登记结算有限责任公司科创板转融通证券出借和转融券业务实施细则》（详见附件），经中国证监会批准，现予以发布，并自发布之日起施行。

特此通知。

附件：上海证券交易所　中国证券金融股份有限公司　中国证券登记结算有限责任公司科创板转融通证券出借和转融券业务实施细则

上海证券交易所　中国证券金融股份有限公司
中国证券登记结算有限责任公司
科创板转融通证券出借和转融券业务实施细则

第一章　总　　则

第一条　为促进科创板转融通证券出借及科创板转融券业务的顺利开展，防范业务风险，根据《转融通业务监督管理试行办法》和《科创板首次公开发行股票注册管理办法（试行）》等部门规章，以及《上海证券交易所转融通证券出借交易实施办法（试行）》（以下简称《证券出借实施办法》）、《中国证券金融股份有限公司转融通业务规则（试行）》（以下简称《转融通业务规则》）、《中国证券登记结算有限责任公司证券出借及转融通登记结算业务规则（试行）》（以下简称《证券出借及转融通登记结算业务规则》）等业务规则，制定本细则。

第二条　本细则所称科创板转融通证券出借（以下简称科创板证券出借），是指证券出借人（以下简称出借人）以一定的费率通过上海证券交易所（以下简称上交所）综合业务平台向中国证券金融股份有限公司（以下简称中国证券金融公司）出借科创板证券，中国证券金融公司到期归还所借证券及相应权益补偿并支付费用的业务。

本细则所称科创板转融券业务，是指中国证券金融公司将自有或者依法筹集的科创板证券出借给科创板转融券借入人（以下简称借入人），供其办理融券的业务。

第三条　科创板证券出借、科创板转融券业务以及相关登记结算业务适用本细则。本细则未作规定的，适用《证券出借实施办法》《转融通业务规则》《证券出借及转融通登记结算业务规则》等其他有关规定。

第四条　科创板证券出借以及科创板转融券业务，均接受约定申报和非约定申报。

中国证券金融公司分别与出借人、借入人进行科创板证券出借、科创板转融券业务。通过约定申报方式参与科创板证券出借以及科创板转融券业务的，由出借人、借入人协商确定约定申报的数量、期限、费率等要素，但应符合本细则及其他有关业务规则的规定。

第五条　中国证券金融公司提供信息交互平台，出借人、借入人可以通过信息交互平台发布出借意愿、借入意愿等信息。

第二章　科创板证券出借

第六条　符合条件的公募基金、社保基金、保险资金等机构投资者以及参与科创板发行人首次公开发行的战略投资者（以下简称战略投资者），可以作为出借人，通过约定申报和非约定申报方式参与科创板证券出借。

第七条　科创板证券出借的标的证券范围，与上交所公布的可融券卖出的科创板标的证券范围一致。

第八条　可通过约定申报和非约定申报方式参与科创板证券出借的证券类型包括：

（一）无限售流通股；

（二）战略投资者配售获得的在承诺的持有期限内的股票；

（三）符合规定的其他证券。

第九条　战略投资者在承诺的持有期限内，不得通过与关联方进行约定申报、与其他主体合谋等方式，锁定配售股票收益、实施利益输送或者谋取其他不当利益。

战略投资者出现前款规定的情形的，上交所可以视情节轻重，对其单独或者合并采取要求限期改正、口头或者书面警示、通报批评、公开谴责等监管措施和纪律处分，并通报中国证券业协会。

第十条　通过约定申报方式参与科创板证券出借的，证券出借期限可在1天至182天的区间内协商确定。

第十一条　上交所接受约定申报方式下出借人的出借申报时间为每个交易日的9:30至11:30、13:00至15:00。

约定申报当日有效。未成交的申报，15:00前可以撤销。

第十二条　通过约定申报方式参与科创板证券出借的，申报数量应当符合以下规定：

（一）单笔申报数量应当为100股（份）的整数倍；

（二）最低单笔申报数量不得低于1000股（份），最大单笔申报数量不得超过1000万股（份）。

通过非约定申报方式参与科创板证券出借的，申报数量应当符合以下规定：

（一）单笔申报数量应当为100股（份）的整数倍；

（二）出借人最低单笔申报数量不得低于1000股（份），最大单笔申报数量不得超过1000万股（份）；

（三）中国证券金融公司最低单笔申报数量不得低于1000股（份），最大单笔申报数量不得超过1亿股（份）。

上交所可以根据市场情况，对科创板证券出借申报数量进行调整。

第十三条　上交所对科创板证券出借约定申报进行实时撮合成交，生成成交数据，并对中国证券金融公司和出借人的账户可交易余额进行实时调整。

第十四条　当日交易结束后，中国证券登记结算有限责任公司（以下简称中国结算）根据上交所的成交数据，对通过约定申报方式达成的科创板证券出借以多边净额结算方式进行清算交收。

第十五条　上交所可以根据市场状况，暂停单只或全部科创板证券参与科创板证券出借。

出借人在开展科创板证券出借过程中发生重大风险事件的，上交所可暂停或终止为其提供科创板证券出借服务。

第三章　科创板转融券业务

第十六条　符合以下条件的证券公司，可以作为借入人通过约定申报和非约定申报方式参与科创板转融券业务：

（一）具有融资融券业务资格，并已开通转融通业务权限；

（二）业务管理制度和风险控制制度健全，具有切实可行的业务实施方案；

（三）技术系统准备就绪；

（四）参与科创板转融券业务应当具备中国证券金融公司规定的其他条件。

第十七条　战略投资者在承诺的持有期限内，可以按本细则向中国证券金融公司借出获得配售的股票。中国证券金融公司可以根据市场需求，将借入的战略投资者配售股票出借给证券公司，供其办理融券业务。

借出期限届满后，中国证券金融公司应当将借入的股票返还给战略投资者。该部分股票归还至战略投资者后，继续按战略投资者获配取得的股份管理。

第十八条　中国证券金融公司根据市场状况，确定可以参与科创板转融券业务的标的证券名单，在每一交易日开市前公布。

第十九条 证券公司向中国证券金融公司借入证券用于融资融券业务的，需使用证券公司融券专用证券账户。

第二十条 借入人以约定申报方式和非约定申报方式提交的科创板转融券申报指令应当符合以下规定：

（一）单笔申报数量应当为100股（份）的整数倍；

（二）最低单笔申报数量不得低于1000股（份），最大单笔申报数量不得超过1000万股（份）。

第二十一条 中国证券金融公司接受借入人科创板转融券约定申报指令的时间为每个交易日9:30至11:30、13:00至15:00。

科创板转融券约定申报指令未成交的，借入人可在15:00前撤销。

第二十二条 通过约定申报方式参与科创板转融券业务的，转融券期限可在1天至182天的区间内协商确定。

第二十三条 通过约定申报方式参与科创板转融券业务的，转融券费率应符合以下要求：

（一）借入人申报的费率=出借人申报的费率+科创板转融券费率差；

（二）借入人申报的费率不得低于或等于科创板转融券费率差。

科创板转融券费率差按中国证券金融公司公布的标准执行。中国证券金融公司可以根据市场供求等因素调整科创板转融券费率差。

第二十四条 中国证券金融公司可根据借入人资信情况和转融通担保证券、资金明细账户的资产情况，按照一定的综合比例，确定对借入人开展科创板转融券业务应收取的保证金。

前款应收取的保证金比例可低于20%，其中货币资金占应收取保证金的比例不得低于15%。

第二十五条 中国证券金融公司按照一一对应原则，对科创板转融券约定申报实时撮合成交，生成科创板转融券约定申报成交数据，并实时发送上交所。

上交所接受科创板转融券约定申报成交数据的时间为每个交易日9:30至11:30、13:00至15:10。科创板转融券约定申报成交数据当日有效。

对科创板转融券非约定申报，仍按照现有规定执行，采用盘中申报、盘后一次性按比例撮合成交，中国结算日终根据中国证券金融公司直接发送的成交数据进行证券划转。

第二十六条 上交所接受中国证券金融公司发送的科创板转融券约定申

报成交数据后，对中国证券金融公司和借入人的账户可交易余额进行实时调整确认，并向中国证券金融公司反馈调整结果。

前款科创板转融券约定申报成交数据要素包括：中国证券金融公司证券账户、中国证券金融公司交易单元代码、借入人证券账户、借入人交易单元代码、证券代码、划转方向、划转数量等。

中国证券金融公司接受前款调整结果后，实时向借入人发送科创板转融券约定申报成交结果和账户可交易余额调整结果。

第二十七条 上交所根据本细则第二十六条对中国证券金融公司和借入人的账户可交易余额完成调整的，当日交易结束后上交所将中国证券金融公司该部分科创板转融券约定申报成交数据发送中国结算，中国结算据此对科创板转融券约定申报的成交以多边净额结算方式进行清算交收。

第二十八条 因特殊原因，导致中国证券金融公司和借入人账户可交易余额未做实时调整的，当日交易结束后，中国证券金融公司就该部分科创板转融券约定申报成交数据，向中国结算发送证券划转指令。

中国结算在日终对符合要求的证券划转指令进行划转处理，且只对已完成证券交收或净应付证券交收锁定之后的证券进行划出处理。如果委托划出的证券数量大于该证券账户中可划出的该种证券的数量，则对该笔证券划转指令不做划转处理。

第二十九条 借入人和出借人协商一致，可申请科创板转融券约定申报的展期、提前了结，经中国证券金融公司同意后可以展期或提前了结。

借入人和出借人应在原合约到期日前的同一交易日向中国证券金融公司提交展期指令；在商定的归还日前的同一交易日提交提前了结指令。

提交展期或提前了结指令的时间为每个交易日 9:30 至 11:30、13:00 至 15:00。展期或提前了结指令当日有效，在 15:00 前可撤销。

第三十条 科创板转融券展期的，展期数量、期限、费率由借入人和出借人按照本细则协商确定。

借入人和出借人协商提前了结的，应一次性全部提前了结该笔转融券业务。提前了结时，双方可以协商调整原费率。

第三十一条 科创板转融券业务提前了结的，相关权益补偿一并提前了结。权益补偿日需重新计算，其中原转融券归还日为出借人和借入人商定的归还日。

转融券展期的，相关权益补偿不进行展期。

第三十二条 通过约定申报进行科创板转融券业务，以及相关展期、提前了结等过程中，借入人和出借人应当合理确定费率、期限、实际出借天数等要素，不得违反中国证券金融公司相关规定，禁止任何形式的利益输送。

第三十三条 证券公司向中国证券金融公司归还所借证券的，证券公司通过中国结算从证券公司融券专用证券账户将归还证券划付至中国证券金融公司转融通专用证券账户。

第三十四条 中国证券金融公司可以根据市场状况，暂停单只或全部科创板证券参与科创板转融券业务。

借入人在开展科创板转融券业务过程中发生重大风险事件的，中国证券金融公司可暂停或终止为其提供科创板转融券服务。

第四章 附 则

第三十五条 对于非约定申报方式的科创板证券出借与科创板转融券业务，本细则未做规定的，按照《证券出借实施办法》《转融通业务规则》及《证券出借及转融通登记结算业务规则》等有关规定执行。

第三十六条 经中国证监会批准，中国证券金融公司可将自有或依法筹集的证券出借给证券公司，供其用于做市与风险对冲，相关事项另行规定。

第三十七条 本细则报中国证监会批准后生效，修改时亦同。

第三十八条 本细则由上交所、中国证券金融公司、中国结算负责解释。

第三十九条 本细则自发布之日起施行。

六、登记结算业务规则

《中国证券登记结算有限责任公司证券登记规则》解读

为配合科创板设立及注册制试点相关工作，经中国证监会批准，中国证券登记结算有限责任公司对《中国证券登记结算有限责任公司证券登记规则》（以下简称《证券登记规则》）进行了修订。

《证券登记规则》（2019年修订）在2006年发布的《证券登记规则》的基础上，对发行人初始登记的申请材料做了适应性修订，具体内容有二：

一是将第十至十三条合并为一条，修改为“证券发行人申请办理证券初始登记，应当根据本公司有关规定提交证券登记申请、证券登记数据及中国证监会出具的相关文件等申请材料”。而2006年发布的《证券登记规则》第十至十三条则分别规定了股票、权证、公募基金、债券等的登记，且要求的材料比较具体。例如，第十条要求股票发行人申请办理股票首次公开发行、增发、配股登记时，应当提交中国证监会关于股票发行的核准文件等。这显然是在股票发行核准制下的要求，已不适应科创板注册制的需求。设立科创板并试点注册制后，中国证监会将不再出具发行核准文件，原《证券登记规则》第十条中对于股票发行人在初始登记时提交“中国证监会关于股票发行的核准文件”的要求将不再适用。同时，考虑到《证券登记规则》作为中国结算公司的基本业务规则，不宜对具体业务要求进行过细规定。为此，将原《证券登记规则》第十至十三条关于各类证券申请办理初始登记业务的申请材料要求合并为一条，形成了目前的第十条。

二是为保持基础业务规则灵活性，将原《证券登记规则》第三条“协议范本见附件”删除。这个协议实际上是指证券发行人应当与中国结算公司签订的证券登记及服务协议。对此，《科创板股票登记结算业务细则（试行）》第九条规定：“发行人在申请办理科创板股票初始登记前，应当与本公司签订证券登记及服务协议，明确双方的权利义务关系。”协议范本另行公布。

总之，修订后的《证券登记规则》对科创板股票的登记、存管和结算业务进行了规范，为科创板股票登记结算业务的开展提供了制度保障。

需要指出的是，修订后的《证券登记规则》，适用范围是证券交易所上市和已发行拟上市证券及证券衍生品种（以下统称证券）的初始登记、变更登记、退出登记及相关服务业务，而不论该证券上市的板块是主板、中小企业板、创业板还是科创板。

中国证券登记结算有限责任公司关于修订并发布《中国证券登记结算有限责任公司证券登记规则》的通知

（2019 年 3 月 1 日）

各市场参与主体：

为配合科创板设立及注册制试点相关工作，经中国证监会批准，本公司对《中国证券登记结算有限责任公司证券登记规则》进行了修订，具体内容如下：

一、将第十至十三条合并为一条，修改为："证券发行人申请办理证券初始登记，应当根据本公司有关规定提交证券登记申请、证券登记数据及中国证监会出具的相关文件等申请材料"；

二、将第三条"协议范本见附件"删除。

上述修订条款自本通知发布之日起施行。修订后的《中国证券登记结算有限责任公司证券登记规则》重新公布。

特此通知。

附件：中国证券登记结算有限责任公司证券登记规则

中国证券登记结算有限责任公司证券登记规则

第一章　总　　则

第一条　为规范证券登记及相关服务业务，防范证券登记风险，保护投资者合法权益，根据《证券法》《公司法》《证券登记结算管理办法》等有关法律、行政法规和部门规章的规定，制定本规则。

第二条　证券交易所上市和已发行拟上市证券及证券衍生品种（以下统称证券）的初始登记、变更登记、退出登记及相关服务业务适用本规则；中国证券监督管理委员会（以下简称中国证监会）另有规定的，从其规定。

境内上市外资股以及经中国证监会批准纳入中国证券登记结算有限责任公司（以下简称本公司）证券登记簿记系统的其他证券的登记及相关服务业务参照本规则执行。

第三条 本公司依法受证券发行人的委托办理证券登记及相关服务业务，证券发行人应当与本公司签订证券登记及服务协议。

第四条 本公司设立电子化证券登记簿记系统，根据证券账户的记录，办理证券持有人名册的登记。

电子化证券登记簿记系统的记录采取整数位，记录证券数量的最小单位为壹股（份、元）。

第五条 证券应当登记在证券持有人本人名下，本公司出具的证券登记记录是证券持有人持有证券的合法证明。

符合法律、行政法规和中国证监会规定的，可以将证券登记在名义持有人名下。名义持有人依法享有作为证券持有人的相关权利，同时应当对其名下证券权益拥有人承担相应的义务，证券权益拥有人通过名义持有人实现其相关权利。名义持有人行使证券持有人相关权利时，应当事先征求其名下证券权益拥有人的意见，并按其意见办理，不得损害证券权益拥有人的利益。

本公司有权要求名义持有人提供其名下证券权益拥有人的相关明细资料，名义持有人应当保证其所提供的资料真实、准确、完整。名义持有人出具的证券权益拥有人的证券持有记录是证券权益拥有人持有证券的合法证明。

第六条 证券登记实行证券登记申请人申报制，本公司对证券登记申请人提供的登记申请材料进行形式审核，证券登记申请人应当保证其所提供的登记申请材料真实、准确、完整。

前款所称证券登记申请人包括证券发行人、证券持有人或其证券托管机构以及本公司认可的其他申请办理证券登记的主体。前款所称证券登记申请人提供的登记申请材料包括证券登记申请人直接向本公司提供或通过证券交易所及本公司认可的其他机构间接向本公司提供的书面文件和电子文件。

第七条 本公司证券登记簿记系统内的证券登记信息包括但不限于以下内容：证券持有人姓名或名称、证券账户号码、有效身份证明文件号码、证券持有人通讯地址、持有证券名称、持有证券数量、证券托管机构以及限售情况、司法冻结、质押登记等证券持有状态。

第二章　初始登记

第八条　已发行的证券在证券交易所上市前，证券发行人应当在本公司规定的时间内申请办理证券的初始登记。

第九条　证券初始登记包括股票首次公开发行登记、权证发行登记、基金募集登记、企业债券和公司债券发行登记、记账式国债（以下简称国债）发行登记以及股票增发登记、配股登记、基金扩募登记等。

第十条　证券发行人申请办理证券初始登记，应当根据本公司有关规定提交证券登记申请、证券登记数据及中国证监会出具的相关文件等申请材料。

第十一条　国债通过招投标或其他方式发行后，本公司根据财政部和证券交易所相关文件确认的结果，建立证券持有人名册。国债在证券交易所挂牌分销或场外合同分销后，本公司根据证券交易所确认的分销结果，办理国债登记。

第十二条　本公司对证券发行人提供的证券登记申请材料审核通过后，根据其申报的证券登记数据，办理证券持有人名册的初始登记。通过证券交易所交易系统发行（以下称网上发行）的证券，证券交易所向本公司传送的认购结果视为证券发行人向本公司提供的初始登记申请材料之一，本公司根据网上发行认购结果，将证券登记到其持有人名下；通过网下发行的证券，本公司根据证券发行人提供的网下发行证券持有人名册，将证券登记到其持有人名下。本公司完成证券持有人名册初始登记后，向证券发行人出具证券登记证明文件。

第十三条　由于证券发行人提供的申请材料有误导致初始登记不实所致的一切法律责任由该证券发行人承担，本公司不承担任何责任；证券发行人申请对证券初始登记结果进行更正的，本公司依据生效的司法裁决或本公司认可的其他证明材料办理更正手续。

第三章　变更登记

第一节　证券过户登记

第十四条　证券过户登记包括证券交易所集中交易过户登记（以下简称集中交易过户登记）和非集中交易过户登记（以下简称非交易过户登记）。

第十五条　证券通过证券交易所集中交易的，本公司根据证券交易的交收结果，办理集中交易过户登记。

第十六条 证券因以下原因发生转让的，可以办理非交易过户登记：

（一）股份协议转让；

（二）司法扣划；

（三）行政划拨；

（四）继承、捐赠、依法进行的财产分割；

（五）法人合并、分立，或因解散、破产、被依法责令关闭等原因丧失法人资格；

（六）上市公司的收购；

（七）上市公司回购股份；

（八）上市公司实施股权激励计划；

（九）相关法律、行政法规、中国证监会规章及本公司业务规则规定的其他情形。

第十七条 股份协议转让或行政划拨双方取得证券交易所对股份转让的确认文件后，应当向本公司提出股份转让过户登记申请，本公司对过户登记申请材料审核通过后，办理过户登记手续，并向申请人出具过户登记证明文件。

第十八条 当事人因继承、捐赠、依法进行财产分割（如离婚、分家析产等情形），法人合并、分立，或因解散、破产、被依法责令关闭等原因丧失法人资格的，资产承继人申请办理过户登记时，应当向本公司提供有效的证券归属证明文件及本公司要求的其他材料，本公司对过户登记申请材料审核通过后，办理过户登记手续，并向申请人出具过户登记证明文件。

第十九条 在证券公司等机构托管的证券的司法扣划，由托管的证券公司等机构协助办理。证券公司等机构受理司法扣划要求后，应当对相关证券实施交易冻结，并在协助司法扣划当日将协助司法扣划的相关数据发送本公司，本公司根据证券公司等机构发送的数据办理过户登记。

第二十条 未在证券公司等机构托管的证券的司法扣划，由本公司协助办理。本公司受理司法扣划要求后，在受理日对应的交收日清算交收程序完成后对司法扣划涉及的持有人名下的证券进行核查，根据核查结果办理过户登记手续。

第二十一条 上市公司的收购、上市公司回购股份以及上市公司实施股权激励计划引起的非交易过户登记按照相关业务规定办理。

第二节 其他变更登记

第二十二条 其他变更登记包括证券司法冻结、质押、权证创设与注销、权证行权、可转换公司债券转股、可转换公司债券赎回或回售、交易型开放式指数基金（以下简称 ETF）申购或赎回等引起的变更登记。

第二十三条 证券因被司法冻结、质押等原因导致其持有人权利受到限制的，本公司在证券持有人名册中予以相应标识。

债券质押式回购业务涉及的变更登记按本公司相关业务规定办理。

第二十四条 在证券公司等机构托管的证券的司法冻结，由托管的证券公司等机构协助办理。证券公司等机构受理司法冻结要求后，应当对相关证券实施交易冻结，并在协助司法冻结当日将协助司法冻结的相关数据发送本公司，本公司根据证券公司等机构发送的数据办理司法冻结登记。

第二十五条 未在证券公司等机构托管的证券的司法冻结，由本公司协助办理。本公司受理司法冻结要求后，在受理日对应的交收日清算交收程序完成后对司法冻结涉及的持有人名下的证券进行核查，根据核查结果办理司法冻结登记。

第二十六条 投资者证券质押，应当按照本公司证券质押登记业务相关规定办理证券质押登记。证券质押合同在质押双方办理质押登记后生效。证券一经质押登记，在解除质押登记前不得重复设置质押。已办理司法冻结登记的证券不得再申请办理质押登记。

第二十七条 权证创设人创设或注销权证的，本公司根据有效的创设或注销申报，办理权证创设或将相应权证予以注销。

第二十八条 权证行权期内，本公司根据有效的行权申报和交收结果办理权证行权的变更登记。

第二十九条 可转换公司债券转股期内，本公司根据有效的转股申报结果，办理转股登记，将相应股份登记到其持有人名下，同时注销其持有人名下的相应可转换公司债券。

第三十条 可转换公司债券发行人向本公司申请办理可转换公司债券赎回或回售登记的，本公司根据其申请以及公告约定的赎回方式或有效的回售申报，在确认其用于赎回或回售的资金已划至本公司指定银行账户后，将赎回或回售的可转换公司债券予以注销，并按照本公司有关业务规定办理资金划付手续。

第三十一条 申购或赎回 ETF 份额的，本公司根据有效的申购或赎回申报以及交收结果，办理 ETF 份额申购或赎回的变更登记。

第四章 退出登记

第三十二条 股票终止上市后，股票发行人或其代办机构应当及时到本公司办理证券交易所市场的退出登记手续，按规定进入代办股份转让系统挂牌转让的，应当办理进入代办股份转让系统的有关登记手续。

第三十三条 本公司在结清与股票发行人的债权债务或就债权债务问题达成协议后，与股票发行人或其代办机构签订证券登记数据资料移交备忘录，将股份持有人名册清单等证券登记相关数据和资料移交股票发行人或其代办机构。

前款所称持有人名册清单包括但不限于证券代码、持有人姓名或名称、证券账户号码、有效身份证明文件号码、持有人通讯地址、持有股份数量、股份托管机构、限售情况、司法冻结状态、质押登记情况、未领现金红利金额等内容。

第三十四条 股票发行人或其代办机构未按规定办理证券交易所市场退出登记手续的，本公司可将其证券登记数据和资料送达该股票发行人或其代办机构，并由公证机关进行公证，视同该股票发行人证券交易所市场退出登记手续办理完毕。

第三十五条 股票发行人证券交易所市场退出登记办理完毕后，本公司在中国证监会指定报刊上刊登关于终止为股票发行人提供证券交易所市场登记服务的公告。

第三十六条 债券提前赎回或到期兑付的，其证券交易所市场登记服务业务自动终止，视同债券发行人交易所市场退出登记手续办理完毕。

第三十七条 其他证券的退出登记手续参照第三十二条至第三十六条的规定办理。

第五章 证券登记相关服务

第一节 证券持有人名册服务

第三十八条 本公司定期向证券发行人提供证券持有人名册。

发生证券初始登记、召开股东大会、召开基金持有人大会、权益分派、股权结构发生重大变化、证券交易异常波动等情形时，本公司根据证券发行人的申请提供相应的证券持有人名册。

第三十九条　本公司提供的证券持有人名册主要内容包括证券持有人姓名或名称、证券账户号码、持有证券数量、证券持有人通讯地址等。如证券发行人还需本公司提供与证券持有人名册相关的增值服务，可以向本公司提出申请，本公司审核同意后予以提供。

第四十条　同一持有人持有多个证券账户的，本公司在提供证券持有人名册时，对该持有人通过多个证券账户持有的同一证券可以予以合并统计后再行提供。

第四十一条　证券发行人可以通过本公司提供的上市公司网络服务系统、邮寄、现场办理等方式获取证券持有人名册。

第四十二条　证券发行人应当妥善保管证券持有人名册，并在法律、行政法规和部门规章许可的范围内使用。因证券发行人不当使用证券持有人名册导致的一切法律责任由证券发行人承担，本公司不承担任何责任。

第四十三条　上市公司监事会或股东自行召集股东大会的，召集人可以持召集股东大会通知的相关公告，向本公司申请获取其公告的股权登记日的证券持有人名册。召集人不得将所获取的证券持有人名册用于除召开股东大会以外的其他用途。

第二节　权益派发服务

第四十四条　证券发行人委托本公司派发股份股利及公积金转增股本，应当向本公司提供派发股份股利及公积金转增股本申请、股东大会决议以及本公司要求的其他材料。

本公司对证券发行人的申请材料审核通过后，根据其申请派发相应股份。

第四十五条　证券发行人委托本公司派发股票或基金的现金红利或债券本息，应当向本公司提出申请，并在本公司规定的时间内将用于派发现金红利或债券本息的资金划至本公司指定银行账户；本公司确认证券发行人的相应款项到账后，根据本公司有关业务规定办理资金划付手续。

第四十六条　国债派息兑付的，本公司根据财政部关于国债派息兑付的有关规定，办理本息划付手续。

第四十七条　证券发行人委托本公司派发现金红利或债券本息，不能在本公司规定期限内划入相关款项的，应当及时通知本公司，并在中国证监会指定媒体上公告，说明原因。因证券发行人未履行及时通知及公告义务所致的一切法律责任由该证券发行人承担，本公司不承担任何责任。

第三节 查询服务

第四十八条 证券发行人和证券持有人可以通过本公司提供的电子网络服务系统、现场办理等方式向本公司申请查询证券登记信息。

证券持有人通过本公司网络查询服务系统获得的查询结果不作为其持有证券的法律依据，证券持有人如需取得具有法律效力的证券持有及变动记录证明，应当按本公司有关业务规定申请办理。

第四十九条 证券发行人可以向本公司申请查询关联人、董事、监事和高级管理人员等知悉内幕信息当事人持有该证券及变更登记等情况。

第五十条 证券持有人可以向本公司申请查询持有人本人证券持有及变更登记等情况。

第五十一条 证券交易所依法履行职责，可以向本公司查询证券登记相关数据和资料。

第五十二条 人民法院、人民检察院、公安机关和中国证监会等依照法定条件和程序，可以向本公司查询证券登记相关数据和资料。

第四节 网络投票服务

第五十三条 本公司设立上市公司股东大会网络投票系统（以下简称网络投票系统），为上市公司及其股东提供网络投票服务。

第五十四条 上市公司使用本公司网络投票系统，应当向本公司提出申请，经本公司审核通过后，可以按照本公司网络投票业务操作程序的规定办理股东大会网络投票业务。

第五十五条 上市公司股东通过网络投票系统进行投票，应当按照本公司投资者身份验证业务操作程序的规定办理身份验证后，方可进行网络投票。

第五节 股份持有人类别标识服务

第五十六条 本公司根据国家有权部门的相关规定，提供有限售条件股份的持有人类别标识服务。

第五十七条 前条所称持有人类别包括“国家”、“国有法人”、“境内非国有法人”、“境内自然人”、“境外法人”、“境外自然人”等。

第五十八条　本公司根据证券发行人或持有人的申报，进行必要的形式审核后，加设、变更相应持有人类别标识。证券发行人或持有人申报加设、变更“国家”、“国有法人”标识的，应当提供国有资产监督管理部门的界定文件。

第五十九条　本公司以证券账户为单位加设、变更持有人类别标识。同一持有人持有多个证券账户且持有人类别标识存在不一致的，本公司有权要求相关证券发行人、持有人重新核定。

第六节　其他服务

第六十条　上市公司股权激励计划涉及的证券登记相关服务，按照本公司有关业务规定办理。

第六十一条　本公司依法提供与证券登记服务有关的信息、咨询和培训服务。

第六章　附　　则

第六十二条　证券登记申请人应当按照本公司规定的收费标准缴纳证券登记及相关服务费用。证券登记及相关服务业务涉及税收的，按国家有关规定执行。

第六十三条　证券登记申请人违反本规则以及本公司相关业务细则、指引等规定的，本公司可以暂停或终止为其提供证券登记及相关服务。

第六十四条　证券登记申请人向本公司申请办理证券登记及相关服务过程中，存在违反国家法律、行政法规和部门规章行为的，应当对其行为所产生的后果承担责任；本公司有权暂停或终止为其提供证券登记及相关服务。

第六十五条　本规则要求提供的材料以中文文本为准，凡用外文书写的，应当附有经公证的中文译本。

第六十六条　本规则经中国证监会批准后生效，修订时亦同。

第六十七条　原由本公司颁布的涉及证券登记及相关服务的规则、细则、指南、指引及通知等，内容与本规则相抵触的，以本规则为准。

第六十八条　本规则由本公司负责解释。

第六十九条　本规则自发布之日起实施。

《中国证券登记结算有限责任公司科创板股票登记结算业务细则（试行）》解读

修订后的《证券登记规则》适用于所有板块的上市公司股票，而不分其所处的板块，也不分其适用的是核准制还是注册制。

科创板注册制与主板、创业板的核准制有诸多的不同。针对于科创板注册制的特殊性，《科创板股票登记结算业务细则（试行）》（以下简称《细则》）根据科创板股票发行上市交易的新机制、新变化、新特点，在特别表决权股份登记等方面作出必要的适应性细化规定。

在科创板上市和已发行拟上市的股票涉及的登记、存管、结算相关业务，适用本细则。本细则未作规定的，原则上适用中国结算公司关于人民币普通股票的相关规定，中国结算公司另有规定的除外。换言之，本细则原则上还是参照了A股现行业务做法，未作大的调整。

1. 关于适用范围

《细则》适用于在科创板上市和已发行拟上市的股票。同时，考虑到有关安排中存托凭证也可以在科创板发行上市，因此，在科创板发行上市的存托凭证涉及的证券登记、存管、结算相关业务，除适用中国结算公司《存托凭证登记结算业务规则（试行）》外，还应比照适用《细则》。

2. 关于初始登记申请材料

相对于现行核准制，科创板试点注册制，由交易所负责审核，出具审核意见，证监会负责作出注册决定，并不再出具核准文件。为适应注册制改革，发行人办理科创板股票初始登记不再要求提供证监会核准文件等材料，调整为提供中国证监会同意注册的决定等材料。

3. 关于特别表决权股份的登记《实施意见》尊重科创企业公司治理的实践，允许设置差异化表决权的企业上市，《上市规则》进一步对特别表决权股份后续变动事宜做出了具体规范。中国结算公司《细则》以前述规定为依据，重点就特别表决权股份的登记结算业务处理环节进行明确和规范。《细则》明确，发行人具有表决权差异安排的，中国结算公司根据发行人的申请，按照规定程序对特别表决权股份进行登记并加以标识。中国结算公司根据发行人的申请，按照规定程序对每份特别表决权股份拥有的表决权数量与每份普通股份拥有的表决权数量的比例进行登记和相应调整。出现特别表决权股份须转换为普通股份情形的，发行人应当及时向中国结算公司提出申请，由中国结算公司按照规定程序予以办理。

4. 关于超额配售选择权的登记

科创板股票首次公开发行时，主承销商行使超额配售选择权有要求发行人增发新股、通过二级市场购回两种方式，其登记处理方式各不相同。据此，《细则》对主承销商采取不同行使超额配售选择权方式时的登记处理方式进行了明确，即要求发行人增发新股的，中国结算公司办理股票初始登记；通过二级市场购回的，中国结算公司办理股票变更登记。

5. 关于科创板的结算风险管理

科创板引入了放宽涨跌幅限制等交易机制改革措施。后续，中国结算公司可能需要根据科创板实际波动情况、结算参与人风险状况对结算参与人采取相关结算风险管理措施，《细则》第二十五条为此作出了预留空间的原则性规定。

中国证券登记结算有限责任公司关于发布《中国证券登记结算有限责任公司科创板股票登记结算业务细则（试行）》的通知

（2019 年 3 月 1 日）

各市场参与主体：

为落实在上交所设立科创板并试点注册制的决策部署，规范科创板股票登记结算业务，本公司制定了《中国证券登记结算有限责任公司科创板股票登记结算业务细则（试行）》，经履行向中国证监会报告程序，现予以发布，并自发布之日起实施。

附件：中国证券登记结算有限责任公司科创板股票登记结算业务细则（试行）

中国证券登记结算有限责任公司
科创板股票登记结算业务细则（试行）

第一章 总 则

第一条 为规范科创板股票登记结算业务，保护投资者合法权益，根据《证券法》《关于在上海证券交易所设立科创板并试点注册制的实施意见》《证券登记结算管理办法》《科创板首次公开发行股票注册管理办法（试行）》《科创板上市公司持续监管办法（试行）》等有关法律、行政法规、部门规章、规范性文件（以下统称“法律法规”），以及中国证券登记结算有限责任公司（以下简称“本公司”）相关业务规则，制定本细则。

第二条 在科创板上市和已发行拟上市的股票涉及的登记、存管、结算相关业务，适用本细则。

本细则未作规定的，原则上适用本公司关于人民币普通股票的相关规定，本公司另有规定的除外。

第三条 发行人、投资者、结算参与人等主体参与本公司科创板股票登记结算相关业务的，应当遵守相关法律法规和本公司业务规则。

本公司对科创板股票登记结算业务实行行业自律管理。

第二章 证券账户、登记与存管

第四条 投资者参与科创板股票的认购和交易等，应当使用人民币普通股票账户。

第五条 在证券交易所上市的科创板股票应当全部存管在本公司。

本公司设立电子化证券登记簿记系统，根据证券账户的记录，办理科创板股票持有人名册的登记。

第六条 本公司登记的科创板股票信息包括证券代码、证券类别、流通类型、权益类别等内容。

第七条 科创板股票登记实行登记申请人申报制。本公司对科创板股票登记申请人提供的登记申请材料进行形式审核，登记申请人应当保证其所提供的登记申请材料真实、准确、完整。

前款所称登记申请人包括科创板股票的发行人、持有人或者其托管机构，以及本公司认可的其他申请办理登记的主体。

第八条 科创板股票应当登记在持有人本人名下。本公司出具的证券登记记录，是持有人持有科创板股票的合法证明。

符合法律法规规定的，可以将科创板股票登记在名义持有人名下。

本公司有权要求名义持有人提供其名下科创板股票权益拥有人的相关明细资料，名义持有人应当保证其所提供的资料真实、准确、完整。

第九条 发行人在申请办理科创板股票初始登记前，应当与本公司签订证券登记及服务协议，明确双方的权利义务关系。

第十条 科创板股票在证券交易所上市交易前，发行人应当按照本公司相关规定提交初始登记材料，并在规定时间内申请办理科创板股票初始登记。

科创板股票初始登记包括股票首次公开发行登记，以及增发登记、配股登记等。

第十一条 发行人申请办理科创板股票初始登记的，应当提供以下申请材料：

（一）证券登记申请；

（二）证券登记数据；

（三）中国证监会同意注册的决定；

（四）本公司要求提供的其他材料。

第十二条 发行人具有表决权差异安排的，本公司根据发行人的申请，按照规定程序对特别表决权股份进行登记并加以标识。

第十三条 本公司根据发行人的申请，按照规定程序对每份特别表决权股份拥有的表决权数量与每份普通股份拥有的表决权数量的比例进行登记和相应调整。

第十四条 出现特别表决权股份须转换为普通股份情形的，发行人应当及时向本公司提出申请，由本公司按照规定程序予以办理。法律法规、业务规则另有规定的，从其规定。

第十五条 主承销商行使超额配售选择权要求发行人增发新股的，本公司将根据发行人的申请办理相应股票初始登记。

主承销商使用超额配售股票募集的资金在二级市场购回股票的，本公司将根据主承销商的申请办理相应股票变更登记。

第十六条 对于通过证券交易所集中交易的科创板股票，本公司根据交易的交收结果办理集中交易过户登记。

因协议转让、继承、离婚、法人资格丧失、向基金会捐赠、司法扣划等情形涉及的科创板股票非交易过户登记业务，按照本公司相关业务规则的规定办理；其中涉及特别表决权股份的，本公司在受理后先办理特别表决权股份转换为普通股份业务，再办理非交易过户登记业务，并将转换结果通知发行人和证券交易所。

因质押、司法冻结等引起的其他变更登记，按照本公司相关业务规则的规定办理。

第十七条　本公司根据发行人的申请，按照相关规定和证券登记及服务协议的约定，提供科创板股票现金红利派发、送股、配股、股权激励、投票等服务。

第十八条　本公司根据相关业务规则规定，向发行人提供持有人名册服务。持有人名册包含普通股份股东、特别表决权股份股东及持有明细等信息。

本公司根据相关业务规则规定，向发行人和持有人提供科创板股票登记信息查询服务。

第十九条　科创板股票终止上市后，发行人或其代办机构应当在终止上市后的 10 个工作日内到本公司办理证券交易所市场的退出登记手续。

本公司在结清与发行人的债权债务或就债权债务问题达成协议后，将科创板股票持有人名册等证券登记相关数据发送发行人或其代办机构。

如发行人或其代办机构未在规定时间内办理退出登记手续，本公司在发行人终止上市 10 个工作日后，将科创板股票持有人名册等证券登记相关数据发送发行人，并由公证机关进行公证，视同发行人退出登记手续办理完毕。

退出登记手续办理完毕后，本公司不再承担维护科创板股票持有人名册等职责。股票持有人应当通过发行人等相关主体主张相应权利。

第三章　清算交收及风险管理

第二十条　科创板股票以人民币结算。

第二十一条　本公司作为结算参与人的共同对手方，为科创板股票的交易提供多边净额结算服务。

第二十二条　科创板的股票和资金结算，实行分级结算原则。

本公司根据清算结果，按照相关结算业务规则，办理与结算参与人之间的科创板股票和资金交收。结算参与人应当就交易达成时确定由其承担的交收义务，对本公司履行最终交收责任。

结算参与人负责办理与其客户之间的科创板股票和资金清算交收。结算参与人与其客户之间的科创板股票划付，应当根据有关规定，委托本公司代为办理。

第二十三条 结算参与人应当通过在本公司开立的结算备付金账户与本公司完成科创板股票交易等业务的资金交收。

第二十四条 对于科创板股票交易，结算参与人应当按照本公司《结算备付金管理办法》《证券结算保证金管理办法》等规定，存放结算备付金并缴纳结算保证金。

第二十五条 本公司有权根据科创板股票市场风险状况、结算参与人风险情况等因素，对结算参与人采取相应的风险管理措施。

第二十六条 结算参与人未能履行股票或资金交收义务的，本公司根据有关法律法规及本公司相关业务规则进行违约处置。

第四章 附　　则

第二十七条 科创板股票登记结算业务相关费用，按照本公司费用标准收取。中国证监会、证券交易所、发行人等单位授权或委托本公司代为收取费用的，本公司按照相关授权或委托办理。

科创板股票相关税收安排和证券结算风险基金计提，按照国家有关规定执行。

第二十八条 因人为差错、技术系统故障、不可抗力等原因导致科创板股票登记结算数据发生错误的，本公司与相关机构核对一致后进行更正。

因不可抗力、不可预测或无法控制的系统故障、设备故障、通信故障、停电等突发事故给有关当事人造成损失的，本公司不承担责任。

第二十九条 在科创板上市和已发行拟上市的存托凭证涉及的证券登记、存管、结算相关业务，适用《存托凭证登记结算业务规则（试行）》，并比照适用本细则。

第三十条 本细则由本公司负责解释和修订。

第三十一条 本细则自发布之日起施行。

《中国证券登记结算有限责任公司存托凭证登记结算业务规则（试行）》解读

存托凭证是由存托人签发、以境外证券为基础在中国境内发行、代表境外基础证券权益的证券。按照相关规定，存托凭证应当在中国结算集中登记、存管和结算。《中国证券登记结算有限责任公司存托凭证登记结算业务规则（试行）》对存托凭证试点登记、存管和结算业务进行了规范，为创新企业发行存托凭证试点奠定了制度基础。

在适用范围方面，该规则主要对创新企业发行存托凭证相关登记结算业务进行了规范。收费标准方面，存托凭证登记结算业务收费标准原则上比照人民币普通股票（以下简称“A股”）相应收费标准执行，原A股按面值收取的费用均调整为按照份额收取，单位相应调整为“元/份”，费率不变。质押业务方面，试点初期，中国结算公司暂不受理存托凭证质押登记业务，相关规则另行制定。

中国证券登记结算有限责任公司关于发布《存托凭证登记结算业务规则（试行）》的通知

（2018年6月15日）

各市场参与主体：

为落实中国证监会关于创新企业发行存托凭证相关工作部署，规范存托凭证登记结算业务，根据《中华人民共和国证券法》《关于开展创新企业境内发行股票或存托凭证试点的若干意见》《证券登记结算管理办法》《存托凭证发行与交易管理办法（试行）》等规定，本公司制定了《存托凭证登记结算业务规则（试行）》，经中国证监会审批，现予以发布，并自发布之日起实施。

附件：中国证券登记结算有限责任公司存托凭证登记结算业务规则（试行）

中国证券登记结算有限责任公司
存托凭证登记结算业务规则（试行）

第一章 总 则

第一条 为规范存托凭证登记结算业务，根据《中华人民共和国证券法》《关于开展创新企业境内发行股票或存托凭证试点的若干意见》《证券登记结算管理办法》《存托凭证发行与交易管理办法（试行）》等法律法规、部门规章、规范性文件规定，以及中国证券登记结算有限责任公司（以下简称“本公司”）相关业务规则，制定本规则。

第二条 证券交易所上市和已发行拟上市的存托凭证涉及的证券登记、存管、结算相关业务，适用本规则。

本规则未作规定的，原则上适用本公司关于人民币普通股票（以下简称“A 股”）的相关规定，本公司另有规定的除外。

第三条 存托人、投资者、结算参与人等主体参与本公司存托凭证登记结算相关业务的，应当遵守相关法律法规、部门规章和本公司业务规则。

本公司对存托凭证登记结算业务实行行业自律管理。

第二章 证券账户、登记与存管

第四条 投资者参与存托凭证的认购和交易等，应当使用 A 股证券账户。

第五条 存托凭证在证券交易所上市交易时应当全部存管在本公司。

本公司设立电子化证券登记簿记系统，根据证券账户的记录，办理存托凭证持有人名册的登记。

第六条 存托凭证登记实行登记申请人申报制，本公司对登记申请人提供的登记申请材料进行形式审核，登记申请人应当保证其所提供的登记申请材料真实、准确、完整。

前款所称登记申请人包括存托凭证的存托人、持有人，或本公司认可的其他申请办理存托凭证登记的主体。

第七条 存托凭证应当登记在持有人本人名下。本公司出具的存托凭证登记记录，是持有人持有存托凭证的合法证明。

符合法律、行政法规和中国证监会相关规定的，可以将存托凭证登记在名义持有人名下。

本公司有权要求名义持有人提供其名下存托凭证权益拥有人的相关明细资料，名义持有人应当保证其所提供的资料真实、准确、完整。名义持有人出具的权益拥有人的存托凭证持有记录是权益拥有人持有存托凭证的合法证明。

第八条 存托人在申请办理存托凭证初始登记前，应当与本公司签订证券登记及服务协议，明确双方的权利义务关系。

第九条 存托凭证在证券交易所上市交易前，存托人应当按照本公司相关规定提交初始登记材料，并在规定时间内申请办理存托凭证初始登记。

第十条 存托人申请办理存托凭证初始登记的，应当提供以下申请材料：

（一）存托人与境外基础证券发行人签订的存托协议；

（二）中国证监会核准发行存托凭证的批复文件；

（三）证券登记申请；

（四）本公司要求提供的其他材料。

第十一条 对于通过证券交易所集中交易的存托凭证，本公司根据存托凭证交易的交收结果办理集中交易过户登记。

对于协议转让、继承、离婚、法人资格丧失、向基金会捐赠等情形涉及的非交易过户登记业务，以及因协助执行等引起的其他变更登记，按照本公司相关业务规则的规定办理。

对于存托凭证与基础证券之间的转换业务涉及的存托凭证份额变更登记，按照中国证监会及本公司有关规定办理。

第十二条 本公司根据存托人的申请，按照相关规定和证券登记及服务协议的约定，提供存托凭证现金红利派发、送股、配股、网络投票等服务。

除本公司另有规定外，公司行为涉及存托人与本公司之间的资金收付以人民币完成。

第十三条 本公司根据相关业务规则规定，向存托人提供持有人名册服务。

本公司根据相关业务规则规定，向存托人和存托凭证持有人提供存托凭证登记信息查询服务。

第十四条 存托凭证终止上市后，存托人应当及时到本公司办理证券交易所市场的退出登记手续。

本公司在结清与存托人的债权债务或就债权债务问题达成协议后，与存托人签订证券登记数据资料移交备忘录，将存托凭证持有人名册清单等证券登记相关数据和资料移交存托人。

退出登记手续办理完毕后，存托凭证持有人名册维护等相应职责由存托人直接承担，存托凭证持有人应当通过存托人主张相应权利。

存托人未按规定办理退出登记，本公司将其登记数据和资料送达存托人，并由公证机关进行公证的，视同退出登记手续办理完毕。

第十五条 本公司办理存托凭证初始登记业务时，如出现发行失败的情况，存托人应当向本公司申请办理存托凭证份额注销以及协助募集资金的退款等相关事宜。

第三章 清算交收

第十六条 存托凭证通过本公司进行结算的，应当以人民币作为结算货币。

第十七条 本公司作为结算参与人的共同对手方，为存托凭证的交易提供多边净额结算服务。

第十八条 存托凭证的证券和资金结算，实行分级结算原则。

本公司根据清算结果，按照相关结算业务规则，办理与结算参与人之间的存托凭证和资金交收。结算参与人应当就交易达成时确定由其承担的交收义务，对本公司履行最终交收责任。

结算参与人负责办理与其客户之间的存托凭证和资金清算交收。结算参与人与其客户之间的证券划付，应当根据有关规定，委托本公司代为办理。

第十九条 结算参与人未能按照规定履行证券或资金交收义务的，本公司参照A股相关规定进行违约处置。

第二十条 结算参与人应当通过在本公司开立的A股结算备付金账户与本公司完成存托凭证交易等业务的资金交收。

第二十一条 对于存托凭证交易，结算参与人应当按照本公司《结算备付金管理办法》《证券结算保证金管理办法》等规定，缴纳结算备付金和证券结算保证金。

存托凭证涉及的最低结算备付金限额按照债券以外其它品种的比例计收，涉及的证券结算保证金按照权益类证券品种的比例计收。

第四章 附 则

第二十二条 存托凭证登记结算业务相关费用，按照本公司费用标准收取。中国证监会、证券交易所、存托人等单位授权或委托本公司代为收取费用的，本公司按照相关规定或委托办理。

存托凭证相关税收安排和证券结算风险基金计提，按照国家有关规定执行。

第二十三条 因不可抗力、交易登记系统技术故障、人为差错等原因导致存托凭证登记结算数据发生错误的，本公司与相关机构核对一致后进行更正。

因不可抗力、不可预测或无法控制的系统故障、设备故障、通信故障、停电等突发事故给有关当事人造成损失的，本公司不承担责任。

第二十四条 本规则要求提交的材料应当为中文文本。提交外文文本的，应当同时提交符合相关公证、认证要求的中文译本，并以中文译本为准。

第二十五条 以集中登记、存管在本公司的股票为基础，在境外发行存托凭证涉及的账户开立以及基础股票登记结算事宜，适用本公司有关规定。

境内证券交易所与境外证券交易所之间就存托凭证发行、交易进行的互联互通业务中涉及的存托凭证登记结算事宜，本公司另有规定的，从其规定。

第二十六条 本规则报中国证监会批准后生效，修改时亦同。

第二十七条 本规则由本公司负责解释。

第二十八条 本规则自二〇一八年六月十五日起施行。

存托凭证登记结算业务投资者问答

1、投资者参与存托凭证业务是否需要新开立证券账户?

不需要。投资者通过现有人民币普通股票（以下简称“A股”）账户参与存托凭证交易结算业务，不需要新开立证券账户。

2、投资者是否可以提取所持有的中国存托凭证对应境外基础证券的纸面股票?

不可以。试点阶段，投资者所持有的中国存托凭证，只能在A股市场交易，暂不允许跨境转换为境外基础证券，也不可以提取为境外基础证券的纸面股票。中国证监会另有规定的除外。

3、投资者持有的存托凭证可以办理哪些非交易过户业务?

试点阶段，存托凭证可以办理法人资格丧失所涉证券变更登记、继承离婚所涉证券变更登记、投资者向基金会捐赠、证券公司定向资产管理投资者证券划转等非交易过户业务，原则上参照A股相关业务办理。

4、投资者是否会出现在境外上市公司的股东名册之中？为什么?

不会。投资者持有的是存托人签发的代表境外基础证券权益的存托凭证，而境外基础证券实际持有人为存托人，因此，投资者会出现在我公司提供给存托人的存托凭证持有人名册之中，但不会出现在境外上市公司的股东名册之中，而是以存托人或其委托的托管人名义出现在境外上市公司的股东名册之中。

5、境外上市公司股东名册中不显示存托凭证持有者（投资者），是否影响投资者行使股东权利?

根据证监会相关规定，境外基础证券发行人应当保障境内存托凭证持有人实际享有的权益与境外基础证券持有人的权益相当；存托人应当按照存托协议的约定，向存托凭证持有人派发红利、股息等权益，并根据存托凭证持有人意愿行使表决权等权利。

6、中国存托凭证业务有哪些公司行为？以什么币种结算?

本公司提供的中国存托凭证公司行为服务主要包括现金红利发放（不含选择权）、送红股（转换为存托凭证）、配股（转换为存托凭证）和网络投票等，相关业务均根据存托人申请，参照 A 股相应业务办理。

上述公司行为涉及的资金以人民币计价结算。

试点阶段，本公司暂不提供其它特殊公司行为等服务，待业务平稳运行后，根据市场需求逐步增加对相关公司行为类型的支持。

7、投资者参与存托凭证业务需要支付哪些税费？

登记结算业务方面，投资者需要支付的收费规定，具体请见我公司官网－服务支持－收费标准栏目。

投资者需要支付的其他税费还可能包括交易印花税、股息红利所得税、证券交易监管费、证券交易经手费、存托服务费等，以上费用系本公司根据财政部、国家税务总局、中国证监会、证券交易、存托人委托通过结算系统代为收取，相关税费标准具体请见财政部、国家税务总局、中国证监会、证券交易有关规定及存托协议。

图书在版编目（CIP）数据

科创板政策解读与法律规范集成／邢会强编著．
—北京：中国法制出版社，2019.7
ISBN 978－7－5216－0315－6

Ⅰ.①科… Ⅱ.①邢… Ⅲ.①创业板市场－上市公司－金融政策－研究－中国②创业板市场－证券法－法律解释－中国 Ⅳ.①F279.246②D922.287.5

中国版本图书馆CIP数据核字（2019）第134789号

责任编辑　马金风　赵律玮　　　　封面设计　杨泽江

科创板政策解读与法律规范集成

KECHUANGBAN ZHENGCE JIEDU YU FALÜ GUIFAN JICHENG

编著/邢会强

经销/新华书店

印刷/三河市紫恒印装有限公司

开本/710×1000毫米　16开　　　　印张／32.5　字数／417千

版次/2019年7月第1版　　　　2019年7月第1次印刷

中国法制出版社出版

书号 ISBN 978－7－5216－0315－6　　　　定价：98.00元

北京西单横二条2号

邮政编码 100031　　　　传真：010－66031119

网址：http：//www.zgfzs.com　　　　**编辑部电话：010－66071862**

市场营销部电话：010－66033393　　　　**邮购部电话：010－66033288**

（如有印装质量问题，请与本社印务部联系调换。电话：010－66032926）